Philo

DÉFIBAC

BAC
T^le^ L-ES-S

Christian Roche
Professeur de philosophie

Bordas
www.defibac.fr

Sommaire

Présentation de l'épreuve 7

I. LE SUJET p. 10

1 La conscience

COURS

- **Les 5 points incontournables** 12

1. Qu'est-ce que la conscience ? 13
2. La conscience de soi est-elle immédiate ? 14
3. Peut-on séparer la conscience et le monde ? 15

MÉTHODE

Comprendre le sens d'un sujet de dissertation 17

- **Pour réussir le jour J** 18

ENTRAÎNEMENT

- **10 qcm pour réviser le cours** 19
- **Sujets** 20

CORRIGÉS 21

2 La perception

COURS

- **Les 5 points incontournables** 23

1. Qu'est-ce que la perception ? 24
2. La perception s'éduque-t-elle ? 25
3. La réalité est-elle telle que nous la percevons ? 26

MÉTHODE

Être attentif au libellé du sujet de dissertation (1) 28

- **Pour réussir le jour J** 29

ENTRAÎNEMENT

- **10 qcm pour réviser le cours** 30
- **Sujets** 31

CORRIGÉS 32

3 L'inconscient

COURS

- **Les 5 points incontournables** 34

1. Qu'est-ce que l'inconscient ? 35
2. Pourquoi cette hypothèse d'un inconscient psychique ? 36
3. Reconnaître l'existence de l'inconscient, n'est-ce pas abdiquer sa responsabilité ? 38

MÉTHODE

Être attentif au libellé du sujet de dissertation (2) 40

- **Pour réussir le jour J** 41

ENTRAÎNEMENT

- **10 qcm pour réviser le cours** 42
- **Sujets** 43

CORRIGÉS 44

4 Autrui

COURS

- **Les 5 points incontournables** 46

1. Qu'est-ce que « autrui » ? 47
2. Peut-on connaître autrui ? 47
3. La relation conflictuelle à autrui 49

MÉTHODE

Élaborer une problématique 52

- **Pour réussir le jour J** 53

ENTRAÎNEMENT

- **10 qcm pour réviser le cours** 54
- **Sujet** 55

CORRIGÉS 56

5 Le désir

COURS

- **Les 5 points incontournables** 57

1. Qu'est-ce que le désir ? 58
2. De la connaissance à la maîtrise du désir 59
3. Le désir n'est-il pas ce qui nous spécifie en tant qu'êtres humains ? 60

MÉTHODE

Élaborer l'introduction d'une dissertation 63

● **Pour réussir le jour J** 64

ENTRAÎNEMENT

● **10 qcm pour réviser le cours** 65

● **Sujets** 66

CORRIGÉS 67

6 L'existence et le temps

COURS

● **Les 5 points incontournables** 69

1. Qu'est-ce que l'existence ? 70
2. L'existence est liberté 71
3. La mort ôte-t-elle tout sens à l'existence ? 72

MÉTHODE

Argumenter 75

● **Pour réussir le jour J** 77

ENTRAÎNEMENT

● **10 qcm pour réviser le cours** 78

● **Sujets** 79

CORRIGÉS 80

II. LA CULTURE p. 82

7 Le langage

COURS

● **Les 5 points incontournables** 84

1. Qu'est-ce que le langage ? 85
2. Peut-on parler d'un langage animal ? 86
3. Est-ce que dire, c'est faire ? 87

MÉTHODE

Faire une transition 88

● **Pour réussir le jour J** 89

ENTRAÎNEMENT

● **10 qcm pour réviser le cours** 90

● **Sujets** 91

CORRIGÉS 92

8 L'art

COURS

● **Les 5 points incontournables** 94

1. Qu'est-ce que l'art ? 95
2. Qu'est-ce que le génie artistique ? 96
3. Pourquoi dit-on : « C'est beau » ? 97

MÉTHODE

Savoir utiliser les références 99

● **Pour réussir le jour J** 100

ENTRAÎNEMENT

● **10 qcm pour réviser le cours** 101

● **Sujets** 102

CORRIGÉS 103

9 Le travail et la technique

COURS

● **Les 5 points incontournables** 105

1. Qu'est-ce que le travail ? 106
2. Le travail est-il une malédiction ? 107
3. La technique a-t-elle libéré l'homme du travail ? 108

MÉTHODE

La conclusion d'une dissertation 109

● **Pour réussir le jour J** 110

ENTRAÎNEMENT

● **10 qcm pour réviser le cours** 111

● **Sujet** 112

CORRIGÉS 113

10 La religion

COURS

● **Les 5 points incontournables** 114

1. Qu'est-ce que la religion ? 115
2. En quoi la religion est-elle une aliénation ? 116
3. La foi et la raison 116

MÉTHODE

Savoir utiliser les exemples 118

● **Pour réussir le jour J** 119

ENTRAÎNEMENT

● **10 qcm pour réviser le cours** 120

● **Sujets** 121

CORRIGÉS 122

11 L'histoire

COURS

- Les 5 points incontournables 124

1. Qu'est-ce que l'histoire ? 125
2. Les hommes font-ils librement leur histoire ? 126
3. L'histoire est-elle une science ? 127

MÉTHODE

Lire un texte 129

- Pour réussir le jour J 131

ENTRAÎNEMENT

- 10 qcm pour réviser le cours 132
- Sujet 133

CORRIGÉS 134

III. LA RAISON ET LE RÉEL p. 135

12 Théorie et expérience

COURS

- Les 5 points incontournables 137

1. La théorie et l'expérience 138
2. L'expérience est-elle suffisante ? 139
3. En quoi une théorie est-elle scientifique ? .. 140

MÉTHODE

Texte commençant par l'énoncé d'une opinion (1) 141

- Pour réussir le jour J 143

ENTRAÎNEMENT

- 10 qcm pour réviser le cours 144
- Sujets 145

CORRIGÉS 146

13 La démonstration

COURS

- Les 5 points incontournables 148

1. Qu'est-ce que la démonstration ? 149
2. Y a-t-il une démonstration parfaite ? 151
3. Les mathématiques sont-elles purement déductives ? 151

MÉTHODE

Texte commençant par l'énoncé d'une opinion (2) 153

- Pour réussir le jour J 155

ENTRAÎNEMENT

- 10 qcm pour réviser le cours 156
- Sujets 157

CORRIGÉS 158

14 L'interprétation

COURS

- Les 5 points incontournables 160

1. Qu'est-ce que l'interprétation ? 161
2. Une interprétation peut-elle être vraie ? 162
3. Tout est-il interprétable ? 162

MÉTHODE

Comprendre le sens d'un texte à partir des oppositions conceptuelles 164

- Pour réussir le jour J 166

ENTRAÎNEMENT

- 10 qcm pour réviser le cours 167
- Sujet 168

CORRIGÉS 169

15 Le vivant

COURS

- Les 5 points incontournables 170

1. Qu'est-ce que le vivant ? 171
2. Nécessité et finalité du vivant ? 172
3. Le traitement scientifique de la vie ? 172

MÉTHODE

Dégager la structure d'un texte 174

- Pour réussir le jour J 176

ENTRAÎNEMENT

- 10 qcm pour réviser le cours 177
- Sujets 178

CORRIGÉS 179

16 Matière et esprit

COURS
- **Les 5 points incontournables** 181
1. Qu'est-ce que la matière ? 182
2. Peut-on prouver l'existence de la matière ? 183
3. La matière : centre d'être ou centre de force ? 184

MÉTHODE
Ce qu'il faut faire au brouillon 186
- **Pour réussir le jour J** 188

ENTRAÎNEMENT
- **10 qcm pour réviser le cours** 189
- **Sujet** 190

CORRIGÉS 191

17 La vérité

COURS
- **Les 5 points incontournables** 192
1. Qu'est-ce que la vérité ? 193
2. La vérité est-elle en nous ? 194
3. L'évidence est-elle un critère de vérité ? 196

MÉTHODE
L'introduction d'une explication de texte 197
- **Pour réussir le jour J** 198

ENTRAÎNEMENT
- **10 qcm pour réviser le cours** 199
- **Sujets** 200

CORRIGÉS 201

IV. LA POLITIQUE p. 203

18 La société et les échanges

COURS
- **Les 5 points incontournables** 205
1. Qu'est-ce que la société ? 206
2. Comment organiser la société ? 207
3. Les hommes sont-ils vraiment sociables ? 208
4. Les échanges 209

MÉTHODE
Dégager l'idée principale d'un texte (la thèse) et problématiser 212
- **Pour réussir le jour J** 214

ENTRAÎNEMENT
- **10 qcm pour réviser le cours** 215
- **Sujet** 216

CORRIGÉS 217

19 La justice et le droit

COURS
- **Les 5 points incontournables** 218
1. Qu'est-ce que la justice ? Qu'est-ce que le droit ? 219
2. La justice se confond-elle avec le droit positif ? 220
3. Quelle est l'âme de la justice ? 221

MÉTHODE
Restituer la thèse principale d'un texte dans le contexte de la philosophie de l'auteur 222
- **Pour réussir le jour J** 224

ENTRAÎNEMENT
- **10 qcm pour réviser le cours** 225
- **Sujets** 226

CORRIGÉS 227

20 L'État

COURS
- **Les 5 points incontournables** 229
1. Qu'est-ce que l'État ? 230
2. L'État relève-t-il d'un contrat social ? 231
3. L'État a-t-il pour but de maintenir l'ordre ? 232

MÉTHODE
Rédiger la conclusion d'une explication de texte 233
- **Pour réussir le jour J** 235

ENTRAÎNEMENT
- **10 qcm pour réviser le cours** 236
- **Sujets** 237

CORRIGÉS 238

V. LA MORALE p. 240

21 La liberté

COURS
- **Les 5 points incontournables** 242
1. Qu'est-ce que la liberté ? 243
2. L'homme est-il libre ? 244
3. Peut-on prouver la liberté ? 245

MÉTHODE
Élaborer le plan d'une explication de texte 247
- **Pour réussir le jour J** 249

ENTRAÎNEMENT
- **10 qcm pour réviser le cours** 250
- **Sujets** 251

CORRIGÉS 252

22 Le devoir

COURS
- **Les 5 points incontournables** 254
1. Qu'est-ce que le devoir ? 255
2. Que signifie « faire son devoir » ? 256
3. Bienfaisance ou devoir ? 257

MÉTHODE
Faire la fiche de lecture d'un texte 259
- **Pour réussir le jour J** 261

ENTRAÎNEMENT
- **10 qcm pour réviser le cours** 262
- **Sujets** 263

CORRIGÉS 264

23 Le bonheur

COURS
- **Les 5 points incontournables** 265
1. Qu'est-ce que le bonheur ? 266
2. Le bonheur et la morale sont-ils conciliables ? 267
3. Comment être heureux ? 268

MÉTHODE
Faire la fiche de lecture d'une œuvre 270
- **Pour réussir le jour J** 272

ENTRAÎNEMENT
- **10 qcm pour réviser le cours** 273
- **Sujets** 274

CORRIGÉS 275

SUJETS DE BAC COMPLETS

- **Sujet n° 1** 277
Corrigé n° 1 278
- **Sujet n° 2** 283
Corrigé n° 2 284
- **Sujet n° 3** 289
Corrigé n° 3 290
- **Sujet n° 4** 296
Corrigé n° 4 297

Les notions et les citations 301
Les idées des penseurs en un clin d'œil 309
Chronologie des auteurs 313
Repères 316
Sujets de dissertation 20, 31, 43, 66, 79, 91, 102, 121, 145, 157, 178, 200, 226, 237, 251, 263, 274
Sujets de commentaires de texte 20, 31, 43, 55, 66, 79, 91, 102, 112, 121, 133, 145, 157, 168, 178, 190, 200, 216, 226, 237, 251, 263, 274

L'épreuve de philosophie

Description de l'épreuve

■ **Durée** : 4 heures ■ **Coefficient** : 7 (série L), 4 (série ES), 3 (série S)

Trois sujets sont proposés au choix du candidat : deux sujets de dissertation et un texte à expliquer. Ces sujets se rapportent aux notions du programme.

Les objectifs

L'épreuve, comme l'indique le *BO* n° 31 du 30 août 2001, « vise à apprécier la capacité du candidat :

– à développer une réflexion ordonnée, maîtrisée dans ses objectifs comme dans son déroulement, et soucieux de développer des exigences philosophiques [...] ;

– à mobiliser les références aux auteurs et aux pensées de façon pertinente, c'est-à-dire appropriée aux exigences d'une réflexion éclairée, lucide, sur le problème que le sujet de dissertation ou le texte permet de poser et d'éclairer. En aucun cas, il s'agit donc de réciter des doctrines ou de multiplier les références et les citations, sans se soucier de ce qu'elles apportent réellement à la compréhension de la question examinée ;

– à utiliser des exemples bien analysés, choisis pour corroborer une pensée, pour mettre à l'épreuve une analyse, pour attester le caractère bien concret de la portée d'une réflexion ».

■ Objectif

Dans un devoir, l'élève doit montrer sa maîtrise des concepts et des connaissances relatives aux notions inscrites au programme, mais cela ne suffit pas. Il faut éviter deux types de devoir. Celui qui cite un grand nombre d'exemples sans dégager d'idées. Celui qui juxtapose des exposés empruntés à l'histoire de la philosophie.

La dissertation

Une dissertation est l'examen d'un problème et sa résolution. Toute la difficulté est là. Il s'agit de démontrer des thèses contradictoires. Comme il faut aller vite, il importe souvent de reconnaître un problème relativement traditionnel et de connaître les arguments des thèses qui s'opposent plutôt que d'opérer une véritable découverte. Ce qui n'exclut pas la réflexion personnelle, car les connaissances ne suffisent jamais.

Point de départ

Une bonne réflexion, c'est une réflexion critique, argumentée et progressive. En philosophie, la démonstration est un dispositif visant à rendre crédible une thèse. Elle consiste dans une argumentation logique et contraignante. Mais toute thèse repose sur des présupposés qui, eux, peuvent être ébranlés. Il s'agit donc pour invalider une thèse que vous venez de démontrer de vous attaquer aux présupposés.

Bâtir un plan

Chaque partie doit être ordonnée et construite en des paragraphes articulés les uns aux autres (trois paragraphes par partie, c'est-à-dire trois arguments ou idées).

Dans l'argumentation, il faut aller du plus simple au plus complexe. Une objection est un contre-argument. On notera toutefois que si un exemple ne constitue pas un argument, il peut très bien invalider une thèse, donc servir de contre-argument.

Citations et exemples

Les **citations** ou les références ne peuvent en aucun cas tenir lieu d'arguments, mais doivent venir à l'appui de la pensée du candidat.

Les **exemples** doivent être généraux, exemplaires, connus de tous et n'être utilisés qu'à titre d'illustration, pour donner un corps sensible à des idées abstraites. Ils doivent être développés, explicités et donner matière à réflexion. Ils doivent être encadrés : idée personnelle + exemple ou référence + reprise de l'idée et enchaînement sur le paragraphe suivant. Une référence et un exemple par partie suffisent.

Transition

Entre la première et la deuxième partie, entre la deuxième et la troisième, faire une transition dans laquelle on soulève des objections contre la thèse qui vient d'être démontrée, soit pour aller vers la thèse opposée, soit pour aller vers la solution.

Explication de texte

Le troisième sujet est une explication de texte. Le texte proposé est extrait de l'œuvre d'un auteur au programme et se rapporte toujours à un problème philosophique important. Il est généralement assez court.

Dégager l'idée principale

Il s'agit d'abord de dégager l'idée principale du texte et les étapes de son argumentation, ou encore de dégager l'idée directrice et les principaux moments du raisonnement. L'idée principale du texte articule les différentes parties dont se compose le texte. Pour la mettre en lumière, il ne faut pas décrire le contenu du texte, mais exposer clairement ce que l'on a compris après sa lecture. Cela implique une approche synthétique, une appréhension globale du texte.

■ **Méthode**

Pour bien traiter cette épreuve, il faut éviter de :

– paraphraser le texte proposé, c'est-à-dire reprendre les idées de l'auteur en les exprimant avec d'autres mots ;

– se servir de telle ou telle expression du texte comme prétexte à un exposé de caractère général ;

– « plaquer » ses connaissances : tous les textes d'un même auteur ne disent pas la même chose.

■ **Dégager les étapes de l'argumentation**

Les repérer suppose une approche analytique du texte, que l'on va diviser en éléments qui sont autant d'étapes de l'argumentation. Il faudra ici repérer les différentes unités de signification dont se compose le texte et leur assigner un rôle dans la construction de l'idée générale. L'étude ordonnée du texte commencera par l'énoncé de l'idée principale puis comprendra autant de paragraphes qu'il y a de moments. Les moments doivent être qualifiés : s'agit-il de la thèse ? de l'énoncé d'une opinion ? d'un argument ? de la conséquence d'un argument ? d'une analyse ? d'un exemple ? d'une définition ?

Organisation de votre temps

■ **La dissertation**

1. Lecture attentive du sujet .... 15 minutes
2. Reformulation claire de la question .... 5 minutes
3. Recherche et formulation du problème philosophique posé par le sujet .... 20 minutes
4. Recherche des idées, des références, des exemples .... 35 minutes
5. Élaboration du plan .... 40 minutes
6. Rédaction du développement .... 90 minutes
7. Rédaction de l'introduction et de la conclusion .... 30 minutes
8. Relecture .... 10 minutes

■ **L'explication de texte**

1. Lecture attentive du texte .... 15 minutes
2. Étude de la structure du texte .... 15 minutes
3. Recherche et formulation du problème philosophique posé par le texte .... 10 minutes
4. Recherche des idées, des références, des exemples .... 35 minutes
5. Élaboration du plan .... 30 minutes
6. Rédaction du développement .... 90 minutes
7. Rédaction de l'introduction et de la conclusion .... 30 minutes
8. Relecture .... 10 minutes

Le sujet

COURS

Introduction

a. Qu'est-ce que le sujet ?

Définition

L'homme ne se réduit pas à ce que les sciences biologiques et les sciences humaines peuvent en dire. Avant d'être un **objet** d'étude, l'homme est une personne qui imagine, sent, souffre, jouit, qui a des intentions, des projets, qui se vit comme un **sujet** autonome et responsable.

On ne peut parler de sujet que s'il y a la persistance sous-jacente (*sub*) d'un fond qui demeure identique (*stare*) malgré des accidents qui peuvent affecter la chose. Or, ce qui subsiste et perdure chez l'homme, c'est la **conscience** comme pur pouvoir de penser.

Distinction sujet/objet

La pensée ou l'esprit n'est pas un absolu autosuffisant, mais une relation entre un sujet et un objet. Contrairement aux animaux qui sont conscients mais qui ne pensent pas, qui ne se pensent pas, et qui ne pensent pas qu'ils sont au monde, qu'il y a le monde, les hommes pensent et ne peuvent pas penser sans penser l'être, sans penser qu'*il y a*. Il n'y a pas de sujet sans objet.

Si ce qu'on pense n'était rien, en pensant, on ne penserait rien. Or, ne penser rien, c'est ne pas penser. On peut donc affirmer l'existence d'une réalité qui est le corrélat intentionnel de la pensée, mais celle-ci ne peut être atteinte directement. Le sujet ne peut que se la représenter. Cette réalité qui est liée à la pensée n'est peut-être pas une vraie réalité, au sens où on l'entend naïvement.

La certitude du sujet

Chez Descartes, l'existence de la substance pensante (esprit ou âme) est prouvée par le **cogito**. Alors même que je doute de tout, je suis assuré d'être grâce à la conscience que j'en ai d'être une chose qui pense. Si tout ce qui est extérieur à moi disparaît, il n'en reste pas moins un îlot de conscience, présence intérieure et ultime de l'être, où la conscience qui dis *je* est coextensive au doute (*je doute*), à la pensée (*je pense*) et à l'existence (*je suis*). Je suis dans ce repli même de la conscience.

b. Quelles relations existe-t-il entre le sujet et les notions développées dans cette partie ?

La conscience, l'inconscient

La conscience semble être ce qui définit le sujet. Comme les animaux, le sujet humain a une conscience mais il est le seul à avoir **conscience de soi comme sujet**. Cette conscience de soi est-elle donnée ou bien s'acquiert-elle ? La conscience existe-t-elle sur le mode d'une intériorité pure, ou bien est-elle visée d'un objet qui lui est extérieur ? Peut-on séparer la conscience du monde ?

Il y a aussi ce quelque chose que nous ne pouvons pas connaître mais qui se manifeste par ses effets, ce quelque chose que Freud appelle l'**inconscient**. En fin de compte, la conscience n'enregistre-t-elle pas ou ne traduit-elle pas ce qui se trouve au-delà d'elle et indépendamment d'elle ? Rimbaud disait : « C'est faux de dire : je pense ; on devrait dire on me pense. Pardon du jeu de mots. Je est un autre. » (*Lettre à George Izambard* du 13 mai 1871.)

La perception (TL)

Le sujet est affecté par le monde extérieur. Il éprouve des impressions, des sensations et perçoit. La perception est-elle passive ? Peut-elle s'éduquer ?

Percevons-nous la même réalité qu'autrui ? La réalité est-elle telle que nous la percevons ?

Autrui, le désir

Autrui est un sujet, un autre moi que moi (*alter ego*). Comment puis-je connaître autrui autrement que sur le mode de l'analogie ? Suis-je le mieux placé pour me connaître ou bien ai-je besoin de la médiation d'autrui ? Autrui s'oppose-t-il à ma liberté ? Peut-il être pour moi autre chose qu'un moyen ou un obstacle ?

Le sujet est-il un être de raison ou de **désir** ? Le désir n'est-il pas constitutif du sujet ? Le désir est-il désir de ceci, de cela ou plus fondamentalement désir d'un autre désir, désir de reconnaissance ? Ne désire-t-on pas ce qu'autrui désire ?

L'existence et le temps (TL)

En tant qu'être conscient, le sujet synthétise en permanence tous ses états, il les met en relation et les ramène à lui. Ce qui lui advient tombe dans la continuité d'une histoire. Mais il demeure le même à travers la diversité. D'où la question : ce qui lui advient dépend-il en partie de lui ? L'existence est-elle liberté ?

Être une conscience, c'est aussi avoir un temps propre : en tant que conscience, le sujet peut-il transcender le temps ?

1 La conscience

Les 5 points incontournables

• La conscience comme connaissance que l'esprit a de lui-même

Selon Descartes, « je pense donc je suis », c'est-à-dire que je sais naturellement que j'existe, et que c'est de moi que viennent les sensations, idées, jugements, plaisirs et douleurs que j'éprouve.
Ainsi, je peux douter de tout, mais pas du fait que c'est moi qui doute.

▶ *Cours 1 a ; 2 a*

• La conscience de soi s'acquiert

La conscience de soi n'est pas immédiate, elle s'acquiert dans un double mouvement : la conscience se porte d'abord vers l'autre, vers ce qui n'est pas moi, dans un mouvement de comparaison, puis elle opère un retour à soi.
Ainsi, je prends conscience de mon existence dans un face-à-face avec l'autre. Le moi se pose donc par opposition au non-moi. Le besoin de produire des œuvres signale que l'homme accède à la conscience de soi en s'extériorisant.

▶ *Cours 2 b ; 2 c*

• L'intentionnalité

La conscience est mouvement vers le monde, elle est une projection du sujet vers les objets qui l'entourent, ce qu'Husserl affirme quand il dit que « toute conscience est conscience *de* quelque chose ».

▶ *Cours 3 a ; 3 b*

• Conscience de soi et conscience du monde

La conscience n'est pas une réalité en soi, elle a besoin d'un corps (celui du sujet) et d'un objet sur lequel fixer sa pensée. En même temps, si la conscience n'existe pas sans objet, le monde lui-même existe parce que je le fais exister, par la conscience que j'en ai. Conscience de soi et conscience du monde sont donc indissociables.

▶ *Cours 3 c*

• La conscience morale

La conscience n'est pas seulement la connaissance que j'ai de moi-même, elle est aussi un état moral, qui me permet de reconnaître d'instinct le bien du mal. Elle a un lien avec la conscience de soi : c'est parce que je suis conscient intellectuellement que je peux être tenu pour responsable moralement de mes actes.

▶ *Cours 1*

1 Qu'est-ce que la conscience ?

a. Définition

Le mot *conscience* a eu pendant longtemps une signification morale. La conscience est alors un conseiller qui nous avertit de ce que nous devons faire et c'est aussi un juge qui se prononce sur ce que nous avons fait.

C'est à partir de **Descartes** que la notion de conscience cesse d'être employée dans le sens de « conscience morale » pour désigner, comme l'indique l'étymologie du mot (du latin *conscientia, cum scientia*, « avec savoir »), la **connaissance que l'esprit a de lui-même**. Le sujet ne peut éprouver des sensations, des sentiments, avoir des pensées sans qu'il sache ou sente que c'est lui qui les éprouve ou les pense. La conscience est donc le savoir qui accompagne nos représentations ou nos états de conscience.

b. Conscience directe et conscience réfléchie

Dans la **conscience directe**, le moi sujet ne se distingue pas du moi objet. Mieux, il n'y a pas encore de moi. L'enfant parle de lui à la troisième personne, il s'objective lui-même, il s'appelle de son nom extérieur, comme les autres l'appellent lui-même. Il dit : « Charles veut ceci ; Charles fait cela. »

À NOTER

On distingue la conscience spontanée, directe, à laquelle on peut donner le nom de *sens intime* et la conscience claire, réfléchie, que l'on appelle *conscience de soi*.

La **conscience réfléchie**, ou conscience de soi, commence lorsque l'enfant dit *je*. Elle se précise avec la différence du *je* et du *me*, lorsque l'on dit : « Je me connais moi-même. »

c. La conscience comme fait d'expérience

Comme expérience, la conscience est un fait irrécusable. Elle a pour elle le poids de l'évidence. « Lorsqu'on parle de conscience, écrit Freud, chacun sait immédiatement, par expérience, de quoi il s'agit. » « Qu'est-ce que la conscience ? Vous pensez bien, écrit Bergson de son côté, que je ne vais pas définir une chose aussi concrète, aussi constamment présente à l'expérience de chacun de nous ».

La conscience paraît être, pour chacun, l'objet d'un savoir immédiat. Le sujet qui pense, ne sait-il pas aussitôt qu'il pense ? Et celui qui est triste, ne sait-il pas qu'il est triste ? Il n'est pas un seul fait psychique qui ne soit accompagné de conscience : sans conscience, pas de plaisir ni de douleur, pas de sensation, pas d'idée ni de jugement, pas de volonté. La conscience est donc la condition de tous les faits psychiques. Je ne peux avoir conscience de moi-même sans avoir conscience de moi sentant, pensant ou voulant.

2 La conscience de soi est-elle immédiate ?

a. La saisie de la conscience par elle-même

Le prétendu savoir immédiat de la conscience n'est-il pas un leurre ? Certes **Descartes** parle d'une saisie de la conscience par elle-même, mais celle-ci n'a rien de commun avec une simple prise de conscience immédiate de soi. Ce n'est qu'au terme d'un **doute totalitaire** (*Première Méditation*), que Descartes rencontre une **idée claire et distincte**, une idée **qui résiste à tous les efforts du doute** : « Il faut conclure, et tenir pour constant que cette proposition : je suis, j'existe, est nécessairement vraie, toutes les fois que je la prononce ou que je la conçois en mon esprit. » (*Méditation Seconde*.)

> **À NOTER**
> Je peux, en effet, douter de toutes mes connaissances, de l'existence du monde, de mon corps, mais je ne peux douter que c'est moi qui doute et qui par conséquent pense « je suis » (cogito cartésien).

Je suis, j'existe, mais que suis-je, sinon une chose qui pense, c'est-à-dire une conscience ou une âme (**substance dont toute l'essence est de penser**) ? Ce n'est donc qu'au terme d'un processus de négation de ce qui n'est pas elle que la conscience se saisit elle-même, devient conscience de soi.

Cette affirmation de mon « moi pensant » est d'autant plus éclatante que le doute a été radicalisé. Mon esprit **subsiste** alors même que je doute de tout. Autrement dit, il persiste dans la ruine des déterminations concernant le monde et le corps.

b. La conscience de soi s'acquiert par le travail, le jeu

On peut toutefois se demander si la conscience de soi est une réalité que nous atteignons seulement par le travail du doute qui exclut tout ce qui n'est pas de l'ordre de la conscience. N'est-elle pas d'abord une élévation progressive à la reconnaissance de notre humanité par le travail de transformation du monde extérieur et le miroir de notre liberté que nos œuvres nous renvoient à nous-mêmes ? Comment peut-on, en effet, avoir l'idée de se contempler soi-même intérieurement si on n'a pas de miroir qui nous réfléchit ?

Par son active transformation du monde, l'homme peut se reconnaître « dans la forme des choses », qui n'est rien d'autre que le « cachet personnel » imprimé par lui au monde.

> **À NOTER**
> Le travail, le jeu sont nécessaires à la prise de conscience de soi. Comme le souligne Hegel dans ses leçons sur l'art, c'est d'abord le monde humanisé qui est un miroir de l'être humain et ensuite seulement la réflexion interne.

COURS

À travers les objets extérieurs, il cherche à se retrouver lui-même, à exprimer la conscience qu'il a de lui-même. D'où, en particulier, le besoin de créer des œuvres d'art. De même, l'enfant veut voir des choses dont il soit lui-même l'auteur, et s'il lance des pierres dans l'eau, c'est pour voir les cercles qui se forment et qui sont son œuvre dans laquelle il trouve comme un reflet de lui-même. Et c'est précisément parce que l'enfant agit, se reconnaît dans ses œuvres qu'il peut ensuite, par un simple retour sur soi, accéder à la conscience de lui-même.

c. La conscience de soi est retour à soi à partir de l'être-autre

La conscience de soi n'est donc pas l'objet d'une saisie immédiate, mais elle est le produit d'une recognition ou d'une **reconnaissance**. La conscience de soi est mouvement : elle est le retour à soi que la conscience opère, soit après avoir pris conscience, par introspection, de ses propres contenus (sentiments, pensées), soit après s'être investie, sous la forme d'une activité de connaissance ou de transformation, dans le monde extérieur. Autrement dit, la conscience de soi est retour à soi-même à partir de l'être-autre.

L'être-autre peut aussi être **autrui**. Ainsi, l'enfant, au départ, n'a pas de vie psychique propre et ne possède pas le sentiment de son individualité. C'est par les soins qui lui sont prodigués qu'il commence à prendre conscience de lui. Il se saisit d'abord comme un objet pour les autres, puis comme un objet pour lui-même à partir des attitudes des autres vis-à-vis de lui. C'est seulement vers dix-huit mois que la personnalité de l'enfant s'affirme dans une relation conflictuelle à autrui. L'enfant parle alors de lui à la première personne. Le moi de l'enfant se pose donc en s'opposant au non-moi.

3 Peut-on séparer la conscience et le monde ?

a. La conscience a besoin d'autre chose qu'elle-même pour exister

Alors même que je doute de tout, je prends conscience que je suis et, de plus, que je suis une « chose » qui pense, un esprit. Est-ce à dire, comme l'affirme Descartes, que la conscience est une réalité en soi, une réalité absolue qui n'a pas besoin du corps ou de quelque objet que ce soit pour exister ? Gassendi objecte à Descartes : « Je pense, dites-vous ; mais que pensez-vous ? Car enfin toute pensée est pensée de quelque chose. »

Je peux bien, en effet, percevoir ma pensée comme unie aux objets auxquels elle s'applique mais non comme séparée de tout objet. Que je me connaisse comme être pensant, cela signifie donc tout simplement que j'existe pour moi comme être pensant et non que ma pensée existe en soi. Le véritable cogito n'est-il pas mouvement vers les choses, rapport au corps, au monde ?

b. Toute conscience est conscience de quelque chose

C'est ce qu'affirme avec force **Husserl**, le fondateur de la phénoménologie. Ma conscience n'est ni une sorte de témoin passif des impressions reçues – elle est l'activité de l'esprit tourné vers les choses –, ni le souverain mystérieux d'une vie intérieure secrète conçue comme un système clos.

L'objet peut être **extérieur**, comme quand je perçois un arbre, ou **intérieur**, comme lorsque dans l'imagination ou le souvenir je perçois ce même arbre en son absence. Mais dans les deux cas, ma conscience se rapporte à cet arbre qui est extérieur. Même des phénomènes qui passent pour purement intérieurs ou purement psychiques représentent à leur manière une certaine relation avec des objets ou des êtres. Dans les représentations, c'est quelque chose qui est représenté ; dans le jugement, quelque chose qui est admis ou rejeté ; dans l'amour, quelque chose qui est aimé ; dans la haine, quelque chose qui est haï ; dans le désir, quelque chose qui est désiré, et ainsi de suite. Cette présence intentionnelle appartient exclusivement aux phénomènes psychiques. C'est pourquoi Husserl définit les phénomènes psychiques en disant que ce sont les phénomènes qui contiennent intentionnellement un objet en eux.

À NOTER
Toute conscience est rapport du « moi » au monde.
La conscience est **intentionnalité**, c'est-à-dire visée d'un objet.
Vidée d'objet, elle n'est plus conscience, elle s'anéantit.

c. Conscience de soi et conscience du monde sont corrélatives

Mais s'il n'y a pas de conscience **purement intérieure**, il n'y a pas non plus de monde **purement extérieur**. Comme le souligne Merleau-Ponty dans *Phénoménologie de la perception* : « Le monde n'est pas un objet [...] il est le milieu naturel et le champ de toutes mes pensées et de toutes mes perceptions. » S'il y a au monde autre chose que moi et mes spectacles, il n'en demeure pas moins que ce monde, qui est sans moi, c'est moi qui, par mon regard sur lui, le fait être.

Il n'y a donc pas de dissociation à faire entre un monde intérieur qui se déroulerait sous le regard de la conscience et le monde extérieur : **le monde est tout au dehors et je suis tout hors de moi**. Dès lors je ne peux pas prendre conscience de l'un des termes de la relation sans prendre en même temps conscience de l'autre.

À NOTER
Toute conscience est conscience de quelque chose et en même temps conscience d'elle-même comme sujet qui se tourne vers autre chose que lui-même.

Comprendre le sens d'un sujet de dissertation

Savoir-faire

1. Analyser chacun des termes du sujet.

2. Reformuler le sujet de manière claire et explicite.

3. Identifier la notion du programme en jeu dans le sujet et son domaine d'emploi.

Application

SUJET : Est-ce dans la solitude que l'on prend conscience de soi ?

1. Analyse des termes du sujet

Il s'agit d'un sujet sous forme de proposition. En enlevant le point d'interrogation, on a la thèse : c'est dans la solitude que l'on prend conscience de soi.

Solitude : ici, il faut comprendre « seul soi-même », c'est-à-dire sans la médiation du monde extérieur et d'autrui.

Conscience de soi : l'homme n'est pas seulement un être conscient. Il a conscience de lui-même comme sujet distinct du monde extérieur, d'autrui. Les animaux sont conscients mais ils ne pensent pas, c'est-à-dire qu'ils ne se pensent pas. Seul l'homme est capable de dire *je*, c'est-à-dire de s'opposer au monde, à autrui.

Prendre conscience de soi, c'est se saisir en tant que conscience, avoir conscience de sa conscience. À ce titre, Descartes propose un exemple marquant de la prise de conscience en invoquant le fait que, si je doute, je suis, j'existe. Autrement dit, c'est seul moi-même que, au terme d'un doute totalitaire, je prends conscience de moi-même. Mais c'est une conscience bien solitaire que celle de Descartes (risque du solipsisme : seul moi-même, j'existe). La position de Hegel, dans la dialectique du maître et de l'esclave, montre qu'autrui est ce qui me permet de prendre conscience de moi-même.

2. Reformulation claire et explicite du sujet

Peut-on prendre conscience de soi seul soi-même ou bien la conscience de soi doit-elle quelque chose à la présence du monde et d'autrui ?

3. Notion du programme et domaine d'emploi

La conscience, la conscience de soi, la conscience morale.

Pour réussir le jour J

LES ERREURS À NE PAS COMMETTRE

- **Ne pas confondre « prendre conscience » et « avoir conscience de soi »** (ou « avoir conscience »). Le sujet a conscience de lui-même. Cela ne signifie pas qu'il prend conscience de ce qu'il est réellement. Prendre conscience, c'est se découvrir autre que ce qu'on croyait être : par exemple, j'avais conscience d'être généreux et, un jour, je prends conscience qu'en réalité je suis avare.

- **Ne pas confondre la conscience réfléchie et la conscience morale.** Dans un sujet comme « Suffit-il de respecter le droit pour être en accord avec sa conscience ? », le terme « conscience » désigne la conscience morale. La conscience conçue comme « conscience morale » permet de distinguer le bien du mal et a un but principalement pratique. La conscience comme source de connaissance de soi et du monde a un but principalement théorique.

LE VOCABULAIRE À UTILISER

- Beaucoup de sujets sur la conscience invitent à dire « je », et non « nous », « on », « l'homme ». Le cogito cartésien ne peut se décliner qu'à la **première personne** : je pense donc je suis, et non « L'homme pense donc il est » ou « Descartes dit qu'il pense donc qu'il est ». Le « je » désigne le **sujet générique** et non Anne ou Pierre. Les candidates ne doivent donc pas utiliser le féminin.

- On ne trouve pas dans la langue grecque de terme recouvrant ce que l'on désigne comme étant la conscience. Il est tout à fait illégitime de considérer l'âme (*psuchê*) des Grecs comme un équivalent de la conscience. Dans l'explication d'un texte de la philosophie grecque, ce serait un anachronisme et un contresens de substituer au mot « âme » celui de « conscience », ou pire d'« homme ».

- L'**immanence** est ce qui est à l'intérieur d'une chose, d'un être. La **transcendance** est ce que je découvre en moi (image ou représentation d'un arbre, idée d'infini) et qui témoigne d'une chose extérieure (cet arbre qui est dans un champ) ou supérieure (Dieu). Lorsque l'on dit que la conscience est transcendance, cela signifie qu'elle est mouvement vers autre chose qu'elle-même, vers le monde, **intentionnalité** (transcendance horizontale et non verticale).

10 qcm pour réviser le cours

Corrigés, p. 21

1 La conscience est la faculté :

❑ **a.** d'oublier.

❑ **b.** de se mettre à distance de soi et du monde.

❑ **c.** de ruminer.

2 Comment nomme-t-on l'observation de la conscience par elle-même ?

❑ **a.** L'introspection.

❑ **b.** Le doute.

❑ **c.** La paranoïa.

3 Selon Descartes, au terme de quelle expérience puis-je parvenir à la conscience de moi-même ?

❑ **a.** D'un traumatisme.

❑ **b.** D'une expérience de doute totalitaire.

❑ **c.** D'un effort physique.

4 Quelle est la première vérité issue du doute cartésien ?

❑ **a.** Le cogito.

❑ **b.** Dieu.

❑ **c.** Un carré a quatre côtés.

5 Selon Descartes, l'âme est :

❑ **a.** une substance.

❑ **b.** une qualité.

❑ **c.** un épiphénomène.

6 « Toute conscience est conscience de quelque chose ». Cette formule est de :

❑ **a.** Descartes.

❑ **b.** Bergson.

❑ **c.** Husserl.

7 Selon Husserl, quelle est la caractéristique de la conscience ?

❑ **a.** L'intentionnalité.

❑ **b.** L'introspection.

❑ **c.** La pensée.

8 « Immanent » signifie :

❑ **a.** qui est à l'extérieur.

❑ **b.** qui reste dans.

❑ **c.** qui est au-delà.

9 « Immanent » s'oppose à :

❑ **a.** contingent.

❑ **b.** intrinsèque.

❑ **c.** transcendant.

10 Dans une question comme : « Suffit-il de respecter le droit pour être en accord avec sa conscience ? », le mot « conscience » désigne :

❑ **a.** la conscience psychologique.

❑ **b.** la conscience morale.

❑ **c.** la conscience réflexive.

Plus de QCM sur www.defibac.fr

Sujets

Sujet 1 TYPE BAC

Corrigé, p. 21

Soit le sujet de dissertation suivant :

Suis-je le mieux placé pour me connaître ?

1. Développez la thèse.
2. Soulevez des objections.
3. Formulez la thèse opposée et montrez qu'elle non plus n'est pas crédible.
4. Formulez la question posée par le sujet sous forme d'alternative.

Sujet 2

Corrigé, p. 21

Document

Posséder le Je dans sa représentation : ce pouvoir élève l'homme infiniment au-dessus de tous les autres êtres vivants sur la terre. Par là, il est une personne ; et grâce à l'unité de la conscience dans tous les changements qui peuvent lui survenir, il est une seule et même personne, c'est-à-dire un être entièrement différent par le rang et la dignité, de choses comme le sont les animaux sans raison, dont on peut disposer à sa guise ; et ceci, même lorsqu'il ne peut pas dire Je, car il l'a dans la pensée ; ainsi toutes les langues, lorsqu'elles parlent à la première personne, doivent penser ce Je, même si elles ne l'expriment pas par un mot particulier. Car cette faculté (de penser) est l'entendement. Il faut remarquer que l'enfant qui sait déjà parler assez correctement ne commence qu'assez tard (peut-être un an après) à dire Je ; avant il parle de soi à la troisième personne (Charles veut manger, marcher, etc.) ; et il semble que pour lui une lumière vienne de se lever quand il commence à dire Je ; à partir de ce jour, il ne revient jamais à l'autre manière de parler. Auparavant, il ne faisait que se sentir ; maintenant il se pense.

KANT, *Anthropologie du point de vue pragmatique* (1797), livre I, trad. M. Foucault, © Éditions Vrin, 1964.

Questions

1. Rédigez une introduction qui présente le texte.
2. Dégagez les principaux moments du texte.

QCM

1 b. 2 a. 3 b. 4 a. 5 a. 6 c. 7 a. 8 b. 9 c. 10 b.

Sujet 1

■ **1.** Au premier abord, il me semble que je suis le mieux placé pour me connaître. En tant qu'être conscient, j'ai le sentiment de savoir qui je suis. En revanche, il m'arrive souvent de penser que les autres ne me comprennent pas, qu'ils ne peuvent avoir accès à mon intimité, et donc qu'ils ne me connaissent pas.

■ **2.** Toutefois, ma subjectivité n'est-elle pas un obstacle à une connaissance objective de moi-même ? Quand je prétends me connaître, ne suis-je pas, au fond, de mauvaise foi ? Et s'il m'arrive de reconnaître tel ou tel de mes défauts, n'est-ce pas par complaisance ou pour le nier par cet acte même de sincérité ? En outre, à supposer que je m'efforce d'être le plus objectif possible, la simple conscience immédiate que j'ai de moi-même n'est-elle pas illusoire ? Nietzsche a su prendre la mesure de la difficulté. Dans *Le Gai Savoir*, il écrit : « Combien de gens savent observer ? Et, dans le petit nombre qui savent, combien s'observent eux-mêmes ? Nul n'est plus que soi-même étranger à soi-même » (§ 335).

■ **3.** Autrui est-il pour autant le mieux placé pour me connaître ? Il ne semble pas. Comment peut-il, partant de l'observation de mes comportements, avoir accès à mon intériorité ? N'est-il pas extérieur à moi, à ce que je ressens, à mes pensées les plus secrètes ? Rousseau raconte dans *Les Confessions* que, accusé injustement d'avoir commis une faute, il découvre avec stupéfaction que son innocence n'est pas directement perceptible par les autres. En outre, comment autrui peut-il me connaître, s'il ignore la part d'étrangeté ou cet « autre » qui est en lui ? Ne risque-t-il pas de m'attribuer des qualités, des sentiments, des désirs qu'il méconnaît ou refuse en lui ? Si autrui ne peut pas me connaître, ce n'est pas seulement parce que je diffère de lui, mais c'est surtout parce que, comme moi, il est autre que ce qu'il croit savoir de lui-même.

■ **4.** Suis-je le mieux placé pour me connaître ou bien autrui est-il mieux placé que moi pour le faire ?

Sujet 2

1. Introduction

■ Ce texte est extrait du tout début de l'*Anthropologie du point de vue pragmatique*. Kant y montre que la conscience de soi ou le pouvoir de dire

« je » constitue un privilège qui fait de l'être humain une personne ayant une dignité, une valeur absolue, par opposition aux autres êtres qui ne sont que des choses. Soulignant que l'enfant parle de soi à la première personne assez tardivement, Kant souligne l'importance décisive de l'acquisition du « je ». Ayant conscience de lui-même, l'enfant accède désormais au règne des personnes morales. Il devient un sujet : « Auparavant, il ne faisait que se sentir ; maintenant il se pense. » Autrement dit, il s'élève d'une existence purement sensible (il se ressentait de manière immédiate et concrète) à une existence où l'activité intellectuelle de l'esprit lui permet d'accéder à la connaissance par concepts et à la sphère de la moralité.

2. Principaux moments du texte

a. Pouvoir dire « je » permet à l'homme de transcender l'ordre naturel

« Posséder le Je dans sa représentation », c'est être capable de se saisir soi-même, par un retour sur soi, autrement dit accéder à la conscience de soi.

Par ce retournement de la conscience sur elle-même, l'homme peut transcender l'ordre naturel auquel il appartient. Il se distingue radicalement de l'animal qui, n'ayant pas accès à la conscience de soi, fait partie des choses.

b. L'homme est un être qui a une dignité, une valeur absolue

L'homme est une personne, un sujet moral responsable et possédant une dignité, une valeur absolue. Contrairement aux choses qui ont une valeur relative et qui peuvent être utilisées comme simple moyen, l'homme constitue une fin en soi. Seul un être ayant conscience d'être peut être un sujet ayant des droits et des devoirs.

La personne désigne l'individu humain comme singulier universel. Tout homme peut dire « je », c'est-à-dire totaliser le divers, et doit reconnaître tous les autres qui peuvent dire « je ». La personne est ainsi une catégorie juridique : un sujet reconnu par le droit comme acteur libre et responsable. Elle est aussi une catégorie morale : un sujet ayant des devoirs de vertu, en particulier celui de travailler au bonheur de ses semblables ou tout au moins de donner comme fin à ses actions le respect de l'humanité en sa personne et en celle d'autrui.

d. La formation du pouvoir de dire « je » chez l'enfant

Kant souligne que l'enfant qui commence à parler ne dit pas spontanément « Je », mais parle d'abord de lui à la troisième personne. L'éveil de l'enfant à la conscience de soi est le résultat d'une maturation. L'apparition du « Je » chez l'enfant est irréversible. Ayant conscience de lui-même, l'enfant accède désormais au règne des personnes morales. Il devient un sujet : « Auparavant, il ne faisait que se sentir ; maintenant il se pense ». Autrement dit, il s'élève d'une existence purement sensible à une existence où l'activité intellectuelle de l'esprit lui permet d'accéder à la sphère de la moralité.

2 La perception

Les 5 points incontournables

Qualités premières et qualités secondes

Descartes fait la différence entre les *qualités premières* et les *qualités secondes* d'un objet. Les qualités premières renvoient à toutes les qualités qui existent en dehors de la perception que le sujet en a (forme, taille…) ; les qualités secondes sont celles qui correspondent à la perception du sujet (couleur, odeur, texture…). *Cours 3 b*

La perception est le fait du sujet

La perception est propre à celui qui perçoit : elle varie en fonction de nombreux facteurs individuels. Ainsi, un objet donné ne sera pas forcément perçu de la même manière par deux individus. *Cours 2 c*

La perception s'éduque

Les perceptions *naturelles* dépendent de nos sens, les perceptions *acquises* proviennent de l'habitude. Puisque la plupart des perceptions se distinguent de la simple sensation, on peut dire qu'elles sont acquises. Dès lors, il n'y a pas d'erreur des sens, mais seulement des erreurs de jugement. *Cours 2 b*

Perception et entendement

La perception, contrairement à la simple sensation, constitue un début de connaissance : le sujet qui perçoit opère une interprétation et fait intervenir son jugement.
Si nos sens peuvent nous tromper, on peut dire qu'il n'y a pas de connaissance vraie de ce qu'on ne peut percevoir.
La perception est donc une condition nécessaire mais insuffisante de la connaissance vraie.

Cours 1 b ; 3 a

Perception et expérience

Si la perception est immédiate, son interprétation ne l'est pas : je juge d'un objet que je perçois en fonction de ce que j'ai l'habitude de percevoir. La perception reconstitue l'objet tel qu'il est pensé (nous ne percevons pas l'objet dans son intégralité, mais par la pensée nous le restituons). Ainsi, quand je vois un cube, je ne perçois pas toutes ses faces, mais mon expérience me permet de reconstituer l'objet.

Cours 1 c ; 2 a, b

1 Qu'est-ce que la perception ?

a. Définition

Perception vient du latin *percepio* qui signifie « action de recueillir, de recevoir, de se pénétrer ». L'être humain reçoit, accueille des impressions venues du monde extérieur. Il en prend d'abord connaissance par ses sens. Sans la vue, l'ouïe, le toucher, le goût, l'odorat, l'homme ne percevrait rien. Mais la perception suppose un usage actif de nos sens. En cela, **elle s'oppose à la pure sensation** qui, elle, n'est que l'usage passif de nos sens.

À NOTER

Percevoir, c'est donc appliquer l'activité de l'esprit au discernement des sensations.

b. La perception mobilise l'entendement

Si la perception était une pure réception par les sens d'un objet extérieur, il serait impossible de distinguer une vraie perception d'une fausse perception. L'enfant qui veut saisir la lune avec ses mains perçoit mal. Dans ses *Éléments de philosophie* (1941), Alain a bien mis en évidence l'intervention du jugement dans la perception. Par exemple, je dis que je perçois un cube. Or, qu'est-ce que je perçois de ce cube, lorsque je suis à une certaine distance de lui ? Est-ce que je perçois les six faces et les douze arêtes ? Non, il m'est impossible de les voir toutes simultanément. Au mieux, j'ai la sensation de trois faces et de neuf arêtes. Donc, lorsque je dis que je perçois un cube, je juge d'après les trois faces et les neuf arêtes que c'est un cube. **Un objet est pensé et non pas senti**.

c. La perception mobilise la mémoire et l'imagination

La perception **implique** aussi **la mémoire**. On ne peut saisir une mélodie qu'en entendant à la fois, à ce qu'il semble, le commencement et la fin, ce qui est impossible. Il faut donc que les premières notes restent présentes à l'esprit quand on entend les dernières.

La perception **suppose** enfin **l'imagination**, la capacité d'anticiper. Par exemple, ce qui est faux dans la perception d'un fantôme, ce n'est pas ce que nos yeux nous font éprouver, lueur fugitive ou tache colorée – la sensation elle-même n'est pas douteuse –, mais bien notre anticipation ou imagination : « Voir un fantôme, c'est supposer, d'après les impressions visuelles, qu'en allongeant la main on toucherait quelque être animé ; ou bien encore c'est supposer que ce que je vois maintenant devant la fenêtre, je le verrai encore devant l'armoire si je fais un certain mouvement. » (Alain, *Éléments de philosophie*.)

2 La perception s'éduque-t-elle ?

a. La fonction de la perception est pratique

Les hommes regardent et croient voir, ils écoutent et croient entendre. Mais ce qu'ils voient et entendent du monde extérieur, c'est simplement ce que leurs sens en extraient pour éclairer leur conduite. Que voyons-nous des choses le plus souvent, sinon quelques traits qui facilitent leur reconnaissance pratique ? Les choses n'ont-elles pas été classées en fonction du parti que nous pouvons en tirer ? N'est-ce pas cette classification que nous apercevons, beaucoup plus que leur individualité ? « Nous faisons une différence entre la chèvre et le mouton ; mais distinguons-nous une chèvre d'une chèvre, un mouton d'un mouton ? L'individualité des choses et des êtres nous échappe toutes les fois qu'il ne nous est pas matériellement utile de les apercevoir. » (Bergson, *Le Rire*.)

b. Les perceptions naturelles et les perceptions acquises

Les perceptions doivent beaucoup à l'expérience, à l'habitude, à nos intérêts pratiques. Par exemple, les perceptions musicales peuvent arriver à une grande perfection par l'exercice. On le voit avec un musicien qui est capable de retranscrire tout un morceau d'orchestre, entendant à la fois toutes les parties et tous les timbres des instruments. Or, cette précision dans le souvenir et dans l'imagination serait impossible si elle n'était d'abord dans la perception.

De là la distinction entre les **perceptions naturelles** et les **perceptions acquises**. Les premières dépendent immédiatement de la nature de chaque sens, comme la couleur de la vue, le son de l'ouïe, la résistance du toucher. Les secondes sont de deux sortes. D'abord, les perceptions naturelles en tant qu'elles sont perfectionnées et rendues plus distinctes par l'habitude et l'éducation : on apprend ainsi à regarder, à entendre, à goûter. En ce sens toute **perception** est acquise, puisque toutes se distinguent de la simple **sensation** et sont le résultat de l'attention et de l'effort personnel. Ensuite, celles qui sont des inductions : on juge de la présence d'une qualité ou d'un objet par le moyen d'un phénomène qui lui sert de signe. Par exemple, l'affaiblissement d'un son est le signe de l'éloignement, les nuances de couleur sont les signes de la forme.

ATTENTION !

La perception comme connaissance des choses existantes est une conscience individuelle et non pas la conscience générale. Le triangle que je perçois tracé au tableau est un triangle éprouvé par moi, comme une existence ici et maintenant, et ne vaut que pour ma conscience. Seule la conception du triangle (sa définition) le donne comme un être éternel valable pour toute conscience et dont le sens et les propriétés ne doivent rien au fait que je le perçois.

c. Autrui et moi n'avons pas les mêmes perceptions

Qu'en est-il des perceptions naturelles, primitives ? Il me semble qu'autrui a les mêmes que moi. Pourtant, la couleur rouge de l'objet que je regarde est et restera toujours connue de moi seul. Comme le souligne Merleau-Ponty dans *La Structure du comportement* : « Je n'ai aucun moyen de savoir si l'impression colorée qu'il donne à l'autre est identique à la mienne. Nos confrontations intersubjectives ne portent que sur la structure intelligible du monde perçu. »

3 La réalité est-elle telle que nous la percevons ?

a. Notre cerveau reconstruit la réalité

La science nous affirme que certaines des qualités que nous percevons n'appartiennent pas vraiment aux objets. Je perçois un morceau de craie rouge : en quel sens puis-je dire que cette couleur lui appartient, est en lui ? Si quelque chose existe dans cet objet, ce n'est pas la sensation de rouge. Celle-ci est un état de conscience qui résulte de l'impression faite sur la rétine par quelques ondes lumineuses. L'objet que je perçois décompose la lumière, arrête ou absorbe certains rayons, en réfléchit d'autres. Et cela ne ressemble pas à la sensation que j'éprouve, à la couleur que l'opinion commune considère comme inhérente au corps lui-même. Il en est de même du son, de l'odeur, de la saveur, de la sensation de froid ou de chaud...

> **À NOTER**
> Le réalisme naïf consiste à croire que les choses sont telles que nous les voyons.

De plus, la façon dont notre cerveau reconstruit la réalité environnante est propre à notre espèce. Chaque espèce vivante possède un appareil psychique qui reconstruit ce qu'elle perçoit d'une façon n'appartenant qu'à elle. Les oiseaux, par exemple, perçoivent les vibrations ondulatoires, en particulier acoustiques, émanant de la terre et des cours d'eau, et cela joue beaucoup dans leur perception de l'espace.

L'univers que nous percevons n'a aucune existence objective. C'est celui que reconstruit le cerveau propre à notre espèce. Ce que nous appelons une perception objective est, en réalité, la perception subjective relative à notre espèce mais aussi à chaque individu puisque les perceptions varient en fonction des intérêts et de l'habitude, ou de l'exercice.

b. Les qualités premières de la matière

Parmi les qualités des corps, Descartes et Locke distinguent les **qualités secondes** et les **qualités premières**. Les **qualités secondes** sont **subjectives**. Elles dépendent de nos sens : sans nos sens, il n'y aurait plus ni lumière, ni couleurs, ni sons. Resteraient alors les **qualités premières**, **objectives**, celles qui existent dans les corps indépendamment du sujet percevant : l'étendue et le mouvement, la flexibilité et la muabilité, la résistance ou l'impénétrabilité.

> À NOTER
> Prenons pour exemple, dit Descartes, un morceau de cire qui vient d'être tiré de la ruche : il a une couleur, une figure, une grandeur ; il est dur et froid au toucher et, si on le frappe, il rend quelque son. Voilà pour les qualités secondes, apparentes. Mais une fois qu'il a été chauffé, qu'en reste-t-il sinon quelque chose d'étendu, de flexible et muable ? (*Seconde Méditation*).

c. Aucune qualité n'appartient en propre aux corps

Reste donc les qualités premières. Cela même est-il bien certain ? Qu'est-ce que **l'étendue** ? La psychologie nous apprend qu'elle n'est qu'une synthèse de sensations visuelles, tactiles, kinésiques. Elle ne peut donc être donnée à part des qualités secondes. Par exemple, quand je perçois une étendue blanche, je ne saisis pas séparément l'étendue et la blancheur, mais de la blancheur étendue. Autrement dit, cette étendue, dont on affirme qu'elle appartient en propre aux corps, est tout simplement la forme de nos sensations.

Locke avait déjà affirmé ce point de vue. Selon lui, si les idées de lumière et de couleur sont dues à un seul sens : la vue, celles d'espace, de figure, de mouvement exigent que des connexions soient faites dans l'expérience entre les données des différents sens. On juge d'une chose par une autre (soit de l'espace par la lumière et la couleur). Il n'y a pas de correspondance entre les sens, de telle sorte que les informations fournies par le toucher, par exemple, trouveraient leur équivalent dans la vision ou dans quelque autre sens.

Reste la résistance ou l'impénétrabilité. Quand je serre un presse-papier, je sens qu'il me résiste. Il s'agit d'une sensation tactile, musculaire. Ce qu'il y a donc dans ce corps, qui résiste à la pression que j'exerce, c'est quelque chose de même nature que ce que j'éprouve : les deux sont des sensations.

La matière dont sont constitués les corps n'a rien de commun avec ce que nous croyons en connaître par nos sens, avec la représentation que nous nous en formons. D'où la question : existe-t-il une réalité en dehors de nous ?

Être attentif au libellé du sujet de dissertation (1)

Savoir-faire

1. Les sujets qui commencent par « Qu'est-ce que »

Il s'agit d'une problématique relative à l'essence. Après avoir dégagé le problème (deux premières parties), répondre à la question en troisième partie. S'il n'y a pas de définition possible, il faut expliquer pourquoi.

2. Les sujets qui commencent par « Peut-on »

« Peut-on » a deux sens possibles : 1. est-il possible effectivement (*de facto*) ? 2. A-t-on le droit (*de jure*) ? On répondra à la question en troisième partie.

3. Les sujets qui commencent par « Pourquoi »

« Pourquoi » a deux sens possibles : 1. pour quelles raisons ? 2. Dans quel but ? Deux types de problématique donc : l'une relative à la causalité, l'autre à la finalité.

4. Les sujets qui commencent par « Faut-il »

« Faut-il » a trois sens : 1. est-il nécessaire de ? 2. A-t-on raison de ? 3. Est-ce un devoir ? Trois sortes de problématiques donc : l'une relative à la nécessité, la deuxième relative à la raison, la troisième relative au devoir.

Application

« Qu'est-ce qu'une évidence ? » Partir d'une définition non réfléchie : est évident ce qui me paraît indubitable. Puis soulever une objection : mais ce qui me paraît indubitable peut être faux. D'où le problème : comment distinguer l'évidence de la fausse évidence ?

« Peut-on tout dire ? » signifie : « A-t-on le droit de tout dire ? » « Peut-on parler pour ne rien dire » signifie : « Est-il possible de parler pour ne rien dire ? »

« Pourquoi parle-t-on ? » signifie : « Dans quel but parle-t-on ? » « Pourquoi les lois ? » signifie : « Pour quelles raisons les lois ? »

Dans « Faut-il n'admettre comme vrai que ce qui peut être prouvé ? » *faut-il* signifie « est-il nécessaire ? » Dans « Faut-il laisser libre cours à ses désirs dans la conduite de la vie ? » *faut-il* signifie « est-ce raisonnable ? » Dans « Faut-il toujours dire la vérité ? » *faut-il* signifie « est-ce un devoir ? »

Pour réussir le jour J

LES ERREURS À NE PAS COMMETTRE

- Ne pas confondre la perception ordinaire avec les « **petites perceptions insensibles** » dont parle Leibniz, c'est-à-dire des pensées inconscientes, des « perceptions » trop « petites » pour être aperçues. Tout phénomène conscient n'est que l'assemblage global d'éléments trop petits pour que chacun d'eux soit aperçu distinctement à part : pour entendre, du rivage, le bruit et le mugissement de la mer, « il faut bien qu'on entende les parties qui composent ce tout, c'est-à-dire les bruits de chaque vague, quoique chacun de ces petits bruits ne se fasse connaître que dans l'assemblage confus de tous les autres ensemble, c'est-à-dire dans ce mugissement même ».
- La connaissance du calcul intégral permet de saisir comment la conscience peut résulter de l'intégration de perceptions et d'impulsions inconscientes. Leibniz précise le mode de passage de l'inconscient au conscient, de la conscience irréfléchie à la réflexion par intégrations successives. En bas, les petites perceptions s'accumulent sans donner lieu à une véritable intégration : état d'inconscience, ou d'étourdissement. Lorsque les perceptions insensibles sont intégrées, elles produisent le passage à la conscience.

LE VOCABULAIRE À UTILISER

- **Ne pas confondre voir, regarder, observer :**

– **voir**, c'est percevoir par les yeux, sans en avoir eu forcément l'intention ;
– **regarder**, c'est, le verbe le dit bien, se poser un temps plus ou moins long sur la chose, la considérer ;
– **observer**, c'est examiner avec attention et intention, pour étudier.

Voir peut se faire par hasard, alors que regarder et observer ne peuvent se faire qu'intentionnellement.

- **Il y a voir et voir.** On songe d'abord à la *vue*, opération sensible des globes oculaires. Mais voir peut aussi référer à la *vision* au sens d'intuition, de saisie immédiate des choses. Un artiste voit mieux que les autres, car il regarde la réalité nue sans voiles. Lorsque nous regardons un objet, d'habitude, nous ne le voyons pas, parce que ce que nous voyons, ce sont des conventions interposées. Bergson oppose la « vision » de l'artiste au « regard » des « humains ordinaires », lequel se brouille de « conventions » pratiques s'interposant entre l'objet et nous. L'artiste, lui, *voit* mieux en cela que, débarrassé de ces conventions (des « préjugés »), il entre en contact « direct » avec la réalité. Il atteint ainsi l'objet tel qu'il est réellement, dans son individualité.

10 qcm pour réviser le cours

Corrigés, p. 32

1 La perception est :

- ❑ **a.** un ensemble de sensations.
- ❑ **b.** une activité de l'esprit.
- ❑ **c.** une vision.

2 Bergson affirme que les hommes regardent et croient voir, mais qu'ils ne voient pas les choses mêmes. Cela signifie-t-il que la perception nous livre le monde :

- ❑ **a.** où « la terre est bleue comme une orange » (Eluard).
- ❑ **b.** en fonction de nos besoins et intérêts.
- ❑ **c.** tel qu'on voudrait qu'il soit.

3 La perception est :

- ❑ **a.** passive.
- ❑ **b.** le fruit de l'éducation.
- ❑ **c.** l'usage immédiat de nos sens.

4 L'étendue est :

- ❑ **a.** une qualité seconde de la matière.
- ❑ **b.** une qualité première de la matière.
- ❑ **c.** ce qui est devant nous.

5 Qui est le théoricien des « petites perceptions » ?

- ❑ **a.** Descartes.
- ❑ **b.** Alain.
- ❑ **c.** Leibniz.

6 La perception est :

- ❑ **a.** une conscience individuelle.
- ❑ **b.** une conscience générale.
- ❑ **c.** une conscience spontanée.

7 La couleur rouge est :

- ❑ **a.** une qualité inhérente à la matière.
- ❑ **b.** un état de conscience résultant de l'impression faite sur la rétine par quelques ondes lumineuses.
- ❑ **c.** une donnée objective.

8 Qu'illustre l'exemple du morceau de cire chez Descartes ?

- ❑ **a.** Ce n'est pas par les sens qu'on peut connaître le morceau de cire.
- ❑ **b.** La connaissance du morceau de cire est impossible.
- ❑ **c.** Le morceau de cire est tel qu'on le voit.

9 La perception de l'espace est-elle due :

- ❑ **a.** à la vue ?
- ❑ **b.** à la présence d'un objet ?
- ❑ **c.** à une connexion entre différents sens ?

10 Le réaliste naïf croit que la réalité est :

- ❑ **a.** telle que nous la percevons.
- ❑ **b.** une illusion.
- ❑ **c.** une construction de l'esprit.

Sujets

Sujet 1 TYPE BAC

Corrigé, p. 32

Explicitez la thèse proposée par le sujet de dissertation suivant. Demandez-vous ensuite quelle pourrait être l'antithèse.

L'apparence est-elle mensonge ?

Sujet 2

Corrigé, p. 33

Document

Les sens ne trompent pas : proposition qui récuse le reproche le plus important, mais aussi, à bien peser, le plus vain qu'on adresse aux sens ; ce n'est pas qu'ils jugent toujours exactement, mais ils ne jugent pas du tout ; c'est pourquoi l'erreur n'est jamais qu'à la charge de l'entendement.

Cependant l'*apparence sensible* [...] tourne pour l'entendement, sinon à la justification, du moins à l'excuse ; c'est que l'homme en arrive souvent à tenir l'élément subjectif de sa représentation pour l'objectif (la tour éloignée dont on ne voit pas les angles est considérée comme ronde ; les lointains de la mer qui atteignent le regard par des rayons lumineux plus élevés, sont considérés plus hauts que le rivage [...] ; la pleine lune qu'on voit, quand elle monte à l'horizon, à travers un air chargé de vapeurs, bien qu'on la saisisse avec le même angle de vue, est tenue pour plus éloignée, donc pour plus grande que lorsqu'elle est haut dans le ciel ; et ainsi il en vient à prendre le phénomène pour l'expérience et à tomber dans l'erreur, comme en une faute de l'entendement, non comme en une faute des sens.

KANT, *Anthropologie du point de vue pragmatique*,
première partie, trad. M. Foucault, © Éditions Vrin, 1964.

Questions

1. Rédigez une introduction présentant le texte.
2. Montrez l'intérêt du texte en réfléchissant à la question : quel est le rôle des sens, de l'expérience dans la connaissance ?

QCM

1 b. 2 b. 3 b. 4 b. 5 c. 6 a. 7 b. 8 a. 9 c. 10 a.

Sujet 1

1. Thèse proposée par le sujet

■ Au sens premier du terme, l'apparence (du latin *apparere*, « apparaître ») est la manière dont une personne ou une réalité se présente à nous. Ce qui apparaît ou se manifeste à nos yeux, c'est l'aspect extérieur d'une chose. Or cet aspect peut parfois être trompeur et même s'opposer à la vraie réalité de la chose. L'apparence peut donc être mensonge.

■ Ramenant Eurydice des enfers, Orphée la perd définitivement en se retournant et en la regardant malgré l'interdiction. Le sens de ce mythe est peut-être qu'il faut se méfier des reflets qui nous donnent l'illusion de posséder l'objet reflété alors qu'ils n'en sont que l'image ou l'ombre. Platon, dans l'allégorie de la caverne (*La République*), nous met en garde contre le monde sensible qui n'est qu'apparence. Car, selon lui, il existe un autre monde, celui des Idées, par rapport auquel le monde sensible n'a pas plus de consistance qu'une ombre. La connaissance dépasse donc la simple opinion en ceci qu'elle ne porte pas sur le monde sensible mais s'attache au monde intelligible dont le sensible n'est qu'un reflet.

■ Le **dualisme** de Platon est une réponse à l'affirmation d'Héraclite selon laquelle l'essence de la réalité est le devenir. La première raison des Idées, c'est d'échapper au devenir sensible et de constituer ainsi l'objet d'une connaissance possible. De même, pour Aristote, le réel dont nous faisons l'expérience, même s'il n'est pas comme chez Platon la copie d'un autre monde, est un être moindre.

2. Antithèse possible

■ Il faut attendre **Nietzsche** pour que soient déjouées ces philosophies qui se nourrissent de « l'illusion des arrière-mondes ». Récusant l'opposition entre l'au-delà et l'en deça, l'affirmation que le réel singulier est une déperdition, la croyance à « l'être-de-derrière-l'apparition », les Idées, l'idéalisme, Nietzsche affirme que l'apparence, loin d'être mensonge, est l'apparaître même de la vérité. Il n'existe qu'un seul monde et ce monde a valeur et sens. L'apparence et l'être ou le vrai sont indissociablement liés. La vérité en sa profondeur se manifeste bien par son apparaître. L'apparence appartient elle-même à la réalité. Les oppositions métaphysiques entre l'apparence et le réel, le mensonge et la vérité, ne sont que le symptôme de notre impuissance originaire à supporter un monde qui serait pur chaos, devenir contradictoire, inconnaissable, informe et ineffable.

Sujet 2

1. Introduction

■ On affirme souvent que les sens sont trompeurs : un bâton plongé dans l'eau paraît tordu ; une tour carrée vue de loin paraît ronde. Dans ce texte extrait d'*Anthropologie du point de vue pragmatique*, Kant montre que les sens ne peuvent tromper car ils ne jugent pas. Seul l'entendement peut juger et il se trompe quand il confond le phénomène (ce qui apparaît) avec l'expérience (c'est-à-dire les données fournies par les sens).

■ Il n'y a pas d'erreur des sens, il n'y a que des erreurs de jugement. Ce n'est pas le fait de voir la tour éloignée ronde, qui est une erreur. L'erreur, c'est de juger que cette tour est ronde. D'où la question : quel est le rôle des sens, de l'expérience dans la connaissance ?

2. Quel est le rôle des sens, de l'expérience dans la connaissance ?

■ Pour la philosophie rationaliste, la perception est une source insurmontable d'erreurs car notre corps ne nous fournit que des informations floues et disparates, et le jugement qui en procède peut toujours être défaillant. Platon nous conseille de nous tourner du côté des Idées. Descartes affirme que les idées vraies sont les idées claires et distinctes que nous trouvons en notre âme avec « leurs vraies et immuables natures ». Malebranche invite ses interlocuteurs à quitter le soleil visible, pour s'enfermer dans un cabinet philosophique où seul brillera le soleil intelligible de la vérité.

■ Les empiristes insistent au contraire sur le fait que toute notre connaissance s'enracine dans nos sens. Ainsi, par exemple, nous observons qu'un phénomène donné est suivi d'un autre phénomène donné. Rien ne nous permet d'affirmer qu'il existe entre eux une relation causale sinon l'habitude que nous avons acquise, sous l'influence d'une association souvent répétée, de nous attendre à les voir se suivre. Le principe de causalité est donc acquis par expérience. Kant reconnaît que l'expérience est le point de départ mais qu'elle ne nous donne jamais rien qui soit universel et nécessaire. Connaître, c'est utiliser des mots comme « nécessairement », « tous », « Connaître, c'est donc dire plus que ce qui est donné dans l'expérience. Kant affirme qu'un tel dépassement est rendu possible grâce à des formes *a priori* transcendantales, c'est-à-dire à la fois transcendantes (elles ne dérivent pas de l'expérience) et immanentes (elles ne se montrent que dans l'expérience). Il y a les formes *a priori* de la sensibilité (espace et temps) et les formes *a priori* de l'entendement (par exemple, le concept de cause). Kant reconnaît, avec les rationalistes, l'effectivité d'une connaissance antérieure à l'expérience et qui permet de fonder celle-ci. Mais cette connaissance n'est qu'une forme vide que seule l'expérience peut remplir.

3 L'inconscient

COURS

Les 5 points incontournables

• Les lacunes de la conscience

Seule une petite partie des pensées, souvenirs et sentiments du sujet est à l'état conscient. Le reste peut être temporairement non conscient (*préconscient*), ou être du domaine de l'*inconscient* : il s'agit de pensées et désirs refoulés qui ne remontent jamais à la conscience du sujet.
Mais certains actes conscients du sujet ne peuvent s'expliquer par les seules données de la conscience, qui est lacunaire.

▶ *Cours 1 a, b ; 2 a*

• Le ça, le moi et le surmoi

Dans sa seconde topique, Freud distingue trois niveaux de vie psychique : le ça, le *moi* et le *surmoi*.
Le *ça* correspond à l'ensemble de ce qui est refoulé par le sujet (car il ne coïncide pas avec les exigences morales et sociales).
Le *moi* correspond à la partie la plus visible du sujet.
Le *surmoi* opère une fonction de refoulement des pulsions du ça, soumis aux interdits sociaux et moraux.

▶ *Cours 1 c*

• L'hypothèse de l'inconscient

Pour Freud, l'hypothèse de l'inconscient est nécessaire car elle complète le sens de nos actes et pensées, que la conscience seule ne peut fournir. L'acte de penser signale l'existence d'un inconscient, puisque des pensées nous viennent parfois sans provenir de notre réflexion consciente.

▶ *Cours 2 c*

• Inconscient et responsabilité

Pour Alain, au contraire, l'idée d'inconscient est une faute morale car elle aliène le sujet en le déresponsabilisant de ses actes. L'inconscient serait un déterminisme, c'est pourquoi Alain le limite à un simple mécanisme corporel.

▶ *Cours 3 a, b, c*

• L'inconscient psychique

L'inconscient est donc considéré comme une réalité psychique ayant un contenu (pulsions, désirs…) et un fonctionnement propre. Il structure notre vie psychique et représente une barrière à la pleine conscience de nous-mêmes.

▶ *Cours 2 a, b*

1 Qu'est-ce que l'inconscient ?

a. L'inconscient au sens descriptif

Dans un premier sens, « inconscient », utilisé comme adjectif qualificatif, sert à désigner ce qui n'est pas actuellement à la conscience, ce qui est temporairement « inconscient ». Ces contenus (pensées, souvenirs, sentiments) qui sont à l'état latent et en ce sens inconscients, peuvent à tout moment redevenir conscients et leur passage d'un état à l'autre ne les modifie en rien. Ainsi, tel poème de Baudelaire, dont j'ai souvenance, se présente à nouveau à ma conscience. Freud qualifie ces contenus de « **préconscients** » pour les distinguer de ceux qui ne peuvent revenir directement à la conscience, qui sont refoulés et donc, à proprement parler, inconscients.

b. L'inconscient au sens topique

Dans sa **première topique** (en grec *topos* signifie « lieu »), élaborée en 1900, Freud compare le psychisme à un appareil constitué de deux systèmes radicalement distincts : l'**inconscient et** le **préconscient-conscient** (Ics, Pcs-cs).

> **À NOTER**
> L'inconscient est un système constitué de contenus refoulés (représentations psychiques souvent sexuelles, agressives, c'est-à-dire des pensées, des images, des souvenirs, des fantasmes sur lesquels se fixent les pulsions) qui n'ont pu avoir accès au système préconscient-conscient.

Ces contenus inconscients ne peuvent revenir directement à la conscience. Ils font retour de manière déguisée dans le rêve ou encore sous forme de symptômes. Investis de l'énergie pulsionnelle, ils sont régis par des mécanismes propres au système inconscient (mécanismes du déplacement et de la condensation). Le **déplacement** est un mécanisme par lequel une énergie d'investissement est susceptible de se détacher d'une représentation à l'origine fortement investie et donc refoulée, et de glisser le long de voies associatives vers d'autres représentations à faible intensité. La **condensation** est un mécanisme par lequel une représentation unique recouvre à elle seule plusieurs chaînes associatives à l'intersection desquelles elle se trouve.

Freud a repéré dans ces deux mécanismes du déplacement et de la condensation une ressemblance avec certains procédés stylistiques. Ainsi, le **déplacement** s'apparente à une **métonymie**. Par exemple, dans un rêve, le mot *Zimmer* (chambre) vient remplacer le mot *Frauenzimmer* (femme), de sorte que le récit sur la chambre masque un récit sur la femme. Autrement dit, l'accent mis sur les éléments glisse dans le rêve du signifiant central (femme) à des signifiants connexes. Il en va de même lorsqu'au lieu de dire : « Cent bateaux à voiles voguent sur la mer », je dis : « Cent voiles voguent sur la mer ». Il y a bien là un glissement du tout vers la partie. Cette figure n'est autre que la métonymie. Quant à la **condensation**, elle s'apparente à une **métaphore**. Par exemple, dans un rêve de Freud, le mot *botanique* figure *Flora*, l'une de ses patientes, « la florissante jeune femme d'un de ses collègues ». Il y a donc là la substitution à un mot prévisible d'un autre mot qui en est la métaphore.

c. La seconde topique

À partir de 1923, Freud élabore une seconde topique dans laquelle il use du terme *inconscient* pour qualifier le ça (*Es*), mais aussi pour une part le moi (*Ich*) et le surmoi (*Über-Ich*).

Le ça demande, le surmoi autorise ou non. Le moi se trouve pris entre les exigences du ça et les impératifs du surmoi. La névrose ou la maladie n'est jamais qu'un mauvais compromis entre ces forces contradictoires. Comme le souligne Freud, **« le moi n'est pas maître dans sa propre maison »**. Il est soumis à une triple servitude, et de ce fait menacé par trois sortes de dangers : celui qui vient du monde extérieur, celui de la libido (pulsions) du ça et celui de la sévérité du surmoi.

> **À NOTER**
> Le ça, totalement inconscient, est le réservoir des instincts primaires, des pulsions, des désirs refoulés. Il est régi par le seul principe de plaisir. Le **moi** qui, pour une part, constitue la conscience, a pour fonction de se défendre contre les pulsions du ça (mécanismes de défense) ou de les adapter aux conditions imposées par le monde extérieur. Il est donc régi par le principe de réalité. Le surmoi qui est formé par l'intériorisation des interdits parentaux et sociaux, est le juge et le censeur du moi.

> **ATTENTION !**
> Les processus psychiques sont pour l'essentiel inconscients. Seule une partie du moi, tel un iceberg, émerge.

2 Pourquoi cette hypothèse d'un inconscient psychique ?

a. Les données de la conscience sont lacunaires

Jusqu'à Freud, l'idée de psychique était strictement analogue à celle de conscience. La position de Freud, au contraire, est la suivante : il y a des actes psychologiques conscients qui ne peuvent être expliqués que par des actes psychiques qui, eux, échappent au témoignage de la conscience. La conscience n'a pas de valeur explicative totale, mais seulement partielle. Dans bien des cas un acte psychique ne s'explique pas par la conscience, mais par un autre acte psychique : d'où

> **ATTENTION !**
> Il n'y a pas identité entre conscience et états psychiques, mais un champ des états psychiques plus large que celui de la conscience.

l'idée d'enchaînement continu et sous-jacent des actes psychiques. Alors que la conscience est un phénomène de surface dont les données ne sont pas continues, et même, souligne Freud, généralement lacunaires.

b. Les manifestations de l'inconscient

L'inconscient se manifeste aussi bien chez l'homme bien portant que chez un patient. Avec des exemples faciles à reconnaître pour soi-même, en ce qui concerne « l'homme sain » : les **lapsus**, les **actes manqués**, les **rêves**. Domaine immense, constamment présent dans notre vie quotidienne.

Les **lapsus** sont des erreurs de langage qui ont un caractère involontaire. Selon Freud, ils ne sont pas dus à l'inattention ou à la fatigue, ils témoignent d'un désir préconscient ou inconscient et résultent de l'interférence de ce désir avec ce qu'on voudrait ou devrait consciemment dire. Exemple : un président qui déclare, dès l'ouverture, la séance close. Aux *lapsus linguae* s'ajoutent d'autres phénomènes de sens comme l'oubli momentané d'un nom propre, les erreurs de lecture, la perte ou le bris d'objets. Les **actes manqués** sont, selon Freud, des discours réussis. Ils expriment des pulsions ou des intentions qui ont leur source dans des désirs ou des complexes refoulés.

Pour ce qui concerne le malade, tout symptôme est **symptôme de quelque chose d'autre** : un état psychique qui renvoie à un autre état psychique. Ainsi, Freud raconte le cas d'une jeune fille qui, chaque soir, avant de pouvoir dormir, devait accomplir un cérémonial long et compliqué, exigeant en particulier que la porte qui séparait sa chambre de celle de ses parents restât ouverte. L'analyse a révélé qu'elle avait des désirs incestueux pour son père et que, par ce cérémonial, elle empêchait ses parents d'avoir des rapports amoureux.

> **À NOTER**
> Les symptômes de la névrose ont un sens latent. Ils sont la satisfaction imaginaire et détournée de désirs inconscients.

Freud affirme enfin qu'il y a des idées, des sentiments, des désirs qui nous viennent sans que l'origine soit consciente (et qui ne peuvent donc s'expliquer que par le rattachement à l'inconscient). On peut éprouver un désir sans en connaître ni l'origine ni la véritable signification.

c. L'hypothèse de l'inconscient est nécessaire et légitime

Si l'on ne recourt pas à l'hypothèse de l'inconscient, les actes conscients collectés – compte tenu de leur caractère lacunaire – « demeurent incohérents et incompréhensibles ». Freud met en cause le privilège classique de la conscience : alors que la conscience est habituellement définie comme ce qui donne sens, le recours à la conscience fait de la suite des actes conscients collectés quelque chose d'insensé, dans son apparence (incohérence) et dans sa réalité (incompréhensible). Avec l'hypothèse de l'inconscient est comblé ce qui jusqu'alors était lacunaire. Un ensemble cohérent se dessine. C'est l'inconscient qui donne sens. Freud argumente ensuite sur la légitimité de l'hypothèse de l'inconscient. Si l'on parvient à rappeler au souvenir conscient ce qui a été refoulé, le conflit psychique peut trouver sous la direction du thérapeute une issue favorable. La cure psychanalytique, parvient « à faire évanouir conflits et névroses ». C'est une sorte de « preuve » expérimentale « incontestable » qui donne consistance de fait à ce qui, jusqu'alors, n'était qu'une hypothèse intellectuelle.

3 Reconnaître l'existence de l'inconscient, n'est-ce pas abdiquer sa responsabilité ?

a. L'inconscient est-il une réalité ?

Les symptômes, le rêve, les actes manqués ne peuvent révéler l'existence de l'inconscient que si l'on postule qu'ils sont signifiants et forment un discours. Mais dire qu'ils forment un discours, n'est-ce pas présupposer ce sujet dont on voudrait démontrer l'existence ? Ne peut-on pas considérer ces prétendus effets comme « insignifiants » au sens propre du mot ?

Pour **Alain**, l'**inconscient** n'est pas une instance du psychisme mais un simple **mécanisme corporel**. « Il y a, dit-il, un conflit sans cesse recommencé entre les passions (l'inconscient) et la raison (le conscient), ou, plus simplement encore, entre le corps et l'esprit. La fabrique de notre corps peut produire des suites de paroles et de gestes par le simple jeu de l'excitation et de la fatigue. Et parce que je suis homme (et d'emblée crédule), je suis porté à croire que "tous mes mouvements sont des signes, et tout mes cris sont des sortes de mots". Je suis porté à croire "que tout cela a un sens, et traduit à moi-même mes propres pensées, pour moi secrètes, de moi séparées, et qui vivent, s'élaborent, se conservent dans mes profondeurs". Cette croyance en la possibilité de lire les signes renvoie à cette toute-puissance des passions qui nous rend si faibles et si crédules. Il faut plutôt rejeter au mécanisme de la nature ces prétendues pensées, qui ne sont que des "rencontres de signes". » (Alain, *Sentiments, Passions et Signes*.)

À NOTER

Reconnaître l'existence d'un inconscient psychique est, pour Alain, une erreur mais aussi une **faute** au sens moral. Toute morale présuppose en effet un sujet conscient et libre. L'idée freudienne d'un psychisme inconscient fait problème dans la mesure où elle donne à penser que nous sommes manipulés par des forces obscures qui nous échappent et que nous pourrions ne pas être responsables de nos choix, de nos actes, de nous-mêmes.

b. L'inconscient constitue un déterminisme

Alain rejette l'inconscient du côté du corps et renoue avec le cartésianisme pour lequel la conscience est l'essence du psychisme. Mais son erreur est de considérer l'inconscient comme un autre moi qui doublerait le moi conscient. Autrement dit, de penser l'inconscient dans les mêmes termes que la conscience.

L'inconscient n'est pas le lieu de forces diaboliques qui pèseraient mécaniquement sur nos conduites, mais il influe sur notre manière d'être au monde. Souffrir du complexe d'Œdipe, c'est, par exemple, ne pouvoir aimer sans culpabilité des femmes que l'on respecte ou bien n'être attiré que par celles qui sont mariées. Il est difficile de soutenir que de telles attitudes sont le fruit de nos libres choix.

L'inconscient, plus qu'un déterminisme, pourrait être un **destin**. Freud relate le cas d'une femme dont les trois maris successifs tombèrent malades peu de temps après qu'elle les eut épousés et qu'elle dut soigner jusqu'à leur mort. Cette femme donne l'impression qu'un destin la poursuit. Freud considère qu'un tel destin est pour la plus grande part préparé par le sujet lui-même et déterminé par des influences de la petite enfance.

c. La connaissance de l'inconscient est libération

Nier l'existence d'un inconscient, c'est se condamner à être celui qu'on n'a pas voulu ou choisi d'être. Avant de pouvoir être libre de choisir et d'agir, c'est d'abord de nous-même que nous devons nous défaire. La liberté est libération. Or la connaissance de l'inconscient est la seule manière que nous avons de nous séparer de nous-mêmes. Pour Freud, reconnaître l'existence de l'inconscient, ce n'est pas abdiquer sa responsabilité. Bien au contraire, c'est un devoir, au sens moral, de s'efforcer de mieux le connaître. Freud résume ainsi le but de la cure psychanalytique : « **Là où ça était je [le moi] dois advenir.** »

> **ATTENTION !**
> Il n'y a pas de véritable autonomie du moi avant la cure psychanalytique. Le moi ne peut advenir qu'en s'appropriant des fragments du ça, qu'en ramenant à la conscience des éléments de l'inconscient.

« L'analyste est l'accoucheur de la liberté, en aidant le malade à former la pensée qui convient à son mal ; il dénoue la conscience et lui rend sa fluidité ; la psychanalyse est une guérison par l'esprit ; le véritable analyste n'est pas le despote de la conscience malade, mais le serviteur d'une liberté à restaurer. En quoi la cure, pour n'être pas une éthique, n'en est pas moins la condition d'une éthique retrouvée là où la volonté succombe au terrible. » (Paul Ricœur, *Philosophie de la volonté*.)

Être attentif au libellé du sujet de dissertation (2)

Savoir-faire

1. Les sujets qui commencent par « Existe-t-il »

Ce type de sujet vous demande de réfléchir sur le rapport entre un concept et l'existence effective de la chose correspondant à ce concept.

2. Les sujets qui mettent deux notions en parallèle

Vous développerez d'abord les rapports d'opposition entre les deux notions. Puis vous montrerez que les choses sont plus complexes. Enfin, vous essaierez de préciser au mieux les véritables rapports entre les deux notions (liens d'interdépendance).

3. Les sujets sous forme de proposition ou thèse

Ce genre de sujet appelle un plan dialectique : thèse, antithèse, synthèse. En enlevant le point d'interrogation, vous obtiendrez la thèse : il s'agit de trouver la thèse contradictoire. Développez d'abord la thèse proposée par le sujet. Puis la thèse opposée. Vous trancherez en troisième partie.

Application

1. Les sujets qui comportent « existe-t-il »

Exemple : « L'inconscient existe-t-il ? » Dans la première partie, vous définirez l'inconscient et exposez les preuves que donne Freud de son existence. En deuxième partie, vous mènerez la critique de ces preuves. En troisième partie, vous trancherez en démontrant, par exemple, que l'inconscient ne se prouve pas mais qu'il s'éprouve dans le cadre d'une cure analytique.

2. Les sujets qui mettent deux notions en parallèle

Exemple : « Savoir et croire ». *Problématique* : le savoir s'oppose à la croyance mais peut-il y avoir savoir sans croyance ? Faites attention : l'ordre des notions est important. Le sujet « Savoir et croire » diffère du sujet « Croire et savoir ». Dans l'un, on vous demande de définir le savoir par rapport à la croyance. Dans l'autre, la croyance par rapport au savoir.

3. Les sujets sous forme de proposition ou thèse

Exemple : « L'homme a-t-il une nature ? » *Thèse* : l'homme a une nature. *Antithèse* : l'homme n'a pas de nature, il a ou plutôt il est une culture. *Synthèse* : la nature de l'homme, c'est sa perfectibilité.

Pour réussir le jour J

LES ERREURS À NE PAS COMMETTRE

- Ne pas confondre **avoir un inconscient** et **être inconscient**, ou encore **inconscient** et **inconscience**.

- Ne pas oublier que, pour Freud, l'inconscient est une instance du psychisme dont les contenus sont **refoulés** et qu'il se différencie de ce qui est non conscient ou oublié temporairement, ou encore des « petites perceptions inconscientes » dont parle Leibniz (voir ci-dessous).

- Distinguez bien les **deux topiques** freudiennes :

– la première met l'accent sur le **clivage intersystémique** au sein du psychisme (d'un côté, l'inconscient ; de l'autre, le préconscient-conscient) ;

– la seconde met l'accent sur le **conflit intrapsychique** et montre que l'essentiel des processus psychiques sont inconscients.

LE VOCABULAIRE À UTILISER

- Leibniz affirme qu'il y a en nous, à tout moment, une infinité de perceptions, mais sans **aperception** et sans **réflexion**, c'est-à-dire des changements dans l'âme « dont nous ne nous apercevons pas, parce que les impressions sont ou trop petites et en trop grand nombre ou trop unies, en sorte qu'elles n'ont rien d'assez distinguant à part, mais jointes à d'autres, elles ne laissent pas de faire leur effet et de se faire sentir au moins confusément dans l'assemblage » (*Nouveaux Essais sur l'entendement humain*, Préface).
Il y a donc en nous des pensées, des sentiments qui sont déjà quelque chose pour nous, bien que nous ne les remarquions pas.
- Si vous avez un sujet dans lequel il y a le mot « conscience », faites référence à la première topique freudienne (**Ics/Pcs-cs**).
En revanche si le mot « moi » apparaît dans le sujet, faites référence à la seconde topique (celle qui distingue le **ça**, le **moi** et le **surmoi**).
Ne jamais mêler les deux topiques mais choisir l'une ou l'autre en fonction du sujet.

10 qcm pour réviser le cours

Corrigés, p. 44

1 Selon Freud « est inconscient », ce qui est :

❑ **a.** refoulé.
❑ **b.** non conscient.
❑ **c.** latent.

2 Avant Freud, l'inconscient est considéré :

❑ **a.** comme une réalité psychique qui a ses contenus et son mode de fonctionnement propre.
❑ **b.** comme tout ce qui n'est pas conscient.
❑ **c.** comme une perte du sens de la réalité.

3 Selon Freud, le système psychique est constitué de :

❑ **a.** le subconscient et le conscient.
❑ **b.** le préconscient et le conscient.
❑ **c.** l'inconscient et le préconscient-conscient.

4 Quelle instance du psychisme interdit la réalisation de désirs jugés condamnables ?

❑ **a.** Le ça.
❑ **b.** Le surmoi.
❑ **c.** La conscience morale.

5 Quel mot est défini par Freud comme l'intériorisation des interdits sociaux ?

❑ **a.** L'inconscient.
❑ **b.** Le surmoi.
❑ **c.** Le ça.

6 Quelle est la voie royale de l'inconscient ?

❑ **a.** Le rêve.
❑ **b.** Le symptôme.
❑ **c.** La conscience.

7 Quelle instance est gouvernée par le principe de plaisir ?

❑ **a.** Le surmoi.
❑ **b.** L'inconscient.
❑ **c.** Le ça.

8 Pour qui l'inconscient n'est-il qu'un mécanisme naturel ?

❑ **a.** Alain.
❑ **b.** Descartes.
❑ **c.** Merleau-Pontyv

9 Quelle est la nouvelle conception de l'homme impliquée par l'idée d'un inconscient psychique ?

❑ **a.** L'homme ne peut avoir accès à une représentation symbolique.
❑ **b.** L'homme n'est plus maître de ses pensées, de ses choix, de ses actes.
❑ **c.** L'homme est un être inconscient.

10 Que signifie cette citation de Freud : « Là où le ça était, je dois advenir » ?

❑ **a.** Je est un autre.
❑ **b.** Par un travail analytique sur soi, on peut s'approprier des fragments de son inconscient et rendre au moi une plus grande autonomie.
❑ **c.** Le moi doit déloger le ça.

Plus de QCM sur **www.defibac.fr**

Sujets

Sujet 1 TYPE BAC

Corrigé, p. 44

Que faut-il penser de l'expression :

« L'inconscient parle en nous » ?

Explicitez le sens de l'expression, puis indiquez la problématique.

Sujet 2 TYPE BAC

Corrigé, p. 44

Document

On nous conteste de tous côtés le droit d'admettre un psychique inconscient et de travailler scientifiquement avec cette hypothèse. Nous pouvons répondre à cela que l'hypothèse de l'inconscient est nécessaire et légitime, et que nous possédons de multiples preuves de l'existence de l'inconscient. Elle est nécessaire, parce que les données de la conscience sont extrêmement lacunaires ; aussi bien chez l'homme sain que chez le malade, il se produit fréquemment des actes psychiques qui, pour être expliqués, présupposent d'autres actes qui, eux, ne bénéficient pas du témoignage de la conscience. Ces actes ne sont pas seulement les actes manqués et les rêves chez l'homme sain, et tout ce qu'on appelle symptômes psychiques et phénomènes compulsionnels chez le malade ; notre expérience quotidienne la plus personnelle nous met en présence d'idées qui nous viennent sans que nous en connaissions l'origine, et de résultats de pensée dont l'élaboration nous est demeurée cachée. Tous ces actes conscients demeurent incohérents et incompréhensibles si nous nous obstinons à prétendre qu'il faut bien percevoir par la conscience tout ce qui se passe en nous en fait d'actes psychiques : mais ils s'ordonnent dans un ensemble dont on peut montrer la cohérence, si nous interpolons les actes inconscients inférés. Or, nous trouvons dans ce gain de sens et de cohérence une raison pleinement justifiée d'aller au-delà de l'expérience immédiate. Et s'il s'avère de plus que nous pouvons fonder sur l'hypothèse de l'inconscient une pratique couronnée de succès, par laquelle nous influençons, conformément à un but donné, le cours des processus conscients, nous aurons acquis, avec ce succès, une preuve incontestable de l'existence de ce dont nous avons fait l'hypothèse.

FREUD, *Métapsychologie* (1915), trad. Laplanche & Pontalis,
© Éditions Gallimard, coll. « Idées », 1968.

Question

Dégagez l'idée principale du texte et ses principaux moments.

QCM

1 a. **2** b. **3** c. **4** b. **5** b. **6** a. **7** b. **8** a. **9** b. **10** b.

Sujet 1

■ L'expression « l'inconscient parle en nous » signifie qu'il y a en nous une instance (l'inconscient) dont nous ignorons tout et qui est productrice de sens. Les symptômes névrotiques, les rêves, les actes manqués ont un sens. Ils sont l'expression de désirs refoulés. Mais ce sens échappe au sujet : le névrosé ignore le sens de ses symptômes, le rêveur celui de ses rêves. L'inconscient parle donc en nous de manière cryptée. Seule l'interprétation analytique permet de découvrir le sens du discours de l'inconscient. D'où la nécessité d'une méthode (technique des associations libres), d'une connaissance des mécanismes qui régissent les phénomènes inconscients (déplacement, condensation) ou encore du langage onirique, du vocabulaire du rêve, de sa syntaxe.

■ La question posée n'est pas : « L'inconscient parle-t-il en nous ? » mais : « Que faut-il penser de cette expression : l'inconscient parle en nous ? » Autrement dit : cette expression a-t-elle un sens ? Si oui, lequel : est-ce à dire que l'inconscient est un « autre moi » ? Et s'il possède un langage, y a-t-il en lui un signifié, un message à communiquer et à délivrer ? Le discours qu'il tient est-il verbal ? L'inconscient pense-t-il ce qu'il dit ? pense-t-il comme un « je » ?

■ Nous sommes là en présence de deux thèses également démontrables : celle qui affirme que l'expression : « L'inconscient parle en nous » a un sens et celle, opposée, qui affirme le contraire. Cette dernière thèse présuppose, soit que l'inconscient n'est que du mécanisme naturel (voir Alain), soit que l'inconscient ne vient à l'être que par l'interprétation (le sens que révèle l'interprétation ne lui préexiste pas mais s'engendre par elle).

Sujet 2

Le texte de Freud est une réponse aux critiques « faites de tous côtés » à la notion d'inconscient compris comme une composante de l'appareil psychique.

1. Freud affirme la nécessité de l'hypothèse d'un inconscient psychique.

■ La conscience est un phénomène de surface dont les « données sont lacunaires ». Autrement dit, il n'y a pas identité entre conscience et états psychiques, mais un champ des états psychiques plus large que celui de la conscience.

■ Freud fournit des preuves, avec des exemples faciles à reconnaître pour soi-même, en ce qui concerne « l'homme sain » : les actes manqués, les rêves. Domaine immense, constamment présent dans notre vie quotidienne. Pour ce qui concerne « le malade », Freud simplifie le vocabulaire médical en utilisant le terme générique : « tout ce qu'on appelle symptômes psychiques », quitte à employer aussi le terme plus technique de « phénomène compulsionnel ». Mais les deux expressions renvoient bien à l'idée d'inconscient.

■ Tout symptôme est symptôme de quelque chose d'autre (un état psychique qui renvoie à un autre état psychique). Quant à la compulsion, elle est cette tendance forte à répéter des situations névrotiques qui ne peut s'expliquer que par référence à un inconscient.

■ Enfin, il y a d'une part des idées qui nous viennent sans que leur origine soit consciente, et d'autre part des « résultats de pensée » qui sont ces « actes psychiques » dont l'élaboration nous demeure cachée, sauf à les rapporter à d'autres actes psychiques, qui ne peuvent s'expliquer que par le recours à l'inconscient.

■ En bref, si l'on ne recourt pas à l'hypothèse de l'inconscient, ces actes conscients, compte tenu de leur caractère lacunaire, « demeurent incohérents et incompréhensibles ».

2. Freud affirme ensuite la légitimité de l'hypothèse de l'inconscient.

■ Il s'agit maintenant de la référence à une pratique, celle de la psychanalyse. Et dont la vérité est toute pragmatique : la psychanalyse (liée à l'hypothèse de l'inconscient) est vraie parce qu'elle réussit (« pratique couronnée de succès »).

■ Il est possible d'influencer « les processus conscients », dans une pratique fondée sur l'hypothèse de « l'inconscient ». Sorte de « preuve » expérimentale « incontestable » qui donne consistance à ce qui, jusqu'alors, n'était qu'une hypothèse intellectuelle.

4 Autrui

Les 5 points incontournables

• Des similitudes avec autrui : la possible communion

Autrui peut partager avec moi certaines valeurs et il est humain comme moi : s'il est autre, il n'est pas totalement différent. D'où une possible sympathie : la communication est possible par la correspondance, l'analogie des pensées et des sentiments.
Mieux encore, l'amour et l'amitié véritables permettent d'accéder à une communion de sentiments avec autrui.

▶ *Cours 1 b ; 2 b, c*

• Autrui, objet d'une relation conflictuelle

Il n'y a d'affirmation de soi que dans l'opposition avec autrui. Selon Hegel, cette relation est par nature conflictuelle : la dialectique du maître et de l'esclave est une lutte à mort pour la reconnaissance de la liberté. Pour Sartre, autrui est une menace à ma liberté, à la possibilité de construire librement mon essence, car il est un sujet qui, tout en posant son regard sur moi, me chosifie.

▶ *Cours 3 a, b*

• Le radicalement autre

Autrui est un autre particulier parmi les autres. En tant qu'être distinct, il ne peut être confondu avec moi : ce moi extérieur à moi représente l'altérité. Il est lui aussi un sujet doué d'une conscience.

▶ *Cours 1 a*

• Autrui est celui qui me permet d'exister

En tant que conscience *autre*, autrui est la présence nécessaire qui me permet d'exister en tant que moi distinct et autonome. L'intersubjectivité arrache le sujet au solipsisme et permet la conscience de soi.

▶ *Cours 3 a*

• Le médiateur indispensable à la connaissance de moi-même

Sartre affirme cependant qu'autrui est un intermédiaire indispensable entre moi et moi-même. Il est un miroir qui me permet d'accéder à la connaissance de ce que je suis : à cet égard, l'introspection est insuffisante. Par excellence, le sentiment de honte témoigne de la prise de conscience grâce à autrui de certains aspects de mon être.

▶ *Cours 3 c*

1 Qu'est-ce que « autrui » ?

a. Définition

Même si autrui fait partie des autres, il s'en distingue néanmoins. Il est, comme l'indique l'étymologie (*alter huic*), cet autre-ci, celui qui me fait face. Autrui est un autre moi que moi, ce qui ne signifie pas qu'il est un double de moi-même. Il est en fait, comme le souligne Levinas, « ce moi que je ne suis pas ». Il est donc radicalement autre que moi. Autrui est l'altérité absolue d'un « je » qui n'est pas moi.

b. Autrui se distingue de l'autre

Autrui désigne une autre conscience de soi que la mienne.

ATTENTION !
Autrui se distingue de l'autre (ce qui n'est pas moi ou qui est étranger à moi) qui peut renvoyer à une chose, à un animal ou encore avec une majuscule à Dieu, ou à l'inconscient.

c. Autrui n'est ni le semblable ni le différent

Considérer autrui comme semblable parce qu'il partagerait les mêmes pensées, les mêmes valeurs que moi, ce serait le considérer comme un autre moi-même et donc nier son altérité. Le considérer comme différent, c'est risquer de l'enclore dans sa différence, car un être humain ne se définit pas par sa différence culturelle, son appartenance à un groupe religieux ou politique. Autrui est un humain comme moi, un être distinct des choses, une **dignité**, une **valeur absolue**.

2 Peut-on connaître autrui ?

a. Autrui est-il un objet de connaissance ?

Vouloir connaître autrui, c'est d'abord le considérer comme un **objet de connaissance**. Or, qui dit objet, dit quelque chose d'extérieur, sur quoi l'on agit et dont on se sert. Ce que je vois donc d'abord en autrui, c'est ce qu'il m'apporte, sa fonction et donc les services qu'il peut me rendre. Je peux donc l'apprécier en tant que commerçant, artisan. Cette appréciation est fonction de mes goûts, de mes besoins, de mes désirs, de mes habitudes et préjugés… et ne saurait constituer une connaissance. Bien plus, si je pose autrui comme un objet, je le jugerai d'après l'attitude qu'il prend en face de moi et qui est fonction de la mienne. Elle peut être tout autre quand je ne suis plus avec lui. Mais cette influence exercée par moi sur lui, je n'en tiens aucun compte : ce qu'elle est pour moi, je décide qu'elle l'est pour tous. Et c'est une source d'erreur. Par ailleurs, les indices qu'autrui donne à voir peuvent être interprétés de manière très différente puisqu'on peut pleurer de tristesse, de joie, de rage, de rire. Donc, la connaissance d'autrui selon le raisonnement par analogie semblerait impossible. « C'est tout un monde que chacun porte en soi ! Un monde ignoré qui naît et meurt en silence. » (Musset, *Fantasio*.) Comment puis-je arriver à considérer autrui comme un sujet, c'est-à-dire comme un être qui a une intériorité ?

b. La connaissance d'autrui par sympathie

Il faudrait dépasser les impressions premières, pénétrer autant que possible dans l'intimité d'autrui. Cela ne peut se faire que par **sympathie**, au sens étymologique du mot, c'est-à-dire par un accord complet avec les pensées et les sentiments d'autrui. Plus exactement, je peux connaître autrui de l'intérieur si j'éprouve les mêmes sentiments et émotions que lui. Il faut donc que je me mette à la place de celui que je veux connaître, que je le regarde non à travers mes habitudes, mes soucis et mes sentiments, mais en lui-même, me faisant en quelque sorte lui en sortant de moi. Mais la sympathie suppose la communication des consciences, la relation à autrui sous forme de **participation** et de **communion**.

Or, au premier abord, il semble que l'isolement des consciences soit un fait irréductible. Mes états de conscience ne sont-ils pas indissociables de moi qui les éprouve ? N'en suis-je pas l'unique témoin et le seul capable de les percevoir et de les définir ? Pour que l'autre puisse participer à ma conscience, c'est-à-dire éprouver les mêmes sentiments que moi en même temps, il faudrait qu'il soit moi-même. Ce qui est impossible. Si je suis impuissant à faire partager aux autres ce que je ressens, eux-mêmes se trouvent dans la même situation par rapport à moi. Si, par exemple, mon ami souffre, je peux sans doute l'aider par des gestes efficaces, je peux le réconforter par mes paroles, essayer de compenser par la douceur la douleur qui le déchire. Mais si je souffre, je souffre de le voir souffrir parce que c'est mon ami. Je souffre autant que lui, plus peut-être mais autrement. Je ne souffre pas de la même souffrance que lui, je ne partage pas son état affectif. Son épreuve lui reste strictement personnelle.

c. Il a de n'y véritable communion que dans l'amour ou l'amitié

Si je ne puis connaître autrui de l'intérieur, si je ne puis participer à la conscience de l'autre, n'est-ce pas parce qu'il y a une distance entre les expériences vécues ? Si je vivais en même temps qu'autrui une épreuve identique, une véritable sympathie ne serait-elle pas possible, y aurait-il encore isolement des consciences ?

La communion des sentiments et des personnes qui participent l'une l'autre dans un sentiment identique est ce que Max Scheler appelle, dans *Nature et formes de la sympathie,* la **fusion affective**. C'est le cas, par exemple, de deux parents qui veillent leur enfant mort. Ils éprouvent une souffrance identique car l'épreuve est la même. Mais, au lieu de l'éprouver chacun pour soi, ils participent l'un à l'autre dans une souffrance commune. S'ils communient dans le même sentiment, c'est en raison de leur amour préexistant dont l'enfant était le symbole. Seul l'amour permet à chacun des parents qui souffrent de connaître l'autre suffisamment pour éprouver de l'intérieur une souffrance identique et des pensées semblables causées par le deuil commun.

On ne peut donc bien connaître autrui que si on est capable d'**aimer**. Encore faut-il s'entendre sur le sens de ce mot, l'un des plus ambigus qui soient dans la langue française. Aimer une chose, c'est la désirer d'une façon ou d'une autre, vouloir la posséder pour jouir des avantages qu'on y trouve, et nombre de nos amours ne sont que des désirs de ce genre. Aimer une personne, ce doit être, ou plutôt ce devrait être uniquement se dévouer pour elle, désirer son bien à elle plutôt que le plaisir que l'on trouve près d'elle. Le véritable amour est un don de soi qui exige une parfaite entente des esprits et des cœurs, une communauté des goûts et des sentiments. Mais le véritable amour est rare et si l'on se penche sur l'histoire de la philosophie, c'est d'abord la relation conflictuelle à autrui qui est mise en avant.

3 La relation conflictuelle à autrui

a. La lutte à mort pour la reconnaissance

Toute conscience rencontre autrui, l'autre, une autre conscience de soi et il n'y a, en fait, de véritable conscience de soi que moyennant le retour à soi à partir de cet « être autre ». Autrement dit, la conscience de soi est impossible dans un monde où autrui n'existe pas. Comment pourrais-je être un « moi » s'il n'y avait pas un autre « moi » différent de moi ? Le moi ne peut donc exister que s'il se reconnaît comme relation. Si la conscience est mouvement et retour à soi-même à partir de l'être autre, elle ne peut d'abord l'être que par la négation de l'autre. Autrement dit la relation à autrui se présente d'emblée comme une affaire de conflit. Le « moi » de l'enfant, par exemple, ne se forme-t-il pas en s'opposant au non-moi ? Autrement dit, n'est-ce pas dans l'opposition à ses parents que l'enfant forge sa personnalité ?

Ce mouvement de la conscience de soi trouve une illustration dans la fameuse **dialectique hégélienne du maître et de l'esclave**. Le point de départ en est que toute conscience est désir de reconnaissance, désir qui passe d'abord par la négation de l'autre. Toute conscience poursuit la mort de l'autre, afin de se faire reconnaître et de se reconnaître elle-même au risque de sa propre vie, comme libre et indépendante de toute attache sensible. Autrement dit, il s'agit pour chaque conscience de se prouver qu'elle n'est pas de l'ordre de l'en-soi (mode d'existence des choses), pure immédiateté, mais qu'elle est seulement un pur être-pour-soi, une personne qui a une valeur, une dignité : « L'individu qui n'a pas mis sa vie en jeu peut bien être reconnu comme personne, mais il n'a pas atteint la vérité de cette reconnaissance comme reconnaissance d'une conscience de soi indépendante. » (Hegel, *Phénoménologie de l'esprit*)

À l'issue de cette lutte décisive pour la reconnaissance de soi, la conscience qui n'a pas eu peur de la mort, qui est allée jusqu'au bout dans le risque de la mort, prend la figure du maître. L'autre, qui a préféré la vie à la liberté, entre dans le rapport de servitude. L'esclave reconnaît le maître sans être reconnu par lui. Il n'est plus qu'une chose aux mains du maître qui l'a épargné : il a perdu toute dignité. Mais, en travaillant, l'esclave transforme le monde, lui donne la « forme » de son activité. Il peut ainsi se reconnaître dans ce monde effectivement transformé par lui et portant la marque de son intériorité. Jouissant de cette manière de lui-même comme d'une réalité extérieure, l'esclave accède à une certaine reconnaissance de soi et à la dignité. En outre, en transformant le monde, il se libère de sa nature d'esclave. En créant quelque chose de stable et de durable en dehors de lui, il se libère de l'angoisse de la mort qui le liait au monde sensible et avait fait de lui un esclave. Le maître, en revanche, se contentant de consommer et de détruire les produits du travail de l'esclave, affirme toujours davantage sa dépendance à l'égard de ce dernier. De plus, sa jouissance n'a aucune valeur de vérité, elle n'intéresse personne et ne lui permet donc pas d'accéder à la reconnaissance de soi. Certes, le maître est reconnu par l'esclave. Mais que vaut une telle reconnaissance, puisque l'esclave n'est qu'une chose ?

En libérant l'esclave de lui-même, le travail l'a libéré de sa propre nature d'esclave. Il lui suffit de se faire reconnaître par le maître pour que s'établisse la reconnaissance mutuelle : « Ils se reconnaissent comme se reconnaissant mutuellement. »

On retiendra que **toute conscience ne peut se poser qu'en s'opposant à ce qui n'est pas elle**, mais que le conflit n'est qu'un moment qui, comme tel, est destiné à être dépassé.

À NOTER

Il n'y a de véritable reconnaissance de soi que lorsque les consciences se reconnaissent mutuellement et réciproquement comme libres et autonomes.

Ce qui vaut pour les relations intersubjectives (rapport du « moi » à autrui) vaut aussi pour les relations entre les hommes au sein d'une cité, entre les peuples, entre les États. Telle est la leçon essentielle qui se dégage de la dialectique hégélienne.

b. « Ma chute originelle, c'est l'existence de l'autre »

Si, pour Hegel, le conflit n'est qu'un moment, Sartre semble y voir le fondement constitutif de la relation à autrui. On connaît la fameuse formule de sa pièce *Huis clos* (1944) : « L'enfer, c'est les autres. » Ce thème est développé dans *L'Être et le Néant* (1943). Reprenant l'idée hégélienne selon laquelle « chaque conscience poursuit la mort de l'autre », Sartre y affirme que ma chute originelle, c'est l'existence de l'autre.

D'abord j'existe, je suis jeté dans le monde, et ensuite seulement je me définis peu à peu par mes choix et mes actes. Et c'est précisément parce que je ne suis que pure subjectivité et liberté, que le simple surgissement d'autrui est une violence fondamentale. Peu importe qu'il m'aime, me haïsse ou soit indifférent à mon égard. Il est là, je le vois et je découvre que je ne suis plus le centre du monde, sujet absolu. Il me voit, et avec son regard s'opère une métamorphose dans mon être profond : je me vois parce qu'il me voit, je m'appréhende comme objet devant une transcendance et une liberté.

Si autrui me regarde, je le regarde aussi. S'il tend à me chosifier, je peux en faire autant. Mon projet de récupérer mon être ne peut se réaliser que si je m'empare de la liberté d'autrui et la réduis à être une liberté soumise à ma liberté (ainsi dans le « combat » amoureux).

c. Autrui médiateur

Notons cependant que Sartre, à la suite de Hegel, reconnaît que j'ai besoin de la médiation d'autrui pour obtenir quelque vérité sur moi. Autrui est ainsi un **médiateur indispensable entre moi et moi-même**. Sartre en donne des exemples concrets. Tout ce qui semble faire un caractère (être jaloux), tout ce qui semble faire une qualité (être intelligent), ou un défaut (être méchant) n'est pas une propriété dont on disposerait d'abord et une fois pour toutes. Il faut qu'autrui lui reconnaisse cette propriété pour que le sujet puisse enfin la revendiquer comme son bien propre. Reconnaissance qui donne naissance au sujet et qui, pour être efficace, doit se poursuivre dans le temps. Des sentiments comme la honte ou la pudeur ne me découvrent-ils pas des aspects essentiels de mon être que j'ignorerais sans autrui ? Avoir honte, n'est-ce pas reconnaître que l'image qu'autrui me tend de moi-même n'est pas une vaine image ?

Ainsi, contrairement à la philosophie classique, pour Sartre, le moi ne peut prétendre se connaître par la seule introspection. La position d'autrui comme médiateur fait que le sujet n'est sujet que par autrui. Moi seul je ne suis rien, c'est autrui qui me fait être. Aussi aller à la recherche du plus profond de soi, c'est trouver cet autre.

À NOTER
Autrui me fait accéder à une véritable conscience de moi-même. D'où la formule : « Je suis un être pour-soi, qui n'est pour-soi que par un autre. »

Élaborer une problématique

Savoir-faire

1. L'énoncé du sujet

S'il se présente sous forme de question, il faut distinguer le problème de la question. Question : Qu'est-ce que l'inconscient ? Problème : L'inconscient est-il psychique ? Dans cette dernière question, il y a bien un problème puisque deux thèses opposées sont possibles : l'inconscient est psychique ; l'inconscient est corporel.

2. Le passage du problème à la problématique

Pour élaborer la problématique, il faut montrer pourquoi le problème se pose : ne plus simplement opposer deux réponses, mais justifier les raisons de cette opposition. Le plus simple consiste à partir de la thèse proposée par le sujet, puis d'en montrer les insuffisances.

3. L'importance de la problématique

Elle permet de montrer pourquoi la question se pose, et de clarifier les principales orientations de la réflexion. Elle est le fil directeur de la dissertation, puisque c'est en résolvant le problème qu'on pourra répondre à la question.

Application

SUJET : L'inconscient est-il un destin ?

Thèse : l'inconscient est un destin, c'est-à-dire une puissance qui détermine le cours de notre vie. La thèse opposée est que l'inconscient entretient des liens avec les autres instances du psychisme et peut être donc connu et maîtrisé.

La psychanalyse nous révèle que notre personnalité porte la marque de drames oubliés, de complexes liés à notre vie sexuelle infantile. De là dérivent à l'âge adulte des manières de penser et de conférer aux situations que nous vivons telle ou telle signification. Des scènes sans cesse répétées semblent forger notre destin, telle cette femme dont les trois maris tombent malades peu de temps après qu'elle les a épousés et qu'elle doit soigner jusqu'à leur mort.

Mais l'inconscient est accessible à l'investigation. Il nous appartient d'en prendre conscience et de nous efforcer de mieux nous connaître. Mon champ de conscience s'élargissant, ma liberté augmente.

Pour réussir le jour J

LES ERREURS À NE PAS COMMETTRE

- Ne pas confondre **autre** et **autrui**. Si tout autrui est un autre, l'inverse n'est pas vrai. L'autre, ce peut être un autre homme mais ce peut-être aussi Dieu, un animal, voire un objet matériel tandis qu'autrui est toujours un sujet comme moi.
- Si vous avez un sujet sur autrui, ne pas parler de la société, car autrui, ce n'est pas les autres.

Exemple : « Autrui fait-il obstacle à ma liberté ? » Dans un tel sujet, dire qu'« en société les autres peuvent faire obstacle à ma liberté » est hors sujet.

LE VOCABULAIRE À UTILISER

- Dans un sujet sur autrui, utilisez le « je » (sujet générique), et non le « on », le « nous », l'« homme ». Il s'agit d'une relation **intersubjective**.
- Dans l'explication d'un texte de la philosophie antique ou médiévale, le terme « autrui » est inapproprié. Les Grecs (et les médiévaux) ne thématisent pas autrui. La question de l'altérité entre les hommes se pose dans les termes de la vie sociale et politique (par exemple, l'étranger, considéré comme « barbare »). L'*autre* a certes une dimension « humaine » mais ce n'est jamais celle de l'individu isolé.
- Autrui ne peut être posé que dans la mesure où le sujet devient, avec le **cogito** cartésien, le point de départ de la pensée philosophique. C'est parce que le « moi pensant », échappant au doute totalitaire, devient la seule chose certaine qu'autrui devient un problème, et ce d'autant plus que lui aussi doit être une chose pensante.

À partir du moment où le « je » devient la seule certitude, l'idée d'autrui devient problématique. Il y a le risque du **solipsisme** (seul moi-même, j'existe). Descartes a besoin de prouver l'existence de Dieu pour s'assurer de l'existence d'autrui (et du monde extérieur).

10 qcm pour réviser le cours

Corrigés, p. 56

1 Autrui est-il :

❑ **a.** Les autres ?
❑ **b.** Un autre moi que moi ?
❑ **c.** L'autre ?

2 Autrui est-il :

❑ **a.** Mon semblable ?
❑ **b.** Un être différent par ses caractéristiques physiques et sociales ?
❑ **c.** Radicalement autre que moi ?

3 Comment puis-je connaître autrui :

❑ **a.** Par empathie ?
❑ **b.** Par analogie ?
❑ **c.** En le considérant comme un objet ?

4 Qu'est-ce que l'intersubjectivité ?

❑ **a.** L'inclusion du monde en soi-même.
❑ **b.** L'exclusion des autres sujets.
❑ **c.** Le fait d'être en relation avec d'autres sujets.

5 Qui a dit : « Ma chute originelle, c'est l'existence de l'autre » ?

❑ **a.** Camus
❑ **b.** Sartre
❑ **c.** Hegel

6 Selon Max Scheler, qu'est-ce que la « fusion affective » ?

❑ **a.** La communion des sentiments.
❑ **b.** La communion des personnes.
❑ **c.** La communion des sentiments et des personnes.

7 Pour Hegel, la reconnaissance de soi passe par :

❑ **a.** « une rivalité à mort » dont l'enjeu est le choix entre la vie et la liberté.
❑ **b.** la reconnaissance de l'autre.
❑ **c.** la reconnaissance par l'autre.

8 La fin de la dialectique hégélienne du maître et de l'esclave suppose :

❑ **a.** que je reconnaisse autrui.
❑ **b.** que je reconnaisse autrui et qu'il me reconnaisse.
❑ **c.** qu'autrui et moi, nous nous reconnaissions comme nous reconnaissant mutuellement.

9 Selon Sartre, l'expérience d'autrui est d'abord :

❑ **a.** l'expérience d'un être qui me juge.
❑ **b.** l'expérience du regard de l'autre.
❑ **c.** l'expérience du visage de l'autre.

10 « Autrui est un médiateur indispensable entre moi et moi-même » signifie que :

❑ **a.** la connaissance de soi ne peut se faire dans un face-à-face avec moi-même.
❑ **b.** je n'existe que pour autrui.
❑ **c.** j'ai besoin d'autrui.

Plus de QCM sur **www.defibac.fr**

Sujet

Sujet

Corrigé, p. 56

Document

Le philosophe français Emmanuel Levinas (1905-1995), dans sa réflexion éthique, a toujours donné une grande place à l'expérience d'autrui, en refusant de faire de l'autre la répétition du même. Cette valorisation de la présence d'autrui est au cœur de son livre Totalité et Infini (1961) *: la conscience morale est la conscience où autrui m'oblige de part en part. C'est ce même thème qui était déjà à l'œuvre dans* De l'existence à l'existant (1947) *dont le texte suivant est extrait. Levinas s'y interroge sur la définition d'autrui.*

Autrui, en tant qu'autrui, n'est pas seulement un alter ego. Il est ce moi que je ne suis pas : il est le faible alors que moi je suis le fort, il est le pauvre, il est « la veuve et l'orphelin ». Il n'y a pas de plus grande hypocrisie que celle qui a inventé la charité bien ordonnée. Ou bien il est l'étranger, l'ennemi, le puissant. L'essentiel c'est qu'il a ces qualités de par son altérité même. L'espace intersubjectif est initialement asymétrique.

L'extériorité d'autrui n'est pas simplement l'effet de l'espace qui maintient séparé ce qui, par le concept, est identique, ni une différence quelconque selon le concept qui se manifesterait par une extériorité spatiale.

C'est précisément en tant qu'irréductible à ces deux notions d'extériorité que l'extériorité sociale est originale et nous fait sortir des catégories d'unité et de multiplicité qui valent pour les choses, c'est-à-dire valent dans le monde d'un sujet isolé, d'un esprit seul.

L'intersubjectivité n'est pas simplement l'application de la catégorie de la multiplicité au domaine de l'esprit. Elle nous est fournie par l'Éros où, dans la proximité d'autrui, est intégralement maintenue la distance dont le pathétique est fait, à la fois, de cette proximité et de cette dualité des êtres.

Emmanuel Levinas, *De l'existence à l'existant*,
Éditions Vrin, 1986.

Questions

1. À quelle définition d'autrui Levinas s'oppose-t-il ?

2. Comment définit-il autrui ?

QCM

1 b. 2 c. 3 a. 4 c. 5 b. 6 c. 7 a. 8 c. 9 b. 10 a.

Sujet

1. Définition à laquelle s'oppose Levinas

■ La réponse la plus simple, s'appuyant sur le mot même, est qu'autrui est quelqu'un d'autre, donc quelqu'un de différent. Cependant, en règle générale, nous avons peur de cette différence, nous cherchons même à la gommer. Aussi tenons-nous à atténuer les choses en disant tout aussitôt que cet autre est un autre nous-même : un *alter ego*.

2. Définition donnée par Levinas

■ Levinas prend le contre-pied de cette approche vaguement conciliatrice. Pour lui, autrui est un autre au sens plein. Un autre que moi-même et donc d'emblée totalement différent de moi. Au point d'ailleurs d'affirmer autrui par lui-même (et non par rapport à mon point de vue). D'en faire le centre à partir duquel il est alors possible de me définir : « Il est ce que moi je ne suis pas. » Comme si, de mon côté, il manquait de l'être (« je ne suis pas »), et qu'au contraire, de son côté, il était (« il est ») dans la plénitude de l'être. Mais, par un renversement paradoxal, Levinas, dans la relation qu'il suppose, fait d'autrui quelqu'un qu'on serait tenté de définir comme inférieur : expressément de « faible » et de « pauvre ».

■ Ce qui ne peut que nous interpeller car, dès lors, autrui n'est pas un autre nous-même. Au contraire : nous devons le reconnaître dans sa différence même – et peut-être même pressentir que cette faiblesse et cette pauvreté sont justement ce qui fait son prix. Ce qui fait que nous devons nous sortir de nous-même et nous porter vers lui. C'est seulement l'infériorité (relative) d'autrui qui peut mettre en question notre capacité d'altruisme, ce que suggère pleinement la formule convenue de « la veuve et de l'orphelin » – qui ne manque pas de faire songer à l'obligation morale où, dans le monde féodal, le chevalier se trouvait de se porter au secours de ceux livrés à la dureté du monde par les hasards de la fortune.

■ Aussi Levinas juge-t-il sévèrement l'idée présidant à la formule qu'il tronque, mais que tout lecteur reconstitue : charité bien ordonnée commence par soi-même. C'est le contraire même de la vertu cardinale de charité, qui consiste à aimer autrui au-delà de sa différence ou dans sa différence même.

5 Le désir

Les 5 points incontournables

• Raison et désir

Le désir est souvent condamné au nom de la raison. Il serait nécessaire, pour être heureux, de conformer nos désirs à la réalité, et l'absence de désir serait le seul désir légitime. Or, on peut critiquer cela en arguant que le désir est partie intégrante de notre être. « Malheur à qui n'a plus rien à désirer », affirme Rousseau.

▶ *Cours 2 b, c*

• Nos désirs sont mimétiques

Selon Hegel, le désir n'est pas seulement désir d'un objet, mais avant tout désir de reconnaissance par l'autre. Il n'est guidé que par le désir des autres : je désire ce que l'autre désire et c'est parce que l'autre désire un objet qu'il est légitime que je le désire aussi.

▶ *Cours 3 b*

• Le désir comme essence de l'homme

Bien que porté vers un objet, le désir, selon Spinoza, est un désir d'être, c'est-à-dire qu'il est un moyen de conservation. Désirer, c'est avant tout exister en tant qu'être unique, conscient de lui-même, et le désir exprime la vitalité d'un être tendu vers un ailleurs de lui-même.

▶ *Cours 3 c*

• La distinction entre désir et besoin

Le **besoin** est un manque objectif, mesurable et qu'il faut combler, tandis que le **désir** est contingent, subjectif et exprime ce qu'éprouve le sujet.
Épicure distingue les désirs naturels et nécessaires (comme manger), naturels et non nécessaires (comme le désir amoureux), non naturels et non nécessaires (comme l'immortalité).
Selon lui, seuls les premiers méritent d'être comblés pour être heureux.

▶ *Cours 1 a, b ; 2 a, b, c*

• Le paradoxe du désir

Le désir est constat d'un manque et en même temps tension vers un objet susceptible de le combler.
À la différence du besoin qui apporte satisfaction une fois qu'il est comblé, le désir est **manque** et désespoir : il n'est jamais comblé et est toujours reporté sur un objet différent.
Le désir est plutôt désir du désir pour lui-même.

▶ *Cours 3 a*

1 Qu'est-ce que le désir ?

a. Définition

Étymologiquement le mot « désir », de « désirer », provient du latin *desiderare* qui signifie « regretter l'absence de quelqu'un ou de quelque chose ». *Desiderare* dérive, avec le verbe *considerare*, de *sidus*, qui signifie « constellation d'étoiles ». Ces deux verbes appartiennent à la langue des augures inspirés par l'observation du ciel étoilé. *Considerare*, c'est contempler le ciel étoilé, alors que *desiderare*, c'est regretter son absence.

À NOTER
Le désir, au sens étymologique, c'est le regret ou la nostalgie du ciel étoilé qu'on a cessé de contempler. Cette étymologie témoigne de l'ambiguïté du désir : c'est à la fois le constat d'un manque et le désir d'un objet susceptible de le combler.

C'est pourquoi l'expérience de toute conscience désirante apparaît au premier abord comme une expérience négative, ou en tout cas douloureuse. D'où la conception bouddhique du désir comme **source de toute souffrance**. Et ce n'est pas un hasard si le mot *désir* est étymologiquement proche du mot *désastre* puisqu'à l'origine ce dernier terme signifiait en latin la disparition, la perte de vision d'un astre qu'on admirait et qui était source de plaisir.

b. Désir et besoin

Le **désir se distingue du besoin**, simple incitation physiologique. Le désir est la tendance devenue consciente de son objet. Je prends conscience que j'ai faim et mon désir va alors se rapporter à un objet précis : telle ou telle nourriture.

On **oppose généralement le besoin et le désir**. Le besoin serait d'abord un manque dont la satisfaction est nécessaire à la vie, tandis que le désir serait contingent, c'est-à-dire qu'on pourrait ne pas le satisfaire. Manger est un besoin mais non manger tel ou tel plat en particulier. En second lieu, le besoin serait un manque objectif, voire mesurable en référence à un état d'équilibre. Le désir serait au contraire subjectif, désignant ce que la personne éprouve indépendamment de ses besoins.

L'absence de satisfaction d'un besoin entraîne une carence. L'absence de satisfaction d'un désir entraîne une frustration plus ou moins justifiée. Le **besoin** serait **naturel**, d'origine corporelle, alors que le **désir** serait **artificiel**, d'origine psychique. Enfin, le besoin aurait un objet spécifique qui peut le combler momentanément. Alors que le désir serait sans objet susceptible de le contenter, même provisoirement.

Toutes ces oppositions sont sujettes à discussion, non seulement parce qu'il y a des besoins sociaux – avoir une voiture pour aller travailler –, mais aussi parce que les Grecs, tel Épicure, ne faisaient pas de distinction entre désir et besoin.

2 De la connaissance à la maîtrise du désir

a. Le désir est désir de réplétion

Dans *Philèbe*, **Platon** analyse le désir sur le modèle de la faim et de la soif. Éprouver l'une ou l'autre de ces affections, c'est éprouver un manque. Ainsi, si la soif est un désir, elle n'est pas tant un désir de boisson que de **réplétion**. Ce que vise le désir, c'est donc moins l'objet que l'état : on ne boit pas pour le plaisir que nous procure la boisson mais pour mettre fin à un état de déshydratation.

L'objet du désir est donc le moyen et non la fin. C'est sur le même mode que Platon analyse dans *Le Banquet* la forme particulière du désir, que l'on nomme l'amour. L'amour est l'expression d'un manque et l'objet véritable de l'amour n'est pas l'objet immédiat mais ce que l'objet permet. Ce que l'amour veut, ce n'est pas le beau, mais la procréation et l'enfantement dans la beauté. Dans sa modalité ordinaire, l'amour utilise la fécondité des corps et engendre des enfants de chair. L'union de l'homme et de la femme est un enfantement. La procréation est en effet ce qu'un être mortel peut comporter d'éternel et d'impérissable. Dans sa modalité supérieure, l'amour utilise la fécondité des âmes pour engendrer de belles idées intemporelles. L'objet véritable de l'amour n'est pas l'objet immédiat mais l'immortalité.

ATTENTION !
Pour Platon, ce ne sont pas le corps et l'âme qui s'opposent mais, à l'intérieur de l'âme, deux sortes de désirs : les désirs issus de son lien avec le corps et le désir propre de l'âme qui est désir de vérité.

Les désirs issus du lien de l'âme avec le corps tendent à la domination. Les exigences du corps sont, non seulement la nourriture et la boisson, mais aussi l'ambition ou la recherche des honneurs ou de la richesse pour de plus grands plaisirs. La folie du corps sert dès lors de règle à la pratique humaine. Celui qui s'y adonne renforce la domination du corps sur l'âme. Pour échapper à la paralysie de l'âme et à la stérilisation mortelle de la pensée, il convient d'opérer une conversion décisive, pour que l'âme ne puisse avoir commerce avec le corps et puisse effectuer son désir spécifique : la recherche du vrai.

b. Ne satisfaire que les désirs naturels

Chez **Épicure**, l'objectif est le **plaisir** entendu négativement comme une **absence de trouble** et de douleur. Il s'agit d'éviter le désordre et d'accéder à la sérénité qui est celle des dieux bienheureux : « Nous avons besoin d'un plaisir, lorsque nous souffrons par suite de l'absence du plaisir ; mais lorsque nous ne souffrons pas, nous n'avons plus besoin du plaisir. » Dans le corps, le plaisir né de la satisfaction des désirs naturels engendre un bien-être corporel ou somatique que l'épicurisme appelle ***aponia*** ou absence de douleurs, tandis que, dans l'âme, elle favorise le bien-être nommé ***ataraxie*** *ou* absence de trouble et de crainte.

À NOTER

Il y a des **désirs naturels et nécessaires** comme manger et boire, qu'il convient de satisfaire. Des **désirs naturels mais non nécessaires** comme le désir des plaisirs de l'amour, que l'on peut éventuellement satisfaire. Il y a enfin des **désirs ni naturels ni nécessaires** comme le désir d'immortalité, de richesse ou de gloire, désirs vains pour Épicure, parce qu'ils naissent d'opinions vides et apportent plus de douleurs que de plaisirs. La variation de tels plaisirs va à l'infini et s'oppose à la nature.

c. Ne désirer que ce qui dépend de nous

Toute la pratique de la **philosophie morale stoïcienne** vise, non pas tant à supprimer le désir ou à supprimer l'aversion, qu'à déterminer correctement **ce sur quoi** porte ce mouvement. Désir et aversion ne doivent s'appliquer qu'à ce qui dépend de nous ; sinon, on va désirer ce qui ne dépend pas de nous (la réputation, la richesse, le pouvoir) et haïr ce qui ne dépend pas de nous (la maladie, la mort, la pauvreté). C'est à ce prix que l'on peut faire la conquête progressive de la liberté intérieure, affranchie des circonstances extérieures. Le sage n'oppose plus les désirs et les choses. Ce qu'il désire, ce sont les choses telles qu'elles adviennent. Le présupposé d'une telle philosophie est que tout ce qui advient a un caractère nécessaire, a été voulu par les dieux. Seule dépend de nous l'attitude que nous avons à l'égard de ce qui arrive.

3 Le désir n'est-il pas ce qui nous spécifie en tant qu'être humain ?

a. L'expérience paradoxale du désir

Il y a chez Épicure une conception simpliste qui ne distingue pas, voire qui nie la différence de nature entre les désirs proprement humains et les simples besoins biologiques que nous partageons avec les animaux. Les désirs qu'Épicure appelle vains, vides car sans objet, sont en fait tous les désirs qui sont issus de la culture à laquelle nous appartenons et qui ne renvoient à aucun support biologique, à aucune nécessité naturelle.

Or, ce qui distingue justement le désir du simple besoin, c'est qu'il n'est pas simplement corporel mais d'ordre psychique. La preuve en est qu'il ne cesse pas lorsqu'on obtient ce qu'on croyait désirer. Le désir renaît aussitôt, ne mettant pas fin à la souffrance, comme le fait le besoin lorsqu'il est satisfait. En ce sens, le désir est par nature inassouvissable, insatiable comme le phénix qui renaît de ses cendres, comme si rien ni personne ne pouvait le combler de façon définitive. C'est ce que Hegel appelle « l'infinité du désir au sens d'indéfini ».

Dans l'expérience du désir, il y a un véritable **paradoxe** : quand je suis désirant, tout se passe comme si l'objet de mon désir était de mettre fin au désir (condition de ma satisfaction) mais, lorsque j'ai mis fin à mon désir, loin d'être satisfait, je me mets de nouveau à désirer, comme si ce que je désirais était cette expérience désirante même puisque c'est elle qui donne un sens à ma vie, lui donne tout son piquant.

b. Le désir est désir d'un autre désir

Hegel reconnaît que le désir est destructeur, qu'il renaît de sa propre satisfaction, qu'il se porte sur la multiplicité des objets sensibles en tant qu'ils sont susceptibles d'apporter cette satisfaction. Mais, contrairement à Platon, Hegel pense que le désir n'a pas à être réprimé ou maîtrisé par la raison car la dialectique même du désir conduit à son propre dépassement. En effet, à voir renaître le désir et à ne pouvoir le satisfaire définitivement, le sujet réalise que ce n'est pas dans la consommation de l'objet que consiste son véritable but, mais bien plutôt dans la reconnaissance de soi par une autre conscience que soi. C'est seulement lorsque je pose l'autre comme figure indépendante et libre que je peux me ressaisir, car je n'existe que moyennant mon rapport à l'autre et réciproquement. Le désir ne prend son sens que dans la reconnaissance de l'autre par moi-même et de moi-même par l'autre. Le désir ouvre donc sur l'intersubjectivité. Il prend ainsi une autre signification : il n'est plus simplement rapport égoïste à soi, il est également position de l'autre.

On voit par là ce qui peut fonder la distinction entre le besoin et le désir. Alors que le besoin me maintient et me situe dans le cycle de la consommation, le désir m'introduit à la dialectique de la reconnaissance, il m'ouvre sur une réalité qui n'est plus matérielle mais spirituelle. Au sens fort du terme, le désir est, pour Hegel, constitutif du sujet, ce qui permet à l'homme de se poser comme homme.

À NOTER
Le désir humain diffère donc du besoin animal par le fait qu'il porte, non pas sur un objet réel positif donné, mais sur un autre désir.

Ainsi, dans le rapport entre l'homme et la femme par exemple, le désir n'est humain que si l'un désire non pas le corps mais le désir de l'autre. C'est-à-dire qu'il veut être désiré ou aimé ou bien encore reconnu dans sa valeur humaine, dans sa réalité d'individu humain. De même, le désir qui porte sur un objet, naturel ou fabriqué, n'est humain que dans la mesure où il est médiatisé par le désir d'un autre, portant sur le même objet. Il est humain de désirer ce que désirent les autres parce qu'ils le désirent. Ainsi un objet parfaitement inutile peut-être désiré parce qu'il fait l'objet d'autres désirs.

L'histoire humaine est l'histoire des désirs désirés. Un fois leurs besoins naturels assouvis, les hommes désirent, mais aucun instinct ne les guide. Ils n'ont pas de désirs propres. Pour désirer vraiment, ils doivent recourir aux hommes qui les entourent, leur emprunter leurs désirs. Ils les empruntent à ceux qu'ils prennent pour modèles.

c. Le désir est l'essence même de l'homme

Le désir est traditionnellement défini comme manque d'être. C'est avec une telle conception que rompt **Spinoza**. En toile de fond de cette rupture, un Dieu qui n'est plus celui de la Bible, créateur et transcendant, au regard duquel l'homme n'est que manque.

Le Dieu de Spinoza n'est en effet rien d'autre que la nature elle-même, définie par sa puissance d'agir, de se produire, de se reproduire, selon un strict déterminisme. Et chaque chose singulière, plantes, insectes ou hommes étant une partie de cette puissance définie, ne fait qu'agir à sa manière pour se conserver, se perpétuer : le **conatus** (du verbe *conaris*, « entreprendre une action, se préparer à quelque chose »).

> **À NOTER**
> Le **conatus** désigne ainsi l'exercice d'une puissance : celle que tout être, homme ou animal, plante ou caillou, déploie autant qu'il le peut pour se conserver, continuer d'être et rechercher tout ce qui paraît utile.

Chez l'homme, le conatus étant conscient, il devient désir. Or cette force d'exister est toujours orientée vers l'obtention d'un bien. Il s'agit de faire en sorte que le désir, qui est toujours dans sa profondeur désir d'un accroissement de la puissance d'exister, puisse se réaliser pleinement. Car ce sont l'ignorance, l'aliénation du désir qui sont sources de servitude et de malheur, et non pas le désir comme tel.

S'aliéner, c'est laisser s'insinuer en l'intériorité de son désir la puissance de quelque chose de radicalement autre que soi. Lorsque le désir admet en lui et contre lui une extériorité croissante, il n'est alors plus seule cause de ce qu'il désire. S'ensuivent une diminution de la puissance d'exister et la tristesse. C'est par l'imagination que le désir peut être entraîné dans des actions inadéquates dont il ne sera pas la seule cause. Il convient donc que le désir se réfléchisse lui-même, autrement dit accède à la conscience de lui-même comme force et désir d'une joie réelle. Seul le désir de la joie, qui est le plus puissant de tous les désirs, peut permettre à l'homme de se libérer de l'imagination désirante qui est source des superstitions, d'aveuglement et donc d'asservissement. Spinoza va même plus loin en affirmant que c'est le désir qui est à l'origine du désirable.

> **À NOTER**
> C'est parce que nous poursuivons une fin qu'elle se constitue comme valeur, et non parce que nous reconnaîtrions un bien que nous le désirons.

Il y a là un renversement total de la position traditionnelle : c'est le désir qui fonde les valeurs. Et la vertu véritable coïncide avec la liberté d'esprit et la vie heureuse.

Élaborer l'introduction d'une dissertation

Savoir-faire

L'introduction d'une dissertation doit comprendre :

– un bref exposé de l'opinion commune (ce que l'on répondrait immédiatement à la question posée) ;

– une objection qui va dans le sens de la thèse dont l'opposition à l'opinion commune fait problème ;

– l'énoncé de la question qui résulte de la contradiction entre l'opinion commune et l'objection.

Si le sujet se présente sous forme de proposition (thèse), il est préférable de développer dans le premier paragraphe la thèse proposée par le sujet.

Application

SUJET : Nos désirs nous sont-ils propres ?

À la différence des besoins qui sont communs à tous les hommes, il semblerait que nos désirs nous appartiennent en propre et nous différencient des autres, un tel désirant ce que l'autre ne désirera pour rien au monde. Les désirs ne sont-ils pas, en effet, le reflet de notre personnalité, de ce que nous sommes ?

Cependant, le désir humain ne diffère-t-il pas du besoin animal par le fait qu'il porte, non pas sur un objet réel positif donné, mais sur un autre désir ? N'est-il pas humain de désirer ce que les autres désirent parce qu'ils le désirent ? Ce qui expliquerait que nous puissions désirer un objet parfaitement inutile. Nos désirs ne sont-ils pas mimétiques ? Ne les empruntons-nous pas à ceux qui nous servent de modèle ?

Nos désirs nous sont-ils propres ?

Pour réussir le jour J

LES ERREURS À NE PAS COMMETTRE

- La principale erreur des candidats est de n'évoquer que des désirs matériels : désir d'une belle voiture, désir de chocolat... Songez au désir de vérité, d'immortalité, de reconnaissance.
- N'oubliez pas que le désir est parfois divisé : il y a les désirs issus du lien de l'esprit avec le corps et le désir propre de l'esprit qui peut-être désir de vérité.
- Une autre erreur consiste à considérer qu'on peut maîtriser les désirs par la raison sans se demander s'il n'y a pas là un désir de maîtrise.

LE VOCABULAIRE À UTILISER

Ne confondez pas le désir avec le souhait et la volonté.

- Un **souhait** est passif et flottant : on peut souhaiter n'importe quoi, qu'il fasse beau demain, de gagner au loto dimanche, que les morts ressuscitent. Le souhait est arbitraire. Il est sans résonance profonde avec soi. On peut jeter en l'air des souhaits comme on le désire.
- **Désirer**, c'est tendre vers un objet que l'on se représente comme source possible de satisfaction ou de plaisir.
- La **volonté** est la faculté de choisir, c'est le pouvoir de se déterminer librement à agir ou non, en vertu de motifs intellectuels ou de mobiles sensibles. La volonté implique une délibération consciente. L'acte volontaire s'oppose donc à l'acte qui procède purement du désir ou d'une impulsion. Vouloir, c'est poursuivre une fin déterminée et consciente : on peut vouloir maîtriser ses désirs ; on peut céder à ses désirs par manque de volonté.
- Dans *Le Banquet*, Platon affirme qu'Éros est fils de Poros (dieu de l'abondance) et de la mendiante Pénia. Éros ne peut être de nature purement divine : les dieux ne désirent pas, puisqu'ils sont comblés. Mais le désir ne peut être non plus, comme Pénia, pure indigence, car l'ignorance a ceci de terrible que quand on n'a ni beauté, ni bonté, ni science, on croit en posséder suffisamment. Or, quand on ne sait pas qu'on manque d'une chose, on ne la désire pas. Si donc l'Amour est amour du savoir (de la « philosophie »), c'est qu'il est un mixte d'ignorance et de savoir : ignorant, mais avec la conscience qu'il l'est, tel est le philosophe, autrement dit celui qui désire acquérir un bien dont il est dépourvu, le savoir.

10 qcm pour réviser le cours

Corrigés, p. 67

1 Le désir :

- ❑ **a.** va au-delà du simple besoin.
- ❑ **b.** se confond avec le besoin.
- ❑ **c.** se confond avec les désirs que l'on peut satisfaire.

2 Le désir est-il généralement :

- ❑ **a.** désir de ce qu'on a.
- ❑ **b.** désir de ce qu'on n'a pas.
- ❑ **c.** désir de l'impossible.

3 Le désir est l'expression d'un manque :

- ❑ **a.** subjectif.
- ❑ **b.** objectif.
- ❑ **c.** indifférent.

4 Qu'est-ce qui fait la valeur du désir ?

- ❑ **a.** La possibilité de le satisfaire.
- ❑ **b.** Son insatisfaction face à la réalité telle qu'elle est.
- ❑ **c.** Son caractère subjectif.

5 Le désir, dit Platon, est semblable à « un tonneau percé » ou au pluvier, cet oiseau mythique qui mange et fiente en même temps. Le désir est-il :

- ❑ **a.** objectif ?
- ❑ **b.** limité ?
- ❑ **c.** illimité ?

6 Le désir de mets luxueux est-il :

- ❑ **a.** un désir naturel et nécessaire ?
- ❑ **b.** un désir naturel mais non nécessaire ?
- ❑ **c.** un désir ni naturel ni nécessaire ?

7 Quel philosophe affirme qu'il y a des désirs vains et inutiles ?

- ❑ **a.** Alain
- ❑ **b.** Épicure
- ❑ **c.** Spinoza

8 Quel philosophe a dit : « Il n'y a qu'une route vers le bonheur, c'est de renoncer aux choses qui ne dépendent pas de notre volonté. »

- ❑ **a.** Platon
- ❑ **b.** Épictète
- ❑ **c.** Nietzsche

9 Quel philosophe affirme que ce n'est pas parce qu'un objet est un bien que nous le désirons mais parce que nous le désirons qu'il est un bien ?

- ❑ **a.** Épictète
- ❑ **b.** Rousseau
- ❑ **c.** Spinoza

10 L'insatisfaction d'un désir est-elle source :

- ❑ **a.** d'une carence.
- ❑ **b.** d'une frustration.
- ❑ **c.** d'une satisfaction.

Sujets

Sujet 1

Corrigé, p. 67

Dégager les pistes de réflexion puis faire le plan du sujet suivant :

Le désir peut-il se satisfaire de la réalité ?

Sujet 2

Corrigé, p. 68

Document

Étant fils de Poros et de Pénia, l'Amour en a reçu certains caractères en partage. D'abord, il est toujours pauvre, et, loin d'être délicat et beau comme on se l'imagine généralement, il est dur, sec, sans souliers, sans domicile, sans avoir jamais d'autre lit que la terre, sans couverture, il dort en plein air, près des portes et dans les rues ; il tient de sa mère, et l'indigence est son éternelle compagne.

D'un autre côté, suivant le naturel de son père, il est toujours à la piste de ce qui est beau et bon ; il est brave, résolu, ardent, excellent chasseur, artisan de ruses toujours nouvelles, amateur de science, plein de ressources, passant sa vie à philosopher, habile sorcier, magicien et sophiste.

Il n'est par nature ni immortel ni mortel ; mais, dans la même journée, tantôt il est florissant et plein de vie, tant qu'il est dans l'abondance ; tantôt il meurt, puis renaît, grâce au naturel qu'il tient de son père.

Ce qu'il acquiert lui échappe sans cesse, de sorte qu'il n'est jamais ni dans l'indigence ni dans l'opulence.

Platon, *Le Banquet*, 203 e-c, traduction É. Chambry, Paris, © Flammarion, 1950.

Questions

1. Quels sont les traits contradictoires d'Amour ?
2. En quoi le philosophe peut-il se rapprocher de ce personnage ?

QCM

1 a. **2** b. **3** a. **4** b. **5** c. **6** b. **7** b. **8** b. **9** c. **10** b.

Sujet 1

Pistes de réflexion

■ **1.** Posez-vous les questions suivantes : Qu'est-ce qui fait la valeur du désir ? La possibilité de le satisfaire ? L'insatisfaction face à la réalité telle qu'elle est ? À la réalité telle qu'elle est, que peut-on opposer de manière positive : l'illusion ? le rêve ? l'Idéal ?

■ **2.** Qu'est-ce qui vous paraît le plus légitime : changer la réalité pour qu'elle soit plus conforme à nos désirs ? Accorder le désir à la réalité (position stoïcienne ou cartésienne : « tâcher toujours plutôt à me vaincre que la fortune, et à changer mes désirs plutôt que l'ordre du monde », (Descartes, *Discours de la méthode*, 1637) ? Renoncer à tous nos désirs ?

■ **3.** Le sujet invite aussi à réfléchir sur la légitimité à se satisfaire de la réalité. N'est-ce pas l'insatisfaction qui fait toute la valeur du désir ? « Malheur à qui n'a plus rien à désirer ! Il perd pour ainsi dire tout ce qu'il possède. On jouit moins de ce que l'on obtient que de ce que l'on espère et l'on n'est heureux qu'avant d'être heureux. » (Rousseau, *La Nouvelle Héloïse*, 1761.)

■ **4.** Le sujet sous-entend que, par nature, le désir ne peut jamais être satisfait. Le désir ne pouvant se satisfaire de ce que la réalité peut offrir recherche des « satisfactions substitutives » qui sont souvent de l'ordre de l'imaginaire, comme le rêve ou la croyance religieuse. Ainsi la religion serait une satisfaction de notre désir archaïque d'être protégé et aimé. L'insatisfaction du désir face à la réalité serait donc un appel vers autre chose que la réalité, vers ce qui est parfois fictif ou illusoire.

■ **5.** La réalité, c'est aussi bien ce qui est que ce que la réalité permet ou rend possible. C'est la raison pour laquelle le désir peut nous amener à agir, à transformer la réalité qui nous rend insatisfaits. Il ne s'agit donc pas d'attendre passivement que la réalité apporte la satisfaction espérée. C'est bien parce que le désir est l'expression d'un manque d'être qu'il est à la source de toute animation. Il est ce qui meut l'homme dans l'existence dans la poursuite de cet au-delà qui n'est rien. L'homme peut chercher à compenser le manque d'être par l'avoir : d'où les désirs de richesse, de gloire, d'immortalité. Mais la frustration engendrée par ce manque amène aussi l'homme à modifier la réalité, à créer des œuvres d'art, à défendre des idéaux. Le désir n'a donc pas à se satisfaire de la réalité qui est souvent décevante.

Plan

■ **I.** Par essence, le désir ne peut se satisfaire de la réalité.

■ **II.** Si le but du désir est le bonheur, il doit se satisfaire de la réalité. Ce qui implique une maîtrise du désir par la raison. Mais la maîtrise du désir ne répond-elle pas à un désir de maîtrise ?

■ **III.** On montrera que, si le désir peut parfois être la source de satisfactions substitutives illusoires, il n'en demeure pas moins qu'il est à la source de toute animation et création. En ce sens, il n'a pas à se satisfaire de la réalité qui est parfois décevante et qui peut être transformée pour se rapprocher de ce qui devrait être (l'idéal).

Sujet 2

■ **1.** Il s'agit, dans ce texte, de l'esquisse d'une généalogie : celle du personnage « Amour ». Sa mère est Pénia, c'est-à-dire pauvreté (sans argent). Son père est Poros, c'est-à-dire ressource, expédient, au sens où « utiliser un expédient » c'est « se tirer d'embarras » en faisant ce qui est utile ou opportun. Comme fils, et bien qu'il soit unique, il tient de chacun de ses parents des traits de caractère : autrement dit, c'est un personnage double. Dans le dernier passage du texte, le caractère double fait place à une unité toute dialectique, faite au contraire d'une double exclusion (ni immortel, ni mortel), qui marque bien la place de l'Amour comme démon (*daimon*) et, comme tel, sa situation d'intermédiaire entre ce qui est mortel (les hommes) et ce qui est immortel (les dieux).

■ **2.** Amour nous dit, par sa filiation et sa position, ce qu'il en est des philosophes. Ceux qui s'emploient à philosopher ne sont ni des sages ni des ignorants. Les philosophes sont, comme Amour, fils de Poros et de Pénia, des intermédiaires entre ces deux extrêmes. La dualité de nature de l'Amour, signifie que l'Amour est philosophe : l'ignorance, mais accompagnée de la conscience de cette ignorance, une sorte d'état intermédiaire entre l'ignorance qui s'ignore et le savoir qui s'est satisfait, voilà ce qui fait le philosophe. Autrement dit, un homme qui désire acquérir un bien dont il est dépourvu : le savoir.

6 L'existence et le temps

Les 5 points incontournables

• Existence et liberté

Exister, c'est se projeter en avant de soi : l'homme s'accomplit par ses actes, qu'il pose librement. Ainsi, pour Sartre, « l'existence précède l'essence », c'est-à-dire que l'homme n'est d'abord rien, il est, tout au long de sa vie, un ensemble de potentialités. Son existence n'a donc de valeur que parce qu'il choisit son essence, ce qu'il veut être.

▷ *Cours 1 c ; 2 a, b*

• La mort donne un sens à l'existence

La mort peut représenter un anéantissement de l'existence, qui fait de la volonté humaine une absurdité.

Mais elle peut aussi être considérée comme ce qui donne un sens à la vie.

La mort n'est rien, selon Épicure, puisqu'elle n'est jamais une réalité pour l'homme : elle est même au cœur de son existence et le pousse à l'accomplissement de soi par la conscience qu'il a de sa finitude.

▷ *Cours 3 a, b, c*

• L'existence comme être au monde

L'existence est le fait d'être là, ce que Heidegger appelle le *Dasein* : l'existence est une ouverture, une projection en avant de soi.

▷ *Cours 1 a ; 2 a*

• Le temps, réalité insaisissable

La réalité du temps est insaisissable : le passé n'est plus, le présent est indéterminé, et le futur n'est pas encore. Le temps nous échappe, et la seule réalité qu'il nous impose, c'est la certitude de la mort, angoisse fondamentale de l'existence.

▷ *Cours 2 c*

• Existence et essence

L'**existence** de chaque chose est contingente, elle ne s'explique ni ne se pense. Son **essence** est en revanche issue de la liberté de l'homme, elle actualise l'existence. Par exemple pour Kant, on peut parler de l'essence de Dieu (sa bonté, son éternité…) sans pour autant prouver son existence.

▷ *Cours 1 b*

1 Qu'est-ce que l'existence ?

a. Définition

Étymologiquement, le verbe latin *existere* signifie « sortir de », « naître de ».

À NOTER
Exister, c'est provenir de quelque chose, recevoir son être d'un autre être que soi.

L'existant dépend donc de **l'être** dont il tire origine. Pour la théologie chrétienne, exister peut se dire de la créature, car son être provient et dépend de l'être du créateur, c'est-à-dire de Dieu. De ce point de vue, l'existence est un moindre être, un mode d'être dérivé, dépendant dans son être de l'être qui le fait être. Seul Dieu est vraiment. Que l'on croie ou non en Dieu, toute existence concrète est **contingente**. Cette rose qui est dans mon jardin, ce chat qui est sur ma table auraient pu ne jamais être. Ils ne sont pas **nécessaires** comme les théorèmes de mathématiques ou les lois de la physique. Ils apparaissent, ils se laissent rencontrer. On concevrait très bien qu'ils ne soient pas là.

b. Existence et essence

On distingue dans toute chose ce qu'elle est (son « **essence** ») et le fait même qu'elle soit (son « **existence** »). L'existence est le simple fait d'être là. Elle n'est pas un concept contenu dans un concept, elle n'est pas contenue dans une idée. C'est ainsi que Kant considère qu'on ne peut prouver l'existence de Dieu : ce qui est en dehors de l'expérience possible est, par là même, hors des limites de toute connaissance humaine. Dieu est un objet de pensée, on peut le définir, dire ce qu'il est mais il n'y a aucune commune mesure entre son **essence** et son **existence**, aucun moyen de passer de l'une à l'autre, aucun moyen de prouver qu'il existe à titre de sujet effectif des propriétés qu'il paraît possible de lui attribuer (toute-puissance, bonté, éternité...). L'existence est une absolue position. Nous saisissons l'existence d'une chose seulement parce que nous en sommes affectés. La preuve du pudding, disait Engels, c'est que nous le mangeons. Prouver une existence est, soit la montrer immédiatement par la perception, soit la démontrer par une conclusion qui lie quelque chose à une perception. En physique, on démontre l'existence d'éléments matériels qu'il est impossible de percevoir directement mais dont on perçoit les effets.

c. L'existence ne se pense pas mais « s'existe »

Dans cette même perspective, **Sartre** affirme, dans *La Nausée*, que l'existence est comme la pâte même des choses : « Exister, c'est *être là* simplement ; les existences apparaissent, se laissent rencontrer, mais on ne peut jamais les déduire. » L'existence, c'est le simple et nu être des choses mais c'est aussi la façon dont les choses s'extraient d'elles-mêmes pour être, se projettent au-dehors jusqu'à nous atteindre, viennent au-devant de nous dans leur prolifération. L'ex-sistance est d'abord projection, propulsion.

L'existence demeure constamment individuelle, et l'abstrait, lui, en ce sens, ne peut exister. L'existence ne peut donc se penser de manière systématique. Toute philosophie systématique se tient à l'écart de la réalité individuelle, ne tient pas compte de ce que l'homme est un sujet, pensant, qui se vit. L'existence est imprévisibilité, elle ne s'explique pas, elle ne se pense pas de manière rationnelle : elle « s'existe ». L'existence ne saurait donc être déduite d'un système philosophique ni même comprise comme sont compris les phénomènes physiques : tous les efforts de compréhension aboutissent à un échec. Mais elle peut être éclairée par des expériences vécues. L'une des données essentielles de la réflexion sur l'expérience est la liberté.

2 L'existence est liberté

a. Exister, c'est se projeter en avant de soi

Pour **Heidegger**, l'ex-sistance désigne, non plus le mode d'être d'un étant qui tient son être d'un autre que soi (Dieu), mais celui d'un étant dont la manière d'être consiste à se projeter en avant de soi, à anticiper constamment sur un à-venir par l'existence d'un projet. Exister, c'est être au monde. La caractéristique majeure de l'étant (le *Dasein*) qui ex-iste est ce que Heidegger nomme l'« être-en-avant-de-soi ».

Le **Dasein** est libre mais il n'est pas libre de se départir de sa liberté. Tout le reste est abîme. Aux questions : pourquoi le *Dasein* est-il libre ? Pourquoi est-il abandonné ? Pourquoi meurt-il ? Heidegger répond par une fin de non-recevoir. Il n'y a de vérité que parce qu'il y a un *Dasein*, c'est-à-dire un homme pour la poser. Il est donc inutile de chercher la vérité au-delà de ce par quoi il peut y avoir vérité. Sans doute il y a des existants bruts, mais la vérité de ces existants n'apparaît encore que parce qu'il y a l'homme. L'homme est enfermé dans l'humain, il est condamné à l'humain. Toutes ses valeurs, ses vérités sont ses propres créations. **Il n'y a pas** d'objet sans sujet, **d'existant-chose sans existant-humain**. Ainsi l'existant brut, considéré en dehors de tout sens dont l'homme le gratifie, est rigoureusement impensable. La saisie de l'existant brut supposerait l'inexistence de l'homme. On ne peut concevoir une chose sans la recouvrir d'une détermination humaine qui est justement la pensée de cette chose. En dehors de toute représentation humaine, les existants bruts sont chaotiques.

b. Chez l'homme, l'existence précède l'essence

Dans *L'existentialisme est un humanisme*, **Sartre** écrit que, chez l'homme, **l'existence précède l'essence.** Autrement dit, l'homme n'est ni ceci ni cela. Son existence n'est d'abord soutenue par rien. C'est précisément parce que l'homme n'est d'abord rien qu'il se distingue de toute autre réalité et que son existence est liberté, ne peut qu'être liberté. L'homme est ce qu'il se fait. La liberté est donc, pour Sartre, un absolu qui ne se choisit pas.

Mais la liberté ne peut se définir qu'en situation, c'est-à-dire en fonction d'une époque historique déterminée, au travers de laquelle se déclare la permanence de la condition humaine, c'est-à-dire la nécessité pour l'homme d'être dans le monde, d'y être au travail, d'y être au milieu d'autres et d'y être mortel. Tout choix libre, tout projet décide d'une vérité de l'homme, qui ne peut être, en dernière analyse, que la liberté elle-même.

c. L'existant humain est un être-pour-la-mort

Si l'homme est un projet, il n'est donc jamais fini, il est une continuelle imperfection jusqu'à sa mort qui n'achève pas sa vie mais la termine. C'est lorsqu'on analyse le temps que l'on découvre que l'existant humain est un être-pour-la-mort. Formé du passé qui n'est plus, de l'avenir qui n'est pas encore et de l'instant présent qui n'est qu'une limite ou une durée nulle entre deux temps irréels, le temps reste paradoxalement **insaisissable**, alors que nous y sommes plongés sans pouvoir jamais en faire abstraction.

Si l'analyse ne peut appréhender la réalité du temps, c'est sans doute que ce dernier n'a pas de véritable réalité. En affirmant que « le temps est un rien qui nous échappe », **saint Augustin** nous fait appréhender notre propre précarité, ce qu'en langage moderne nous pourrions appeler notre « être-pour-la-mort ». Le temps est la marque de notre corruption temporelle. Autrement dit, à travers la vie qui coule en lui, l'homme se sent encore vivant, mais il éprouve avec angoisse la certitude qu'un jour le cours de cette vie sera tranché.

3 La mort ôte-t-elle tout sens à l'existence ?

a. La mort anéantit tout

Pour ce qui est dans le temps, le temps signifie l'anéantissement. Qui dit anéantissement dit mort. L'homme, à la différence des autres êtres, a conscience de sa condition temporelle et de sa mort comme étant le maître absolu. La volonté humaine ne peut vouloir que des choses futures qui deviennent présentes, qui deviennent passées. Dès lors se pose la question du sens de la volonté. Quel sens y-a-t-il à vouloir puisque le temps signifie la vanité de vouloir ? Quel sens y-a-t-il à se projeter vers l'avenir puisque celui-ci sera bientôt présent puis passé ? Quel sens y-a-t-il à créer des œuvres puisque, si l'on considère les durées cosmiques, on ne peut que voir que les œuvres humaines périront, qu'il finira par ne plus rien rester ? Mais si la mort est anéantissement, pourquoi la redouterions-nous ?

b. La mort est ce qui donne un sens à la vie

Dans la *Lettre à Ménécée*, **Épicure** affirme que **la mort n'est rien pour nous**. L'argumentation est conduite de la manière suivante : le bien et le mal résident dans la sensation. Or la mort est privation de la sensation. Donc la mort ne peut être sentie. Nous vivants, la mort n'est rien (puisque nous sommes encore vivants). Nous morts, la mort n'est rien (puisque nous sommes déjà morts). La mort n'est donc rien, ni pour les vivants ni pour les morts.

Dénonçant la toute-puissance fallacieuse des opinions courantes qui font que nous passons notre vie dans l'attente de la mort (nous souffrons déjà à l'idée qu'elle arrivera un jour), Épicure nous recommande au contraire de mieux apprécier les joies de la vie éphémère. La foule est deux fois malheureuse puisque, tantôt, elle fuit la mort comme le plus grand des maux, tantôt, méprisant la vie, désire la mort pour mettre un terme à ses malheurs. Le sage, lui, est deux fois heureux : pour lui, la mort n'est pas un mal et en même temps la vie ne lui est pas à charge. Épicure s'indigne qu'on puisse affirmer que la jeunesse doit se préparer à bien vivre alors que la vieillesse devrait se préparer à bien mourir.

À NOTER

« L'application à bien vivre ne se distingue pas de l'application à bien mourir. » L'essentiel en tout est la mesure. Pour le sage, ce qui compte, ce n'est pas la longueur de la vie mais sa perfection.

Pour **Kieerkegaard**, c'est l'urgence de la menace qui « stimule le vivant ». La vie n'est jamais plus intense que lorsque la mort, imminente, est à l'horizon de l'humain. Si la mort ôte tout ressort à l'homme du quotidien, elle est généralement le plus puissant stimulant de la vie.

Deux voies subsistent alors : ou bien celle de la jouissance effrénée qui ne permet pas à l'être de rassembler son moi et de surmonter véritablement l'angoisse de la mort, ou bien celle du sérieux, de l'action tendue vers un but qui prend l'exacte mesure de la vitesse à observer dans la vie.

Prolongeant la réflexion de Kierkegaard, **Martin Heidegger** fait de la mort la dimension constitutive de l'être humain. L'homme est avant tout projet, « anticipation de soi-même ». La mort est inscrite au cœur de l'existence humaine. En tant que fin de la réalité humaine, elle « en est la possibilité absolument propre, inconditionnelle, certaine et, comme telle, indéterminée, indépassable. La mort "est", en tant que fin de la réalité humaine, dans l'être de cet existant qui existe pour sa fin » (*L'Être et le Temps*). Sans elle, l'existant humain aurait un caractère d'inachevé. Et c'est bien parce que la vie n'est rien que ce rien prend toute sa valeur.

c. Le non-sens de la mort donne un sens à la vie tout en le niant

Ne faut-il pas comparer la mort à Janus, ce Dieu italique et romain représenté avec deux visages tournés en sens contraire ? Gardien des portes qui, comme lui, ont une double face : tantôt ouvertes, tantôt fermées. La mort est ambiguë. Elle est à la fois un événement biologique qui met fin à une existence ou qui ferme, et en même temps, éventuellement ce qui ouvre.

Pour nous faire saisir cette contradiction, Sartre recourt à une comparaison avec la musique. Dans une mélodie, l'accord final regarde par tout un côté vers le silence, « c'est-à-dire vers le néant de son qui suivra la mélodie ». Il est, en un sens, déjà silence, c'est-à-dire absence de son, puisque la signification de cet accord ultime, c'est le silence qui s'ensuivra. Mais, en même temps, sans l'accord final, la mélodie resterait en l'air et « cette indécision finale remonterait à contre-courant de note en note pour conférer à chacune d'elles son caractère inachevé ».

Autrement dit, c'est l'accord final qui forme et organise la mélodie, lui donne sa plénitude. L'accord final adhère donc à ce « plenum d'être » qu'est la mélodie. Cette comparaison nous permet de saisir que la mort n'est pas seulement ce qui vient à la fin. Elle est déjà cette absence d'être qui renvoie à un néant, et en même temps ce qui achève la série des actes de notre existence.

La mort est un terme, sans plus, elle n'est pas ce en vue de quoi nous vivons. Ce n'est pas toute espèce de terme qui prétend être une fin, c'est le meilleur. Les philosophes grecs considéraient comme un insensé celui qui vit de la succession indéfinie des désirs et des plaisirs sans aboutissement, sans totaliser sa vie en la subordonnant à une fin supérieure. Rester dans l'indéfinité d'un mouvement de proche en proche, c'est vivre dans la dépendance de la mort et lui laisser l'avantage.

> **ATTENTION !**
> Il ne faut pas confondre la fin comme « ce en vue de quoi » ou comme but, la fin comme terme, limite ou arrêt.

Ce qui donne un sens à la vie ce n'est pas la mort en elle-même mais le fait que l'individu, entre sa naissance et sa mort, parvienne à réaliser ses buts. En ce sens, la mort prématurée est absurde. Si la mort survient lorsqu'un être a actualisé les potentialités qu'il portait en lui, elle est « naturelle », « normale ». Mais la fin-achèvement ou fin-accomplissement suppose la non-infinité du processus, autrement dit que le processus ait un terme.

Sans la mort, l'homme ne pourrait s'accomplir, ne serait même pas un homme ; on peut même dire que ce qui ne meurt pas, ne vit pas. C'est que le non-sens de la mort donne un sens à la vie tout en le niant. En cela réside le mystère insondable de notre bref passage sur terre.

Argumenter

Savoir-faire

En philosophie, la **démonstration** est un dispositif discursif visant à rendre crédible une thèse. Elle consiste dans une argumentation logique et contraignante. Chaque partie doit être ordonnée et construite en des paragraphes articulés les uns aux autres (trois paragraphes par partie, c'est-à-dire trois arguments ou idées). Dans l'argumentation, il faut aller du plus simple au plus complexe. Les citations ou les références ne peuvent en aucun cas tenir lieu d'arguments, mais doivent venir à l'appui de la pensée du candidat.

Application

SUJET : La pensée naît-elle de l'action ?

Thèse : la pensée naît de l'action

Un argument est souvent une particularisation de la thèse. Par exemple, ici, on peut développer l'argument suivant : d'où naît la pensée scientifique ? De l'action, c'est-à-dire de l'activité économique et technique. La pensée mathématique grecque s'est développée sur la base d'activités pratiques comme l'agriculture, l'artisanat, le commerce.

C'est si vrai que les termes mêmes qui désignent les sciences le montrent : la « géométrie » (*géo*, « terre » ; *métrie*, « mesure ») est l'art de la mesure de la terre ou arpentage des champs ; la « logistique » – nom platonicien de notre arithmétique – est l'art du calcul pratiqué par les marchands. L'astronomie, au XVIIe siècle, s'est développée à partir de l'invention de la lunette. C'est grâce à celle-ci que Galilée a pu apporter des preuves à l'appui de l'héliocentrisme de Copernic. Ainsi, les idées, la pensée scientifique, ne progressent que dans la mesure où, à la base, il y a le travail, l'action.

Autre exemple d'argument qui pourrait constituer le troisième paragraphe : non seulement la pensée naît de l'action mais elle est elle-même action. La pensée n'est en effet rien d'autre qu'un moment de l'action. La pensée coupée de l'action devient rêve ou utopie et ne mérite plus le nom de pensée. Seule est digne d'être appelée pensée celle qui agit. La foi, par exemple, qui n'engage pas la vie, qui n'agit pas, n'est pas sincère. Une philosophie, une idéologie sont aussi une manière de vivre.

Thèse opposée : la pensée ne naît pas de l'action mais de l'inaction

Exemple d'argument : le développement de la pensée humaine est le résultat d'une victoire sur la nécessité matérielle, elle a donc pour première condition le loisir. C'est pourquoi les mathématiques sont apparues d'abord en Égypte, où la caste des prêtres disposait du loisir. De même, dans la société grecque antique, il y a ceux qui agissent et ceux qui pensent parce qu'ils sont libérés de toute occupation matérielle. D'un côté les esclaves, de l'autre les maîtres d'esclaves. « L'esclavage, dit Marx, est le terrain sur lequel ont poussé les premières fleurs de la civilisation. » C'est en effet à l'esclavage qu'on doit la pensée grecque. La pensée naît donc bien de l'inaction.

Autre exemple d'argument qui pourrait constituer le troisième paragraphe : non seulement la pensée ne naît pas de l'action, mais elle n'est elle-même qu'un moment d'inaction. Quand je pense, je n'agis pas. Ainsi, la vraie foi exige le renoncement à la vie active. Seule une vie retirée, loin de toute agitation, peut contribuer à l'élévation spirituelle. La vie monastique, par exemple, est une vie de prières et de méditations. La pensée pure, la vraie pensée, c'est l'inaction.

Synthèse : la pensée naît de l'action et doit retourner à l'action

Exemple d'argument : comme l'a dit Goethe, au commencement était l'action. C'est elle qui a assuré le maintien de la vie, c'est elle qui a engendré la pensée sous des formes de plus en plus conscientes, au fur et à mesure qu'augmentait la complexité des êtres vivants. Mais l'action à elle seule n'aurait jamais réalisé la machine à vapeur si la connaissance des lois de la nature, c'est-à-dire la pensée, ne l'avait accompagnée. Certes, la pensée grecque est née de l'activité commerciale et technique. C'est l'apparition de la monnaie et son maniement qui ont entraîné le développement du calcul. C'est la construction des temples et des sanctuaires qui a exigé le développement de la géométrie. Mais cette pensée scientifique, une fois engendrée, est retournée à l'action sous la forme d'applications pratiques nouvelles qui, à leur tour, ont permis de nouveaux progrès de la pensée. La pensée naît donc de l'action et doit y retourner sous peine de tomber en désuétude.

Autre exemple d'argument qui pourrait constituer le troisième paragraphe : la pensée et l'action sont indissociables. Ainsi, la pensée de Marx est en rapport très étroit avec son expérience. Jamais il n'aurait écrit *Le Capital*, s'il n'avait été le témoin oculaire de l'évolution du capitalisme et de son cortège de malheurs au XIXe siècle. Une fois élaborée, la pensée marxiste devient une « véritable force matérielle », capable de mouvoir les masses. En témoignent la révolution d'octobre 1917 en Russie et les luttes syndicales et politiques menées en Europe mais aussi en Amérique latine, qui ont pu s'inspirer du marxisme. Une altération foncière de la théorie marxiste ne peut que nuire à la pratique. L'exemple du stalinisme le confirme. La pensée et l'action sont donc dialectiquement liées. L'une et l'autre s'enrichissent mutuellement.

Pour réussir le jour J

LES ERREURS À NE PAS COMMETTRE

• **Ne pas confondre les deux sens du verbe *être*** : ce qui **est** fondamentalement (d'un point de vue ontologique), par essence, diffère de ce qui **existe**. Platon trouve dans l'**essence** ce qui échappe aux changements et paraît doté d'une réalité sans rapport avec la simple présence (ou **existence**) matérielle : l'essence d'une figure géométrique demeure inchangée, même si personne ne la dessine. D'où le privilège accordé au monde « intelligible » (constitué des essences ou « Idées ») sur le monde « sensible », où tout se dégrade.

• Lorsque la pensée chrétienne affirme ensuite que l'homme a été créé par Dieu, cela suppose que l'existence d'un individu singulier ne peut constituer qu'une illustration particulière (éventuellement imparfaite) de l'essence de l'homme en général, tel que Dieu l'a défini.

LE VOCABULAIRE À UTILISER

• Par « **divertissement** », Pascal entend non seulement les amusements mais aussi les occupations sérieuses : c'est-à-dire l'agitation permanente dont la fonction est de nous permettre de nous oublier nous-mêmes, de nous détourner de notre condition d'homme.

• Le temps des horloges, le temps mesurable, quantifiable, n'a pas d'existence réelle. Par commodité et contrainte sociale, nous découpons le temps en unités plus ou moins grandes (secondes, heures, années, etc.) mais c'est là dénaturer le temps en le réduisant à de l'**espace** afin de faire coexister des instants qui en réalité se succèdent.

• Bergson (*Essai sur les données immédiates de la conscience*, 1889) estime que cette spatialisation du temps ne révèle nullement la vraie dimension temporelle de l'existence, qu'il affirme être la **durée**. Celle-ci consiste, non en une simple succession d'instants mais en un flux continuel d'impressions, de sensations, de sentiments. Il y a continuité entre les instants, fluidité, création permanente d'imprévisibles nouveautés. Le temps ne fait pas que passer, il est surtout ce qui nous permet de nous créer nous-mêmes dans la durée.

10 qcm pour réviser le cours

Corrigés, p. 80

1 « Existence » s'oppose à :

❑ **a.** accident.

❑ **b.** essence.

❑ **c.** apparence.

2 L'existence est :

❑ **a.** une absolue position.

❑ **b.** un prédicat.

❑ **c.** ce qui est par essence.

3 Pour Heidegger exister, c'est :

❑ **a.** vivre.

❑ **b.** être au monde.

❑ **c.** penser.

4 « Nous sommes condamnés à être libres » signifie que :

❑ **a.** la liberté est un fardeau.

❑ **b.** nous ne choisissons pas d'être libres.

❑ **c.** la liberté doit s'acquérir.

5 Que signifie la phrase : « Le temps est la marque de mon impuissance » ?

❑ **a.** La condition humaine n'a pas de sens.

❑ **b.** Le temps est ce qui échappe à l'homme.

❑ **c.** L'homme peut maîtriser le temps.

6 Qui a dit : « La mort n'existe pas tant que nous vivons et nous n'existons plus quand elle est là » ?

❑ **a.** Épicure

❑ **b.** Platon

❑ **c.** Heidegger

7 Quand on dit que la mort marque la fin de l'existence, qu'entend-on par « fin » ?

❑ **a.** Le but

❑ **b.** Le terme

❑ **c.** L'accomplissement

8 Qui compare la mort à un accord final ?

❑ **a.** Sartre

❑ **b.** Jankélévitch

❑ **c.** Épicure

9 L'existence est :

❑ **a.** nécessaire.

❑ **b.** ce qui ne peut pas ne pas être.

❑ **c.** contingente.

10 Par essence, il faut entendre :

❑ **a.** ce qui est idéal.

❑ **b.** la nature des choses, ce qu'elles sont.

❑ **c.** ce qui pourrait être.

Sujets

Sujet 1 TYPE BAC

Corrigé, p. 80

Développez la thèse et la thèse contradictoire du sujet de dissertation suivant :

Peut-on penser la mort ?

Sujet 2

Corrigé, p. 81

Document

Qu'est-ce donc que le temps ? Si personne ne me le demande, je le sais ; mais si on me le demande et que je veuille l'expliquer, je ne le sais plus. Pourtant, je déclare hardiment, je sais que si rien ne passait, il n'y aurait pas de temps passé ; que si rien n'arrivait, il n'y aurait pas de temps à venir ; que si rien n'était, il n'y aurait pas de temps présent.

Comment donc ces deux temps, le passé et l'avenir, sont-ils, puisque le passé n'est plus et que l'avenir n'est pas encore ? Quant au présent, s'il était toujours présent, s'il n'allait pas rejoindre le passé, il ne serait pas du temps, il serait l'éternité. Donc, si le présent, pour être du temps, doit rejoindre le passé, comment pouvons nous déclarer qu'il est aussi, lui qui ne peut être qu'en cessant d'être ? Si bien que ce qui nous autorise à affirmer que le temps est, c'est qu'il tend à n'être plus.

SAINT AUGUSTIN, *Les Confessions*, trad. J. Trabucco, © Flammarion, 1964.

Question

Soyez attentif aux différents sens du verbe *être* dans ce texte et formulez la réponse apportée par Augustin à la question : « Qu'est-ce que le temps ? »

QCM

1 b. 2 a. 3 b. 4 b. 5 b. 6 a. 7 b. 8 a. 9 c. 10 b.

Sujet 1

Thèse : on ne peut pas penser la mort

- La mort tient une place importante dans la pensée humaine. Pourtant, étant ce qui n'existe pas ou plus précisément ce qui est de l'autre côté de l'existence, **peut-elle être pensée ?** La mort n'est-elle pas en effet pure vacuité ? Dans *Le Mur* (Sartre, 1939), Pablo, sur le point d'être fusillé, cherche à jeter sa pensée de l'autre côté du mur, de manière à concevoir sa mort. En vain, car, de l'autre côté, il n'y a rien de pensable.

- La mort, nul n'en peut faire l'expérience en elle-même, car faire une expérience relève de la vie. Toute expérience est conduite par un sujet. Elle peut porter sur un objet de l'expérience : c'est la situation générale de l'observation scientifique. Dans certains cas l'expérience, conduite par un sujet vivant, peut très bien porter sur le sujet lui-même : le sujet fait l'expérience de sa respiration. Devenu objet, le sujet mort a perdu son statut de sujet. Il ne peut plus se livrer à aucune sorte d'expérience.

- À cette première impuissance pour l'homme de vivre l'expérience de sa mort, en correspond une seconde, celle de se sortir de l'illusion qu'on la pense tout de même. Comme l'indique Kant, il est possible de penser des prédicats « qui ont valeur négative » : « Je suis malade. » Mais la mort, en tant que rien, ne saurait être un prédicat. L'expression « je suis mort » est insensée. La contradiction de tout discours sur la mort se situe entre l'énoncé « je suis mort » et les conditions de son énonciation : celui qui le dit ne peut qu'être vivant.

Thèse contradictoire : mais la mort ne fait-elle pas partie de nous ?

- « Je suis et je suis mortel » : c'est une prise de conscience qui ne se partage pas car c'est à moi de mourir, et les autres ne le feront pas à ma place. On peut toutefois se demander si la mort n'est qu'un événement qui nous est extérieur ?

- Ne fait-elle pas, d'une certaine manière, partie de nous ? Notre être-pour-la-mort ne se révèle-t-il pas dans l'expérience du temps qui passe ? On songe à Proust qui, dans *Le Côté de Guermantes*, compare la mort à un locataire présent chez nous bien avant de nous frapper.

- N'existe-t-il pas aussi des états exceptionnels qui relèvent, sinon du désir de vivre la mort, du moins de vivre jusqu'au bout, jusqu'à la perte de soi ? Expérience limite comme la folie : « Qui, au sein de certaines angoisses,

CORRIGÉS

au fond de quelques rêves n'a connu la mort comme une sensation brisante et merveilleuse avec quoi rien ne se peut confondre dans l'ordre de l'esprit ? Il faut avoir connu cette aspirante montée de l'angoisse dont les ondes arrivent sur vous et vous gonflent comme mues par un insupportable soufflet. L'angoisse qui se rapproche et s'éloigne chaque fois plus grosse, chaque fois plus lourde et plus gorgée. » (A. Artaud, *L'Ombilic des limbes*.)

Sujet 2

■ On remarquera que, dans ce texte, la réflexion d'Augustin part de la contradiction entre la notion familière du temps et l'impossibilité d'expliquer ce qu'est le temps. Il y a ensuite une analyse des trois dimensions du temps (passé, avenir, présent). Le texte s'achève sur l'affirmation paradoxale que le temps n'est que de n'être pas.

■ Je sais qu'il y a trois dimensions temporelles : le passé, le présent, l'avenir. Partant de là, je peux affirmer que si rien ne se passait il n'y aurait pas de temps passé ; que si rien n'arrivait, il n'y aurait pas de temps à venir ; que si rien n'était, il n'y aurait pas de temps présent. Mais que puis-je dire du passé et de l'avenir ? Sinon que l'un n'est plus et que l'autre n'est pas encore. Ainsi, le temps, considéré dans ces deux dimensions du passé et du futur, est privé d'être.

■ Reste donc le présent. Le présent, venant de l'avenir, n'est présent que pour verser dans le passé. Dans l'hypothèse d'un présent devenu totalité (« toujours présent »), non seulement le présent ne verse plus dans le passé, mais le présent s'annule comme temps (« il ne serait pas du temps »).

■ Double disparition possible (« cesser d'être ») du présent : soit qu'il cesse d'être présent en rejoignant le passé ; soit que le présent reste toujours le présent – mais en échappant alors au temps – pour accéder à l'éternité.

■ Si d'une certaine manière l'être comme l'éternité nous échappent, la seule chose qu'en tant qu'humains nous pouvons tenir est cette tension même (« il tend à ») par laquelle l'être nous fuit pour « n'être plus »...

■ Ainsi, dès que nous cherchons à comprendre et à saisir en pensée ce qu'est le temps, il se dérobe à nos investigations. Si l'analyse ne peut appréhender la réalité du temps, c'est sans doute que se dernier n'a pas de réalité. Augustin nous fait appréhender notre précarité, ce qu'en langage sartrien nous pourrions appeler notre « être-pour-la-mort ». Le temps est la marque de notre corruption temporelle. Cet avenir qui devient sans cesse présent, ce présent qui sans cesse se passéifie, me révèle que, moi aussi, en un temps *x*, je disparaîtrai.

La culture

Introduction

a. Qu'est-ce que la culture ?

Définition

Du latin *colere*, « mettre en valeur », le mot *culture* renvoie aussi bien à la **culture de la terre** (agriculture) qu'à la **culture de l'esprit** (éducation). Il renvoie aujourd'hui à l'ensemble des activités humaines issues de la pensée, aux œuvres de l'esprit.

Constituée des savoirs, des traditions, des règles, des normes propres à une société, la culture **s'apprend**. Seul l'homme, en tant qu'être raisonnable, a la capacité d'agir d'après la représentation de fins qui lui plaisent ou lui paraissent utiles. C'est ainsi qu'il invente des techniques, crée des œuvres d'art, se donne des institutions.

La distinction culture/nature

La culture est ce qui s'oppose à la nature, à ce qui est inné. Elle est de l'ordre de l'**acquis**. Si l'homme a une origine animale et donc naturelle, il n'en diffère pas moins qualitativement des animaux. De tous les êtres vivants, l'homme est en effet le plus dépourvu d'instinct. L'**instinct** est ce qui régit la vie des animaux. C'est un **savoir inné**, spécialisé, dépourvu de conscience, peu susceptible de progrès.

L'homme est très peu déterminé par l'instinct et c'est précisément ce qui le rend perfectible. En ce sens, on peut dire que la nature de l'homme, c'est sa **perfectibilité**. L'intelligence supplée à l'instinct. Elle est susceptible d'un essor indéfini. La culture est la faculté de fabriquer et d'utiliser des outils, de mettre en œuvre des techniques. Elle fait de l'homme un être parlant, pensant, appelé à dire la vérité mais aussi à extérioriser ce qu'il est, à créer des œuvres d'art.

L'homme est donc un **être de culture** au point qu'il est impossible de démêler en lui entre l'originaire et l'artificiel. Il n'existe aucune nature biologique de l'homme qui serait séparée de toute culture. Tout est fabriqué et tout est naturel en l'homme. Ce qui est culturel (langage, art...) a une dimension biologique, et ce qui est biologique, comme les conduites vitales par exemple, se détache du biologique, a un autre sens que biologique, un sens culturel.

La distinction culture/biologie

Chez les animaux, les progrès se fixent sous forme de modification de leur organisation biologique, dans le développement de leur cerveau. Chez l'homme, les progrès de l'espèce ne se fixent pas dans un « patrimoine biologique » transmis héréditairement, mais – et c'est là une différence essentielle avec les animaux – dans un **patrimoine social accumulé**. Pour les hommes, l'essentiel est ce qui est de l'ordre de la culture.

Ainsi, chez l'homme, ce ne sont pas les changements biologiques qui jouent le rôle capital mais les progrès de l'outil, des échanges, de la division du travail, du patrimoine social, de la pensée.

b. Quelles relations existe-t-il entre la culture et les notions développées dans cette partie ?

Le langage, le travail, la technique

L'homme se définit comme ***homo loquens*** (« homme de paroles ») et comme ***homo faber*** (fabricant d'outils et inventeur de techniques). L'outil opère un décalage entre l'intention et l'action. Ainsi, pour couper un objet, l'homme prépare une lame tranchante au lieu de s'attaquer directement à l'objet. De même, au lieu de montrer un objet et de faire signe qu'on le lui apporte, il émet des sons. De ce décalage naît la pensée. Celle-ci est le produit de l'action différée, médiatisée par l'outil et la parole.

Langage, pensée, outils s'engendrent donc mutuellement et se renforcent sur la base du travail. Le langage n'est-il qu'un moyen de communication ? Le travail qui libère l'homme de sa dépendance à l'égard de la nature n'est-il pas aussi source d'aliénation ? Les techniques sont-elles toujours bénéfiques à l'humanité ?

L'art, la religion

L'art et la religion marquent le **passage** de la **nature** à la **culture**. Ils se retrouvent dans toutes les sociétés. À quels besoins répondent-ils ?

L'histoire

La nature de l'homme est de ne pas avoir de nature. L'homme s'est produit lui-même dans l'histoire à partir de la nature. Il s'est constitué au fil du temps.

Cependant, l'histoire, ce sont aussi les violences, les guerres, au point qu'on peut se demander si les hommes font consciemment leur histoire. Celle-ci ne s'accomplit-elle pas dans une inconscience tragique ? Y a-t-il un sens à supposer une fin de l'histoire, un état de paix perpétuelle ?

7 Le langage

Les 5 points incontournables

• Le langage est l'essence de l'homme

Le langage est le système de signes qui permet aux hommes de communiquer ou de s'exprimer.
Il est souvent défini comme un outil, mais pour Benveniste, le langage n'appartient pas à la culture de l'homme : il fait au contraire partie de sa nature. L'homme est par essence un être doué de langage.

▷ *Cours 1 a, b*

• La langue comme système de conventions

L'homme a la faculté de créer des conventions pour communiquer, d'où un système de signes appelé « langue ».
Le signe linguistique nécessite l'activité de la pensée : il fait le lien entre des **signifiants** arbitraires (« images acoustiques » formées par les mots selon Saussure) et des **signifiés** (« concepts », choses dont on parle).

▷ *Cours 1 c ; 2 c*

• Les animaux communiquent par signaux

Inarticulés, indécomposables, les signaux ne s'inscrivent pas dans un dialogue et ne concernent que la recherche de nourriture. En ce sens, on ne peut parler de langage animal.

▷ *Cours 2 a, b, c*

• La puissance du dire

Le langage ne se limite pas à sa **fonction dénotative** (ensemble des sens attachés aux mots), qui lui permet de nommer les choses existantes. Il vise aussi à faire agir l'autre (**fonction conative**). Mieux encore : pour J.-L. Austin, la parole est **performative**, elle est action elle-même.

▷ *Cours 3 a, b, c, d*

• La parole, expression individuelle

La **parole** est une production verbale individuelle. Elle est en interaction constante avec la **langue** : en effet, comme le montre Saussure, si la parole a besoin de la langue pour s'exprimer, elle la fait aussi évoluer.

▷ *Cours 1 c*

1 Qu'est-ce que le langage ?

a. La distinction *le* langage / *un* langage

Par langage, au sens large, on entend tout système d'expression et de communication, qu'il s'agisse de signes vocaux ou graphiques, ou encore naturels. C'est ainsi qu'on parle du langage des animaux, du langage gestuel, du langage mathématique, du langage des arts et même du langage des fleurs. Mais, au sens strict, on entend par *le* langage, le langage humain articulé en sons et en mots. Seuls les hommes parlent vraiment : « Le langage est le Rubicon qu'aucun animal ne franchira jamais » (Max Müller).

b. Définition

La première définition du langage est qu'il est un **outil de communication**. Mais une telle définition ne va pas sans poser de problèmes. En effet, parler d'outil, c'est considérer le langage comme une invention, pareille à celle, par exemple, de la roue. C'est mettre en opposition l'homme et la nature. Or, comme le fait remarquer Émile Benveniste, le langage est dans la nature de l'homme, qui ne l'a pas fabriqué : « Nous n'atteignons jamais l'homme séparé du langage et nous ne le voyons jamais l'inventant [...] C'est un homme parlant que nous trouvons dans le monde. » (*Problèmes de linguistique générale*, 1966-1974.)

> **À NOTER**
> Le langage n'est donc ni un outil, ni une simple faculté qui s'ajouterait aux fonctions animales, il est l'essence même de l'homme.

c. Le langage / la langue / la parole

Le langage est à la fois **individuel** (la parole) et **social** (la langue). La parole est la production verbale d'un individu mais elle renvoie à la langue, c'est-à-dire à un système de règles qui permet à une communauté de s'entendre. De son côté, comme le montre **Ferdinand de Saussure**, la langue présuppose la parole. Historiquement, la parole est nécessaire pour que la langue s'établisse. Il y a donc, dit Saussure, « interdépendance entre la langue et la parole ; celle-là est à la fois l'instrument et le produit de celle-ci » (*Cours de linguistique générale*, 1916).

La langue est un **système de signes**. Le signe est « le total résultant de l'association d'un **signifiant** et d'un **signifié** », c'est-à-dire d'une « image acoustique » (signifiant) et d'un « concept » (signifié). Le signe unit donc, non pas une chose et un nom, mais un concept et une image acoustique. Il va de soi que le lien unissant le signifiant au signifié est « **arbitraire** ». Saussure en veut pour preuve « les différences entre les langues et l'existence même de langues différentes ».

2 Peut-on parler d'un langage animal ?

a. Le mode de communication des abeilles

Dans *Vie et mœurs des abeilles* (1965), Karl von Frisch montre que les abeilles disposent d'un système de signes différenciés qui leur permet d'indiquer la direction et la distance d'un gisement de pollen par des danses dont la direction et la vitesse varient. Il y a donc bien, chez les abeilles, une correspondance « conventionnelle » entre le comportement et les données (distance, direction) qu'il traduit, donc une certaine capacité de formuler et d'interpréter un signal qui renvoie à une réalité. Mais s'agit-il bien là d'un langage ?

b. Les différences avec le langage humain

Benveniste montre ce qui différencie le mode de communication des abeilles du langage humain. D'une part, « le message des abeilles consiste entièrement dans la danse, sans intervention d'un appareil vocal, alors qu'il n'y a pas de langage sans voix ». D'autre part, les abeilles ignorent le dialogue qui est la condition du langage humain : « Le message des abeilles n'appelle aucune réponse de l'entourage, sinon une certaine conduite qui n'est pas une réponse. » Ensuite, le contenu de leur message se rapporte toujours à une seule donnée : la nourriture. Enfin, leur message est inarticulé. Or, le langage humain est un système de signes doublement articulés en **unités significatives**, les « monèmes » (mots), et en **unités distinctives**, les « phonèmes » (sons). Ainsi, la phrase « Pierre boit de la bière » comprend cinq monèmes que la graphie isole par des espaces. « Pierre » et « bière » se différencient par les phonèmes *p* (son sourd) et *b* (son sonore).

L'analyse de ces différences amènent Benveniste à conclure qu'on ne peut pas parler de langage des abeilles et plus généralement de langage animal. Les différents modes de communication chez les animaux ne sont que des signaux.

c. Signe et signal

Le **signal** est défini par Benveniste comme « un **fait physique** relié à un autre fait physique par un rapport naturel ou conventionnel » : par exemple, un cri annonçant un danger. On dit souvent que le chien comprend la parole de son maître. En fait, l'animal obéit à la parole parce qu'il a été dressé à y réagir comme à un signal. Il n'y a de sa part ni intellection ni réflexion. La réaction à un signal est soit spontanée (instinctive) soit acquise (dressage).

> **ATTENTION !**
> Il n'y a de langage véritable que si l'on suppose une intention de communiquer quelque chose et un sens. Seul l'homme invente, utilise intentionnellement et comprend des signes.

Le **signe linguistique** est un **fait psychique** : le signifiant renvoie à un signifié, c'est-à-dire à un concept qu'il faut comprendre intellectuellement.

3 Est-ce que dire, c'est faire ?

a. La fonction dénotative du dire n'est pas un faire

Ne faut-il pas considérer que le dire est le contraire du faire ? L'homme, grâce à la parole, décrit les contours du monde et peut en nommer un à un tous les éléments. Le dire a une fonction dénotative qui opère seulement après coup, comme un commentaire tardif sur un texte « déjà fait ».

b. Dire, c'est faire

Toutefois, certaines paroles, par leur puissance d'appel, permettent à des actions de se réaliser : celles des jeteurs de sort, des exorcistes, des psychothérapeutes. En ce cas le dire fait surgir un faire. On ne peut en effet limiter le dire à sa fonction dénotative. Il a aussi pour projet de « faire en sorte que l'autre fasse » : c'est sa fonction « **conative** », qui trouve son expression grammaticale dans l'impératif. L'ordre est bien un dire qui vise l'agir.

Selon John L. Austin (*Quand dire c'est faire*, 1948), le langage ne se réduit pas à sa fonction représentative. Si certains énoncés sont seulement **constatatifs** (ils décrivent une réalité et peuvent être vrais ou faux), d'autres sont **performatifs** (en énonçant l'action qu'ils décrivent, ils l'accomplissent). Ainsi, dans la formule « je te promets que », le dire et le faire coïncident.

c. La puissance du dire ne vient pas du dire lui-même

« Je te baptise » n'a de force que si c'est un prêtre qui le dit, dans un lieu donné, avec la formule et les gestes qui conviennent, et devant l'assemblée des fidèles venus pour la cérémonie. Comme l'indique Pierre Bourdieu (*Ce que parler veut dire*, 1982), l'efficacité des paroles est liée au pouvoir de l'institution qui les autorise, au statut social de celui qui les prononce, à une situation elle-même légitimée. L'autorité n'advient au langage que du dehors.

d. Le dire poétique comme création

La poésie **réconcilie le dire et le faire**. Étymologiquement, la poésie (*poiêsis*) est « faire ». Elle est à la fois créatrice d'un monde (« La terre est bleue comme une orange », Eluard) et tentative d'investigation de l'énigme du monde. En nommant les choses, le dire poétique les fait surgir du chaos.

Faire une transition

Savoir-faire

Entre les première et deuxièmes parties d'un devoir, entre ses deuxième et troisième parties, faire une transition permet de soulever des **objections** contre la thèse qui vient d'être démontrée, soit pour aller vers la thèse opposée, soit pour aller vers la solution. Une objection est un **contre-argument**. On notera toutefois que, si un exemple ne constitue pas un argument, il peut très bien invalider une thèse, donc servir de contre-argument.

Application

Faites une transition permettant de passer de la thèse : « Toutes nos pensées sont exprimables par le langage » à l'antithèse : « Aucune pensée n'est exprimable par le langage ».

Si le langage est le moyen d'expression de nos pensées, il nous arrive néanmoins de chercher nos mots. Cette expérience ne témoigne-t-elle pas de l'existence d'une pensée antérieure à la parole, d'une antériorité à la fois de temps et de causalité ? N'y a-t-il pas là quelque chose que nous pensons comme un « encore à dire », une sorte de pensée antérieure à tout discours, même intérieur ? Tantôt nous ne trouvons pas les mots pour le dire parce que notre pensée refuse de faire surface et d'émerger des profondeurs de l'esprit.

Tantôt nous trouvons les mots, mais une fois ceux-ci trouvés, nous avons le sentiment que le langage a pacifié notre pensée, qu'il l'a fait passer de l'être au repos, voire qu'il l'a pétrifiée.

Nous faisons constamment l'expérience d'une distance, d'un écart entre la pensée et son expression verbale.

Nos pensées les plus singulières, les plus proches de notre vécu, de nos sentiments semblent à l'étroit dans les mots du langage.

Quant à nos idées abstraites, le langage leur donne une extériorité mais en même temps il les réalise sous une forme particulière qui va exclure d'autres formes, sous une forme approximative ou infidèle.

On peut dès lors se demander si toutes nos pensées sont exprimables par le langage.

Pour réussir le jour J

LES ERREURS À NE PAS COMMETTRE

- Par **le langage**, on entend le langage articulé en mots et en sons, et non pas n'importe quelle forme de langage.

- Par **la parole**, on entend la production verbale d'un individu (il faut prendre en compte l'accent, l'intonation, les gestes et mimiques qui l'accompagnent). Le sujet : « Nos paroles nous trahissent-elles ? » diffère du sujet : « Le langage nous trahit-il ? »

- **Le sens ne se confond pas avec le signe.** Un langage sans métaphore impliquerait l'univocité absolue des signifiants. Un tel langage existe mais il est artificiel : c'est le langage mathématique, où le sens se confond avec le signe. Autrement dit, le signifiant est entièrement dégagé de la métaphore ou du symbole.

LE VOCABULAIRE À UTILISER

- Utilisez les mots **communiquer** et **exprimer** à bon escient. Ce que le langage gagne en communicabilité, il le perd en expressivité. Il y a une contradiction entre la communication qui exige des mots **communs**, **généraux** et l'expression de ce qui est **singulier**, **concret**. On peut penser que la fonction première du langage est d'établir une **communication** entre les hommes. Comme le souligne Bergson dans *La Pensée et le Mouvant*, le langage transmet des ordres ou des avertissements. Il prescrit ou il décrit. Sa fonction est industrielle, commerciale, militaire, toujours sociale. Ce caractère **pragmatique** du langage explique que les mots sont les **mêmes** quand la démarche suggérée est la même. Lorsque je dis : « J'ai faim », ce n'est pas moi que le « je » exprime mais une figure **impersonnelle** de moi, une sorte de moi « **objectif** », « **universel** ». C'est moins ma faim que ta faim, leur faim, la faim universelle qui est exprimée.

- Le **nominalisme** affirme que l'idée générale, le concept, n'est qu'un nom. Le nominalisme s'oppose au **réalisme** des Idées de Platon pour qui l'universel est une Idée existant réellement dans un lieu intelligible et dont les individus sensibles ne sont que la copie. Le nominalisme se différencie aussi du **conceptualisme** qui affirme que l'universel est une idée formée par l'esprit à partir des données sensibles selon un processus d'abstraction.

10 qcm pour réviser le cours

Corrigés, p. 92

1 Passant au Jardin des plantes devant la cage d'un chimpanzé, le cardinal de Rohan, saisi par sa ressemblance avec l'homme, s'écrie : « Parle, et je te baptise ! ». Que signifie cette anecdote du XVIIIe siècle ?

❑ **a.** Le chimpanzé ne veut pas être baptisé.

❑ **b.** Le chimpanzé est apte à apprendre notre langage.

❑ **c.** Le langage est le Rubicon qu'aucun animal ne franchira jamais.

2 Le signe linguistique unit :

❑ **a.** un nom et une chose.

❑ **b.** un signifiant et un signifié.

❑ **c.** un mot et une pensée.

3 Le signifiant est :

❑ **a.** une image acoustique.

❑ **b.** un mot.

❑ **c.** une pensée.

4 Le signifié est :

❑ **a.** une chose.

❑ **b.** un concept.

❑ **c.** une réalité.

5 John Langshaw Austin a écrit :

❑ **a.** Quand vouloir, c'est pouvoir.

❑ **b.** Quand dire, c'est faire.

❑ **c.** Quand penser, c'est faire.

6 Les modes de communication chez les animaux sont :

❑ **a.** des symboles.

❑ **b.** des systèmes de signes.

❑ **c.** des codes de signaux.

7 Un signal est :

❑ **a.** une entité psychique à deux faces.

❑ **b.** un fait physique qui renvoie à un autre fait physique.

❑ **c.** un geste.

8 Une parole performative signifie :

❑ **a.** une parole qui est une action.

❑ **b.** une parole posée et réfléchie.

❑ **c.** une parole en l'air.

9 Dans cette phrase : « Aujourd'hui, je te promets », le verbe est :

❑ **a.** transitif.

❑ **b.** performatif.

❑ **c.** pronominal.

10 « L'autorité advient au langage du dehors » signifie que :

❑ **a.** Les mots ont une autorité intrinsèque.

❑ **b.** Les mots n'ont pas de pouvoir en eux-mêmes.

❑ **c.** Les mots ont un pouvoir.

Plus de QCM sur **www.defibac.fr**

Sujets

Sujet 1 TYPE BAC

Corrigé, p. 92

Élaborer un plan à partir de la question suivante :

Peut-on légitimement instituer une langue universelle ?

Sujet 2

Corrigé, p. 93

Document

Chacun de nous a sa manière d'aimer et de haïr, et cet amour, cette haine, reflètent sa personnalité tout entière.

Cependant le langage désigne ces états par les mêmes mots chez tous les hommes ; aussi n'a-t-il pu fixer que l'aspect objectif et impersonnel de l'amour, de la haine et des mille sentiments qui agitent l'âme.

Nous jugeons du talent d'un romancier à la puissance avec laquelle il tire du domaine public, où le langage les avait fait descendre, des sentiments et des idées auxquels il essaie de rendre, par une multiplicité de détails qui se juxtaposent, leur primitive et vivante individualité.

Mais de même qu'on pourra intercaler indéfiniment des points entre deux positions d'un mobile sans jamais combler l'espace parcouru, ainsi, par cela seul que nous parlons, par cela seul que nous associons des idées les unes aux autres et que ces idées se juxtaposent au lieu de se pénétrer, nous échouons à traduire entièrement ce que notre âme ressent : la pensée demeure incommensurable avec le langage.

Bergson, *Essai sur les données immédiates de la conscience* (1889).

Question

Dégagez l'idée principale et les moments du texte.

QCM

1 c. 2 b. 3 a. 4 b. 5 b. 6 c. 7 b. 8 a. 9 b. 10 b.

Sujet 1

Sens de la question posée : est-il possible d'instaurer de manière légitime (en droit) une langue universelle ?

Introduction

- Bref exposé de l'épisode de la tour de Babel (Genèse) et de l'opinion qui s'en dégage : pour punir les hommes d'avoir voulu construire une tour aussi haute que le ciel, Dieu confondit leurs langages et les dispersa sur la terre. L'opinion qui affirme que la diversité des langues est source d'incommunicabilité, et donc de conflits, puise sa force dans ce mythe. D'où l'idée d'une langue universelle qui permettrait de réaliser l'accord entre les hommes.
- On peut objecter à cette opinion qu'une langue qui s'est formée lentement au cours de l'histoire d'un peuple répond aux besoins de ce peuple et qu'on ne peut en changer comme on le ferait d'un instrument…
- Peut-on, alors, légitimement instituer une langue universelle ?

Plan du développement

- **I.** Instituer une langue universelle paraît légitime pour mettre fin à l'incommunicabilité entre les peuples. L'unité de l'esprit humain ne permet-elle pas d'envisager l'institution d'une langue universelle ?
- **II.** Instituer une langue universelle est illégitime, dès lors qu'elle est pensée comme imposée (instituée).
- **III.** Comment réaliser l'unité malgré la diversité des langues ? Une langue universelle ne pourrait que s'auto-instituer dans un procès historique qui abolirait les différences et les oppositions entre les peuples. Mais n'est-ce pas là une utopie ? Cependant, les scientifiques n'ont pas attendu une langue universelle pour élaborer leur propre langage.

Conclusion

- Vous ferez un rapide bilan de la réflexion et formulerez de manière claire et explicite la solution au problème.

Sujet 2

1. Idée principale du texte

Bergson affirme dans ce texte que jamais le langage ne parviendra à traduire la richesse de notre vie intérieure.

2. Principaux moments du texte

- **Bergson montre d'abord l'impuissance du langage à exprimer la richesse du sentiment.** La richesse du concret d'un sentiment vécu s'oppose à la pauvreté abstraite du langage. Le langage n'exprime pas, « il désigne ». Les états intérieurs et subjectifs ne peuvent être rendus par le langage qui passe à côté de la différence, de la particularité par l'emploi de termes s'appliquant à tous les hommes.

- **Bergson montre ensuite que la pensée excède toujours le langage.** Il évoque la tentative du romancier pour rendre la vie. Sa démarche, personnelle, s'oppose à la fonction publique du langage social et implique une lutte contre le langage. D'un côté, le langage dégrade (« descendre ») ; de l'autre, le romancier tire « vers le haut ». Mais l'art (toujours social) est un artifice qui mime la vie et laisse toujours échapper son individualité.

- Puis Bergson établit un lien entre le paradoxe de Zénon et le langage : il est toujours possible, géométriquement, d'intercaler davantage de points entre deux positions d'un mobile, et d'accumuler, dans le roman, toujours plus de détails. Mais, dans l'un et l'autre cas, on ne pourra jamais combler l'espace parcouru, on ne pourra jamais « traduire entièrement » le vécu de l'âme.

- Critique classique de l'associationnisme (« nous associons des idées ») appliquée au langage qui atomise le réel en le découpant en mots spatialement séparés les uns des autres comme autant de points. L'accumulation quantitative n'y fait rien. Ce n'est pas d'une maladresse dont parle Bergson mais d'une impuissance radicale du langage.

- D'où la thèse exposée ultimement mais qui commande tout le texte : « la pensée demeure incommensurable avec le langage ». Derrière cette affirmation, se cache la réhabilitation de l'intuition, seule manière d'appréhender l'ineffable. On peut toutefois se demander si nous aurions conscience de notre vie intérieure sans les mots. L'ineffable pur ne relève-t-il pas de la pure vacuité ?

8 L'art

Les 5 points incontournables

Au sens moderne, l'art vise le beau

Contrairement à l'artisanat, l'art produit des objets contingents dont la fin n'est pas l'utilité mais la beauté. L'art constitue une activité agréable, détachée du souci du gain. Contrairement aux sciences et aux techniques, l'art n'obéit pas à des règles d'exécution précises et répétables.

Cours 1 a, c

L'art requiert du génie

Le **génie** est un talent naturel, par lequel l'artiste peut dépasser les enseignements qu'il a reçus pour laisser libre cours à son art. En ce sens, l'art se distingue de l'imitation et produit un original.

Contrairement à la technique, le génie n'est pas un savoir transmissible et ne peut faire l'objet d'une explication scientifique.

Cours 2 a, b, c

Le goût du beau

Le beau suscite un plaisir désintéressé. Mais le goût du beau ne se limite pas au plaisir des sens : une chose belle peut ne pas me sembler agréable. Dire « c'est beau », au-delà du plaisir subjectif, c'est formuler un jugement qui prétend à l'universalité.

Cours 1b ; 3 a

Le beau ne s'explique pas mais se ressent

Le beau ne peut faire l'objet d'une définition précise car il existe davantage dans le regard du sujet que dans l'œuvre elle-même.

Cours 3 b, c

Le plaisir du beau comme plaisir de l'unité

Le plaisir suscité par le beau ravit à la fois les sens et l'esprit ; il permet l'interaction de l'imagination et de l'entendement. Il est donc avant tout plaisir de l'unité de l'être et de la communication possible avec autrui.

Cours 3 c

1 Qu'est-ce que l'art ?

a. Définition

Le mot *art* vient de la racine indo-européenne *ar*, qui signifie « arrangement ». Or les arrangements peuvent être de deux sortes. Ils peuvent viser l'utilité (artisanat) ou la beauté (beaux-arts). Avant l'apparition et le développement de la civilisation industrielle, art et artisanat sont confondus. Ainsi Platon oppose la *théôria*, connaissance purement contemplative, à la *tekhnê*, savoir-faire lié à la production matérielle. La technique ou art concerne donc la production et se définit comme création. C'est pourquoi, pour Platon, les artisans sont tous poètes, le terme grec *poiein* signifiant « faire » et faire consistant essentiellement à faire être ce qui n'était pas, c'est-à-dire à créer. Si la technique (ou l'art) est création, elle porte donc sur le contingent, ce qui peut aussi bien être que n'être pas. En cela, elle s'oppose à la science. Cette dernière porte en effet sur des essences idéales, éternelles, immuables. On comprend dès lors que, si Platon reconnaît la fonction sociale de la technique, il ne lui accorde aucune valeur humaine.

Aujourd'hui, on distingue l'art et l'artisanat. Le sens ancien du mot *art* subsiste dans « école des Arts et Métiers ». Quant à l'art, il désigne la capacité de produire des objets beaux. En parlant des arts, on entend les beaux-arts (architecture, sculpture, peinture, musique, danse, théâtre, poésie).

b. La distinction art / artisanat

L'**art** se distingue de l'artisanat et de la technique par sa finalité. En sculptant le bois ou la pierre, en faisant des peintures ou des dessins, en composant des partitions, l'artiste crée des œuvres qui ne plaisent que par leur beauté. Un tableau ou une statue n'ont aucune utilité précise. L'objet beau a donc sa **fin en lui-même** et procure un **plaisir désintéressé**. On le constate avec évidence lorsqu'on contemple une peinture représentant une nature morte : les fruits, les poissons, les volailles représentés ne se mangent pas.

En revanche, le propre de l'**artisanat**, comme de la technique, est de produire des objets qui **ont pour fin l'utilité** et qui, de ce fait, plaisent comme moyens d'une **satisfaction intéressée**. Une table, une chaise servent toujours à quelque chose. Certes, l'ébéniste qui fabrique un meuble baroque crée tout autant une œuvre ornementale et de style qu'un objet utilitaire. Certes aussi, l'objet artisanal, à la différence du produit industriel, porte la marque de l'habileté et du talent d'un individu. Toutefois, l'œuvre artisanale n'a pas

> **ATTENTION !**
> Par opposition à l'artisanat, l'art est une activité qui ne répond à aucun intérêt défini. L'art est à lui-même sa propre fin, il est une fin en soi. À quoi bon des poètes ? Cette question ne se pose pas : la beauté est simplement belle.

pour fonction première de procurer un plaisir esthétique ni même d'exprimer la personnalité de son créateur. Elle tire plutôt son sens d'une activité « mercenaire » : la recherche du gain est en effet ce qui motive l'artisan. C'est pourquoi l'artisanat est, comme l'affirme Kant (*Critique de la faculté de juger*, 1790), considéré comme un travail, c'est-à-dire « comme une activité qui est en elle-même désagréable (pénible) et qui n'est attirante que par ses effets (par exemple le salaire) ». Indifférent au principe du gain, l'art apparaît au contraire comme une activité agréable.

c. Art / science / technique

L'art se distingue aussi radicalement de la science et de la technique par son mode de production. Depuis le XVIIIe siècle, la technique n'a cessé de se perfectionner jusqu'à devenir une activité analysée dans ses moindres détails, où il suffit de savoir ce qu'il faut faire pour l'exécuter : par exemple, souder des morceaux d'acier les uns aux autres, effacer les jointures, recouvrir les raccords, placer une plaque de métal sous une presse à emboutir… Cela est aussi simple que l'œuf de Colomb.

À NOTER

Toute production technique, aussi complexe soit-elle, obéit à des règles précises d'exécution qui sont enseignables, répétables. Rien de tel dans le domaine artistique. Kant explique que l'art, qui repose sur la fantaisie créatrice de l'artiste, requiert autre chose que « l'aptitude à savoir faire ce qui peut être appris d'après une règle quelconque » *(Critique de la faculté de juger)*. L'art ne s'apprend pas. Il requiert du génie.

2 Qu'est-ce que le génie artistique ?

a. Le génie est originaire

Que faut-il entendre par génie sinon « un talent qui consiste à produire ce dont on ne saurait donner aucune règle déterminée » (Kant) ? Certes, l'art, comme toute production, exige des règles, mais celles-ci ne préexistent pas à l'œuvre. Aussi le génie peut-il être défini plus précisément comme le talent naturel de « donner des règles à l'art ». L'artiste n'obéit donc qu'aux règles qu'il se donne à lui-même. Le naturel dans l'art est donc le génie produisant comme la nature, sans règles préétablies. Il s'ensuit que la première qualité du génie doit être l'originalité. Il faut que les produits du génie « soient en même temps exemplaires ». Le génie est donc aussi originaire. Il va servir de modèle à d'autres artistes.

b. Le génie se distingue de l'imitation

Le génie se distingue aussi bien de la simple imitation scolaire (l'élève qui reprend le procédé d'un maître pour lui-même, indépendamment de ce qui était exprimé dans l'œuvre et sans lui donner une nouvelle signification) que du maniérisme, cette « forme de singerie qui consiste à n'être personnel (singularité) que pour tâcher de s'éloigner le plus possible des imitateurs, sans posséder le talent d'être en même temps un modèle ». Tout artiste, au fond, commence par le pastiche, et s'éveille à son propre génie au contact des œuvres de ses prédécesseurs.

L'un des de meilleurs exemples de cette filiation est celui invoqué par Malraux dans *Les Voix du silence* (1951) : la transformation des tableaux rouges et noirs du Caravage en l'œuvre nocturne de Georges de Latour. « Ce dernier prend à Caravage ses joueurs, son musicien, son miroir, sa Madeleine, son saint François, son Couronnement d'épines qui deviendra le Christ de pitié, son saint Jérôme, mais aussi et surtout sa relation d'un fond sombre avec des étoffes rouges, et parfois jusqu'à son rouge ; il emploie un éclairage semblable au sien. Et, pourtant, il aboutit à un art presque opposé : tandis que chez Caravage, ses fonds sombres sont là pour sa lumière, sa lumière pour ce qu'elle éclaire, ce qui est éclairé pour devenir plus réel que réel, pour prendre plus de relief, de caractère ou de drame ; chez Latour, la nuit règne sans partage et prend la forme séculaire du mystère pacifié. Le monde devient semblable à la vaste nuit sur les armées endormies de jadis où, sous la lanterne des rondes, surgissaient, pas à pas, des formes immobiles. »

c. L'aptitude au génie ne peut être communiquée

L'art exige un talent complètement opposé à l'esprit d'imitation et qui ne peut être ramené à un savoir transmissible par l'enseignement. La façon dont l'artiste réalise son œuvre ne peut être exposée scientifiquement ni même décrite. En cela, l'art se différencie radicalement de la technique, mais aussi de la science dont les démarches peuvent être enseignées, communiquées. C'est pourquoi, dans le domaine scientifique ou technique, le plus remarquable auteur de découvertes ne se distingue de l'imitateur et de l'écolier le plus laborieux que par le degré : « Même si un homme pense ou invente par lui-même au lieu de concevoir simplement ce que d'autres ont pensé, bien plus s'il fait maintes découvertes dans la technique ou la science, donc s'il est un "cerveau" [...] , on n'est pas encore fondé par là à l'appeler génie, car tout cela précisément, il eût été également possible de l'apprendre. » (Kant.)

3 Pourquoi dit-on : « C'est beau » ?

a. Avoir du goût, c'est distinguer le beau de l'agréable

Au premier abord, il semble que je ne puisse dire d'une œuvre qu'elle est belle que si elle me plaît. Autrement dit, est belle l'œuvre qui flatte mes sens ou qui suscite en moi l'émotion. Mais prendre comme critère d'approbation d'une œuvre d'art un tel plaisir n'est-ce pas la marque d'une certaine inculture ou d'un mauvais goût ? Avoir du goût, n'est-ce pas reconnaître, par exemple, la beauté de la peinture de Picasso bien qu'on éprouve plus d'agrément à celle de Renoir ? **Le beau ne se confond pas avec l'agréable et le plaisir causé par le beau n'est pas un simple plaisir des sens.** Avoir du goût en matière d'art, c'est donc pouvoir dire en même temps : « C'est beau » et « ça ne me plaît pas », ou tout au moins ne pas dire : « Cette œuvre n'est pas belle, elle ne me plaît pas ».

En effet, le jugement qui déclare une chose agréable est **subjectif**, relatif à la personnalité de chacun. En ce qui concerne l'agréable, je tolère que le goût d'autrui puisse différer du mien. Il en va tout autrement du beau. Si je qualifie une chose de belle, c'est précisément pour signifier que quiconque la juge esthétiquement devrait la trouver belle. En pareil cas, le principe : « À chacun selon son goût » ne vaut pas. Mon jugement : « C'est beau » prétend donc à l'**universalité**. D'où la question : sur quoi se fonde une telle prétention ? Autrement dit, puis-je convaincre autrui de la beauté d'une œuvre par des concepts ?

b. On ne peut pas définir le beau par concept

Le jugement esthétique repose sur un plaisir que le sujet estime universalisable. « C'est beau » est un jugement qui prétend valoir pour tous, mais une telle prétention ne peut reposer sur des concepts. Si le beau n'est pas définissable, c'est qu'il n'est pas réellement dans l'objet regardé, mais qu'il renvoie au sujet qui le regarde.

Autrement dit, tout se passe comme si le sujet avait le sentiment que tous les humains devaient éprouver le même plaisir que lui face à cette même œuvre. Ce plaisir n'est ni un simple plaisir des sens (le beau ne se confond pas avec l'agréable), ni un plaisir spirituel (le beau n'est ni le bon, ni le parfait), mais un plaisir **désintéressé** qui tient des deux à la fois.

À NOTER
Pourquoi : « C'est beau » et non : « Ça me plaît » (comme si le beau était une qualité de l'objet et comme si quiconque devait trouver cet objet beau) ? C'est parce que nous avons, au fond, le sentiment que le plaisir que nous éprouvons est **nécessaire** et **universel**.

Le beau est un intermédiaire en l'homme entre sensuel et rationnel. Il nous met dans un état où des facultés qui d'ordinaire s'opposent (imagination et entendement) s'appellent l'une l'autre. Le plaisir esthétique est donc le plaisir de jouir de l'unité de son être, le plaisir de sentir son unité avec autrui, qui ne passe pas par la médiation des concepts. « Le beau est ce qui est reconnu sans concept comme l'objet d'une satisfaction universelle » (Kant, *Critique du jugement*).

Savoir utiliser les références

Savoir-faire

Les citations ou les références ne peuvent en aucun cas vous tenir lieu d'argument, mais doivent venir à l'appui de votre pensée. Vous ne devez jamais dire : « En effet, selon Hegel » (argument d'autorité). Les références doivent être développées, explicitées et donner matière à réflexion. Elles doivent être encadrées : idée personnelle + référence + reprise de l'idée et enchaînement sur le paragraphe suivant. Évitez de multiplier les références : une référence par partie suffit. Selon le sujet, vous pouvez faire référence à des philosophes mais aussi à des écrivains, à la Bible ou au Coran, à des scientifiques.

Application

SUJET : L'art n'agit-il que sur la sensibilité ?

Idée : l'art ne se réduit pas à un simple jeu fugitif, au service de nos plaisirs et distractions. Il ne se réduit pas à l'exaltation du sentiment, ni même à l'expression personnelle. S'il est vrai que l'art agit sur notre sensibilité, il n'en a pas moins une valeur intellectuelle. Il nous fait pénétrer dans le domaine spirituel.

Référence : c'est ce qu'affirme Hegel lorsqu'il affirme que l'art révèle, sous forme sensible, l'absolu et touche ainsi, comme la philosophie et la religion, aux plus hauts intérêts de l'humanité : « La plus haute destination de l'art est celle qui lui est commune avec la religion et la philosophie. Comme celles-ci, il est un mode d'expression du divin, des besoins et des exigences les plus élevés de l'esprit. » Autrement dit, Hegel définit l'art comme la mise en forme sensible d'un contenu spirituel. Toute œuvre d'art est une totalité finie qui concilie l'idée ou le message qui s'adresse à l'esprit avec la matière sensible qui en constitue l'expression nécessaire et qui s'adresse extérieurement à la vue ou à l'ouïe.

Reprise de l'idée : ainsi, les produits de l'art exigent l'indivision du spirituel et du sensible. Nous disons des produits de l'activité artistique qu'ils sont des créations de la fantaisie. Mais en eux s'expriment l'esprit, le rationnel, la spiritualité qui rend leur contenu conscient à l'aide d'éléments sensibles.

Pour réussir le jour J

LES ERREURS À NE PAS COMMETTRE

- Ne confondez pas l'art au sens d'**artisanat** ou technique, avec l'art au sens des **beaux-arts**. Dans le sujet : « La politique est-elle un art ? », le mot *art* signifie « technique ». Dans un texte de Platon ou d'Épictète, le mot *art* signifie « artisanat ou technique ».
- Ne confondez pas « le goût sensuel », « le bon goût social », « le goût esthétique ». Une poire qui fond dans ma bouche flatte mes sens. Il est de « bon goût social » d'apprécier à telle époque ou dans telle culture une femme ronde et poilue. C'est avoir du goût en matière d'esthétique que de reconnaître qu'une œuvre est belle alors qu'elle ne plaît pas à nos sens.
- L'art ne se réduit pas à l'expression personnelle. Il révèle, sous forme sensible, l'**absolu**. L'art, dit Hegel, est, comme la religion et la philosophie, un mode d'expression du divin, des besoins et des exigences les plus élevés de l'esprit.

LE VOCABULAIRE À UTILISER

- Ne parlez pas d'une œuvre d'art comme d'une chose mais comme d'une **représentation**. Un beau coucher de soleil en peinture est la belle représentation d'un coucher de soleil, le coucher de soleil d'un grand peintre.
- Pour Platon, la peinture est une « représentation de représentation », car l'objet qu'elle imite est lui-même la représentation d'une idée, d'une forme abstraite plus générale. Il y a trois sortes de lit : l'Idée de lit ; le lit particulier, réel, concret, qui représente cette idée ; la peinture qui représente ce lit particulier, c'est-à-dire qui représente une représentation de l'Idée de lit. Chaque niveau de représentation constitue pour Platon une dégradation de plus par rapport à l'Idée.
- Pour Hegel, l'esprit prend conscience de lui-même sous **trois formes fondamentales** : l'art, la religion, la philosophie. Les peuples ont déposé leurs conceptions les plus hautes dans l'art. L'art a donc un rapport à la vérité par l'intermédiaire de ce qui, depuis Platon, semble le contraire de la vérité : l'apparence. L'apparence, c'est aussi l'**apparaître** et la vérité n'a rien de réel si elle ne se manifeste pas dans des formes concrètes et historiques. N'oublions pas que toute essence, toute vérité, pour ne pas rester abstraction pure, doit apparaître.

10 qcm pour réviser le cours

Corrigés, p. 103

1 Dans « art culinaire », le mot *art* renvoie :

❑ **a.** aux beaux-arts.
❑ **b.** à l'artisanat.
❑ **c.** au bon goût.

2 L'art est une activité :

❑ **a.** mercenaire.
❑ **b.** désintéressée.
❑ **c.** intéressée.

3 L'objet beau :

❑ **a.** a sa fin en lui-même.
❑ **b.** sert à décorer.
❑ **c.** trouve sa fin en dehors de lui-même.

4 Le génie est :

❑ **a.** l'art d'appliquer des règles.
❑ **b.** l'art de produire en dehors de toute règle préétablie.
❑ **c.** l'art de reproduire un objet le plus fidèlement possible.

5 Lorsqu'on dit que l'artiste est original, cela signifie qu'il est :

❑ **a.** excentrique.
❑ **b.** marginal.
❑ **c.** originaire.

6 Prendre comme critère d'approbation du beau son simple plaisir, c'est avoir :

❑ **a.** du goût.
❑ **b.** mauvais goût.
❑ **c.** du dégoût.

7 « Demandez à un crapaud ce qu'est la beauté. Il vous répondra que c'est sa femelle avec deux gros yeux ronds sortant de sa petite tête. » Selon Voltaire, le jugement : « C'est beau » est :

❑ **a.** un jugement objectif.
❑ **b.** un jugement subjectif.
❑ **c.** un jugement absolu.

8 Selon Kant, un beau nu féminin est :

❑ **a.** une belle femme nue.
❑ **b.** une femme nue et laide.
❑ **c.** la belle représentation d'une femme nue qui peut être belle ou laide.

9 Selon Kant, la satisfaction devant un plateau de fruits peint est :

❑ **a.** liée à un plaisir des sens (on a envie de manger les fruits).
❑ **b.** liée à un plaisir de la raison (on admire le talent de l'artiste).
❑ **c.** désintéressée.

10 Selon Kant, le jugement : « C'est beau » est :

❑ **a.** un jugement qui prétend à bon droit à l'universalité.
❑ **b.** un jugement relatif à la personnalité de chacun.
❑ **c.** un jugement qui relève du bon goût social.

Sujets

Sujet 1 TYPE BAC

Corrigé, p. 103

Développez la thèse et la thèse contradictoire du sujet de dissertation suivant :

Le beau est-il l'harmonieux ?

Sujet 2

Corrigé, p. 104

Document

Le but de l'art, son besoin originel, c'est de produire aux regards une représentation, une conception née de l'esprit, de la manifester comme son œuvre propre ; de même que, dans le langage, l'homme communique ses pensées et les fait comprendre à ses semblables. Seulement, dans le langage, le moyen de communication est un simple signe et, à ce titre, quelque chose de purement extérieur à l'idée et d'arbitraire.

L'art, au contraire, ne doit pas simplement se servir de signes, mais donner aux idées une existence sensible qui leur corresponde. Ainsi, d'abord, l'œuvre d'art, offerte aux sens, doit renfermer en soi un contenu. De plus, il faut qu'elle le représente de telle sorte que l'on reconnaisse que celui-ci, aussi bien que sa forme visible, n'est pas seulement un objet réel de la nature, mais un produit de la représentation et de l'activité artistiques de l'esprit. L'intérêt fondamental de l'art consiste en ce que ce sont les conception subjectives et originelles, les pensées universelles de l'esprit humain, qui sont offertes à nos regards.

HEGEL, *Esthétique*, trad. S. Jankélévich, © Flammarion, 1979.

Question

Explicitez ce qui, selon Hegel, rapproche l'art du langage et ce qui l'en différencie.

QCM

1 b. 2 b. 3 a. 4 b. 5 c. 6 b. 7 b. 8 c. 9 c. 10 a.

Sujet 1

Thèse : le beau est l'harmonieux

■ Un plaisir qui dure trop devient vite un déplaisir. En musique, par exemple, l'allegro vivace lasse l'auditeur s'il n'est pas suivi d'un adagio, mouvement plus lent, propre à calmer corps et âme, qui, lui-même, s'il dure outre mesure... Ainsi, seule la **diversité** permet de rompre un plaisir trop soutenu et donc insoutenable. Cependant, sans l'unité, la diversité devient confusion. Et si l'on supprimait cette espèce d'égalité profonde résultant de la fusion des éléments dans l'**unité** de la mélodie, nous n'aurions plus qu'un chaos de sons. D'où l'idée que le beau serait l'harmonie, entendue comme un rapport par lequel l'unité du tout s'impose à la multiplicité des parties.

■ Dès l'Antiquité, les règles issues du calcul des proportions ou de la géométrie sont appliquées aux arts et aux techniques. Dans la sculpture grecque, les dimensions des principales parties du corps humain s'expriment sous forme de fractions : ainsi, la face, du menton à la naissance de la chevelure, est égale à un dixième de la longueur totale du corps. Ce dernier s'inscrit dans un carré, et, bras et jambes écartés, dans un cercle qui a pour centre le nombril. Le tout ayant une signification cosmologique.

■ La **variété ramenée à l'unité** grâce à la régularité, la symétrie et la proportion, c'est ce qui, jusqu'au XVIIIe siècle, définit le bel objet. Ainsi, au XVe siècle, le Florentin Alberti pose que toute belle réalisation architecturale doit avoir le caractère complet, cohérent, harmonieux que l'on trouve dans les êtres vivants et dans l'univers. Un lien très fort est ainsi établi, dans la pensée classique du beau idéal, entre les proportions du corps humain, les règles de la construction architecturale et l'harmonie du monde.

Thèse contradictoire : il ne faut pas confondre beauté et perfection

■ Mais faut-il confondre beauté et perfection ? Si l'on examine le *Portrait d'homme* de Giacometti, on se rend compte que l'œil ne peut suivre aucune ligne continue mais qu'il doit scruter une foule de traits dispersés d'où semble sourdre l'ébauche d'une figure. On a ici une composition simultanée de l'un et du divers sans réduction du divers à l'unité. De même, dans les tableaux impressionnistes, la matière, désintégrée en des myriades d'éclats colorés, est abandonnée en désordre à la lumière vivante.

■ D'ailleurs, trop de perfection peut nuire à l'appréciation de la beauté des formes. Une physionomie dont tous les traits sont conformes aux règles de la symétrie et de la proportion, manque de spiritualité et déçoit le goût.

En ramenant le beau à l'harmonie et celle-ci au champ mathématique, ne risque-t-on pas d'éliminer la subjectivité et la liberté d'appréciation de chacun ? Face à l'armature anonyme du nombre et de la mesure, que devient la vie vécue, ressentie, subjective ? Paul Valéry note dans ses Carnets : « Tu aimes Dieu ! Qui est impossible et n'existe que par là. Le possible n'est pas son élément, il baigne dans l'inconcevable, comme le soleil dans l'irrespirable. » Ne faudrait-il pas dire du beau, comme de Dieu, qu'il est inconcevable ?

Sujet 2

Dans ce texte, Hegel affirme que l'art n'est pas un produit de la nature mais de l'esprit. De ce point de vue, l'art s'apparente au langage. Mais il s'en différencie par sa forme sensible.

1. Ce qui rapproche l'art du langage

Hegel examine d'abord l'identité du langage et de l'art. L'art est une conception née de l'esprit. Plus spécifiquement, il y a art lorsqu'il y a volonté de produire à l'extérieur ce qui est né à l'intérieur (de l'esprit). De le produire à l'extérieur en affirmant (« en rendant manifeste ») que c'est une œuvre propre à l'esprit. Cette production à l'extérieur (qui présente l'intérieur) est une représentation. Elle est destinée à autrui, pour être présente à ses regards.

Le langage aussi est une conception née de l'esprit (« l'homme communique ses pensées »). Il y a aussi une volonté de produire à l'extérieur ce qui a sa source à l'intérieur. Cette production également est destinée à autrui (« les faire comprendre à ses semblables »).

2. Ce qui différencie l'art du langage

La différence entre l'art et le langage réside dans les moyens : grâce à quoi cette extériorisation est-elle possible ? Inversant l'ordre initial (l'art, le langage) Hegel traite d'abord des moyens (« le moyen de la communication ») du langage. C'est un signe (donc un signe de quelque chose : de l'intériorité, c'est-à-dire de la pensée) qui, en tant que produit, est extériorité. Mais une extériorité à l'idée aggravée, extrême : « purement ». Cette pureté n'est possible que parce que le signe est une forme qui, en tant que telle, n'a pas d'existence sensible. La forme du langage est loin de la matérialité des choses dont il parle, et n'a aucun rapport de nécessité avec ces choses. Arbitraire du signe donc.

Au contraire du langage, l'art donne aux idées (intérieures) une existence sensible (extérieure) : un contenu. De plus, si le signe du langage est arbitraire, l'extériorisation de l'art (l'existence sensible du contenu), elle, doit correspondre à l'intériorité des idées.

9 Le travail et la technique

Les 5 points incontournables

• Le travail est le propre de l'homme

Le travail n'est pas une simple appropriation des ressources naturelles, mais un acte de transformation de la nature au moyen d'outils élaborés. L'homme prolonge son corps par des outils, qui n'existent qu'au stade élémentaire chez les animaux. ▶ *Cours 1 a*

• Le travail est libérateur

C'est le travail qui a conduit l'homme à développer ses facultés et à se distinguer de l'animal. Il libère l'homme de ses besoins et lui permet de façonner la nature à son image. Dans ce monde plus stable, l'homme peut dépasser son angoisse de la mort. ▶ *Cours 2 b, c*

• Une activité contraignante et nécessaire

Le travail est orienté vers un but déterminé par la pensée. Il suppose donc une tension de la volonté. En cela, il relève de la contrainte : l'assouvissement des besoins en fait une nécessité. ▶ *Cours 1 b ; 2 a*

• Une activité consciente qui mobilise la pensée

Le travail est une activité consciente, qui fait appel aux facultés intellectuelles. La fabrication d'outils et d'objets suppose en effet de les concevoir avant de les fabriquer.

Le développement des techniques fait la part belle aux exigences de gestion et d'organisation ; désormais le travail est aussi celui de la pensée, qui n'est pas productif en soi.

▶ *Cours 1 b, c*

• La technique, libération ou aliénation ?

La technique est un savoir-faire qui libère l'homme d'une grande quantité de travail grâce à la médiation de l'outil, de la machine. L'homme peut donc reporter son activité sur d'autres tâches.

Mais la machine-outil a aliéné le travail : l'homme doit se plier à son rythme et exécuter des tâches répétitives. Dans la société capitaliste, le travail n'est plus qu'un moyen de gagner sa vie.

▶ *Cours 3 a, b, c*

COURS

1 Qu'est-ce que le travail ?

a. Seul l'homme travaille

On n'a pas coutume de dire qu'un castor qui construit un barrage travaille au sens propre du terme. Seul l'homme travaille. Le travail se présente de prime abord comme un acte qui se passe entre l'homme et la nature. Dans *Le Capital* (1867), Karl Marx montre comment, dans cet acte, l'homme joue à l'égard de la nature le rôle d'une puissance naturelle. Par là, il agit comme tous les êtres vivants. Cette activité purement naturelle ne peut être définie comme un travail.

Le travail se caractérise par l'**utilisation d'outils**. L'outil est un intermédiaire entre l'homme et la nature. À la différence des animaux, les hommes ne sont plus tributaires de leur capacité organique. Dans la production, dit Marx, le travailleur « convertit des objets extérieurs en organes de sa propre activité, organes qu'il ajoute aux siens de manière à prolonger son corps ». L'outil qui existe à l'état rudimentaire chez les animaux devient un caractère distinctif de l'espèce humaine.

b. Définition du travail

L'oiseau qui bâtit un nid, l'abeille qui construit une cellule de cire transforment la nature en utilisant leurs organes naturels : ils agissent par instinct. À partir du moment où, chez l'homme, l'outil intervient comme moyen, la production ne peut être que consciente. L'usage des outils, des techniques doit être intellectuellement conçu. Le travail est donc une **activité consciente**. « Ce qui distingue, dit Marx, dès l'abord le plus mauvais architecte de l'abeille la plus experte, c'est qu'il a construit la cellule dans sa tête avant de la construire dans la ruche. » Autrement dit, le résultat auquel le travail aboutit préexiste idéalement dans l'imagination du travailleur. L'activité du travailleur est déterminée par un but à atteindre. La subordination constante de la volonté à ce but crée un état de tension. L'œuvre, dit Marx, « exige pendant toute sa durée, outre l'effort des organes qui agissent, une attention soutenue, laquelle ne peut elle-même résulter que d'une tension constante de la volonté ». C'est pourquoi le travail est pénible.

À NOTER
Le travail peut donc se définir comme la transformation consciente de la nature par l'intermédiaire d'outils.

c. La diversification du travail

Avec le développement des techniques, le travail matériel apparaît de plus en plus comme l'application des lois découvertes par l'activité de la pensée.

ATTENTION !
Seul le travail manuel est productif. Il peut être mesuré économiquement en valeur ajoutée. Le travail d'un avocat, d'un professeur ne produit rien : la modification de la réalité qu'il opère ne fait pas exister un autre être.

D'autre part, la complication et la division croissante du travail exigent une combinaison, une organisation, une direction de plus en plus précise et délicate. Si bien qu'aujourd'hui, la notion de travail ne recouvre pas seulement le travail manuel, mais aussi le travail intellectuel.

2 Le travail est-il une malédiction ?

a. Le travail est du domaine de la contrainte

Le mot *travail* est issu du latin *tripalium*, qui désigne un instrument de torture. De même, le latin *labor*, d'où sont issus les mots *labeur* et *labour*, évoque à la fois le travail et la peine. Dans la Bible, le travail est présenté comme une punition. Adam, pour avoir péché, est chassé du jardin d'Éden et Dieu lui dit : « Tu mangeras ton pain à la sueur de ton front » (Genèse). Il est vrai que la **nécessité** pour l'homme de subsister dans une nature qui, livrée à elle-même, est impuissante à satisfaire tous ses **besoins**, fait du travail une loi.

b. Sans travail, pas d'espèce humaine

Cependant, l'idéal d'un monde sans travail est celui d'un monde où, pour reprendre les termes de Kant, tous les talents resteraient à jamais enfouis en germe, dans une existence de bergers d'Arcadie : les hommes, doux comme les agneaux qu'ils font paître, ne donneraient à l'existence guère plus de valeur que n'en a leur troupeau domestique. C'est bien parce que l'homme doit lutter contre la nature pour satisfaire ses besoins qu'il est amené à développer ses potentialités. Le travail a permis à l'homme de développer ses facultés physiques et intellectuelles, et de s'éloigner ainsi de son animalité originaire. Le travail oblige le moi à sortir de lui-même, il rapproche les êtres les uns des autres dans la poursuite d'un but commun. La conscience d'appartenir à une communauté qui le dépasse et de participer à son développement constitue l'être générique de l'homme et le distingue de l'animal.

À NOTER

Le travail est soumis au règne de la nécessité et du besoin. Et, comme le dit Aristote, « toute action imposée par la nécessité est naturellement fâcheuse ».

c. Le travail, par essence, est libérateur

En libérant l'homme du besoin, le travail permet l'accès à la jouissance que procurent l'art, la culture. En transformant la nature, l'homme peut accéder à une certaine reconnaissance de lui-même dans un monde qui porte sa marque. En créant quelque chose de stable en dehors de lui, l'homme peut surmonter son angoisse de la mort. Le travail est donc libérateur, même s'il a revêtu au cours de l'histoire des formes particulières aliénantes : esclavage, servage, salariat.

3 La technique a-t-elle libéré l'homme du travail ?

a. La technique détermine le degré d'évolution du travail

Objet fabriqué, l'outil est une **médiation** qui introduit une autre dimension dans la production : la **technique**. Non seulement le travailleur peut se servir des propriétés mécaniques, physiques, chimiques de certaines choses pour les faire agir sur d'autres choses, mais il peut aussi fabriquer des machines, des ateliers, des canaux, des routes... Par exemple, une invention comme celle de la puissance motrice de la vapeur multiplie la richesse dans des proportions inattendues, parce qu'elle remplace une somme considérable de travail qui peut dès lors s'appliquer à autre chose. Le facteur technique détermine le degré d'évolution du travail.

b. La machine-outil réalise le vieux rêve d'Aristote

Dans l'Antiquité, le domaine de la production matérielle est réservé aux esclaves. Toutefois, Aristote, dans la *Politique* (IVe siècle av. J.-C.), formule l'hypothèse d'une humanité libérée de l'esclavage grâce aux progrès de la technique et, en particulier, de l'automation : « Si [...] les navettes tissaient d'elles-mêmes et les plectres jouaient de la cithare, alors les maîtres d'œuvre n'auraient nul besoin de manœuvres ni les maîtres, d'esclaves. » Le vieux rêve d'Aristote s'est en un sens réalisé avec le capitalisme, lors de l'apparition de la machine-outil.

c. Le travail aliéné

Mais la machine-outil n'a pas libéré l'homme du travail. La division primitive entre maître et esclave s'est, d'une certaine manière, prolongée. L'opposition passe désormais entre ceux qui possèdent et ceux qui sont obligés de vendre leur force de travail aux propriétaires. L'aliénation du travailleur se traduit par la rupture entre le savoir technique et l'exercice des conditions d'utilisation. Les ouvriers sont, par ailleurs, restreints à l'exécution mécanique d'une tâche simple, répétitive, monotone. Enfin, l'intensité du travail augmente : le travailleur doit se plier au rythme imposé par la machine.

Dans la société capitaliste, le travail est donc aliéné. Vendu à autrui, exploité, il n'est plus pour le travailleur qu'un moyen de gagner sa vie. Non seulement le travailleur n'a aucun droit de propriété sur le produit de son travail, mais surtout il ne se reconnaît plus dans son travail, dans lequel « il ne déploie pas une libre activité physique et intellectuelle, mais mortifie son corps et ruine son esprit ». La vie hors travail est elle aussi aliénée : elle n'est plus que temps de repos. Manger, boire, procréer, dit Marx, sont certes des fonctions authentiquement humaines, mais « séparées abstraitement du reste du champ des activités humaines, et devenues ainsi la fin dernière et unique, elles sont bestiales ».

La conclusion d'une dissertation

Savoir-faire

La conclusion d'une dissertation doit comporter trois paragraphes.

Paragraphe 1 : bilan de la réflexion : la contradiction qui fait le fond du problème.

Paragraphe 2 : formulation claire et explicite, en quelques lignes, de la solution au problème.

Paragraphe 3 : élargisssement du propos avec une question qui ouvre sur un nouveau problème (facultatif).

Application

SUJET : Que gagne-t-on en travaillant ?

§1 D'un côté, la nécessité pour l'homme de subsister dans une nature qui, livrée à elle-même, est impuissante à satisfaire tous ses besoins, fait du travail une loi. Le travail est donc soumis au règne de la nécessité et du besoin, et l'homme, en travaillant, perdrait sa liberté. De l'autre, en travaillant, on développe ses facultés physiques et intellectuelles, on se libère du besoin, on prend conscience de son appartenance au genre humain. Le travail oblige le moi à sortir de lui-même, il rapproche les êtres les uns des autres dans la poursuite d'un but commun à tous : cette conscience d'appartenir à une communauté qui le dépasse et de participer à son développement constitue l'être générique de l'homme et le distingue de l'animal. On gagnerait donc son humanité en travaillant.

§2 De fait, si le travail, en son essence, est libérateur, il a revêtu au cours de l'histoire des formes particulières, aliénantes, mutilantes, en contradiction avec cette essence : esclavage, servage, salariat. Le travail des uns enrichit ceux qui ne travaillent pas. Par ailleurs, dans notre société, toute forme d'activité, profession ou métier, s'échange contre un salaire. Si bien que le travail n'apparaît souvent que comme un moyen de gagner sa vie. Par exemple, à l'origine, le résultat que vise la médecine est la santé, mais cet art est aussi devenu un moyen de gagner de l'argent. Le travail peut donc prendre la forme d'une contrainte. Le travail peut aussi prendre la forme de tâches administratives répétitives et abrutissantes.

§3 Peut-on espérer une réconciliation entre le travail en son essence et sa forme concrète ?

Pour réussir le jour J

LES ERREURS À NE PAS COMMETTRE

• Toute activité n'est pas un travail. Un élève, un étudiant, un artiste ne travaillent pas. Au sens strict, le **travail** est la **transformation de la nature par l'homme pour subvenir à ses besoins**.

• Ne pas confondre la **valeur d'usage** (objet utile à la vie) et la **valeur d'échange** (objet échangeable) d'une marchandise. Le travail produit des valeurs d'usage mais aussi des objets que l'on échange. Ce n'est que dans l'échange que les produits du travail humain acquièrent une existence sociale distincte de leur existence matérielle comme objets d'utilité. Avec le perfectionnement de la division du travail et l'apparition de la grande industrie, la scission entre objet utile et objet échangeable s'élargit au point que l'échange devient l'une des fins de la production.

• Dans la *Métaphysique*, Aristote distingue trois types de « sciences » : les sciences **théorétiques** (théologie, physique, mathématiques), qui sont pure contemplation ; les sciences **pratiques** (éthique, politique), qui ont trait à l'activité humaine ; et les sciences **poétiques**, qui. concernent la production d'objets externes à l'homme. La **technique** relève de ces dernières. Le grec *poïêsis* signifie « faire », et faire consiste à faire être ce qui n'était pas. La technique porte donc sur le contingent, c'est-à-dire sur ce qui peut aussi bien être que n'être pas. C'est en cela qu'elle est une activité servile. Elle s'oppose aux sciences théorétiques qui sont désintéressées et portent sur des essences idéales.

LE VOCABULAIRE À UTILISER

• Dans *Le Capital*, Marx montre que le salaire n'est pas le prix du travail mais de la **force de travail**. Sous ce nom, il faut comprendre « l'ensemble des facultés physiques et intellectuelles qui existent dans le corps d'un homme [...] et qu'il doit mettre en mouvement pour produire des choses utiles ». La force de travail est une **marchandise** qui vaut comme n'importe quelle autre : sa valeur est déterminée par le temps de travail nécessaire à sa production, c'est-à-dire par le temps de travail nécessaire à la production des moyens de subsistance dont l'ouvrier a besoin pour l'entretien et le renouvellement de sa force de travail.

• Le **profit** résulte de ce que la quantité de travail que fournit la force de travail est toujours supérieure à celle qui est nécessaire à sa production. La **plus-value** ou profit résulte donc de la différence entre la valeur d'usage de la force de travail et sa valeur d'échange.

10 qcm pour réviser le cours

Corrigés, p. 113

1 Le travail à proprement parler est-il :

❑ **a.** Une activité naturelle ?
❑ **b.** N'importe quelle activité demandant un effort (la capture d'un vermisseau par exemple) ?
❑ **c.** La transformation de la nature par l'homme pour subvenir à ses besoins ?

2 À proprement parler, de qui dira-t-on qu'il travaille :

❑ **a.** D'un ouvrier ?
❑ **b.** D'un artiste ?
❑ **c.** D'un castor ?

3 Le travail est :

❑ **a.** un acte immédiat.
❑ **b.** un acte médiatisé par l'outil.
❑ **c.** un acte instinctif.

4 Le travail est-il :

❑ **a.** nécessaire ?
❑ **b.** contingent ?
❑ **c.** obligatoire ?

5 Le travail en général est-il :

❑ **a.** aliénant ?
❑ **b.** libérateur ?
❑ **c.** mutilant ?

6 Les formes concrètes du travail au cours de l'histoire sont :

❑ **a.** aliénantes.
❑ **b.** libératrices.
❑ **c.** émancipatrices.

7 Qui a écrit : « Ce qui distingue dès l'abord le plus mauvais architecte de l'abeille la plus experte, c'est qu'il a construit la cellule dans sa tête avant de la construire dans la ruche » ?

❑ **a.** Hegel.
❑ **b.** Nietzsche.
❑ **c.** Marx.

8 Qui a écrit : « Ce qui distingue une époque économique d'une autre, c'est moins ce que l'on fabrique que [...] les moyens par lesquels on fabrique » ?

❑ **a.** Aristote.
❑ **b.** Marx.
❑ **c.** Nietzsche.

9 Qui a écrit : « Si [...] les navettes tissaient d'elles-mêmes et les plectres jouaient de la cithare, alors les maîtres d'œuvre n'auraient nul besoin de manœuvres ni les maîtres, d'esclaves » ?

❑ **a.** Marx.
❑ **b.** Hegel.
❑ **c.** Aristote.

10 L'ouvrier est aliéné dans son travail signifie que :

❑ **a.** Il est dépossédé des moyens et des produits de son travail.
❑ **b.** Il se réalise dans son travail.
❑ **c.** Il se réalise en dehors de son travail.

Plus de QCM sur www.defibac.fr

Sujet

Sujet

Corrigé, p. 113

Document La dialectique hégélienne du maître et de l'esclave

Toute conscience poursuit la mort de l'autre, afin de se faire reconnaître et de se reconnaître elle-même au risque de sa propre vie, comme libre et indépendante de toute attache sensible.

Autrement dit, il s'agit pour chaque conscience de se prouver qu'elle n'est pas de l'ordre de l'en-soi (mode d'existence des choses), pure immédiateté, mais qu'elle est seulement un pur être-pour-soi, une personne qui a une valeur, une dignité.

À l'issue de cette lutte décisive pour la reconnaissance de soi, la conscience qui n'a pas eu peur de la mort, qui est allée jusqu'au bout dans le risque de la mort, prend la figure du Maître. L'autre, qui a préféré la vie à la liberté, entre dans le rapport de servitude. L'Esclave n'est plus qu'un instrument aux mains du Maître qui l'a épargné. Il a perdu toute dignité. Mais, en travaillant, l'Esclave transforme le monde, lui donne la « forme » de son activité. Il peut ainsi se reconnaître dans ce monde qui, par son travail transformateur, porte la marque de son intériorité.

Jouissant, de cette manière, de lui-même comme d'une réalité extérieure, il accède alors à une certaine reconnaissance de soi et par là même à la dignité. En outre, en transformant le monde, il crée quelque chose de stable et de durable en dehors de lui et se libère ainsi de l'angoisse de la mort qui le liait au monde sensible et qui avait fait de lui un esclave.

En revanche le Maître, se contentant de consommer et de détruire les produits du travail de l'Esclave, affirme toujours davantage sa dépendance à l'égard de ce dernier. De plus sa jouissance n'a aucune valeur de vérité, elle n'intéresse personne et ne lui permet donc pas d'accéder à la reconnaissance de soi.

Certes, le Maître est reconnu par l'esclave. Mais que vaut une telle reconnaissance, puisque l'Esclave n'est qu'une chose ? Quant à l'esclave, il lui suffit de se faire reconnaître par le Maître pour que s'établisse la reconnaissance mutuelle : « Ils se reconnaissent comme se reconnaissant mutuellement. »

Christian Roche.

Question

Tirez du texte trois arguments pour démontrer que le travail en général est libérateur.

QCM

1 c. **2** a. **3** b. **4** a. **5** b. **6** a. **7** c. **8** b. **9** c. **10** a.

Sujet

■ **Premier argument.** Le travail permet à l'homme de se libérer de la nature, qu'il transforme pour subvenir à ses besoins. Comme le souligne Marx dans *Le Capital*, l'homme joue ainsi à l'égard de la nature le rôle d'une puissance naturelle. Mais le travail humain se différencie de la simple transformation naturelle car, à partir du moment où chez l'homme l'outil intervient comme **moyen**, la production ne peut être que consciente. L'usage des outils, des techniques doit être intellectuellement conçu. L'artisan, par exemple, **conçoit** l'objet avant de le **fabriquer**. La conscience de soi s'est donc développée sur la base du travail. C'est bien parce que l'homme doit lutter contre la nature pour satisfaire ses besoins qu'il actualise ses potentialités. Le travail lui permet de développer ses facultés physiques et intellectuelles, et de s'éloigner ainsi de son animalité originaire. En outre, le travail contraint le moi à sortir de lui-même, il rapproche les êtres dans la poursuite d'un but commun, forgeant la conscience d'appartenir à une communauté qui les dépasse. Le travail constitue ainsi l'être générique de l'homme, le distinguant à jamais de l'animal.

■ **Deuxième argument.** En transformant la nature, l'homme lui donne la forme de son intériorité. Il façonne une nouvelle nature. Par le travail, l'esprit humain s'incarne dans la nature, la rend moins effrayante, la spiritualise. Le travail permet ainsi à l'homme de passer du besoin à la reconnaissance de lui-même. En outre, en libérant l'homme du **besoin**, le travail permet l'accès à la **jouissance** que procurent l'art, la culture

■ **Troisième argument.** Pour l'homme charnel ou le maître qui vit dans l'oisiveté en se contentant de consommer les produits du travail de son esclave, la mort est un aiguillon qui pousse à vouloir jouir plus encore des plaisirs de la chair. Tout de suite, car demain nous mourrons. L'instant, comme limite fragile entre le passé et l'avenir, a souvent été valorisé. On peut songer au stade esthétique de Kierkegaard, stade du désir immédiat et de la jouissance. Kierkegaard voit en Dom Juan l'être de la jouissance immédiate répudiant toute fidélité qui aliène au passé. Le passé nous lie et nous fige, le futur nous inquiète car il contient notre mort. Il n'y a dès lors que le *carpe diem*, la jouissance du moment présent. Mais une vie dévolue aux plaisirs voue l'homme à l'éparpillement, et le présent de la vie n'est qu'un gouffre, où viennent s'annuler les besoins. Seul le travail permet à l'homme de créer quelque chose de stable et durable en dehors de lui. Il peut ainsi rassembler son moi et surmonter l'angoisse de la mort.

10 La religion

COURS

Les 5 points incontournables

• La religion est lien

La religion est étymologiquement ce qui « relie » les hommes. Au-delà des particularités attachées à chaque culte, la religion rassemble l'humanité dans la croyance en une donnée sacrée et dans le respect de pratiques ritualisées. Relation verticale avec la divinité, elle est avant tout un lien horizontal entre les hommes. ▶ *Cours 1 a, b, c*

• La reconnaissance d'une dépendance

La religion est universellement attachée au sentiment du sacré, à la crainte devant la puissance et le mystère de l'être divin : par la croyance en un absolu qui le dépasse, l'homme reconnaît sa dépendance et la finitude de sa condition. ▶ *Cours 1 b, c*

• La foi au-delà de la raison

Si les croyances qui relèvent de la superstition ne peuvent résister à l'exercice de la raison, la foi qui porte sur des éléments irréfutables, au-delà de la raison, peut être admise : en ce sens, croyance et savoir objectif sont complémentaires dans un monde qui a besoin de sens et en même temps de rationalité scientifique. ▶ *Cours 3 c*

• Croyance et savoir

La croyance relève du subjectif et de l'irrationnel.
Malgré cette contradiction apparente avec la connaissance objective, la foi porte sur ce qui est encore inconnu ou inconnaissable ; elle n'est donc pas incompatible avec le savoir existant. Pour Pascal, la croyance constitue même le fondement des sciences, qui reposent sur des postulats indémontrables.

▶ *Cours 3 a, b*

• La religion, une aliénation ?

Pour Feuerbach, c'est l'homme qui a construit l'idée de Dieu : il lui a donné ses propres attributs et ce sont eux qu'il adore à travers la religion. Pour Marx, la religion est la réalisation fantastique de l'homme qui, dans la réalité, est un être exploité et aliéné par le système capitaliste.
Supprimer l'illusion de la religion, c'est donc prétendre à un bonheur réel.

▶ *Cours 2 a, b*

1 Qu'est-ce que la religion ?

a. Étymologies du mot « religion »

D'après Auguste Comte, le mot *religion* viendrait du verbe latin *religare*, « relier ». La religion serait le lien qui unit les fidèles dans une même communauté de croyances et de rites. Pour Durkheim, rites et mythes serviraient avant tout à renforcer la solidarité du groupe. Pour Cicéron, le mot *religion* viendrait du verbe *religere*, qui s'oppose à *neglegere*, comme le soin et le respect s'opposent à la négligence. Là, l'accent est mis sur l'observance scrupuleuse des rites, sur le zèle observé dans l'exercice du culte.

b. Définition

La religion se présente sous un **double aspect** : elle possède un côté **particulier**, soumis aux variations culturelles et sociales, et un côté **universel**, défini par un minimum de croyances. Chaque religion relie donc un nombre défini d'hommes par des dévotions et des rites particuliers, et unit tous les hommes grâce à des éléments fondamentaux communs à toutes les religions.

À NOTER

On peut définir la religion comme ce qui **relie** les hommes dans un système de croyances (dogmes) et de pratiques (rites) relatives au sentiment du sacré, unissant en une même communauté tous ceux qui y adhèrent et les assujettissant à plus haut qu'eux.

Quelle que soit la religion, le **sentiment du sacré** représente quelque chose de permanent. Trois caractéristiques se dégagent : la crainte devant la puissance infinie de Dieu, le mystère de son inconcevabilité, le pouvoir de fascination propre à tout symbole religieux. L'idée religieuse est donc étroitement liée à la **notion de surnaturel**, à l'idée qu'il existe un « arrière-monde » (Nietzsche) auquel le croyant peut, dans certaines conditions, être initié.

c. L'origine de la religion

Rousseau oppose la **religion naturelle** et la **religion historique**. Il considère que la vraie religion n'est pas celle des Églises (religion historique), mais celle de la présence de Dieu en nous et dans le monde (religion naturelle). Dieu ne demande que le culte du cœur. Cependant, au départ, il n'y a chez aucun peuple de religion naturelle. Celle-ci est ce qui reste de la religion après la critique par les philosophes de tous les cultes établis. En réalité, toutes les grandes religions modernes se veulent issues d'une **révélation** surnaturelle : Dieu a parlé. La Bible (parole de Dieu) est au fondement des trois grandes religions monothéistes : judaïsme, christianisme, islam.

La religion est essentiellement l'affirmation d'un absolu qui nous dépasse, d'une transcendance. « La religion consiste dans le sentiment absolu de notre dépendance » (Friedrich Schleiermacher, 1768-1834). L'homme ne s'est pas donné lui-même l'existence. Il évolue au milieu de forces qui le dépassent infiniment et dont la puissance lui inspire spontanément des sentiments mêlés d'effroi et de vénération.

2 En quoi la religion est-elle une aliénation ?

a. La religion est le mystère de l'homme fait Dieu

L'idée de Dieu n'est-elle pas une idée forgée par les hommes ? Ne serait-ce pas l'idée d'un être possédant en acte toutes les perfections auxquelles l'homme aspire ? Dans *L'Essence du christianisme* (1841), **Feuerbach** montre que, dans la religion, l'homme est **aliéné**, c'est-à-dire dépossédé de lui-même, de sa propre essence. La religion n'est jamais que le mystère de l'homme fait Dieu. Autrement dit, ce que l'homme adore en Dieu, ce sont ses propres perfections et ses propres attributs. L'homme se dépouille de qualités qui n'appartiennent qu'au genre humain et les transfère à une réalité étrangère, Dieu.

b. La religion ou l'opium du peuple

Marx reconnaît avec Feuerbach que la religion est une **aliénation**, mais il lui reproche de concevoir l'homme comme « une essence abstraite, blottie hors du monde ». L'homme, c'est avant tout « le monde de l'homme », « l'État », « la société ». C'est parce qu'il est exploité et frustré socialement que l'homme s'aliène en Dieu. Supprimer l'illusion religieuse, c'est donc rendre l'homme à sa vraie réalité « pour qu'il pense, agisse, façonne sa réalité comme un homme sans illusions parvenu à l'âge de raison, pour qu'il gravite autour de lui-même, c'est-à-dire de son soleil réel ».

3 La foi et la raison

a. Le savoir s'oppose-t-il à la croyance religieuse ?

Le **savoir** est **objectif et rationnel**. Il s'oppose à la **foi** qui est **subjective**, surtout lorsqu'elle est totalement **irrationnelle** et s'impose de manière démagogique, sans faire appel à la réflexion. Mais la foi peut, bien qu'elle se rapporte à ce qui est encore inconnu ou à ce qui est inconnaissable, être en accord avec le savoir existant. On peut, par exemple, croire en Dieu, tout en acceptant les théories scientifiques existantes.

b. Il n'y a pas de savoir sans croyance

Si la croyance ne contredit pas toujours le savoir, il convient aussi de souligner qu'il n'y a pas de savoir sans croyance.

Pascal constate que les mathématiques reposent sur des propositions indémontrables : la raison est suspendue au sentiment que nous pouvons avoir de la vérité des axiomes, des postulats.

Certes, on peut toujours, comme le mathématicien moderne, ne plus se préoccuper de la vérité des axiomes et se contenter de les poser. Il reste que le raisonnement mathématique obéit à des principes (par exemple celui de non-contradiction) qui ne peuvent être démontrés puisqu'ils sont engagés dans toute démonstration.

De même, les sciences physiques ne peuvent élaborer des lois qu'en supposant qu'il y a un ordre dans la nature, et non une série de coïncidences. La **croyance** est donc **au cœur** même **du savoir**. Au point que Pascal affirme que la foi est **supérieure** à la raison (fidéisme).

c. Il y a une place pour la foi au-delà de la raison

Si la science peut condamner toute forme de croyance incompatible avec ses exigences (les superstitions, par exemple), elle ne peut qu'autoriser des croyances qu'elle ne saurait ni justifier ni réfuter. Quant à la croyance, peut-elle se dispenser du savoir scientifique et refuser d'évoluer, si elle veut rester vivace ?

Un monde informé par la rationalité scientifique et technique, où domine la recherche de la rentabilité et du profit à tout prix, ne peut satisfaire le besoin de sens de l'être humain.

ATTENTION !
Il y a une place pour la foi mais celle-ci ne peut être en deçà de la raison. Elle est **au-delà**.

Savoir utiliser les exemples

Savoir-faire

Les exemples doivent être généraux, exemplaires, connus de tous et n'être utilisés qu'à titre d'illustration, pour donner un corps sensible à des idées abstraites. Ils doivent être encadrés : idée personnelle + exemple + reprise de l'idée et enchaînement sur le paragraphe suivant. Évitez de multiplier les exemples : un exemple par partie suffit. On notera toutefois que, si un exemple ne constitue pas un argument, il peut très bien invalider une thèse, et donc servir de contre-argument. La thèse est une proposition générale. Un argument est souvent une particularisation de la thèse. L'exemple est une particularisation de l'argument.

Application

SUJET : La pensée naît-elle de l'action ?

Argument

D'où naît la pensée scientifique ? De l'action, c'est-à-dire de l'activité économique et technique.

Exemple

La pensée mathématique grecque s'est développée sur la base des activités pratiques comme l'agriculture, l'artisanat, le commerce. C'est si vrai que les termes mêmes qui désignent les sciences le montrent : la « géométrie » (*géo*, « terre » ; *métrie*, « mesure ») est l'art de la mesure de la terre ou arpentage des champs, la « logistique » – nom platonicien de notre arithmétique – est l'art du calcul pratiqué par les marchands. L'astronomie, au XVIIe siècle, s'est développée à partir de l'invention de la lunette. C'est grâce à celle-ci que Galilée a pu apporter des preuves à l'appui de l'héliocentrisme de Copernic.

Reprise de l'argument

Ainsi, les idées, la pensée scientifique ne progressent que dans la mesure où, à la base, il y a le travail, l'action.

Pour réussir le jour J

LES ERREURS À NE PAS COMMETTRE

- Ne pas confondre la **croyance comme opinion** et la **croyance sous la forme de la foi**. *Croire que* se distingue de *croire en* : « Je crois qu'il pleuvra demain. » « Je crois en Dieu. »
- Dans la *Critique de la raison pure*, Kant établit les distinctions suivantes : « L'opinion est une **croyance** qui a conscience d'être insuffisante aussi bien subjectivement qu'objectivement. Si la croyance n'est que subjectivement suffisante, et si elle est en même temps tenue pour objectivement insuffisante, elle s'appelle **foi.** Enfin, la croyance suffisante aussi bien subjectivement qu'objectivement s'appelle **science** ; la suffisance subjective s'appelle **conviction** (pour moi-même), et la suffisance objective **certitude** (pour tout le monde). »

LE VOCABULAIRE À UTILISER

- **Transcendant** signifie « qui dépasse ». Lorsque l'on parle d'un Dieu transcendant, on évoque un Dieu créateur distinct de sa création, situé au-delà du monde sensible. Il s'agit alors d'un être suprasensible qui échappe à la spatialité et à la temporalité.
- À l'opposé, **immanent** (du latin *in*, « dans », et *manere*, « rester ») signifie « qui est intérieur à ». Le panthéisme, doctrine où Dieu est identifié à la nature, au monde, affirme l'immanence de Dieu.
- Le **théisme** est la religion du commun des hommes. C'est la croyance en un Dieu personnel et vivant.
- L'**athéisme** s'oppose au théisme. C'est une attitude qui consiste à refuser de croire en un Dieu personnel et vivant. En ce sens, dans la langue classique, le **déisme** (attitude qui consiste à croire en Dieu, mais qui se refuse à en dire quoi que ce soit et renonce à se le représenter) et le **panthéisme** (doctrine qui identifie Dieu à la nature, comme le fait Spinoza par exemple) sont des formes d'athéisme. Aujourd'hui, la notion d'athéisme a un sens plus large et désigne l'attitude qui consiste à nier l'existence de Dieu, quel qu'il soit.

10 qcm pour réviser le cours

Corrigés, p. 122

1 Que signifie *Religare* ?

❑ **a.** croire.
❑ **b.** relier.
❑ **c.** prier.

2 Quelle est la figure commune aux trois religions monothéistes ?

❑ **a.** Abraham.
❑ **b.** Noé.
❑ **c.** Moïse.

3 Sacré s'oppose à :

❑ **a.** immanent.
❑ **b.** profane.
❑ **c.** sacrilège.

4 Transcendant s'oppose à :

❑ **a.** immanent.
❑ **b.** contingent.
❑ **c.** nécessaire.

5 Être aliéné signifie :

❑ **a.** être en possession de soi-même.
❑ **b.** être identique à soi-même.
❑ **c.** être étranger à soi-même.

6 Qui a dit que la religion est « l'opium du peuple » ?

❑ **a.** Feuerbach.
❑ **b.** Marx.
❑ **c.** Nietzsche.

7 Le déiste :

❑ **a.** ne croit pas en Dieu.
❑ **b.** croit en un Dieu personnel et vivant.
❑ **c.** croit en Dieu en dehors de toute religion.

8 La croyance est :

❑ **a.** objective.
❑ **b.** subjective.
❑ **c.** irrationnelle.

9 L'affirmation : « Je crois qu'il fera beau demain » est :

❑ **a.** un acte de foi.
❑ **b.** une opinion.
❑ **c.** une prédiction.

10 Quand on dit : « Je crois en Dieu », s'agit-il :

❑ **a.** d'une opinion ?
❑ **b.** d'une prédiction ?
❑ **c.** d'un acte de foi ?

Sujets

Sujet 1 TYPE BAC

Corrigé, p. 122

Soit le sujet de dissertation suivant :

Le progrès scientifique rend-il caduques les religions ?

Montrez en trois paragraphes en quoi le progrès scientifique ne rend pas caduques les religions.

Sujet 2 TYPE BAC

Corrigé, p. 122

Document

Il nous reste à montrer, en conclusion, qu'entre la foi et la théologie d'une part, la philosophie de l'autre, il n'y a aucun rapport, aucune affinité. Pour ne point savoir cela, il faudrait tout ignorer du but et du principe de ces deux disciplines, radicalement incompatibles. La philosophie ne se propose que la vérité, et la foi, comme nous l'avons abondamment démontré, que l'obéissance, la ferveur de la conduite.

En outre, la philosophie a pour principes des notions généralement valables et elle doit se fonder exclusivement sur la nature ; la foi a pour principes l'histoire, la philologie, et elle doit exclusivement se fonder sur l'Écriture, la révélation [...].

La foi laisse donc à chacun la liberté totale de philosopher. Au point que chacun peut, sans crime, penser ce qu'il veut sur n'importe quelle question dogmatique.

Elle ne condamne, comme hérétiques et schismatiques, que les individus professant des croyances susceptibles de répandre parmi leurs semblables l'insoumission, la haine, les querelles et la colère.

Elle considère comme croyants, au contraire, les hommes qui prêchent autour d'eux la justice et la charité, dans la mesure où leur raison et leurs aptitudes le leur rendent possible.

Spinoza, *Traité des autorités théologiques et politiques* (1670),
trad. Madeleine Francès & Robert Misrahi,

Question

Dégagez et expliquez les trois moments du texte.

QCM

1 b. 2 a. 3 b. 4 a. 5 c. 6 b. 7 c. 8 b. 9 b. 10 c.

Sujet 1

1. Le savoir scientifique ne peut se substituer à la foi

■ L'idée selon laquelle le savoir scientifique rend les religions caduques est un doux rêve positiviste. D'abord parce qu'il n'y a pas de savoir sans croyance. Mais surtout parce que les sciences excluent de leur domaine, les questions qui se rapportent au sens ou au non-sens de l'univers et de notre existence. Pourquoi y a-t-il quelque chose plutôt que rien ? Pourquoi y-a-t-il de l'ordre plutôt que du désordre ? Pourquoi la vie naît-elle de la mort ? Sur ces questions et sur bien d'autres les sciences restent muettes.

2. La croyance religieuse est donatrice de sens

■ En effet, un monde où dominent le productivisme, la recherche de la rentabilité et du profit à tout prix, ne peut satisfaire le besoin de sens de l'être humain. Le progrès dans quel but ? Quelle humanité voulons-nous ? S'agit-il simplement de progresser pour survivre ? Il y a et il y aura toujours une place pour la croyance religieuse. Celle-ci peut être donatrice de sens et donc fondement d'intelligibilité, à condition qu'elle ne tourne pas à l'obscurantisme et au fanatisme.

3. Les religions ne peuvent se dispenser du savoir scientifique

■ Si la science rend caduque toute forme de croyance incompatible avec ses exigences (les superstitions...), elle ne peut qu'autoriser des croyances qu'elle ne saurait ni justifier ni réfuter. Quant aux religions, peuvent-elles se dispenser du savoir scientifique et refuser d'évoluer si elles veulent rester vivaces ? On peut songer au père Teilhard de Chardin qui, conscient du danger résultant de la coupure entre la science et la foi, a tenté dans son œuvre de concilier la théorie de l'évolution et l'idée de la création du monde et de l'homme par Dieu. Il a ainsi été amené à rejeter le mythe de la création en six jours et à adopter l'idée d'une « cosmogénèse », c'est-à-dire d'une création continue, qui ne cesse de se produire. Considéré de son vivant comme un fondateur d'hérésie, il est aujourd'hui réhabilité par le Vatican.

Sujet 2

■ 1. Dans le premier moment du texte, Spinoza met d'un côté la philosophie, et de l'autre la foi et la théologie

Rompant avec une tradition historique qui a tenté de faire de la philosophie une servante de la théologie, ou avec des traditions théologiques qui ont cherché à articuler foi et philosophie, Spinoza affirme l'absence de rapport entre ces deux disciplines. Par là même, la question de l'autorité, avec son cortège de dépendances et de soumissions de l'une à l'autre, ne se pose même pas.

Cette thèse a son fondement dans la philosophie et dans la foi. L'examen, à chaque fois, du projet (« le but ») et des principes de chacune des disciplines doit montrer des différences radicales. Spinoza ne prend pas position.

2. Dans le deuxième moment du texte, Spinoza analyse les buts de la philosophie et de la foi

La différence est formulée sans ambiguïté : le but de la philosophie c'est la vérité, le but de la foi c'est « l'obéissance, la ferveur de conduite ». Mais, au-delà des différences apparentes, ne conviendrait-il pas de rechercher une définition négative des buts ? Ainsi, le but de la philosophie, ce n'est pas l'obéissance, ce n'est pas la ferveur de conduite. Transformons à nouveau, dans un sens positif, la définition du but de la philosophie : la philosophie est résistance, elle est froideur.

On peut opérer de même pour la foi. Le but de celle-ci n'est pas la vérité. Si nous transformons à nouveau, dans un sens positif, la définition du but de la foi, que deviendrait-elle ?...

Quant aux principes, on voit aussi leur répartition. Ce qui relève de la nature (où, par la science, il est possible d'atteindre la vérité) appartient à la philosophie. Ce qui relève de la société appartient à la foi. Et la société, c'est ce qui est soumis aux aléas de l'histoire, aux variations de l'interprétation (« la philologie »), aux textes de l'Écriture sainte, aux dogmes (« de la révélation »). Autrement dit à tout ce qui relève de l'humain (par opposition à la nature) et du même coup, sans que Spinoza soit explicite là-dessus, à tout ce qui relève de la croyance (par opposition à la certitude de la vérité).

3. Le troisième moment du texte est consacré à la foi

La séparation établie par Spinoza entre la philosophie et la religion lui permet d'affirmer que la foi ne peut que laisser à chacun la liberté totale de philosopher. Mais, en ce cas, la philosophie est autorisée à penser la foi. Pour Spinoza, le philosophe est libre de penser ce qu'il veut sur n'importe quelle question religieuse et donc d'intervenir dans un domaine qui n'est pas le sien.

Si Spinoza affirme que la foi ne peut s'opposer à la liberté de penser, il lui concède toutefois le droit de décider pour ceux qui croient de ce qui est orthodoxe ou hérétique et ainsi, par exemple, de condamner des croyances qui s'opposent à la justice et à la charité.

11 L'histoire

Les 5 points incontournables

• Histoire et récit

L'histoire, c'est à la fois le récit des événements et l'ensemble des événements qui ont eu lieu. L'histoire rassemble les faits datés, uniques, marquants pour une communauté entière : la production de récits écrits, aussi subjectifs soient-ils, est indispensable à la constitution de l'histoire objective.

▶ *Cours 1 a, b*

• Hegel : l'histoire transcende les individus

Selon Hegel, l'histoire poursuit une finalité rationnelle : son sens échappe à l'individu, qui participe sans le savoir à quelque chose qui le dépasse.

▶ *Cours 1 c ; 2 a*

• Une science ?

L'histoire permet de dégager la vérité des faits à partir de documents sources. Mais c'est toujours à la lumière du présent que le passé est raconté : l'histoire est donc inséparable de l'historien. Elle n'a pas la même objectivité que les sciences physiques.

▶ *Cours 3 a, b*

• Une science humaine

L'histoire tient tout de même de la science : le travail de l'historien consiste à interroger l'authenticité et la signification de ses sources (documents ou vestiges), en vue d'établir le vrai et d'élucider les causes des événements passés.

L'histoire est plus précisément une science humaine, car elle vise à la fois à expliquer et à comprendre les faits.

▶ *Cours 3 c*

• Marx : les hommes font l'histoire

Marx affirme que ce sont les hommes qui font l'histoire : ceux-ci doivent modifier le réel et renverser le système capitaliste pour mettre fin aux antagonismes sociaux.

Cette pensée s'oppose à la fatalité et au déterminisme.

Pour Marx, l'histoire de la société est celle de la lutte des classes.

▶ *Cours 2 b, c*

1 Qu'est-ce que l'histoire ?

a. Les deux sens du mot *histoire*

Pendant très longtemps l'histoire n'a fait que **s'écrire**. Ce n'est que tardivement que le mot en vient à désigner la « réalité historique ».

L'histoire en tant que **science historique** n'est jamais que la connaissance que l'on peut avoir de la réalité historique. Il s'agit donc de penser l'histoire à la fois comme mode d'être et comme conscience de ce mode d'être. Comment l'existence humaine peut-elle être considérée comme historique ? Comment l'histoire peut-elle se constituer comme connaissance, voire comme science ?

> ATTENTION !
> D'où l'ambiguïté du terme *histoire* qui désigne aussi bien les événements que le récit des événements.

b. Il n'y a pas d'histoire sans récit historique

Comme les sciences physiques, l'histoire en tant que « science historique » a pour objet des faits. Mais, à la différence d'un fait physique (comme, par exemple, la réfraction de la lumière), un fait historique est **daté**, **localisé**, **individuel**, **unique** : il n'y eut et il n'y aura jamais qu'un massacre de la Saint-Barthélemy.

Certes, l'historien puise à d'autres sources comme, par exemple, les vestiges laissés par l'homme. Néanmoins, l'histoire proprement dite se limite aux époques pour lesquelles nous disposons de documents écrits. Le temps qui s'est écoulé avant l'apparition de l'écrit a pu connaître des transformations, voire des révolutions : il est toutefois « sans histoire objective » parce qu'il n'a laissé « aucune histoire subjective », aucun récit historique, aucune trace écrite. Autrement dit, il n'y a **pas d'histoire sans écrit, sans récit historique**.

> À NOTER
> Un fait historique est aussi un événement, c'est-à-dire qu'il présente une importance pour la collectivité humaine et il n'est connu que par des documents écrits.

c. L'histoire commence avec la formation des États

Mais il ne peut pas non plus y avoir de récit historique sans actes ni événements historiques. Or, un peuple qui n'est pas constitué en État n'a pour ainsi dire pas d'histoire. Ainsi, les « souvenirs de famille », les « traditions patriarcales » des communautés primitives présentent sans doute un intérêt à l'intérieur de la famille, de la tribu, mais ils ne sont pas « objets de mémoire » et ne peuvent donc pas être susceptibles d'une narration historique. Pour Hegel, seule une communauté « qui se consolide et s'élève à l'État » requiert « au lieu d'ordres subjectifs, suffisants pour les besoins du moment, des commandements, des lois, des déterminations générales et universellement valables » qui produisent à leur tour « une conscience capable de les saisir clairement » et de les conserver durablement. L'État est donc l'universel qui produit l'histoire à la fois comme récit et comme ensemble d'événements.

2 Les hommes font-ils librement leur histoire ?

a. La rationalité cachée de l'histoire

L'histoire est en apparence chaos. Elle offre le spectacle du déchaînement des passions, de la déraison. Mais, derrière « l'apparence bariolée des événements », se dévoile, pour **Hegel**, une **finalité rationnelle** : l'histoire est la marche graduelle par laquelle l'Esprit parvient à sa vérité et prend conscience de soi. De ce fait, les acteurs de l'histoire ne sont pas des « personnes singulières, réduites à leurs individualités particulières », mais les différents peuples historiques avec leur esprit, leur constitution, leur art, leur religion, leur science. De plus, ces peuples ne maîtrisent pas le sens de ce qu'ils font. Ils ne sont que « les moyens et les instruments d'une chose plus élevée, plus vaste qu'ils ignorent et accomplissent inconsciemment » (*La Raison dans l'histoire*).

b. La lutte des classes comme source de toute historicité

Marx rejette la philosophie de l'histoire de Hegel, qui prône le salut de l'homme par la découverte du sens de l'histoire et non par la transformation du monde réel. Dans le *Manifeste du parti communiste* (1848), il affirme que « l'histoire de toute société jusqu'à nos jours est l'**histoire de luttes des classes** ». La société, dit Marx, se divise de plus en plus en deux grandes classes qui s'affrontent directement : la bourgeoisie et le prolétariat. Cet antagonisme ne peut se résoudre que par la suppression du capitalisme et l'instauration de la société communiste. Contrairement aux révolutions passées qui n'ont fait que substituer aux anciennes classes de nouvelles classes, de nouvelles conditions d'oppression, la révolution prolétarienne met fin à tous les antagonismes. En s'accomplissant et en se dépassant elle-même, la lutte des classes, dit Marx, mène, non pas à la fin de l'histoire, mais à la fin de la préhistoire. Il restera à l'humanité réconciliée avec elle-même à résoudre les problèmes posés aussi bien par la nature que par sa propre nature.

c. Les hommes font l'histoire

Si la révolution communiste répond à une certaine nécessité interne, elle n'est pas inéluctable. Contrairement à Hegel pour lequel l'histoire s'explique sans l'homme réel, en tant que mouvement autonome de l'esprit, Marx affirme que « l'histoire ne fait rien », que « ce sont les hommes réels qui font l'histoire ». Mais ils le font dans des conditions historiques et sociales très déterminées. Ainsi, s'ils prennent l'initiative de changer les rapports sociaux, ce n'est pas en vertu d'une volonté créatrice ou d'une liberté transcendante, mais parce qu'ils sont contraints à le faire précisément par les contradictions de ces rapports sociaux. En affirmant le primat de l'avenir et en montrant la possibilité, voire la nécessité, d'un dépassement du réel, la conception historique du marxisme s'oppose aussi bien au fatalisme qu'à un déterminisme mécaniste qui ne laisserait à l'homme que la passivité ou la soumission.

3 L'histoire est-elle une science ?

a. La vérité se trouverait dans les documents

C'est à partir du XIXe siècle que les historiens rêvent de faire de l'histoire une **science objective**, en s'inspirant du modèle des sciences physiques. L'historien trouve des documents (témoignages écrits, vestiges du passé) puis procède à leur critique externe et interne.

La **critique externe** vise à déterminer l'authenticité du document et à le rétablir dans son état primitif, en supprimant ce qui a pu être ajouté par les copistes lorsqu'il s'agit d'un témoignage écrit et en reconstituant les parties disparues du fait d'accidents ou d'usure.

La **critique interne** vise à déterminer la signification du document. La confrontation de témoignages indépendants permet d'aboutir à une certitude pratique. L'analyse fournit ainsi une masse de documents qui permettent d'établir des faits particuliers. Il s'agit ensuite de procéder à un travail de synthèse, c'est-à-dire de déterminer la place et l'importance relative de ces faits dans la chaîne des événements. C'est là un travail de reconstruction : la vérité se trouverait dans les documents, et il suffirait de l'en extraire.

b. L'histoire ne peut prétendre à la même objectivité que les sciences physiques

Mais croire que l'histoire peut prétendre à la même objectivité que les sciences physiques relève de la naïveté, car les documents, comme d'ailleurs la nature, ne parlent qu'à ceux qui les questionnent. L'élaboration historique présuppose donc une idée préconçue, une prise de parti sans laquelle l'historien est hors d'état de comprendre et de connaître.

Autrement dit, l'historien ne peut faire l'économie d'une philosophie de l'histoire. Par ailleurs, c'est à partir des préoccupations de leur époque que les historiens reconstituent le passé. Il est **impossible de séparer l'histoire de l'historien**. L'histoire ne peut donc prétendre à la même objectivité que les sciences physiques. C'est pourquoi, à chaque génération, l'histoire est réécrite. Chaque époque reprend l'histoire à la lumière de l'aujourd'hui.

À NOTER

La **subjectivité** de l'historien intervient dans les critères qui président au choix des événements. Chaque historien ne s'intéresse aux faits que dans la mesure où ils confirment ou infirment un système d'explication du monde, une philosophie de l'histoire, qui est la sienne.

Enfin, si l'histoire ne peut se constituer sur le modèle des sciences physiques, c'est aussi parce que l'historien se penche sur des faits qui se caractérisent par leur **singularité temporelle**. L'historien ne peut donc ni instituer des lois établissant des rapports de causalité, ni prévoir l'avenir. Croire le contraire, ce serait nier la liberté des hommes. Il ne peut non plus avoir recours au contrôle expérimental rigoureux tel qu'il est pratiqué en physique.

c. L'histoire est une discipline originale

L'élaboration de l'histoire comporte toutefois un aspect **scientifique** : d'abord, au stade de l'étude des documents, l'historien a recours aux sciences auxiliaires de l'histoire (critique des documents écrits, paléontologie, archéologie, numismatique, sociologie, économie) et peut ainsi établir les faits de manière rigoureuse. Ensuite, au stade de la reconstruction du passé, l'historien vise le **vrai**, en cherchant à enchaîner les événements, en mettant au jour les causes singulières de leur succession, tout en sachant que ces causes ne se répéteront pas.

L'historien doit aussi dégager les causes d'un événement et en comprendre le sens. Mais les causes ne sont pas directement données dans les documents, ni les significations dans les témoignages. La compréhension suppose la mise à l'épreuve d'**hypothèses interprétatives**. Paul Veyne, dans *Comment on écrit l'histoire* (1971), donne cet exemple : « Louis XIV devint impopulaire parce que les impôts étaient trop lourds. » Cette proposition peut signifier que l'historien sait par des documents que les impôts ont bien été la cause de l'impopularité de Louis XIV. Elle peut aussi signifier que l'historien sait seulement que les impôts étaient trop lourds et que, par ailleurs, le roi était impopulaire à la fin de son règne. L'historien suppose alors que son impopularité est liée à l'impôt. Dans le premier cas, il rapporte ce qu'il a lu. Dans le second, il fait une hypothèse explicative. Mais, dans les deux cas, il recourt au *parce que*. L'histoire est une discipline originale qui s'attache au singulier, au successif, a ce qui a cessé d'être mais aussi à des réalités humaines.

Lire un texte

Savoir-faire

Soyez attentif au début du texte, qui donne souvent des indications sur sa structure. Soulignez les connecteurs logiques et tout ce qui marque une étape dans l'argumentation.

Application

Document

L'histoire nous enseigne qu'à chaque moment il a existé autre chose ; la philosophie s'efforce au contraire de nous élever à l'idée que de tout temps la même chose a été, est et sera. En réalité l'essence de la vie humaine comme de la nature est tout entière présente en tout lieu, à tout moment, et n'a besoin, pour être reconnue jusque dans sa source, que d'une certaine profondeur d'esprit. Mais l'histoire espère suppléer à la profondeur par la largeur et l'étendue : tout fait présent n'est pour elle qu'un fragment, que doit compléter un passé d'une longueur infinie et auquel se rattache un avenir infini lui-même. Telle est l'origine de l'opposition entre les esprits philosophiques et historiques : ceux-là veulent sonder, ceux-ci veulent énumérer jusqu'au bout.

SCHOPENHAUER, *Le Monde comme volonté et représentation*, trad. A. Burdeau, © PUF, 1966.

Le début du texte indique qu'il s'agit d'une opposition entre l'histoire et la philosophie. Les enseignements de la philosophie et de l'histoire s'opposent sur le statut de la chose, toujours identique à elle-même (c'est la thèse de la philosophie), toujours autre qu'elle-même (c'est la thèse de l'histoire).

Les oppositions conceptuelles manifestes :

– Histoire/Philosophie
– Largeur, étendue, surface / Profondeur
– Énumérer / Sonder

Les oppositions conceptuelles en creux :

– Divers, changeant, multiple / Identique, immuable, un
– Apparence / Essence

L'histoire prétend avoir une fonction didactique : « elle enseigne ». Reposant implicitement sur une conception de l'écoulement du temps, elle a pour objet le moment (« à chaque moment »), mais un moment qui, quel qu'il soit, est toujours dévalorisé, puisque chaque moment considéré n'est jamais qu'un instant dans un flux incessant qui se renouvelle sans cesse. À l'opposé (« au contraire ») Schopenhauer valorise la philosophie, en lui attribuant une fonction éthique : « élever » l'homme à une autre conception du temps. Pour la philosophie, qui vise l'essence, seul compte l'éternel (« de tout temps »), l'un, l'unique, l'immuable. Lorsque la philosophie examine une chose (quelle que soit cette chose), celle-ci ou celle-là, elle n'en voit pas l'apparence, sans cesse changeante, dans l'écoulement du temps. Elle reconnaît donc, *au-delà* de la diversité, l'unité qui seule est réalité : « la même chose a été, est ou sera ».

Quel rapport y a-t-il, pour Schopenhauer, entre la chose, toujours située ici (« en un lieu ») et maintenant (« en même temps »), et l'essence (« l'essence de la vie humaine comme de la nature ») ? L'essence, indivisible et totale, est toujours présente, dans sa totalité (« tout entière »), dans chaque chose. Au-delà de l'apparente diversité des choses, il y a donc la réalité de l'unité de l'essence. Ce qui implique un effort, celui d'aller au-delà de la surface des choses, c'est-à-dire de viser la profondeur. Ce ne peut être l'œuvre de la sensation, mais bien celle de l'esprit.

La **métaphore de la profondeur** (de l'esprit) évoque l'image de la terre, qui s'ouvre pour laisser jaillir une source, venant de plus profond que la terre. C'est vers ce plus profond qu'il faut aller, vers la source de la chose, qui est l'essence de la chose. Réciproquement, toute chose, pour qui sait voir, pour qui sait explorer, manifeste l'essence.

L'histoire ne vise pas (contrairement à la philosophie) la profondeur de l'esprit. Elle donne du prix à chaque chose différente, en croyant (faussement) que chaque chose est différente de chaque autre chose. Au lieu de faire d'une chose (n'importe laquelle) la manifestation de l'essence unique, elle substitue la **surface** (« la largeur, l'étendue ») à la profondeur. Elle dévalorise chaque chose, en n'en faisant que le fragment d'un grand tout qu'il faut rechercher, à la fois dans la longueur infinie du passé et dans la longueur infinie du futur. Notons que, lorsqu'il s'agit de surface, il est légitime de parler de longueur. Mais, à dévaloriser le présent, réduit à n'être qu'un **fragment**, à ignorer que chaque chose manifeste l'essence, la tâche est sans fin de vouloir atteindre le tout en s'efforçant de rassembler l'éparpillement du divers. L'opposition signalée au début du texte, entre la philosophie et l'histoire, est maintenant expliquée. Les uns (les philosophes) veulent **sonder** ; les autres (les historiens) veulent **énumérer**.

Pour réussir le jour J

LES ERREURS À NE PAS COMMETTRE

- Ne pas confondre l'histoire comme « **récit** » ou « reconstruction » du passé par les historiens et l'histoire **réelle** des hommes.
- Dans un sujet comme : « L'histoire est-elle un roman ? », il s'agit de s'interroger sur l'**histoire comme récit**. L'histoire comme reconstruction du passé se rapproche-t-elle du roman ou bien de la science ?
- Dans un sujet comme : « L'histoire a-t-elle un sens ? », il s'agit de l'**histoire réelle des hommes**. Y-a-t-il eu des progrès ? Peut-on espérer la fin des guerres et des violences ? Autrement dit, l'histoire s'achemine-t-elle vers un but ?
- C'est la théologie chrétienne qui, la première, saisit l'histoire comme une **totalité ayant un sens**. En effet, elle insère l'humanité dans une succession d'événements : la création, le péché originel, la loi de Moïse, la rédemption, le jugement dernier. Désormais l'histoire a un début et une fin. Mais cette histoire n'est pas rationnelle puisqu'elle repose sur la foi en Dieu. Elle ne reconnaît pas l'homme comme un être historique capable d'autonomie. De plus la référence au Christ, être transcendant, annule toute historicité.

LE VOCABULAIRE À UTILISER

- L'histoire s'attache aux faits mais tout fait ne revêt pas une importance historique. Mon mariage n'appartient pas à l'histoire, mais il en va autrement du mariage de Napoléon. Ce fait devient un événement. Il présente une importance pour la collectivité humaine.
- Parler de causes en histoire n'a pas le même sens que parler de causes dans les sciences physiques. Dans la nature, les causes se répètent et les mêmes causes produisent les mêmes effets. En histoire, les causes sont singulières et ne se répètent pas. Il convient donc de distinguer la **causalité historique** de la **causalité naturelle**.
- Le **fait historique** doit être situé à l'intérieur des **institutions** : le rapport entre un serf et un seigneur renvoie à l'institution féodale et ne peut être pensé dans le cadre d'une relation égalitaire ni d'une relation employeur-employé. Les institutions sont des orientations conventionnelles qui préexistent à l'individu et font que ses actes participent à quelque chose qui les transcende, leur conférant une extériorité et une existence.

10 qcm pour réviser le cours

Corrigés, p. 134

1 Dans « L'histoire est-elle un roman ? », le mot « histoire » désigne :

❑ **a.** l'histoire réelle des hommes.

❑ **b.** l'histoire comme reconstruction du passé.

❑ **c.** l'histoire personnelle.

2 Dans « Y a-t-il des progrès de l'histoire ? », le mot « histoire » désigne :

❑ **a.** l'histoire réelle des hommes.

❑ **b.** l'histoire comme discipline.

❑ **c.** l'histoire personnelle.

3 Pour qui l'histoire est-elle un processus rationnel ?

❑ **a.** Hegel.

❑ **b.** Marx.

❑ **c.** Arendt.

4 Un événement historique est :

❑ **a.** un fait.

❑ **b.** un fait important.

❑ **c.** une bonne nouvelle.

5 Qu'est-ce que la contingence ?

❑ **a.** Ce qui ne peut pas se produire.

❑ **b.** Ce qui peut se produire ou non.

❑ **c.** Ce qui ne peut pas ne pas se produire.

6 Les événements en histoire sont :

❑ **a.** déterminés.

❑ **b.** contingents.

❑ **c.** nécessaires.

7 Le déterminisme historique signifie :

❑ **a.** que l'histoire est faite par les hommes.

❑ **b.** qu'elle est faite d'un enchaînement mécanique de causes et d'effets.

❑ **c.** qu'elle est contingente.

8 Qui a dit : « Ce sont les hommes qui font l'histoire » ?

❑ **a.** Hegel.

❑ **b.** Nietzsche.

❑ **c.** Marx.

9 Les hommes font l'histoire :

❑ **a.** dans des conditions déterminées.

❑ **b.** librement.

❑ **c.** nécessairement.

10 Le travail de l'historien se veut-il :

❑ **a.** objectif ?

❑ **b.** purement subjectif ?

❑ **c.** a-subjectif ?

Plus de QCM sur www.defibac.fr

Sujet

Sujet

Corrigé, p. 134

Document

Lorsque nous considérons ce spectacle des passions et les conséquences de leur déchaînement, lorsque nous voyons la déraison s'associer non seulement aux passions, mais aussi et surtout aux bonnes intentions et aux fins légitimes, lorsque l'histoire nous met devant les yeux le mal, l'iniquité, la ruine des empires les plus florissants qu'ait produits le génie humain, lorsque nous entendons avec pitié les lamentations sans nom des individus, nous ne pouvons qu'être remplis de tristesse à la pensée de la caducité en général. Et étant donné que ces ruines ne sont pas seulement l'œuvre de la nature, mais encore de la volonté humaine, le spectacle de l'histoire risque à la fin de provoquer une affliction morale et une révolte de l'esprit du bien, si tant est qu'un tel esprit existe en nous.

On peut transformer ce bilan en un tableau des plus terrifiants, sans aucune exagération oratoire, rien qu'en relatant avec exactitude les malheurs infligés à la vertu, à l'innocence, aux peuples et aux États et à leurs plus beaux échantillons.

On en arrive à une douleur profonde, inconsolable que rien ne saurait apaiser. Pour la rendre supportable ou pour nous arracher à son emprise, nous nous disons : *Il en a été ainsi ; c'est le destin ; on n'y peut rient changer ;* et fuyant la tristesse de cette douloureuse réflexion, nous nous retirons dans nos affaires, nos buts et nos intérêts présents, bref, dans l'égoïsme qui, sur la rive tranquille, jouit en sûreté du spectacle lointain de la masse confuse des ruines.

Hegel, *La Raison dans l'histoire* (1830),
trad. Kostas Papaioannou, © 10/18.

Question

Soyez attentif au début du texte et relisez le cours page 126 (2. a). Puis dégagez l'idée principale du texte et le véritable sens de la position de Hegel.

QCM

1 b. 2 a. 3 a. 4 b. 5 b. 6 b. 7 b. 8 c. 9 a. 10 a.

Sujet

- Hegel décrit dans ce texte le **spectacle de l'histoire**. Celui-ci provoque un triple mouvement de désolation, qui conduit de la tristesse à l'affliction pour atteindre la douleur profonde. Mais, avec ironie, Hegel note que cette douleur, relative aux souffrances des autres dans le passé, ne nous laisse pas sans voix. Elle ne nous empêche pas de formuler en nous-mêmes les sentences toutes faites du sens commun qui viennent atténuer « la tristesse de cette douloureuse réflexion » : « *Il en a été ainsi ; c'est le destin* ». Invocation d'une force plus forte que nous, qui nous déresponsabilise, et démission avouée : on n'y peut rien changer. Que le monde continue...

- D'ailleurs le monde nous appelle, non pas celui de l'histoire universelle, mais le monde terre à terre de nos activités actuelles. Celui dont nous sommes le centre (« nos affaires, nos buts, nos intérêts »). Monde quotidien qui s'oppose par sa tranquillité aux troubles de l'histoire, dont la proximité est contraire au lointain des désastres.

- Le **contraste entre notre histoire et l'histoire universelle** est si fort que, « nous réfugiant dans l'égoïsme », nous venons à « considérer » cet autre monde comme quelque chose de lointain, d'où l'idée de spectacle. Cela se passe si loin, dans le temps, si loin dans l'espace. On songe aux vers de Lucrèce : « Il est doux, quand la vaste mer est soulevée par les vents, d'assister du rivage à la détresse d'autrui. » (*De la nature*, II).

- Mais **l'erreur serait de voir dans cette description la véritable position de Hegel**, une sorte de conception pessimiste de l'histoire. Le déchaînement des passions, la déraison, tout cela n'est qu'apparence. Il y a à l'œuvre dans l'histoire une rationalité cachée. Et celle-ci n'apparaît qu'au philosophe.

- L'intérêt du texte ne réside donc pas tant dans la description des destructions et des ruines que dans la force d'interpellation qu'il suscite. Le lecteur est appelé à esquisser lui-même une réponse : tout cela n'est pas la fin de l'histoire, ce ne sont que des moyens. Il y a là, à l'œuvre, une « **ruse de la raison** ». C'est-à-dire que, derrière l'apparence bariolée des événements se dévoile au philosophe une finalité rationnelle : l'histoire est la marche graduelle par laquelle l'esprit parvient à sa vérité. Pour s'accomplir, la raison divine, l'absolu doit s'aliéner dans le monde que font et défont les passions. Dès lors ce n'est pas en vain que les individus et les peuples sont sacrifiés. Les passions sont, sans le savoir, au service de ce qui les dépasse, de la fin de l'histoire : la réalisation dernière de l'Esprit ou de Dieu. Telle est la véritable position de Hegel.

La raison et le réel

Introduction

a. Qu'est-ce que la raison ? Qu'est-ce que le réel ?

Définition de la raison

Le mot *raison* vient du latin *ratio*, « calcul », « compte ». La raison est donc la faculté de calculer. Par extension, la raison est la capacité d'analyser, d'élaborer. Chez **Descartes**, elle est la faculté de bien juger, c'est-à-dire de distinguer le vrai du faux, le bien du mal. Chez **Kant**, elle est la faculté des principes *a priori* (indépendants de l'expérience) qui dirigent la connaissance, la systématisent.

La raison cherche à lier nos idées, à les rendre cohérentes et logiques. En ce sens, elle est une exigence d'**accord avec soi-même**.

La raison est aussi l'exigence d'un **accord avec le réel**. Il s'agit de ne pas se laisser leurrer par nos désirs et donc d'éprouver nos idées, de les vérifier.

La raison est enfin la recherche d'un **accord avec autrui**. Vivant en société, l'homme recherche des affirmations valables pour tous.

Définition du réel

Le mot *réel* vient du latin *res*, « chose ». Le réel **s'oppose à l'apparence**. C'est aussi ce qui est **actuel** et non simplement possible. C'est enfin ce qui est **concret** par opposition à ce qui est abstrait. C'est, en somme, ce qui est, ce qui existe indépendamment de l'esprit humain.

Si le réel est ce qui est donné, la **raison** est de l'ordre du **non-donné**, du non-immédiat. La raison est une mise à distance. Mais elle est aussi un moyen de la présence de l'homme au monde. Elle manifeste que l'homme transcende le monde mais que, du même coup, il ne peut avoir un accès direct au réel, il peut seulement se le **représenter**. Le réel reste inaccessible à l'homme qui ne peut que s'en rapprocher sans jamais l'atteindre.

En quoi la raison s'oppose-t-elle à l'opinion ?

La **raison** vise l'objectivité, l'universalité. En cela, elle **s'oppose** radicalement **à la croyance, à l'opinion** qui se contente du vraisemblable. La raison fait naître la conscience que la vérité doit être recherchée méthodiquement, qu'elle est problématique, qu'elle n'est pas de l'ordre du vraisemblable.

L'**opinion**, quant à elle, est une **croyance irraisonnée**. Le sujet croit savoir, mais son discours est déterminé par ses désirs et ses passions. Sa croyance a pour origine les valeurs auxquelles il adhère, mais ces valeurs sont l'expression de pulsions irrationnelles : celui qui aime l'argent tient la philosophie pour du bavardage, celui qui aime la gloire croit que la réputation est une preuve de valeur... L'opinion peut être vraie ou fausse mais, dans tous les cas, elle est sans intelligence d'elle-même et de ses objets. Elle est aveugle, elle affirme sans raison. Elle se croit particulière mais en réalité elle est générale comme le sont les besoins, les appétits et les passions de l'homme. Elle est l'élément dans lequel baigne toute société.

Le **consensus social** ne peut en effet se faire que sur des **opinions** et non sur du savoir. Le vraisemblable paraît vrai. D'où les questions qu'on ne peut manquer de se poser : comment savoir avec certitude que mon opinion est bien le fait de la raison et non de mes désirs ou de mes passions ? Comment distinguer le vrai du faux, si le faux peut prendre l'apparence du vrai ? Le savoir doit sans cesse se différencier de l'opinion, car cette dernière est la pente naturelle de la pensée.

b. Quelles relations existe-t-il entre la raison et le réel, et les notions développées dans cette partie ?

Théorie et expérience, démonstration, interprétation

La raison pousse l'homme à vouloir connaître le réel. C'est la tâche des sciences de la nature (physique, chimie, biologie). Qu'est-ce qui revient à la **théorie** et à l'**expérience** dans cette approche du réel ?

Dans le domaine de la **démonstration**, la raison acquiert une autonomie par rapport au réel, au point qu'on peut se demander, par exemple, si les mathématiques ont encore un rapport au réel.

Mais l'homme ne peut se satisfaire des explications apportées par la science. Quelle peut, alors, être la valeur d'une **interprétation** ?

Le vivant, la matière et l'esprit

Le réel, c'est aussi le vivant, et la raison cherche à l'expliquer. Mais est-il réductible à son traitement scientifique ? Qu'est-ce qui distingue la matière organique de la matière inorganique ? La matière existe-t-elle indépendamment de l'esprit ?

La vérité

La raison recherche la vérité. Mais celle-ci est-elle une ou plurielle ? Quel est le statut de la vérité dans les sciences de la nature ? en mathématiques ? dans les sciences humaines ? Peut-on parler de vérité en philosophie ou dans le domaine des valeurs, ou bien n'y a-t-il de vérité que scientifique ?

12 Théorie et expérience

Les 5 points incontournables

• Théorie versus expérience ?

Théorie et expérience sont deux notions opposées : la première appartient à la pensée abstraite, la seconde se rapporte à la pratique.
Mais il faut nuancer cette opposition : d'une part, l'expérience a besoin d'être guidée par la raison ; d'autre part, il existe des théories expérimentales (déduites à partir d'expériences réalisées).

▶ *Cours 1 a, b*

• L'expérience seule est insuffisante

Devant la singularité des situations auxquelles l'homme est confronté, l'expérience acquise peut s'avérer insuffisante si elle n'est pas soutenue par l'exercice de la raison.
De plus, l'esprit en quête de vérité doit mettre en doute les préjugés acquis involontairement par l'expérience.

▶ *Cours 2 a*

• Faits empiriques et connaissance théorique

Selon la doctrine empiriste, aucun principe théorique ne nous vient de manière innée : ce sont les expériences répétées qui forment en nous des idées, qui peuvent ensuite se muer en systèmes de pensée. Les faits prévalent donc dans toute forme de connaissance.

▶ *Cours 1 c*

• Bachelard : l'observation scientifique est polémique

Pour Bachelard, l'expérience immédiate est un obstacle à la connaissance scientifique : elle peut fournir des informations contredites par les scientifiques. Ainsi, l'observation scientifique soumet les données du réel à l'exercice rationnel de la pensée qui les traite, les interroge, afin de déduire les lois qui régissent le réel.

▶ *Cours 2 c*

• Théorie et expérience sont indissociables

La théorie scientifique permet la découverte de phénomènes nouveaux et expérimentables. De même, pour l'expérimentation, les instruments correspondent déjà à des théories préalables.

▶ *Cours 2 c ; 3 c*

1 La théorie et l'expérience

a. Définitions

Au sens courant, la **théorie** (du grec *theôrein*, « contempler »), est assimilée à une vue de l'esprit à laquelle ne correspond aucune réalité, par opposition à l'**expérience** (du latin *experiri*, « éprouver »), qui recourrait à la réalité.

Cependant, cette opposition radicale ne recouvre pas les rapports complexes que nouent théorie et expérience. Aucune théorie ne doit perdre de vue le réel. Quant à l'expérience, elle n'est rien si elle ne s'accompagne de raison.

b. Théories expérimentales et non expérimentales

En physique, les théories cherchent à expliquer l'univers en langage mathématique. Ainsi, par exemple, la théorie de Newton est un système qui permet d'unifier les lois planétaires de Kepler et la loi de la chute des corps de Galilée en expliquant le trajet elliptique des planètes autour du soleil comme une chute indéfiniment retardée. Les théories scientifiques sont un **ensemble de lois**, c'est-à-dire d'hypothèses qui ont été vérifiées expérimentalement.

D'autres théories n'ont pas ce caractère expérimental, comme, par exemple, la théorie marxiste ou encore la théorie psychanalytique. Elles séduisent par leur pouvoir d'explication et d'unification dans le domaine qui est le leur.

c. Empirisme et rationalisme

L'**empirisme** affirme qu'il n'y a rien dans l'entendement qui ne soit auparavant passé par les sens. Toutes nos idées ne sont jamais que des « copies de nos impressions sensibles » (Hume, *Enquête sur l'entendement humain*, 1748). Non seulement l'expérience est la source de nos idées mais encore elle explique l'**association** de ces idées entre elles. Ainsi, la relation causale nécessaire que nous établissons entre un phénomène antécédent et un phénomène conséquent provient de l'habitude que nous avons de les voir se suivre. Le principe de **causalité** est donc acquis par l'expérience.

À l'opposé, le **rationalisme** affirme que l'esprit humain possède les conditions de son savoir *a priori*, c'est-à-dire antérieurement à toute expérience. Descartes affirme ainsi que les idées vraies sont les idées claires et distinctes qui s'imposent à nous lorsque, grâce à un doute totalitaire, nous avons réussi à détacher l'esprit des sens et à lui rendre sa pureté native.

2 L'expérience est-elle suffisante ?

a. L'esprit doit se méfier des leçons de la vie

Ce qu'un homme sait d'expérience vaudrait plus que toute théorie. L'habitude, fruit de l'expérience, serait même « le grand guide de la vie humaine » (Hume). C'est oublier que l'habitude n'engendre souvent que des préjugés. En effet, il arrive fréquemment que que notre certitude ne soit pas le fait de notre raison mais de nos désirs.

Sur le plan de la spéculation, on peut soutenir, avec Descartes, que les leçons de la vie ne sont d'aucun secours. Le voyageur égaré dans la forêt qui hésite sur la direction à suivre doit prendre des décisions. La loi de l'action est d'être raisonnable quand elle ne peut être rationnelle. Ce qui est raisonnable, c'est de ne pas hésiter perpétuellement sur la direction à prendre, même si un choix irrationnel met fin à la délibération. En revanche, l'esprit en quête de vérité doit provoquer des raisons de douter et se méfier de la séduction du probable, car il peut arriver que ce qui nous paraît probable soit faux.

b. L'obstacle de l'expérience immédiate

Pour Bachelard, l'expérience immédiate est le premier obstacle à la connaissance scientifique. Ainsi, de ce que cette pierre tombe plus vite que le liège, j'en viendrai à établir une distinction entre le « lourd » et le « léger » et à conclure que la vitesse de la chute est liée à leur masse. Or, les scientifiques ont établi que, dans le vide, tous les corps tombent à la même vitesse. Le système brut des significations vécues fait obstacle à l'appréhension scientifique des faits humains.

c. Pensée théorique et démarche expérimentale

Bachelard montre que la pensée théorique anime la totalité de la recherche scientifique. L'observation scientifique a un caractère **polémique** en ce sens qu'elle s'oppose à l'observation première qui, passive, enregistrerait directement les données du réel. Elle suppose toujours « une activité rationnelle antérieure, un schéma préalable, un plan d'observation (*Le Nouvel Esprit scientifique, 1934*).

Il n'y a pas d'observation ni d'expérimentation possibles sans instruments. Or, les instruments sont des

À NOTER

En réalité, il n'y a **pas de coupure radicale entre l'expérience et la raison.** Comme le constate Brunschvicg, on ne saurait « ni rêver d'un savoir rationnel qui dispenserait d'interroger l'expérience ni imaginer une expérience passive qui dispenserait d'exercer l'activité propre à la pensée » (*L'Orientation du rationalisme*, 1954).

incarnations matérielles de théories. Le réel étudié par le scientifique porte donc de toutes parts la marque théorique.

3 En quoi une théorie est-elle scientifique ?

a. Une théorie est scientifique si elle est falsifiable

Les théories, dans les sciences physiques, n'ont qu'une valeur provisoire. Des faits « polémiques » surgissent qui les contredisent, provoquant des révisions. **Karl Popper** affirme qu'établir une théorie, c'est tenter de la falsifier ; c'est élaborer les conditions de la découverte de faits capables de l'infirmer. C'est au nom de ce **critère de falsifiabilité** qu'il récuse, en particulier, la psychanalyse. Celle-ci, dit-il, est une théorie qui a réponse à tout. Ainsi, les raisons sur lesquelles nous pouvons nous appuyer pour nier la réalité de l'inconscient ou encore de la sexualité infantile ne sont, pour le psychanalyste, que de pseudo-raisons largement influencées par des motifs affectifs et des complexes inconscients.

b. La physique n'est pas le modèle de toute science

Les sciences humaines, dans leur constitution, ont partagé le préjugé selon lequel la physique serait le modèle de toute science. C'est pourquoi elles recourent à la formalisation mathématique. Mais on ne voit pas pourquoi une théorie formulée dans un tel langage serait plus scientifique.

> **ATTENTION !**
> L'emploi des mathématiques dans les sciences humaines est souvent secondaire car les courbes et les statistiques ne signifient rien par elles-mêmes, elles s'interprètent. Il est plus raisonnable d'admettre que certains phénomènes humains sont irréductibles au langage mathématique.

En réalité, **la vérité scientifique est plurielle**. Chaque science humaine a sa spécificité. Ainsi, en histoire, il est impossible d'établir des lois et de prévoir l'avenir. Penser le contraire serait nier la liberté des peuples, des États. Cette situation n'empêche pas l'historien de reconstruire le passé de la manière la plus objective possible et de mettre au jour des causalités singulières à l'origine de tel ou tel événement et donc des enchaînements irréfutables.

Texte commençant par l'énoncé d'une opinion (1)

Savoir-faire

Un texte de philosophie peut consister en la réfutation d'une opinion. On peut s'attendre à la structure suivante : énoncé de l'opinion, réfutation de l'opinion, thèse de l'auteur. Le texte commence alors par « On dit que », « On croit que », « Une opinion généralement admise est que », « il est inadmissible de prétendre que ».

Application

Document

Du point de vue de la science, comment ici ne pas critiquer, rejeter et démentir ? Il est inadmissible de prétendre que la science n'est que l'une des branches de l'activité psychique humaine et que la religion et la philosophie en sont d'autres, au moins aussi importantes, où la science n'a rien à voir. De cette façon, science, religion et philosophie auraient des droits égaux à la vérité et tout homme pourrait librement établir des convictions et placer sa foi. C'est là une opinion jugée extrêmement élégante, tolérante, large et dénuée de préjugés mesquins ; malheureusement, elle s'avère insoutenable et c'est à elle qu'incombent tous les méfaits d'une représentation antiscientifique de l'univers, représentation dont elle se montre d'ailleurs, au point de vue pratique, l'équivalent. En effet, la vérité ne peut pas être tolérante, elle ne doit admettre ni compromis ni restrictions. La science considère comme siens tous les domaines où peut s'exercer l'activité humaine et devient inexorablement critique dès qu'une puissance tente d'en aliéner une partie.

Freud, *Nouvelles Conférences sur la psychanalyse* (1932), trad. A. Berman, © Éditions Gallimard 1971.

Structure du texte

1. Énoncé de l'opinion

Freud résume la position de l'opinion. D'abord, il y a « l'activité psychique humaine », autrement dit ce qui relève de la pensée ou du cerveau. Ensuite, à partir de ce tronc commun, il y a des branches particulières de l'activité qui se définissent par leur domaine : la science, la religion, la philosophie. Mais l'opinion commune estime que, s'il y a tronc commun, les trois domaines sont séparés, ce qui a pour conséquence la croyance en la valeur relativement égale de ces activités. Selon le sens commun, il n'y a pas de rapport privilégié entre la science et la vérité. Chaque domaine aurait *sa* vérité : vérité de la science, vérité de la religion, vérité de la philosophie.

Comme aucun domaine ne l'emporte sur l'autre (Freud estime au contraire que seule la science a un rapport légitime à la vérité), chaque personne devient libre de son choix. Sur une question donnée, la réponse apportée par la philosophie ou par la religion ne vaudrait ni plus *ni moins* que la réponse de la science. Ce qui revient à dévaloriser la réponse donnée par la science.

2. Réfutation de l'opinion

Dès le début du texte, Freud déclare « inadmissible » le point de vue du sens commun et le qualifie de « prétention ». Ce qu'il dénonce dans le sens commun, c'est d'être l'expression, non d'un *savoir* (scientifique), mais d'une *opinion*.

Il dégage les caractéristiques de cette opinion qui estime que science, religion, philosophie se valent : l'opinion vise le consensus (« large »), s'avance au nom de la morale (« tolérante »), se dénie comme opinion (« dénuée de préjugés »). De plus, elle se réclame d'un certain esthétisme (« élégante »). Mais elle est en réalité le contraire de ce qu'elle prétend être : elle est intolérante à l'égard de la science ; elle ne peut obtenir de consensus de la communauté scientifique ; elle est elle-même un préjugé. L'opinion, c'est le contraire de la science. Et ce, d'une manière générale (on le sait au moins depuis Platon…).

L'argumentation implicite de Freud met en lumière la fonction de l'opinion. On a vu que mettre sur le même plan science, religion et philosophie dévalorise la science en relativisant ses prises de position. Ce que dit la science ne vaudrait *pas plus* que ce que disent la religion ou la philosophie. Savoir (scientifique), foi (religieuse) et conviction (philosophique) s'équivaudraient donc. C'est cela la fonction de l'opinion : diluer les frontières, provoquer la confusion des valeurs.

3. Thèse de l'auteur

Pour se défendre des prétentions de la religion et de la philosophie, et restaurer les vrais droits de la science, Freud passe à l'attaque. Si la thèse de l'opinion est qu'il y a trois domaines qui se valent (science, religion, philosophie), la thèse de Freud est qu'il y a un seul domaine, celui de la science, qui ne doit connaître aucune frontière et qui « considère comme siens » tous les domaines où s'exerce l'activité humaine.

La religion et la philosophie n'ont donc aucun domaine propre où elles pourraient exercer leurs prérogatives : elles doivent se soumettre à la loi de la science.

Pour réussir le jour J

LES ERREURS À NE PAS COMMETTRE

- Ne pas confondre **expliquer et comprendre**. Dans les sciences physiques, on **explique** des faits : on cherche **de l'extérieur** une cause et un effet, on tente de recueillir une loi générale dans une série d'observations concordantes.

- En revanche, on **comprend de l'intérieur**, par une sorte de sympathie, une attitude humaine. Dilthey et Jaspers insistent sur cette distinction : la nature, on l'explique ; la vie de l'âme, on la comprend. On ne saurait expliquer les institutions et les comportements sociaux comme des choses, de l'extérieur, mais il semble possible de les comprendre, comme significations, par communication sympathique. On peut expliquer l'amour par des causes physiologiques, psychologiques, sociologiques, mais on ne le comprendra jamais si on ne l'éprouve pas. Les sciences humaines, même si elles ne renoncent pas à toute volonté d'explication, cherchent davantage à comprendre, à saisir le sens d'une réalité humaine.

LE VOCABULAIRE À UTILISER

- Une proposition est **universelle** quand elle vaut pour tous (tous les corps tombent nécessairement dans le vide à la même vitesse).

- Une proposition **générale** admet des exceptions car elle est souvent issue de la généralisation de l'expérience. Or, rien ne garantit qu'une nouvelle expérience ne vienne invalider cette proposition.

- Une proposition est **particulière** si elle ne vaut que pour quelques-uns (certains hommes sont chauves).

- Une proposition est **singulière** si elle ne vaut que pour un seul (Socrate est philosophe).

- **L'universel s'oppose au particulier et le général au singulier**. Lorsque je dis : « *La Joconde* est belle », mon jugement prétend à l'universalité : n'importe qui doit trouver, comme moi, que ce tableau est beau. Lorsque je dis : « Le son du violon est agréable », mon jugement est particulier, relatif à ma personnalité. Le mot *rose* est général, il regroupe toutes les roses. Cette rose qui est dans mon jardin est singulière, semblable à aucune autre.

10 qcm pour réviser le cours

Corrigés, p. 146

1 Dans les sciences physiques, une loi est :

❑ **a.** une conjecture.
❑ **b.** une hypothèse vérifiée.
❑ **c.** une théorie.

2 Qui affirme que l'expérience immédiate est le premier obstacle épistémologique ?

❑ **a.** Hume
❑ **b.** Popper
❑ **c.** Bachelard

3 Rationalisme s'oppose à :

❑ **a.** empirisme.
❑ **b.** idéalisme.
❑ **c.** matérialisme.

4 Le réel étudié par le scientifique est :

❑ **a.** le réel brut.
❑ **b.** un réel informé par la théorie.
❑ **c.** un réel déconstruit.

5 Hume est :

❑ **a.** rationaliste.
❑ **b.** empiriste.
❑ **c.** idéaliste.

6 La vérité est :

❑ **a.** une.
❑ **b.** plurielle.
❑ **c.** absolue.

7 Expliquer, c'est :

❑ **a.** établir des liens de causalité.
❑ **b.** comprendre.
❑ **c.** interpréter.

8 Universel s'oppose à :

❑ **a.** singulier.
❑ **b.** général.
❑ **c.** particulier.

9 Les théories en physique ont :

❑ **a.** une valeur provisoire.
❑ **b.** une valeur définitive.
❑ **c.** une valeur absolue.

10 Selon Karl Popper, à quoi reconnaît-on la valeur d'une théorie ?

❑ **a.** À ses applications pratiques.
❑ **b.** Au fait qu'elle puisse être vérifiée expérimentalement.
❑ **c.** Au fait qu'on puisse la contredire ou la falsifier.

Sujets

Sujet 1

Corrigé, p. 146

Soit le sujet :

L'expérience individuelle instruit-elle ?

1. Vous montrerez d'abord en quoi l'expérience individuelle peut instruire.
2. Puis vous montrerez en quoi elle n'est pas suffisante.
3. Enfin, vous montrerez en quoi elle peut être un obstacle à la recherche de la vérité.

Sujet 2

Corrigé, p. 147

Document

Quand Galilée fit rouler ses sphères sur un plan incliné avec un degré d'accélération dû à la pesanteur déterminé selon sa volonté, quand Torricelli fit supporter à l'air un poids qu'il savait lui-même d'avance être égal à celui d'une colonne d'eau à lui connue […], ce fut une révélation lumineuse pour tous les physiciens.

Ils comprirent que la raison ne voit que ce qu'elle produit elle-même d'après ses propres plans et qu'elle doit prendre les devants avec les principes qui déterminent ses jugements, suivant des lois immuables, qu'elle doit obliger la nature à répondre à ses questions et ne pas se laisser conduire pour ainsi dire en laisse par elle ; car autrement, faites au hasard et sans aucun plan tracé d'avance, nos observations ne se rattacheraient point à une loi nécessaire, chose que la raison demande et dont elle a besoin.

Il faut donc que la raison se présente à la nature, tenant, d'une main, ses principes qui seuls peuvent donner aux phénomènes concordant entre eux l'autorité de lois, et de l'autre, l'expérimentation qu'elle a imaginée d'après ces principes, pour être instruite par elle, il est vrai, mais non pas comme un écolier qui se laisse dire tout ce qui plaît au maître, mais, au contraire, comme un juge en fonction qui force les témoins à répondre aux questions qu'il leur pose.

KANT, *Critique de la raison pure* (1781, 2e édition 1787), © PUF.

Questions

1. À quelle question répond ce texte ?
2. Quelle est la position de Kant ?

QCM

1 b. 2 c. 3 a. 4 b. 5 b. 6 b. 7 a. 8 c. 9 a. 10 c.

Sujet 1

1. L'expérience individuelle semble instruire

■ « Avoir de l'expérience », c'est posséder un ensemble de connaissances qui constituent une forme d'instruction acquise au cours de la vie. L'homme dont on dit qu'il a de l'expérience, s'est frotté avec la vie. Ce qu'il sait pour l'avoir vécu vaudrait même plus que toute théorie. Il a acquis une sorte de sagesse pratique qui le rend capable de sauvegarder ses intérêts. Il a acquis un bon sens qui fait qu'il sait en user avec les choses et les hommes, qu'il s'accommode de l'existence, apprécie les biens qu'elle offre sans lui demander ce qu'elle ne peut pas lui donner.

2. L'expérience n'est jamais suffisante. Elle a besoin d'être accompagnée par la raison

■ Toutefois l'habitude peut engendrer des préjugés. Or, rien n'étant plus éblouissant qu'un préjugé, il arrive fréquemment que notre certitude ne soit pas le fait de la raison mais seulement l'éloquence de nos désirs. En outre, sur le plan de l'action, les situations rencontrées sont parfois si singulières que les leçons du passé ne servent à rien sans la capacité d'analyser rapidement les données du problème. C'est pourquoi l'expérience n'est jamais suffisante si elle ne s'accompagne de raison.

3. L'expérience individuelle n'est d'aucun secours quand il s'agit de rechercher la vérité

■ Sur le plan de la pensée, on peut même soutenir, avec Descartes, que l'expérience n'est d'aucun secours. Le voyageur égaré dans la forêt qui hésite sur la direction à suivre, doit prendre des décisions qui lui permettront de sortir de son doute. La loi de l'action est d'être raisonnable quand elle ne peut pas être rationnelle. Et le raisonnable est de ne pas trop hésiter sur la direction à suivre, tel l'âne de Buridan qui, ayant également faim et soif, hésite entre un seau d'eau et un boisseau d'avoine et meurt de faim et de soif. Il faut choisir, même si c'est un choix irrationnel qui met fin à la délibération. Aussi Descartes, dans le *Discours de la méthode*, conseille-t-il au voyageur égaré de marcher le plus droit qu'il peut vers un même côté. Dans la vie, il faut parfois prendre des décisions rapides et on n'est pas toujours sûr de faire le bon choix. Mais, une fois la décision prise, il faut agir comme si le choix que l'on a fait était le bon.

En revanche, en ce qui concerne la recherche de la vérité, c'est le contraire. L'esprit en quête de vérité doit provoquer des raisons de douter. Le plus grand danger est la séduction du probable. Car il peut arriver que ce qui nous paraît probable soit faux et que ce qui est vrai ne nous paraisse pas probable. Il faut donc penser comme si le plus sûr était le pire. Dans le domaine de la pensée, la méthode sceptique a pour fin ultime la découverte de la vérité. Elle permet de découvrir ce qui résiste au doute, ce qu'il est impossible de nier. Il s'agit d'une suspension méthodique du jugement en vue d'atteindre des jugements certains et indubitables. Comme le souligne Alain, une pensée qui ne doute plus, verse dans le fanatisme.

Sujet 2

1. La question posée par le texte

Ce texte, extrait de la préface de la *Critique de la raison pure* (2e édition), répond à la question : « À quelles conditions une connaissance scientifique de la nature est-elle possible ? »

2. La position de Kant

Kant s'oppose à la thèse empiriste selon laquelle la science procéderait par accumulation d'observations. Il montre que la connaissance scientifique suppose certains principes et la mise en œuvre d'une expérimentation selon ces principes. La raison ne voit que ce qu'elle produit elle-même d'après ses propres plans. La nature ne doit pas être un maître que l'on écoute religieusement mais elle doit être soumise à un ensemble de questions. Le phénomène étudié doit pouvoir être reproduit dans le cadre d'une expérimentation.

C'est ainsi que Galilée, par exemple, substitue à l'observation passive des corps en mouvement une expérimentation qui consiste, grâce à un plan incliné, à ralentir la chute afin d'étudier plus précisément le rapport entre l'espace parcouru et le temps mis à le parcourir.

Mais peut-on, pour autant, affirmer que la science renonce à expliquer la nature telle qu'elle est en soi ?

13 La démonstration

Les 5 points incontournables

• Démonstration et preuves

Contrairement à la démonstration, la preuve n'explique pas le pourquoi de la chose, et elle ne se suffit pas à elle-même : pour prouver quelque chose, il faut nécessairement plusieurs preuves, tandis que la démonstration vaut en elle-même en tant que raisonnement.

▷ *Cours 1 b*

• La démonstration mathématique

Il s'agit de la forme la plus aboutie du processus démonstratif. On déduit des propositions à partir d'autres propositions, celles-ci reposant sur des axiomes et des postulats, c'est-à-dire des hypothèses, qui doivent être les plus simples et les moins nombreuses possibles.

▷ *Cours 1 a, c ; 3 a, b*

• Les limites de la démonstration

On ne peut cependant pas tout démontrer par les mathématiques. Ainsi, pour Pascal, il existe une forme supérieure de certitude, qui provient du cœur. Il s'agit d'une connaissance instinctive qui se passe de démonstration.

▷ *Cours 1 c ; 2 a, c*

• Il n'y a pas de méthode parfaite

Malgré leur rigueur, les mathématiques ne constituent pas une méthode parfaite, dans la mesure où, comme en philosophie, toute vérité repose sur des prémisses, c'est-à-dire des propositions admises comme évidentes mais non démontrables.
Ainsi, la forme du syllogisme (A ; or B ; donc C) part du principe que A et B sont vrais.

▷ *Cours 2 a, b*

• Déduction et intuition

Outre la connaissance produite par un raisonnement déductif, on peut trouver une connaissance immédiate, produite par l'expérience et l'intuition.
Ces deux types de connaissance ne s'opposent pas mais se complètent, comme dans les mathématiques qui résultent à la fois d'intuitions et de systèmes théoriques.

▷ *Cours 2 c ; 3 c*

1 Qu'est-ce que la démonstration ?

a. Définition

Le verbe *démontrer* dérive du latin *demonstrare* qui signifie « montrer en partant de ». On y retrouve le *de* de *déduire*. En ce sens, la démonstration est une sorte de preuve. Elle est une opération qui montre, qui éclaire. On peut d'ailleurs, en mathématiques, démontrer une proposition universellement admise dans le seul but de montrer. C'est la raison pour laquelle on parle aussi de démonstration de joie ou de colère, de démonstration d'un appareil, de démonstration militaire.

À NOTER

La démonstration est donc une opération mentale consistant à établir la vérité d'une proposition en la rattachant à des propositions évidentes ou déjà établies.

Mais, en fait, hormis la philosophie, on ne parle guère de démonstration qu'en mathématiques. La démonstration suppose une démarche où tout est clair parce qu'elle ne contient que ce que la pensée y a mis par convention explicite. Une telle démarche n'existe, à strictement parler, que dans les mathématiques. Et s'il y a parfois des démonstrations en physique, ce n'est possible que parce que ces sciences sont mathématisées.

b. Une démonstration, des preuves

Démontrer et prouver ont un même but : établir la vérité d'une proposition. Toutefois ce sont deux opérations mentales différentes. Le verbe *prouver* dérive du latin *probare* qui signifie « approuver », « faire approuver ». Il s'agit donc d'éprouver, de mettre à l'épreuve une proposition qui, de prime abord, est douteuse. Et si la preuve réussit à faire approuver la proposition qu'elle appuie, elle ne constitue pas une garantie absolue contre toute erreur. La preuve, en réalité, ne démontre pas. Elle cherche à établir par des moyens indirects la vérité d'une proposition qui n'est pas directement évidente. Lorsque l'on parle de preuve, le pluriel est significatif. Qu'il s'agisse de l'existence de Dieu ou des faits humains, il est rare qu'une preuve suffise. Devant les tribunaux, l'accusation cherche à multiplier les preuves dans l'espoir que de probabilités convergentes résultera l'approbation. En revanche, en mathématiques, une démonstration suffit à elle seule à établir un théorème, même si d'autres démonstrations du même théorème sont possibles. En outre, si la preuve nous assure que la réalité est conforme à la proposition qu'elle justifie, elle ne montre pas pourquoi il en est ainsi. C'est là le propre de la démonstration.

c. Démonstration et logique

Aux yeux des Grecs, la valeur des mathématiques est liée à leur côté logique, à la rigueur de leurs démonstrations. La logique suppose au départ qu'il y a des propositions vraies et des propositions fausses, et qu'on ne peut raisonner sans suivre les principes d'identité (A est A), de non-contradiction (une proposition ne peut être en même temps vraie et fausse), du tiers exclu (une proposition est soit vraie, soit fausse : il n'y a pas de juste milieu possible).

> **ATTENTION !**
> Aussi surprenant que cela puisse paraître, on peut donc, à partir de prémisses matériellement fausses, obtenir une conclusion vraie.

Dans les *Premiers Analytiques*, **Aristote** expose sa théorie du syllogisme. Un syllogisme est un raisonnement rigoureux qui, de deux prémisses (la majeure et la mineure), tire la conclusion qui s'y trouvait implicitement contenue. Exemple : tous les mammifères sont des vertébrés. Or, les poissons sont des mammifères. Donc, les poissons sont des vertébrés. Ce raisonnement est valide, car il respecte la forme logique, bien que la seconde proposition soit matériellement fausse. La logique formelle d'Aristote a énoncé les règles qu'il faut appliquer pour raisonner correctement.

La géométrie d'**Euclide** part d'un petit nombre de données premières : les **définitions** (concepts fondamentaux de la géométrie), les **axiomes** (propriétés essentielles appartenant aux grandeurs ; exemple : « Le tout est plus grand que la partie ») et les **postulats** (propositions concernant les êtres mathématiques proprement dits et affirmant que certaines constructions sont possibles ; exemple : « Toute droite peut être prolongée indéfiniment »).

> **À NOTER**
> En revanche, de la même manière que, dans le syllogisme, la **vérité matérielle** de la conclusion est relative à celle de ses prémisses, dans la géométrie d'Euclide la vérité des propositions démontrées est **relative** à un point de départ hypothétique (axiomes et postulats).

Partant de ces données, le géomètre en déduit logiquement d'autres propositions : **théorème** ou proposition principale ; **lemme** ou proposition secondaire ; **corollaire** ou proposition exprimant une conséquence directe d'un théorème établi. Si, dans le syllogisme, la conclusion est implicitement contenue dans la prémisse appelée « majeure » (déduction analytique), dans la géométrie d'Euclide toute proposition démontrée est synthétiquement construite à partir des prémisses en combinant plusieurs propositions intermédiaires (déduction synthétique). De plus, la déduction n'est pas la simple application d'un mécanisme pur car elle exige du géomètre l'invention des moyens termes ou les constructions susceptibles de permettre les combinaisons de concepts utiles à la démonstration.

2 Y a-t-il une démonstration parfaite ?

a. La démonstration mathématique

Dans la première partie du *Discours de la méthode* (1641), Descartes écrit : « Je me plaisais aux mathématiques, à cause de la certitude et de l'évidence de leurs raisons. » La rigueur de la démonstration mathématique vient de ce que, chaque proposition étant liée à la précédente par une évidence rationnelle simple et facile, l'ensemble de la démonstration résulte d'une évidence de proche en proche qui entraîne la certitude absolue de la conséquence. Pour Descartes, les mathématiques constituent donc un **modèle de pensée rigoureuse**.

b. La méthode parfaite est une impossibilité

Les mathématiques, tout en étant un système de déductions rigoureuses, ne constituent pas une méthode parfaite. Cette dernière consisterait à pouvoir tout définir et tout démontrer, ce qui nous engagerait dans une **régression à l'infini**. Les premiers termes ne pourraient être définis que par d'autres termes qui, à leur tour, supposeraient d'autres termes. De même, les premières propositions, pour être établies, exigeraient d'autres propositions qui, à leur tour, en exigeraient d'autres. Il y a une limite au pouvoir de la raison qui ne peut tout définir ni tout démontrer.

En philosophie, la démonstration est un dispositif discursif visant à rendre crédible une thèse. Elle consiste dans une argumentation logique et contraignante. Mais toute thèse repose sur des présupposés qui, eux, peuvent être ébranlés. Toute vérité, en philosophie, est donc aussi relative à des prémisses.

c. Connaissance immédiate et connaissance déduite

La démonstration de l'impuissance de la raison dans son domaine même, celui de la démonstration mathématique, permet à Pascal d'affirmer qu'il y a au-delà de la raison une forme supérieure de certitude. C'est le **cœur**, qui a le sentiment immédiat du vrai. Les connaissances des premiers principes – espace, temps, mouvement, nombres – sont des connaissances du cœur et de l'instinct. Elles sont aussi fermes que celles que nos raisonnements nous donnent. Et c'est sur ces connaissances qu'il faut que la raison s'appuie et qu'elle y fonde tout son discours.

3 Les mathématiques sont-elles purement déductives ?

a. Les géométries non euclidiennes

La géometrie d'Euclide postule que par un point extérieur à une droite donnée, on ne peut mener qu'une seule parallèle à cette droite.

Au début du XIXe siècle, les géométries non euclidiennes postulent, à l'inverse, que par un point extérieur à une droite donnée, on peut mener plusieurs parallèles à cette droite (Lobatchevski), qu'il n'existe pas de droites parallèles (Riemann). Si ces géométries sont sans rapport avec notre représentation familière de l'espace, elles n'en sont pas moins légitimes à partir du moment où elles n'impliquent aucune contradiction logique.

b. Axiomatisation des mathématiques

Dès lors, les mathématiciens, se méfiant des évidences, construisent l'édifice mathématique en partant d'axiomes aussi simples et aussi peu nombreux que possible et en enchaînant les propositions en vertu des seules règles de la logique. Parallèlement à cette axiomatisation, se constitue une logique capable de formaliser le discours mathématique. La tâche du mathématicien est de déduire des théorèmes à partir d'axiomes conçus comme purement formels. Quant à la validité des démonstrations, elle ne repose plus que sur la structure des énoncés qu'elles contiennent et non sur la nature particulière de ce dont elles parlent. Comme le constate Bertrand Russell, « les mathématiques pures sont cette discipline où on ne sait pas de quoi on parle ni si ce qu'on dit est vrai ». Dès lors, la vérité en mathématiques ne consiste plus dans leur accord avec le réel mais dans l'adéquation de la pensée avec elle-même (cohérence interne). Elle se réduit à la vérité logique (vérité hypothético-déductive).

c. Entre intuition et déduction

Ce projet d'une axiomatisation totale des mathématiques s'est révélé intenable. En 1931, le mathématicien **Kurt Gödel** démontre le **théorème d'incomplétude** qui porte son nom. Ce théorème établit que tout système d'axiomes comporte une part d'intuition non explicitement formulée et que la pensée mathématique est impropre à une reconstruction entièrement logique. La formation à l'intérieur d'un système axiomatique d'un seul paradoxe contraint le mathématicien à introduire de nouvelles règles, à poser de nouveaux axiomes, extérieurs au système. Toute axiomatique reste ainsi ouverte.

Par ailleurs, s'il est vrai qu'une fois les axiomes posés il est relativement aisé d'en déduire des théorèmes de manière logique et mécanique, qu'en est-il du choix des axiomes eux-mêmes ? Ce qui importe au mathématicien, c'est que le point de départ axiomatique soit fécond. Par quelle opération logique pourrait-il savoir à l'avance qu'un système d'axiomes conduira à des découvertes utiles ? Il convient, en fait, de distinguer la recherche du mathématicien, faite d'intuitions, de tâtonnements et l'exposition hypothético-déductive qui est effectuée après-coup. L'axiomatique se réfère à des théories déjà acquises. Le formaliste pourra oublier les significations intuitives initiales de ses symboles. Elles n'en ont pas moins commandé le dessein de sa construction et, seules, elles en font comprendre les lignes maîtresses et les contours.

Texte commençant par l'énoncé d'une opinion (2)

Savoir-faire

Lorsque le texte commence par l'énoncé d'une opinion, on rencontre souvent la structure suivante : énoncé de l'opinion, objection, thèse de l'auteur, argument en faveur de la thèse.

Application

Document

D'après l'opinion courante, la beauté créée par l'art serait même bien au-dessous du beau naturel, et le plus grand mérite de l'art consisterait à se rapprocher, dans ses créations, du beau naturel. S'il en est vraiment ainsi, l'esthétique, comprise uniquement comme science du beau artistique, laisserait en dehors de sa compétence une grande partie du domaine artistique. Mais nous croyons pouvoir affirmer, à l'encontre de cette manière de voir, que le beau artistique est supérieur au beau naturel, parce qu'il est un produit de l'esprit. L'esprit étant supérieur à la nature, sa supériorité se communique également à ses produits et, par conséquent, à l'art. C'est pourquoi le beau artistique est supérieur au beau naturel.

Hegel, *Esthétique* (1835), trad. S. Jankélévitch, © Flammarion, 1979.

Dans ce texte, Hegel répond à la question : En quoi le beau artistique est-il supérieur au beau naturel ? Cette question est inséparable du problème du rapport de l'art à la nature. Si le beau artistique est supérieur au beau naturel, on doit concevoir l'art non pas comme une imitation de la nature mais comme une création.

Le texte commence par l'énoncé de l'opinion ou de la thèse adverse : le beau naturel est supérieur au beau artistique. Le beau naturel est premier, immédiat, originaire. Il existe indépendamment de tout homme et de toute activité. À l'opposé, le beau artistique est le résultat d'un travail, d'un effort de l'homme. De là, on peut affirmer que le beau artistique est artificiel. La véritable beauté n'existe donc que dans la nature et la plus grande ambition de l'art consiste « à se rapprocher, dans ses créations, du beau naturel ». Le but de l'art est donc d'imiter la nature.

Suit une objection : si on admettait la thèse adverse, l'esthétique se définirait uniquement comme théorie du beau et laisserait de côté « une grande partie du domaine artistique ». Elle ne pourrait en effet rendre compte de toutes les œuvres qui sont indifférentes à la beauté et qui marquent même une prédilection pour le laid et l'horrible. Or, le peintre qui représente une chose horrible peut néanmoins faire une belle œuvre. Un massacre et sa représentation par l'artiste ne sont pas la même chose. Comme l'affirme Kant : « Une beauté naturelle est une belle chose ; la beauté artistique est une belle représentation d'une chose. » Il peut donc y avoir une belle représentation de l'horrible et du laid.

Puis vient la thèse de Hegel : le beau artistique est supérieur au beau naturel.

Le texte se termine par un argument : la mise au jour de l'élément sur lequel se fonde la supériorité du beau artistique. Hegel justifie sa thèse par un raisonnement en forme de syllogisme :

1. À la différence du beau naturel, le beau artistique est une production de l'homme, donc de l'esprit.

2. Or, l'esprit est supérieur à la nature.

3. Donc, le beau artistique est supérieur au beau naturel.

Par conséquent ce qui rend inférieur le beau naturel, c'est précisément le manque de spiritualité. Pour Hegel, le **beau naturel** est un pur donné : il est de l'ordre de l'**en-soi**. Le **beau artistique** est une représentation (reprise active de ce qui se présente) qui manifeste un mouvement réflexif de la conscience sur elle-même : il est de l'ordre du **pour-soi**. C'est donc par essence, en tant qu'il est un produit de l'esprit, que le beau artistique est supérieur au beau naturel. L'art est création et non pas imitation.

Pour réussir le jour J

LES ERREURS À NE PAS COMMETTRE

- Ne pas confondre **démontrer** et **prouver**. Le sujet « Peut-on tout démontrer ? » diffère radicalement du sujet : « Peut-on tout prouver ? »

- La démonstration en mathématiques peut être **directe** : elle établit la proposition qui est à démontrer. Elle peut être synthétique ou analytique. La **démonstration synthétique** consiste à partir de propositions admises comme vraies ou posées (axiomes) et à en déduire la proposition à démontrer. La **démonstration analytique** consiste à partir de la proposition à démontrer et à en déduire une proposition admise ou connue comme vraie, d'où il résulte que la proposition à démontrer est une conséquence de la dernière et se trouve *ipso facto* vraie.

- Elle peut aussi être **indirecte**, consistant « à établir que, dans une hypothèse donnée, toutes les conséquences possibles (c'est-à-dire qui ne contredisent pas l'hypothèse) conduisent à une impossibilité à l'exception d'une seule » (Goblot, *Logique*). Cette dernière hypothèse est démontrée par l'exclusion de toutes les autres.

- La **démonstration par l'absurde** présente à la fois les caractères de la démonstration analytique et de la démonstration indirecte. Elle consiste à établir la vérité d'une proposition en montrant que la contradictoire aboutit à des conséquences fausses.

LE VOCABULAIRE À UTILISER

- La **déduction** est un raisonnement rigoureux qui consiste à appliquer un principe général à un caractère particulier : si tout homme est mortel, Socrate, qui est un homme, est mortel. Dans les sciences expérimentales, la déduction consiste à vérifier une hypothèse générale sur le plus grand nombre d'observations particulières. En ce sens, déduction s'oppose à **induction**.

- L'**induction** est un raisonnement non rigoureux qui consiste à passer du particulier au général, l'Anglais qui débarque à Calais et voit quelques femmes rousses, en *induit* que toutes les Françaises sont rousses. L'induction permet de passer de l'observation à l'énoncé d'une hypothèse qui sera ensuite vérifiée expérimentalement.

- Par **intuition**, on entend une connaissance **immédiate, non discursive**. On distingue l'intuition empirique qui se rapporte à un objet du monde, et l'intuition intellectuelle qui désigne la saisie immédiate d'une idée. À l'intuition s'oppose le **concept**. La connaissance par concepts est une connaissance **médiate**, passant par la *médiation* des concepts. On parle de connaissance **discursive** (qui a besoin d'être établie par des raisonnements).

10 qcm pour réviser le cours

Corrigés, p. 158

1 La vérité en mathématiques est-elle :

❑ **a.** Absolue ?
❑ **b.** Matérielle ?
❑ **c.** Formelle ?

2 Les mathématiques sont-elles :

❑ **a.** Une science exacte ?
❑ **b.** Une science hypothético-déductive ?
❑ **c.** Une science expérimentale ?

3 Qu'entend-on par vérité formelle ?

❑ **a.** L'accord de la pensée avec elle-même.
❑ **b.** L'accord de la pensée avec le réel.
❑ **c.** Une vérité rigoureuse.

4 Un théorème en mathématiques est-il :

❑ **a.** Absolument vrai ?
❑ **b.** Vrai relativement ?
❑ **c.** Ni vrai ni faux ?

5 Démontrer signifie :

❑ **a.** induire.
❑ **b.** prouver.
❑ **c.** montrer à partir de.

6 Comment appelle-t-on en mathématiques les points de départ de toute démonstration ?

❑ **a.** Axiomes
❑ **b.** Postulats
❑ **c.** Définitions

7 Qui affirme que la foi est supérieure au savoir ?

❑ **a.** Bertrand Russell
❑ **b.** Pascal
❑ **c.** Nietzsche

8 Induire, c'est :

❑ **a.** passer du particulier au général.
❑ **b.** passer du général au particulier.
❑ **c.** déduire.

9 Induire s'oppose à :

❑ **a.** conclure.
❑ **b.** déduire.
❑ **c.** exclure.

10 Qui a écrit : « Les mathématiques pures sont cette discipline où on ne sait pas de quoi on parle ni si ce qu'on dit est vrai » ?

❑ **a.** Hegel
❑ **b.** Pascal
❑ **c.** Bertrand Russell

Plus de QCM sur **www.defibac.fr**

Sujets

Sujet 1 TYPE BAC

Corrigé, p. 158

Soit le sujet de dissertation suivant :

Les démonstrations mathématiques sont-elles un modèle pour la philosophie ?

Montrez qu'on ne peut appliquer la méthode des mathématiques à la philosophie.

Sujet 2

Corrigé, p. 159

Document

Je ne puis faire mieux entendre la conduite qu'on doit garder pour les démonstrations convaincantes, qu'en expliquant celle que la géométrie observe. Mais il faut auparavant que je donne l'idée d'une méthode encore plus éminente et plus accomplie, mais où les hommes ne seraient jamais arrivés : car ce qui passe la géométrie nous surpasse ; et néanmoins il est nécessaire d'en dire quelque chose, quoiqu'il soit impossible de le pratiquer.

Cette véritable méthode, qui formerait les démonstrations dans la plus haute excellence, s'il était possible d'y arriver, consisterait en deux choses principales : l'une, de n'employer aucun terme dont on n'eût auparavant expliqué nettement le sens ; l'autre, de n'avancer jamais aucune proposition qu'on ne démontrât par des vérités déjà connues ; c'est-à-dire, en un mot, à définir tous les termes et à prouver toutes les propositions…

Certainement cette méthode serait belle, mais elle est absolument impossible : car il est évident que les premiers termes qu'on voudrait définir en supposeraient des précédents pour servir à leur explication, et que de même les premières propositions qu'on voudrait prouver en supposeraient d'autres qui les précédassent ; et ainsi il est clair qu'on n'arriverait jamais aux premières.

Pascal, *De l'esprit géométrique* (1657).

Question

Pourquoi, selon Pascal, une méthode de démonstration parfaite est-elle impossible ?

QCM

1 c. 2 b. 3 a. 4 b. 5 c. 6 a. 7 b. 8 a. 9 b. 10 b.

Sujet 1

■ Dans la première partie du *Discours de la méthode*, Descartes, évoquant ses études, écrit : « Je me plaisais aux mathématiques, à cause de la certitude et de l'évidence de leurs raisons. » Plus loin, il mentionne « ces longues chaînes de raisons toutes simples et faciles, dont les géomètres ont coutume de se servir pour parvenir à leurs plus difficiles démonstrations ». La rigueur de la démonstration mathématique vient de ce que, chaque proposition étant liée à la précédente par une évidence rationnelle simple et facile, l'ensemble de la démonstration résulte d'une évidence de proche en proche qui entraîne la certitude absolue de la conséquence. Pour Descartes, les mathématiques constituent donc un modèle de pensée rigoureuse pour les autres sciences, notamment pour la philosophie. Il n'y a, dit-il, pas de bonne démonstration en philosophie qui ne soit mathématique.

■ Dans les *Méditations métaphysiques*, Descartes suit l'ordre des géomètres. Cet ordre « consiste en ce que les choses proposées les premières doivent être connues sans l'aide des suivantes et les suivantes être disposées de telle façon qu'elles soient démontrées à partir des seules choses qui les précèdent ». Il y a dans les *Méditations* un strict enchaînement conforme à l'ordre des raisons que l'on peut formuler en une seule phrase : le cogito est le premier principe : en effet, puisque je doute, je suis. Mais la constatation de cette imperfection qu'est le doute présuppose en moi l'idée de parfait et par conséquent l'existence de Dieu, seule cause concevable. Elle présuppose même l'existence d'un Dieu parfait, donc véridique, et qui, garantissant mes idées claires et distinctes, garantit la **distinction réelle de l'âme et du corps**, par où l'on aboutit à la physique mécaniste de l'étendue et du mouvement ainsi qu'à toutes les sciences qui en découlent.

■ On voit que les vérités, comme en mathématiques, sont déduites les unes des autres : existence de mon moi pensant, existence de Dieu, valeur objective de mes idées claires et distinctes, existence des corps. Toutefois l'erreur de Descartes, comme le montrera Kant dans sa critique de l'argument ontologique, est de déduire l'existence de Dieu d'une idée : ici, l'idée de parfait. De l'idée d'être parfait, j'ai le droit de conclure à l'idée que l'existence doit lui appartenir (un être sans existence est nécessairement imparfait), mais nullement à son existence elle-même. L'existence n'est pas un concept que l'on pourrait tirer d'un concept. Elle est une position absolue, une chose que l'on constate directement ou indirectement.

■ Les mathématiciens peuvent déduire des propriétés des figures qu'ils posent mais cela ne signifie pas que ces figures existent effectivement. Les mathématiciens s'embarrassent peu de savoir s'il y a des triangles ou des chilogones dans la nature. On voit donc quelles sont les limites de la méthode mathématique lorsqu'on cherche à l'appliquer à la philosophie.

Sujet 2

■ Dans ce texte, Pascal, montre que les mathématiques, tout en étant un système de déductions rigoureuses pouvant fournir le meilleur modèle pour les sciences, ne constituent pas une méthode parfaite.

■ Pourquoi une méthode parfaite est-elle impossible ? La méthode parfaite consisterait à pouvoir tout définir et tout prouver. Une telle méthode est impossible parce qu'elle nous engage dans une régression à l'infini. Les premiers termes ne pourraient être clairement définis que par d'autres termes qui, à leur tour, supposeraient d'autres termes. De même, les premières propositions, pour être prouvées, exigeraient d'autres propositions qui, à leur tour, en exigeraient d'autres.

■ Il y a une limite au pouvoir de la raison qui ne peut tout définir ni tout prouver. On le constate en géométrie où les définitions et les démonstrations reposent sur des notions primitives qu'on ne peut plus définir, et sur des propositions (axiomes, postulats) si simples qu'on ne peut en trouver d'autres pour leur servir de preuves.

14 L'interprétation

Les 5 points incontournables

• Sens caché et sens apparent

Interpréter, c'est dégager un ou plusieurs sens à partir d'une donnée ou d'un récit manifeste. Cela invite à dépasser la signification première des choses pour découvrir leur sens profond et supérieur. L'une des formes les plus anciennes de l'interprétation se retrouve dans l'exégèse, c'est-à-dire l'explication des textes sacrés.

▶ *Cours 1 b*

• Toute interprétation est subjective

Même si elle vise la vérité, l'interprétation est nécessairement une hypothèse, elle n'est pas universalisable. Tout commentaire d'un phénomène ou récit est subjectif et, en ce sens, on peut interpréter les choses à l'infini, et confronter plusieurs interprétations.

▶ *Cours 2 a, b*

• Interprétation et transcendance

Beaucoup de données ne sont pas explicables, mais toutes sont interprétables. S'il est impossible de dire pourquoi le monde existe, l'homme fait appel à une transcendance : tout doit être déchiffré car tout a un double sens. Cela nécessite de faire l'expérience du monde et de la réalité.

▶ *Cours 3 b*

• Interprétation, explication et compréhension

L'interprétation trouve sa limite dans le fait qu'elle peut donner *un sens* aux phénomènes mais pas *l'essence* de ces phénomènes, c'est-à-dire pourquoi ils sont, puisque le monde est contingent.
Ainsi, l'interprétation fournit une forme de compréhension, mais pas d'explication.

▶ *Cours 3 a*

• L'interprétation n'a pas de caractère scientifique

Contrairement à une théorie scientifique qui, selon Popper, tire sa validité du fait qu'elle est falsifiable, l'interprétation ne peut prétendre à la vérité, puisqu'elle fait appel à des théories et des symboles communément admis mais non vérifiables scientifiquement.
Par exemple, chez Freud, l'interprétation des rêves s'inscrit dans le cadre d'une théorie générale, celle de l'inconscient.

▶ *Cours 2 b, c*

1 Qu'est-ce que l'interprétation ?

a. Dire et interpréter

Dans le second *Traité de l'Organon*, intitulé *De l'interprétation*, Aristote affirme que tout son émis par la voix et doté d'une signification est interprétation. En ce sens, le nom, le verbe, une proposition qui énonce quelque chose sont des interprétations. Dire quelque chose de quelque chose c'est, en ce sens, interpréter. Si l'homme interprète la réalité en disant quelque chose de quelque chose, c'est que ce qui est – qu'il s'agisse de nos états d'âme ou du monde – se dit de plusieurs façons. Tout discours est une médiation entre l'homme et la réalité et a, en ce sens, un caractère symbolique : il est une image des choses, non les choses elles-mêmes.

b. Définition

Cependant, au sens propre du mot, interpréter, ce n'est pas mettre en relation un groupe de mots avec un sens, mais jouer sur au moins deux sens. Comme le dit très justement Paul Ricœur, « l'interprétation est le travail de pensée qui consiste à déchiffrer le sens caché dans le sens apparent ».

Une des sources de l'interprétation nous vient de l'**herméneutique.** Celle-ci est la science des règles de l'exégèse des textes sacrés. L'interprétation de l'Écriture sainte constitue le cœur de cette herméneutique. Ce qui la limite, c'est sa référence à une autorité ecclésiale, en particulier pour ce qui concerne la Bible, et surtout son application à un texte littéraire. L'exégèse est une science scripturaire. Les débats exégétiques ont toutefois permis d'élaborer les notions d'analogie, d'allégorie, de sens symbolique.

> **À NOTER**
> **Interpréter**, c'est mettre en lumière, au-delà d'un sens direct, littéral, un sens indirect, un sens « figuré » susceptible d'être saisi à travers le premier.

c. Interprétation restauratrice et réductrice

L'**interprétation restauratrice** révèle, derrière le sens visible, un **sens supérieur**. Dans la Bible, le Cantique des cantiques a d'abord un sens littéral très évident : il célèbre la relation entre deux amants. Derrière ce chant d'amour profane, le chrétien voit l'expression de l'amour du Christ pour son Église.

L'**interprétation réductrice** vise à **démystifier**. Elle est le propre des « philosophes du soupçon » : Marx, Nietzsche et Freud, réunis par une commune opposition au sacré. Marx affirme que les rapports économiques sont déterminants. Nietzsche interprète la morale judéo-chrétienne comme l'expression du ressentiment des « vaincus de la vie ». Freud découvre un sens sexuel derrière toutes les conduites humaines.

2 Une interprétation peut-elle être vraie ?

a. Toute interprétation est subjective

Le propre de toute interprétation est d'être particulière, subjective et pourtant de viser la vérité. Ainsi, tout musicien recrée l'œuvre à laquelle il cherche à être fidèle. Tout traducteur fait œuvre personnelle même s'il cherche à restituer le monde du texte qu'il traduit. La vérité ultime reste inaccessible. D'où l'interprétation sans fin.

b. Une interprétation appelle le conflit

Une interprétation n'a pas la même valeur de vérité qu'une théorie scientifique. Selon Freud, par exemple, le rêve a un sens : il est la réalisation imaginaire de désirs infantiles, souvent sexuels ou agressifs. Mais il ne donne pas la preuve de cette affirmation. Et si la volonté de trouver un sens à ce qui n'en a pas s'expliquait par l'obsession théologique du sens ? Certes, Freud est hostile à la religion, mais cette hostilité apparente ne cache-t-elle pas une dépendance latente ? Freud s'est-il vraiment libéré de tout esprit religieux ? Le rêve tel qu'il apparaît le plus souvent passe continuellement du coq à l'âne. C'est une suite d'images, de lambeaux de phrases, de scènes sans liaison... On pourrait tout aussi bien dire que le rêve n'a pas de sens et n'est, comme le prétendent certains neurophysiologistes, qu'un simple mécanisme cérébral à fonction reprogrammatrice.

> **À NOTER**
> C'est bien parce qu'une interprétation – même si elle vise la vérité – n'a pas valeur de vérité qu'il y a **conflit des interprétations**. Il peut y avoir sur un même sujet des interprétations différentes voire contradictoires, comme on le voit à propos du rêve.

3 Tout est-il interprétable ?

a. Le monde est contingent et sans raison

L'étonnement ne trouve pas seulement sa source dans la conscience que l'homme a de la mort, mais aussi dans le fait que le monde est contingent, qu'il aurait très bien pu ne jamais être. Cette absence de nécessité abandonne l'homme à un monde étrange et angoissant. Si encore ce monde était, malgré sa contingence, explicable ! Or il n'en est rien. Toute explication scientifique du monde est, et restera toujours et à jamais, insuffisante. La science permet d'établir des connexions causales entre les phénomènes et de prévoir ainsi leur modification, mais en quoi nous renseignent-elles sur l'essence des phénomènes ? Certes on croit expliquer les choses en disant que c'est l'instinct qui régit tel comportement animal ou que c'est la force d'attraction qui explique la chute de cette pierre.

Mais pourquoi l'instinct ? pourquoi cette force d'attraction ? Sur la nature ou la véritable raison d'être de cet instinct ou de cette force, on ne peut faire aucune hypothèse.

b. La référence à une transcendance

L'homme serait un être qui souffrirait sans raison si le monde était sans raison. Le mal, la mort de l'homme seraient inutiles. L'impossibilité de répondre à la question « pourquoi le monde existe ? » rendrait encore plus douloureuse la vision d'une misère qui resterait sans cause ni justification. D'où la croyance en la transcendance, en un au-delà irreprésentable. Partant de là, tout est chiffre et peut être interprété, tout a un double sens : un sens clair et immédiat et un sens obscur qui n'apparaît que moyennant une certaine attitude d'esprit et une interprétation qui reste en partie subjective. L'expérience du monde, de sa propre vie, de la liberté, les mythes, les religions, la philosophie sont autant de chiffres (à déchiffrer) de cette réalité transcendante vers laquelle l'homme tend.

c. L'impossibilité de déchiffrer

Malheureusement, aussi nombreux soient-ils, les chiffres ne nous avancent guère dans la connaissance de la transcendance. En effet, nous ignorons totalement le rapport qu'ils ont avec elle. Aussi peut-on interpréter comme on veut ou même affirmer qu'ils ne disent rien, que le monde est absurde. Mais si l'effort pour atteindre la transcendance à travers les chiffres aboutit à un échec, on peut affirmer, avec Karl Jaspers, que l'échec lui-même est un chiffre, bien plus qu'il est « le chiffre ultime comme espace de résonance pour tous les chiffres » (*Introduction à la philosophie*, 1950). En effet, il nous donne le sentiment de notre finitude et, du même coup, celui d'un au-delà de cette finitude. L'interprétation est sans fin car l'homme restera à jamais dépossédé de cette vérité qu'il recherche.

Comprendre le sens d'un texte à partir des oppositions conceptuelles

Savoir-faire

Dans un texte, il y a toujours des oppositions conceptuelles, soit explicites, soit en creux. Il vous appartient de les dégager et de voir en quoi elles éclaircissent le sens profond du texte.

Application

Document

Nous disons que les mots, par leur qualité sensible, *expriment* des significations et que, grâce à leur signification, ils *désignent* quelque chose. Le mot « signifier » couvre ces deux couples de l'expression et de la désignation. Ce n'est pas de cette dualité qu'il s'agit dans le symbole.

Elle est d'un degré supérieur ; ce n'est ni celle du signe sensible et de la signification, ni celle de la signification et de la chose, laquelle est inséparable de la précédente.

Elle s'ajoute et se superpose à la précédente comme relation du sens au sens ; elle présuppose des signes qui ont déjà un sens primaire, littéral, manifeste, et qui par ce sens renvoient à un autre sens.

Je restreins donc délibérément la notion de symbole aux expressions à double ou multiple sens dont la texture sémantique est corrélative du travail d'interprétation qui en explicite le sens second ou les sens multiples.

Paul Ricœur, *De l'interprétation*, © Le Seuil, 1965.

Oppositions conceptuelles (voir annexes p. 301)

– **Signifiant/signifié :** le langage a une fonction expressive. En ce sens, le signifiant (image acoustique) renvoie à un signifié (concept).

– **Signe/chose ou référent :** le langage a une fonction référentielle. En ce sens le mot ou signe linguistique renvoie à la chose.

– **Sens primaire, littéral, manifeste/sens second, figuré, latent.**

– **Signe/symbole :** tout signe n'est pas un symbole.

MÉTHODE

Aristote affirme que dire quelque chose de quelque chose c'est, au sens fort et complet du mot, interpréter. Si l'homme interprète la réalité en disant quelque chose de quelque chose, c'est que tout discours est une médiation entre l'homme et la réalité et a, en ce sens, un caractère symbolique : il est une image des choses, non les choses elles-mêmes.

Mais aujourd'hui la signification du mot interprétation est plus complexe. Il ne s'agit pas seulement de mettre en relation un groupe de mots avec un sens, mais de jouer sur une pluralité de sens ou au moins deux sens. Comme le dit très justement Ricœur, « l'interprétation est le travail de pensée qui consiste à déchiffrer le sens caché dans le sens apparent ». Interpréter, c'est donc mettre en lumière, au-delà d'un sens **direct**, **littéral**, un sens **indirect**, un sens « **figuré** » susceptible d'être saisi à travers le premier. Le travail d'interprétation n'existe que lorsque le langage peut vouloir dire autre chose que ce qu'il dit.

Dans ce texte, Paul Ricœur montre que le caractère arbitraire du **signe** le distingue du **symbole**. En effet, le symbole a pour caractère de ne jamais être tout à fait arbitraire : on y trouve un rudiment de lien naturel entre le signifiant et le signifié. Ainsi, le symbole de la justice, la balance, ne pourrait être remplacé par n'importe quoi, un char par exemple. Il convient donc de réserver la notion de symbole aux signes et aux expressions à double ou multiple sens. Tout signe ou expression symbolique appelle un déchiffrage, une interprétation.

Pour réussir le jour J

LES ERREURS À NE PAS COMMETTRE

- Ne pas confondre « **expliquer** » et « **comprendre** » : « Nous expliquons la nature, nous comprenons la vie psychique » (Dilthey). Il n'y a d'explication véritable que par la détermination des causes et des lois. Les sciences ne s'interrogent pas sur le sens ou le non-sens du monde (le pourquoi ?).
- **Comprendre, c'est de l'intérieur découvrir le sens.** On s'efforce de comprendre par une sorte de sympathie, une attitude humaine. On peut comprendre une chose en la vivant ou en se mettant en pensée à la place de ceux qui la vivent.

LE VOCABULAIRE À UTILISER

- **Freud** classe les **rêves** en trois catégories. 1. Les rêves clairs et raisonnables, brefs et n'ayant rien d'étonnant pour l'imagination. 2. Les rêves clairs mais dont le sens nous étonne parce que rien ne semble les justifier (par exemple le rêve d'un parent proche qui meurt de la peste). 3. Les rêves absurdes, incohérents, obscurs, sans doute les plus nombreux. Freud en conclut que seuls les rêves de la deuxième catégorie et surtout de la troisième appellent l'interprétation. Pour trouver quelle est la nature du rapport entre le contenu manifeste et le contenu latent, il faut tourner son attention vers les rêves de la première catégorie (où le contenu manifeste et latent se confondent). Ces rêves se réduisent tous à la réalisation d'un désir vivement ressenti pendant le jour. Chacun de ces rêves peut se formuler par un souhait et nous montrer le souhait réalisé.
- Les sciences humaines ne peuvent se contenter d'être explicatives, elles doivent aussi être compréhensives. Dans le domaine des faits humains, la détermination des causes est souvent incertaine et les lois sont peu nombreuses. Mais il semble possible de **comprendre** les faits humains comme significations, par communication sympathique. Les sciences humaines cherchent davantage à saisir le sens d'une réalité humaine qu'à l'expliquer. Et comprendre, c'est **interpréter**. L'historien, par exemple, doit dégager les causes (expliquer) et comprendre le sens d'un événement. Les causes ne sont pas directement données dans les documents, ni les significations dans les témoignages. La compréhension suppose alors la mise à l'épreuve d'**hypothèses interprétatives**.

10 qcm pour réviser le cours

Corrigés, p. 169

1 Sens latent s'oppose à :

❑ **a.** sens figuré.
❑ **b.** sens caché.
❑ **c.** sens manifeste.

2 Interpréter, c'est :

❑ **a.** découvrir un sens caché derrière un sens apparent.
❑ **b.** expliquer.
❑ **c.** jouer.

3 Une interprétation a :

❑ **a.** une valeur objective.
❑ **b.** une valeur absolue.
❑ **c.** une valeur subjective.

4 Selon le critère de Karl Popper, une interprétation est :

❑ **a.** falsifiable.
❑ **b.** infalsifiable.
❑ **c.** fausse.

5 Une interprétation restauratrice est :

❑ **a.** une interprétation par le haut.
❑ **b.** une interprétation par le bas.
❑ **c.** une interprétation réductrice.

6 Chiffrer s'oppose à :

❑ **a.** dénombrer.
❑ **b.** déchiffrer.
❑ **c.** défricher.

7 Qui a dit que l'échec est « le chiffre ultime comme espace de résonance pour tous les chiffres » ?

❑ **a.** Nietzsche
❑ **b.** Schopenhauer
❑ **c.** Karl Jaspers

8 Expliquer, c'est :

❑ **a.** comprendre.
❑ **b.** interpréter.
❑ **c.** dégager des liens de causalité.

9 Les sciences humaines cherchent à :

❑ **a.** expliquer.
❑ **b.** expliquer et comprendre.
❑ **c.** comprendre.

10 Comprendre, c'est :

❑ **a.** découvrir les causes.
❑ **b.** découvrir le sens.
❑ **c.** assimiler.

Plus de QCM sur www.defibac.fr

Sujet

Sujet

Corrigé, p. 169

En vous appuyant sur le texte de Freud reproduit ci-dessous, montrez comment on peut interpréter un rêve.

Document

Vous dites toujours, déclare une spirituelle malade, que le rêve est un désir réalisé. Je vais vous raconter un rêve qui est tout le contraire d'un désir réalisé. Comment accorderez-vous cela à votre théorie ? Voici le rêve :

« Je veux donner un dîner mais je n'ai pour toute provision qu'un peu de saumon fumé. Je voudrais aller faire des achats mais je me rappelle que c'est dimanche après-midi et que toutes les boutiques sont fermées. Je veux téléphoner à quelques fournisseurs mais le téléphone est détraqué. Je dois donc renoncer au désir de donner un dîner. »

Ce qui vient d'abord à l'esprit de la malade n'a pu servir à interpréter le rêve. J'insiste. Au bout d'un moment, comme il convient lorsqu'on a à surmonter une résistance, elle me dit qu'elle a rendu visite hier à une de ses amies ; elle en est fort jalouse parce que son mari en dit toujours beaucoup de bien. Fort heureusement, l'amie est maigre et son mari aime les formes pleines. De quoi parlait donc cette personne maigre ? Naturellement de son désir d'engraisser. Elle lui a aussi demandé : « Quand nous inviterez-vous à nouveau ? On mange toujours si bien chez vous. »

Le sens du rêve est clair maintenant. Je peux dire à ma malade : c'est exactement comme si vous lui aviez répondu mentalement : « Oui-da, je vais t'inviter pour que tu manges bien, que tu engraisses et que tu plaises encore plus à mon mari ! J'aimerais mieux ne plus donner de dîner de ma vie. » Le rêve accomplit ainsi le vœu de ne point contribuer à rendre plus belle votre amie. […] Il ne manque plus qu'une concordance qui confirmerait la solution. On ne sait encore à quoi répond le saumon fumé dans le rêve : « D'où vient que vous évoquez dans le rêve le saumon fumé ? » « C'est, répond-elle, le plat de prédilection de mon amie. »

FREUD, *L'Interprétation des rêves* (1900), trad. I. Meyerson, © PUF, 1980.

QCM

1 c. 2 a. 3 c. 4 b. 5 a. 6 b. 7 c. 8 c. 9 b. 10 b.

Sujet

■ Les rêves apparaissent le plus souvent comme dénués de sens et de clarté, incohérents, en un mot impossibles à interpréter. Freud signale que, pour les médecins, le rêve est provoqué « par les excitations corporelles et sensorielles qui viennent au dormeur tant du monde extérieur que de ses propres organes internes », tandis que pour les philosophes le rêve « serait une sorte d'ascension de l'âme vers un état supérieur ». Aussi la conception la plus juste du rêve est peut-être, selon Freud, celle du sentiment populaire pour qui le rêve a un sens qui renferme une prédiction. Pour dégager cette prédiction du contenu du rêve, « il est nécessaire de mettre en œuvre certains procédés d'interprétation ».

■ Freud applique au rêve la même méthode « psychanalytique » qu'il a mise au point pour soigner les névroses. Il demande au patient de dire toutes les pensées ou toutes les images qui le traversent.

■ Raconter ses rêves au cours de l'analyse n'a de sens que si on en isole chacun des détails, en rompant le lien apparent qui les rattache l'un à l'autre et en livrant librement toutes les associations d'images et d'idées qui s'offrent à la conscience. Apparaissent alors un ensemble de pensées et de réminiscences qui ont un sens, alors même que le rêve apparaît énigmatique. Un va-et-vient est dès lors possible pour passer du contenu des associations d'idées au contenu du rêve, autrement dit pour **passer de son contenu latent à son contenu manifeste** (c'est ce que Freud appelle « le **travail du rêve** »). Quant au mouvement opposé, qui part du contenu manifeste (énigmatique), pour aller au contenu latent (porteur de sens), c'est le « **travail d'analyse** », qui n'est possible que grâce à l'écoute et à la capacité d'**interprétation de l'analyste.**

■ Interpréter c'est donc dégager, à partir des éléments du récit manifeste que fait le rêveur, le sens du rêve tel qu'il se présente dans le contenu latent, auquel conduisent les libres associations. Mais l'interprétation ne peut se constituer que grâce à la théorie de l'inconscient, qui fournit le cadre conceptuel où tout ce qui advient prend sens.

15 Le vivant

COURS

Les 5 points incontournables

• Le vivant n'est pas une machine

Chez la machine, l'action réglée des parties produit un effet d'ensemble précis. Ex. : le mouvement des aiguilles de la montre. Par opposition, le vivant est un tout dont les parties sont interdépendantes, corrélées, et qui a pour seule fin la conservation de sa vie.

▶ *Cours 1 b ; 3 b*

• La vie, spécificité du vivant

La théorie mécaniste ne peut rendre compte de l'idée directrice qui anime le vivant : celui-ci poursuit un dessein vital, qui échappe à l'explication matérialiste. Ainsi la cellule vivante n'intègre pas tous les éléments qu'elle reçoit de l'extérieur ; elle ne sélectionne que ceux qui sont nécessaires à son développement et à sa santé.

▶ *Cours 3 b, c*

• Une force de vie contre la mort

Le propre du vivant est sa faculté d'autoconservation, d'autorégulation et d'autoréparation. Par ses mouvements et actions (respiration, nutrition…), l'être vivant maintient son corps en vie et repousse son retour à l'état inorganique. Pour Bichat, le vivant est ce qui résiste à la mort.

▶ *Cours 1 b, c*

• L'explication mécaniste du vivant

L'explication mécaniste permet de décomposer le vivant en un ensemble d'organes, de tissus, de cellules, dont les composants sont les mêmes que ceux de la matière brute. La variété des espèces serait le résultat de lois mécaniques auxquelles le vivant doit s'adapter.

Cette explication est toutefois réductrice.

▶ *Cours 3 a*

• Un ensemble biologique prédéterminé ?

La découverte de l'ADN au XXe siècle a amené les scientifiques à considérer que le vivant est déterminé par un programme contenu dans sa structure moléculaire.

Néanmoins, les derniers développements de la biologie remettent en cause la notion de programme et privilégient la notion de code, car elle ne présuppose ni finalité ni nécessité.

▶ *Cours 2 b ; 3 c*

1 Qu'est-ce que le vivant ?

a. Le vivant et le brut

Dans notre univers, il y a les corps bruts régis par des mécanismes physiques, chimiques, mais il y a aussi des vivants qui se nourrissent, évoluent, se reproduisent et meurent. Le vivant est-il une simple complexification de la matière brute ? Considérer les choses de cette manière serait nier la spécificité du vivant. L'analyse du monde vivant, de son évolution montre le caractère fondamental de l'adaptation générale, ou de la rationalité de l'organisation des êtres vivants. Si cette rationalité de la structure appartient à toutes les formes de la vie, elle est absente dans les conditions naturelles du monde inorganique. Il serait donc vain de chercher son explication dans les seules lois du monde inorganique, dans les seules lois physiques et chimiques.

b. Vivant et mécanique

Dans une machine, le mouvement réglé des diverses parties aboutit à un effet d'ensemble, tel que, par exemple, le mouvement des aiguilles sur le cadran d'une montre. Dans un être vivant, tous les éléments ou organes sont interdépendants. Partant de là, on pourrait, comme Descartes, se représenter le vivant sur le modèle de la machine, mais c'est là faire peu de cas de l'extrême complexité d'un organisme vivant.

D'abord, le vivant a la propriété de se construire lui-même. Ensuite, chaque partie du tout que constitue un organisme vivant peut être considérée comme cause efficiente des autres parties : par exemple, les organes de l'appareil digestif conditionnent le développement et l'entretien de ceux de l'appareil circulatoire. Autoconservation, autorégulation et aussi, dans une certaine mesure, autoréparation, caractérisent l'être vivant. Enfin, tout se passe comme si le vivant poursuivait un but : sa propre conservation dans l'harmonie la plus complète possible avec le milieu extérieur avec lequel il entretient des rapports d'échange incessants.

c. Le vivant et le mort

Quand un système non vivant est isolé ou placé dans un milieu uniforme, tout mouvement cesse généralement assez rapidement à cause de diverses espèces de friction. En revanche, le vivant ne cesse de se mouvoir et de retarder le retour à un état inorganique, en mangeant, buvant, respirant et, dans le cas des plantes, en assimilant.

À NOTER
C'est en ce sens que Xavier Bichat (1771-1802) définit le vivant comme « l'ensemble des fonctions qui résistent à la mort ».

2 Nécessité et finalité du vivant ?

a. Mécanisme et vitalisme

Face au vivant, deux attitudes philosophiques s'opposent. La première, le **mécanisme**, réduit le vivant aux propriétés physico-chimiques de la matière, sans recourir au concept de vie.

La seconde, le **vitalisme**, affirme au contraire que le vivant est animé d'une force vitale distincte de la matière. Le vitalisme permet d'éviter la réduction du vivant à une machine, mais il superpose au déterminisme l'hypothèse d'une force occulte incompréhensible. De ce point de vue, il est préférable de constater, comme Kant, que tout se passe *comme si* il y avait une finalité interne à tout être vivant. Il n'est pas nécessaire d'affirmer que cette finalité est objective.

b. La notion de programme

Au XXe siècle, les scientifiques affirment que l'origine des déterminations du vivant se trouve dans un **programme**. Or, comme la nature moléculaire des gènes, porteurs du programme, n'est autre que celle de l'ADN et que des gènes peuvent être vus comme des **messages codés** inscrits dans un alphabet chimique où les lettres sont des molécules particulières, le lien entre la structure moléculaire des organismes et les ordinateurs programmés est établi. La biologie se débarrasse ainsi du finalisme vitaliste et présente un **nouveau modèle mécaniste**, plus satisfaisant.

c. La notion de code : ni finalité ni nécessité

Cependant les développements les plus récents de la biologie tendent à remettre en cause la notion de programme, encore trop marquée par l'anthropomorphisme et la finalité intentionnelle, celle de la tâche à accomplir pour laquelle le programme a été écrit. La notion de code est préférable à celle de programme, car elle est impersonnelle et **n'implique ni finalité ni nécessité**.

3 Le traitement scientifique de la vie

a. L'explication mécaniste du vivant

Selon le mécanisme, le vivant n'est qu'une complexification de la matière brute. Les phénomènes de l'organisme vivant ne se distinguent en rien de ceux qui se manifestent dans les corps bruts : le mouvement produit par les muscles est semblable à ceux que produit une machine ; la chaleur produite par les êtres vivants est semblable à celle qu'engendre la combustion du charbon.

Un organisme se décompose en organes, en tissus, qui se réduisent eux-mêmes en cellules. Or, la différenciation progressive des cellules, la construction d'organes de plus en plus compliqués, l'apparition d'une multiplicité d'espèces animales ou végétales distinctes s'expliqueraient par le jeu de causes et de lois mécaniques auquel le vivant est contraint de s'adapter.

b. La spécificité du vivant

Cependant, l'explication mécaniste ne permet pas de rendre compte des principaux caractères du vivant (organisation, nutrition, évolution, génération).

En ce qui concerne la nutrition, la cellule ne trie, parmi les substances du milieu extérieur, que celles qui lui permettent de se réparer, et elle les combine de façon à maintenir et à développer sa propre structure.

À NOTER

L'organisation d'un vivant est telle qu'il y a une unité de corrélation, de réciprocité des parties entre elles et avec le tout. Cette unité paraît différente d'une unité de simple juxtaposition, telle qu'elle se rencontre dans une machine, la seule dont des lois mécaniques pourraient rendre compte.

Enfin, cette chimie appropriée à un but, cette sorte de dessein vital qui trace le plan de chaque être et de chaque organe, ne se manifestent nulle part aussi nettement que dans le phénomène de la génération. L'œuf représente une sorte de formule organique qui résume les conditions évolutives d'un être déterminé. Il semble donc qu'il y ait chez le vivant une finalité, une spontanéité, une activité organisatrice dont l'hypothèse matérialiste et mécaniste ne semble pas pouvoir rendre compte.

c. La vie n'est pas réductible à la science

Canguilhem souligne le paradoxe du « vivant séparé de la vie par la science et s'essayant à rejoindre la vie à travers la science ». Le biologiste forge en effet des concepts pour appréhender ce qui n'est pas d'ordre conceptuel : la vie. De plus, dans sa démarche expérimentale, il ne peut qu'isoler les éléments en les séparant du tout dont ils font partie. Or, comme l'écrivait Cuvier au début du XIXe siècle, « toutes les parties d'un corps vivant sont liées : vouloir en séparer une de la masse, c'est la reporter dans l'ordre des substances mortes, c'est en changer entièrement l'essence ».

Le scientifique doit donc tenir compte de l'effet perturbateur dû à l'isolement des éléments qui rompt la solidarité organique et, après avoir étudié l'élément isolé en termes physico-chimiques, doit le replacer dans le contexte du tout pour décrire son rôle vital. La méthode expérimentale en biologie a connu d'importants succès grâce à de nouvelles techniques d'investigation. Cependant l'humilité reste nécessaire. « Proscrire l'analyse des organismes au moyen de l'expérience, c'est, dit Claude Bernard, arrêter la science et nier la méthode expérimentale ; mais d'un autre côté, pratiquer l'analyse physiologique en perdant de vue l'unité harmonique de l'organisme, c'est méconnaître la science vitale et lui enlever tout son caractère. »

Dégager la structure d'un texte

Savoir-faire

Un texte comprend des moments qu'il s'agit de dégager et qui constitueront autant de paragraphes de votre explication. Dans un texte, il peut y avoir l'énoncé de l'opinion que l'auteur critique, la thèse de l'auteur, des arguments, des objections, des exemples. Les connecteurs sont une aide précieuse. « Car », « en effet » annoncent un argument ; « c'est pourquoi », la conséquence d'un argument ; « mais », « toutefois», « cependant » une objection.

Application

Document

Dans une montre, une partie est l'instrument du mouvement des autres, mais un rouage n'est pas la cause efficiente de la production d'un autre rouage. Certes une partie existe pour une autre, mais ce n'est pas par cette autre partie qu'elle existe [...] **C'est pourquoi** aussi dans une montre un rouage n'en produit pas un autre et encore moins une montre d'autres montres, en sorte qu'à cet effet elle utiliserait (elle organiserait) d'autres matières ; **c'est pourquoi** elle ne remplace pas d'elle-même les parties qui lui ont été ôtées, ni ne corrige leurs défauts dans la première formation par l'intervention des autres parties ou se répare elle-même, lorsqu'elle est déréglée : **or** tout cela nous pouvons en revanche l'attendre de la nature organisée. – **Ainsi** un être organisé n'est pas simplement machine, car la machine possède uniquement une force *motrice* ; mais l'être organisé possède en soi une force *formatrice*, qu'il communique aux matériaux, qui ne la possèdent pas (il les organise) : il s'agit ainsi d'une force formatrice qui se propage et qui ne peut pas être expliquée par la seule faculté de mouvoir (le mécanisme).

Kant, *Critique de la faculté de juger* (1790), © Éditions Vrin.

Structure du texte

– « Dans une montre [...] existe » : caractérisation d'une machine.

– « C'est pourquoi [...] déréglée » : conséquences qui en résultent.

– « Or [...] organisée » : caractérisation du vivant par opposition à la machine.

– « Ainsi [...] mouvoir » : thèse de l'auteur.

Descartes se représentait le vivant sur le modèle de la machine. Mais c'est là faire bien peu de cas de l'extrême complexité d'un organisme vivant, comme le montre Kant dans ce texte extrait de la *Critique de la faculté de juger*.

D'abord, une machine, qu'il s'agisse de son organisation d'ensemble ou de chacune de ses parties, ne se produit pas elle-même. Elle trouve sa cause en dehors d'elle, dans un être qui l'a conçue. Le vivant, au contraire, a la propriété de se construire lui-même.

Ensuite, chaque partie du tout que constitue un organisme vivant peut être considérée comme cause efficiente des autres parties. Ainsi, par exemple, les organes de l'appareil digestif conditionnent le développement et l'entretien de ceux de l'appareil circulatoire.

Enfin, une machine ne remplace pas d'elle-même les parties qui lui ont été ôtées, ni ne corrige leurs défauts, ni ne se répare elle-même. Or, l'autoconservation, l'autorégulation et aussi, dans une certaine mesure, l'autoréparation sont des caractéristiques du vivant.

Pour réussir le jour J

LES ERREURS À NE PAS COMMETTRE

- Ne pas oublier que le vivant, c'est aussi le **vivant pensant** qu'est l'être humain.

LE VOCABULAIRE À UTILISER

- **Genre** désigne ce qu'il y a de plus général.
- **Espèce** renvoie à un ensemble de choses ou d'êtres qu'on peut classer ensemble car ils ont un ou plusieurs caractères communs. Le genre englobe plusieurs espèces. Exemple : le genre animal comprend une multiplicité d'espèces. Seule exception : l'homme, pour lequel on parle indifféremment d'espèce humaine ou de genre humain.
- **Individu** vient du latin *individuum*, qui signifie « ce qui est indivisible ». Individu désigne donc tout être formant une unité distincte et ne pouvant être divisée sans être détruite.
- L'**individualité** constitue le fondement du sentiment que les humains ont d'être des personnes. On ne peut pas pour autant soutenir que la personne se réduise à l'individu. L'individu, simple élément de l'espèce, est purement biologique, tandis que la personne est aussi une catégorie juridique et morale (un être ayant des droits et des devoirs).
- **La causalité** désigne le rapport déterminant et nécessaire de la cause à l'effet. Selon le principe de causalité, tout phénomène a une cause.
- Le **finalisme** est une doctrine affirmant que le développement de l'univers ou des êtres vivants poursuit une fin fixée d'avance.
- La **finalité** est ce vers quoi tendent une chose, une action.

– Ainsi, on peut parler de **finalité interne** dans la nature, dans la mesure où l'on constate chez les êtres vivants la convenance ou l'adaptation des organes à une fin qui est la conservation de la vie.

– On peut aussi parler de **finalité externe** d'un objet lorsque celui-ci se conforme exactement à son utilité ou à sa fonction.

10 qcm pour réviser le cours

Corrigés, p. 179

1 L'explication mécaniste du vivant est-elle :

❑ **a.** Satisfaisante ?
❑ **b.** Réductrice ?
❑ **c.** Totalement inappropriée ?

2 L'explication finaliste du vivant est-elle :

❑ **a.** Satisfaisante ?
❑ **b.** Totalement inappropriée ?
❑ **c.** Trop anthropomorphique ?

3 Quel philosophe se représente le vivant sur le modèle de la machine ?

❑ **a.** Descartes
❑ **b.** Spinoza
❑ **c.** Hegel

4 Qui a écrit : « Le vivant est l'ensemble des fonctions qui résistent à la mort » ?

❑ **a.** Nietzsche
❑ **b.** Bichat
❑ **c.** Spinoza

5 Dans un être vivant, les éléments ou organes sont :

❑ **a.** interdépendants.
❑ **b.** juxtaposés.
❑ **c.** séparés.

6 La vie :

❑ **a.** n'est pas d'ordre conceptuel.
❑ **b.** est réductible à son traitement scientifique.
❑ **c.** est totalement explicable.

7 Qui a souligné le paradoxe du « vivant séparé de la vie par la science et s'essayant à rejoindre la vie à travers la science » ?

❑ **a.** Bichat
❑ **b.** Canguilhem
❑ **c.** Cuvier

8 Le mot *individu* vient du latin *individuum*, qui signifie :

❑ **a.** ce qui est indivisible.
❑ **b.** ce qui est individué.
❑ **c.** ce qui est identique.

9 Fin signifie :

❑ **a.** terme.
❑ **b.** achèvement.
❑ **c.** état final, but.

10 Qui a écrit : « Proscrire l'analyse des organismes au moyen de l'expérience, c'est arrêter la science et nier la méthode expérimentale » ?

❑ **a.** Bichat
❑ **b.** Claude Bernard
❑ **c.** Cuvier

Sujets

Sujet 1

Corrigé, p. 179

Après avoir rappelé la prétention du mécanisme, vous montrerez les limites de l'explication scientifique du vivant.

Sujet 2

Corrigé, p. 180

Document **Définir le vivant**

S'il fallait définir la vie d'un seul mot, qui, en exprimant bien ma pensée, mît en relief le seul caractère qui, suivant moi, distingue nettement la science biologique, je dirais : la vie, c'est la création. En effet, l'organisme créé est une machine qui fonctionne nécessairement en vertu des propriétés physico-chimiques de ses éléments constituants.

Nous distinguons aujourd'hui trois ordres de propriétés manifestées dans les phénomènes des êtres vivants : propriétés physiques, propriétés chimiques et propriétés vitales. Cette dernière dénomination de propriété vitale n'est, elle-même, que provisoire; car nous appelons vitales les propriétés organiques que nous n'avons encore pu réduire à des considérations physico-chimiques; mais il n'est pas douteux qu'on y arrivera un jour.

De sorte que ce qui caractérise la machine vivante, ce n'est pas la nature de ses propriétés physico-chimiques, si complexes qu'elles soient, mais bien la création d'une machine qui se développe sous nos yeux dans les conditions qui lui sont propres et d'après une idée définie qui exprime la nature de l'être vivant et l'essence même de la vie.

Claude Bernard, *Introduction à l'étude de la médecine expérimentale* (1865).

Questions

1. Dégagez la thèse principale du texte.
2. Quelle est l'attitude de Claude Bernard face au vivant ?

QCM

1 b. 2 c. 3 a. 4 b. 5 a. 6 a. 7 b. 8 a. 9 c. 10 b.

Sujet 1

■ La prétention fondamentale du mécanisme est d'évacuer toute différence essentielle entre les **corps vivants** et les **corps bruts**. Selon cette position, le vivant n'est qu'une complexification de la matière brute. Dans *Le Problème de la physiologie générale*, Claude Bernard écrit : « Il n'y a en réalité qu'une physique, qu'une chimie et qu'une mécanique générales, dans lesquelles rentrent toutes les manifestations phénoménales de la nature, aussi bien celle des corps vivants que celle des corps bruts. Tous les phénomènes, en un mot, qui apparaissent dans un être vivant, retrouvent leurs lois en dehors de lui, de sorte qu'on pourrait dire que toutes les manifestations de la vie se composent de phénomènes empruntés, quant à leur nature, au monde cosmique extérieur [...]. » Les phénomènes manifestés par les êtres vivants seraient donc réductibles à ceux qui se produisent au sein de la matière brute.

■ Il y a toutefois quelque chose dans le vivant qui semble irréductible : la forme, la structure et l'agencement des organes, les variétés morphologiques qui distinguent les diverses espèces. Mais c'est là une illusion que dissipent les sciences. Un organisme, aussi complexe soit-il, se décompose en organes, en tissus, qui se réduisent eux-mêmes en cellules. Or, la structure particulière des cellules, leur différenciation progressive, la construction d'organes de plus en plus compliqués, l'apparition d'une multiplicité d'espèces animales ou végétales distinctes, tout cela s'expliquerait encore par le jeu de causes et de lois mécaniques auquel le vivant est contraint de s'adapter.

■ Les savants affirment que l'évolution serait le fruit du **hasard** et de la **nécessité**. Mais les réussites dans l'ensemble de l'univers sont trop nombreuses pour qu'elles puissent être mises sur le compte du hasard.

■ Il existe un nombre incalculable de liaisons possibles entre les atomes pour faire une molécule. Or, une molécule d'albumine, par exemple, renferme des dizaines de milliers de millions d'atomes groupés selon un certain ordre et selon une certaine structure. Comment pouvons-nous expliquer cette organisation de la matière si elle ne contient pas une intelligence immanente ? C'est ce que semble penser C.-E. Guye dans *L'Évolution physico-chimique* : « Il n'est pas défendu, si l'on ne craint pas quelque intrusion dans le domaine de la métaphysique, de faire intervenir, pour expliquer la formation de ces structures, le démon de Maxwell, ou, ce qui revient au même, quelque puissance créatrice inconnue. »

■ La matière en mouvement s'organise en structures de plus en plus complexes. Comment expliquer cette complexification croissante de la matière ? L'ordonnance des molécules de la matière ne suffit pas à rendre compte de l'apparition du vivant et de la régénération continuelle des êtres vivants. Comment l'organique est-il apparu dans l'inorganique ? De même, comment la pensée est-elle apparue dans la matière ? Est-ce la matière elle-même qui a inventé la vie, la pensée ?

Sujet 2

1. Thèse du texte

■ Dans ce texte, Claude Bernard semble dire que si nous avions une explication mécaniste complète du vivant, elle détruirait la spécificité que nous donnons aux phénomènes de la vie. La position vitaliste, qu'il considère comme irrationnelle, ne pourrait alors plus être tenue. Elle n'est due qu'à l'ignorance actuelle. La thèse de Claude Bernard est donc que le vivant n'est pas vraiment spécifique et qu'il peut se réduire aux mécanismes physico-chimiques.

2. Attitude de Claude Bernard face au vivant

■ Claude Bernard semble ainsi, d'un point de vue méthodologique, s'inscrire dans la lignée des mécanistes.

■ Cependant, il ne faut pas confondre la représentation du réel avec le réel lui-même. Même les biologistes qui adhèrent à la vision mécaniste finissent toujours par admettre que le vivant semble obéir à des processus finalisés. Jacques Monod, par exemple, parle de « téléonomie ». Par principe, en raison de leur tentative de tout expliquer en termes mécanistes, les scientifiques refusent de prêter à la nature vivante une conscience analogue à la nôtre. Claude Bernard, comme Kant, fait donc du *comme si*. Il raisonne au conditionnel : tout se passe *comme si* nous devions reconnaître dans l'ensemble des phénomènes naturels et leurs rapports déterminés pour des buts déterminés une grande intelligence intentionnelle.

16 La matière et l'esprit

Les 5 points incontournables

• Matière et changement

La matière est l'ensemble de ce que nous percevons hors de nous et qui agit sur nos sens ; c'est aussi ce qui est destiné à être transformé par l'activité technique ou le travail humain.

▶ *Cours 1 a*

• L'esprit et le corps, deux substances indépendantes ?

La substance constitue une réalité permanente dans les choses changeantes. On peut admettre, avec Malebranche, un dualisme âme-corps, qui fonctionnent en parallèle, mais ces deux substances n'interagissent pas. On peut aussi faire l'hypothèse qu'une seule substance existe, la matière ou l'esprit.

▶ *Cours 3 a ; 1 b*

• Matérialisme et spiritualisme

Deux conceptions principales de l'esprit et de la matière s'opposent. Le matérialisme affirme le primat de la matière comme seule constitutive de la réalité fondamentale, la pensée étant une activité qui a pour support le cerveau. Pour le spiritualisme, l'esprit est une réalité indépendante et distincte de la matière.

▶ *Cours 1 b, c*

• Matière et pensée

On peut défendre que la réalité n'existe pas en dehors de la perception que nous en avons, mais alors la matière n'existerait pas et il n'y aurait rien en dehors de l'esprit. Or, pour penser, l'esprit doit se porter sur quelque chose : dès lors, ce sont les perceptions imprimées en moi par la matière qui engendrent la pensée.

▶ *Cour 1 c ; 2 c*

• L'être et le sujet

Si l'on considère que matière et esprit sont en corrélation, la question de la conscience et du devenir de celle-ci demeure : suis-je toujours le même être à vingt ans et à soixante ? Ou la matière a-t-elle imprimé à l'esprit les changements qu'elle a subis ? Par ailleurs, l'esprit n'est pas indépendant, il est un intermédiaire entre le sujet et l'objet.

▶ *Cours 3 b, c*

1 Qu'est-ce que la matière ?

a. Matière et substance

Par **matière**, on entend la réalité physique extérieure et indépendante de l'esprit. Par **substance**, on entend ce qui subsiste et perdure. Or, qu'est-ce qui demeure permanent sous les changements accidentels ? Si on enlève toutes les déterminations, ne reste-t-il pas l'indéterminé, c'est-à-dire la matière, et n'est-ce pas la matière qui doit être appelée substance ?

> **À NOTER**
> Le mot **substance** vient du latin *substantia* qui signifie « la persistance sous-jacente (*sub*) d'un fond qui demeure identique (*stare*) malgré les accidents qui peuvent affecter la chose ».

Cependant, cette idée d'un substrat permanent résiste-t-elle face au devenir de toute chose ? Les travaux de la science contemporaine nous amènent à penser qu'il n'y a plus de substance mais seulement des processus et des événements. Par exemple, le soleil est-il un être identique à lui-même quand on sait que dans chaque millionième de seconde, il transforme 600 tonnes d'hydrogène en 596 tonnes d'hélium, la différence de masse étant convertie en rayonnement ?

b. Matière ou esprit ?

La réalité essentielle est-elle la matière ou l'esprit ? Le **matérialisme** soutient la primauté de la matière sur l'esprit. Être matérialiste, c'est reconnaître l'existence des choses en dehors de l'esprit et considérer les sensations et les idées comme des copies ou des reflets de ces choses. Autrement dit, la matière détermine la pensée. Par opposition, le **spiritualisme** affirme la primauté de l'esprit sur la matière. L'esprit est une réalité substantielle radicalement distincte de la matière.

c. Réalisme et idéalisme

Le **réalisme** admet l'existence d'une réalité objective (c'est-à-dire en dehors de l'esprit) correspondant à nos représentations sensibles. Le réalisme naïf consiste à croire que la réalité objective est identique à nos représentations sensibles.

L'**idéalisme**, au sens rigoureux du terme, affirme que la matière se ramène à une idée ou à une représentation. Ainsi, pour le philosophe George Berkeley (1685-1753), les choses ne sont que des combinaisons de sensations ou d'idées. Sa philosophie débouche sur le **solipsisme**.

> **À NOTER**
> Étymologiquement, **solipsisme** signifie « seul moi-même » (du latin *solus*, « seul » et *ipse*, « même »). Le solipsisme est une conception philosophique selon laquelle il n'y aurait pour le sujet pensant d'autre réalité que lui-même.

2 Peut-on prouver l'existence de la matière ?

a. La mobilité de toute chose

Pour l'opinion commune, les choses sensibles, de l'expérience quotidienne, existent réellement. Il y a des changements, mais il n'y a de changements que parce qu'il y a des êtres ou des choses qui demeurent et à qui ou par qui quelque chose arrive. Autrement dit, les choses ont de l'être échappant au changement.

Pourtant lorsque je dis : « La table est », je ne considère que le présent, oubliant l'avenir et le passé. Si je pensais ce qui m'entoure dans le temps infini, lui prêterais-je une ferme réalité ? Et si le fond des choses était l'instabilité ?

Nietzsche considère que l'essence de la réalité, ce n'est pas l'être mais le **devenir**. Ce dont nous ne percevons pas les modifications parce qu'elles sont trop lentes et trop subtiles, nous le disons « durable ». Mais, au fond, peut-être que rien de réel ne correspond à la notion de substance dont le schème est la permanence. D'où la question : la matière comme « substance » étendue, divisible, pesante et susceptible de prendre des formes diverses, existe-t-elle vraiment ?

b. Seule la foi oblige à croire qu'il y a des corps

Les corps nous apparaissent sous des formes changeantes et donc fausses. Il n'y correspond rien d'identique hors de nous. De plus, il ne suffit pas que nous ayons des sensations pour conclure à l'existence des corps. Dans l'idée de corps, la raison ne trouve que l'étendue et le mouvement, notions claires et distinctes. Le cogito ne permet pas le passage de l'idée d'étendue à l'existence de l'étendue, pas plus que celui de l'image d'une chimère (imagination) à sa réalité. Mais, après la découverte que Dieu existe et qu'il est parfait, le passage est possible. Si Dieu avait mis en nous une idée claire et distincte dont la définition fût contradictoire avec la réalité, il serait trompeur et donc imparfait. Par conséquent la véracité divine, l'infinie perfection de Dieu garantissent l'existence du monde extérieur.

Cependant, comme le souligne **Malebranche** dans *De la recherche de la vérité* (1674-1675), on peut dire que l'existence de la matière n'est pas encore parfaitement démontrée, car il faudrait démontrer que Dieu a effectivement créé la matière : ce que ne fait pas Descartes. La matière reste donc possible, probable même, mais, seule la foi oblige à croire qu'il y a des corps. Cet échec de la raison dogmatique laisse la porte ouverte à l'immatérialisme de Berkeley.

c. Exister, c'est être perçu

Selon **Berkeley**, les objets que nous percevons ne sont rien d'autre que les images que nous en avons. **Leur essence, c'est d'être perçus**. Affirmer la réalité du pain, par exemple, c'est affirmer la réalité d'une couleur, d'une consistance, d'une saveur et rien de plus. Ce qui existe, c'est ce qui est perçu par moi, c'est-à-dire un ensemble de qualités sensibles relatives à moi-même.

Comment se fait-il, dès lors, que tous les hommes s'accordent sur leur perception de l'univers ? Berkeley répond qu'au-dessus de la multiplicité indéfinie des esprits finis (humains) se trouve Dieu, l'esprit infini. C'est lui qui réalise l'accord de tous les esprits finis, c'est lui qui suscite en eux leurs perceptions du monde. Cette multitude de représentations ordonnées en système que j'appelle l'univers, il convient d'en imputer l'origine à Dieu. Au lieu de dire que Dieu a créé la matière, il convient de dire que Dieu a mis en moi tout ce cortège de sensations à partir desquelles je construis mon image du monde. La **matière** est ainsi **réduite à l'esprit**, qui seul existe à titre de substance. Ce que nous percevons n'est qu'une production du sujet qui ne peut sortir de lui-même pour considérer les choses comme si elles existaient indépendamment de lui. « Matière » n'est donc qu'un mot dépourvu de signification. C'est l'esprit qui est le substrat des qualités sensibles que nous percevons, non la matière.

3 La matière : centre d'être ou centre de force ?

a. L'atome est-il le constituant ultime de la matière ?

Toutes les qualités de la « matière » que nous percevons ne sont que des modifications de notre sensibilité, qui disparaîtraient ou seraient remplacées par d'autres toutes différentes, si nous n'avions pas de sens ou si nos sens étaient autres. La matière serait donc la cause qui suscite dans notre esprit ces sensations. Mais qu'est cette cause ? De même que tous les changements sont ramenés à un fait unique, infiniment diversifié : le mouvement, de même tous les corps sont conçus comme réductibles à un seul élément, combiné et recombiné avec lui-même d'une infinité de manières. Cet élément, **Démocrite** et **Épicure** l'appellent l'**atome**. Pour eux, les atomes sont des particules insécables séparées par le vide, qui, en s'agrégeant, donnent naissance à tous les corps.

L'essence des atomes est d'être étendue et, par là, susceptibles de mouvement. Mais si l'atome est « étendue », on ne voit pas comment il pourrait être indivisible puisque l'étendue ne peut être conçue que comme divisible à l'infini. La science contemporaine dit en effet que les atomes se résolvent en corpuscules. Corpuscules qui, malgré leur nom, ne sont pas des corps, mais des **centres de force**. Or, qu'est-ce que la force ? Il y a force quand il y a production d'événements : ainsi, quand on courbe une tige d'acier, il y a production de déformation. Un centre de force n'est donc pas un centre d'être mais un centre de production d'événements.

b. La force se matérialise, l'atome s'idéalise

On sait par expérience qu'il n'y a jamais de contact réel entre deux corps qui se poussent et que la solidité est loin d'être un état absolument tranché de la matière. Les physiciens affirment qu'entre les molécules s'exercent, non des chocs, mais des forces attractives et répulsives. Quelque chose existe donc entre les atomes : ce n'est plus de la matière mais de la force. Et, de fait, écrit **Bergson**, « nous voyons force et matière se rapprocher et se rejoindre à mesure que le physicien en approfondit les effets. Nous voyons **la force se matérialiser, l'atome s'idéaliser**, ces deux termes converger vers une limite commune, l'univers retrouver ainsi sa continuité ». Peut-on encore désigner comme « matière » la limite vers laquelle ils convergeraient ?

Pour le physicien danois Bohr (1885-1862), le substrat du monde n'est pas constitué d'objets, fussent-ils des particules nucléaires, mais de champs relationnels en **perpétuel mouvement**. Les sciences physiques et biologiques résolvent le réel en molécules et en atomes, en centres de force plus qu'en centres d'être et font ainsi disparaître cette jonquille que je perçois.

c. L'être est le corrélat du sujet

Pour vivre, on a besoin de croire que la matière existe à titre de substrat. L'habitude nous impose pour chaque objet une image pragmatique privilégiée, tenue pour plus « vraie » que les autres parce qu'elle correspond au mieux à la nécessité de l'action à accomplir. Si j'enfonce un clou avec un marteau, l'image normale du marteau est celle d'un objet solide situé à cinquante centimètres de moi, c'est-à-dire à la distance requise pour son usage. Mais, du point de vue de la pensée, pour un esprit en quête de vérité, on ne peut croire que cette perception du marteau soit vraie. On peut tout simplement affirmer que la pensée ou l'esprit n'est pas un absolu autosuffisant, mais une relation entre un sujet et un objet.

Marcel Conche affirme dans *L'Aléatoire* (1989) que les animaux sont conscients mais ne se pensent pas, et ne pensent pas qu'ils sont au monde, qu'il y a le monde ou tout simplement qu'*il y a*. En revanche, les hommes pensent et ne peuvent pas penser sans penser l'être, sans penser qu'*il y a*. Si ce qu'on pense n'était rien, en pensant, on ne penserait rien. Or ne penser rien, c'est ne pas penser.

ATTENTION !

On peut donc affirmer l'existence d'une réalité qui est le corrélat intentionnel de la pensée, mais cette réalité ne peut être atteinte directement par la perception ou la pensée ni même être connue en elle-même. Cette réalité liée à la pensée n'est peut-être pas une vraie réalité, au sens où on l'entend naïvement.

Ce qu'il faut faire au brouillon

Savoir-faire

Avant de commencer à rédiger, vous devez repérer la notion du programme, le thème du texte, la thèse principale et l'enjeu (ce sur quoi le texte amène à réfléchir).

Application

Document

[…] soit que nous veillons, soit que nous dormions, nous ne devons jamais nous laisser persuader qu'à l'évidence de notre raison. Et il est à remarquer que je dis de notre raison, et non point de notre imagination ni de nos sens : comme encore que nous voyons le soleil très clairement, nous ne devons pas juger pour cela qu'il ne soit que de la grandeur que nous le voyons ; et nous pouvons bien imaginer distinctement une tête de lion entée sur le corps d'une chèvre, sans qu'il faille conclure pour cela qu'il y ait au monde une chimère. Car la raison ne nous dicte point que ce que nous voyons ou imaginons ainsi soit véritable, mais elle nous dicte bien que toutes nos idées ou notions doivent avoir quelque fondement de vérité. Car il ne serait pas possible que Dieu, qui est tout parfait et tout véritable, les eût mises en nous sans cela […].

Descartes, *Discours de la méthode* (1637).

Approche du texte

– **Notion sur laquelle porte le texte :** la matière et l'esprit.

– **Thème du texte :** l'existence de la matière.

– **Thèse principale du texte :** rien ne nous garantit l'existence de la matière, sinon l'infinie perfection de Dieu.

Premier moment : rien ne nous garantit l'existence de la matière…

Du cogito (je pense donc je suis), Descartes s'élève à Dieu (Dieu existe car j'existe moi qui ai une idée de Dieu dont seul Dieu peut être l'origine). De là, Descartes peut redescendre au monde. C'est par les sens que nous percevons les corps. Ceux-ci nous apparaissent sous des formes changeantes, donc fausses. Il n'y correspond rien d'identique hors de nous. De plus, il ne suffit pas que nous ayons des sensations (sens) pour conclure à l'existence des corps (qui sait si la vie tout entière n'est pas un songe ?). Dans l'idée de corps, la raison ne trouve que l'étendue et le mouvement, notions claires et distinctes. De l'idée d'étendue à l'existence de l'étendue, le cogito ne permet pas le passage, pas plus que de l'idée de triangle (raison) à l'existence d'un triangle ou encore de l'image d'une chimère (imagination) à sa réalité.

Deuxième moment : ... sinon l'infinie perfection de Dieu

Cependant, après la découverte que Dieu existe et qu'il est parfait, le passage est possible. Si Dieu avait mis en nous une idée claire et distincte dont la définition fût contradictoire avec la réalité, il serait trompeur et donc imparfait. Qu'il n'y ait pas de triangle dans la nature puisque la définition du triangle ne contient pas l'existence d'un triangle, soit. Mais l'idée de corps contient, dans sa définition, l'existence d'une matière étendue hors de nous. Donc la véracité divine, l'infinie perfection de Dieu garantissent l'existence du monde extérieur. Par l'intermédiaire de Dieu, nous pouvons conclure à la réalité du monde extérieur.

La matière, dont l'existence demeurait douteuse au stade de la représentation, se trouve ainsi garantie par la véracité divine, même si le monde extérieur n'est pas tel que je le perçois (les sens sont trompeurs). J'ai conscience de penser et aussi de percevoir ; je sais que je pense, et aussi que je perçois des couleurs, des formes...

Enjeu : une difficulté : le dualisme âme / corps

Tels qu'ils se présentent à nous, les corps sont revêtus de qualités passagères, variables selon l'humeur du sujet, les hasards de la lumière ou d'une position. Le bleu ou le rouge, le doux ou l'amer ne sont pas dans les choses mais dans les sens. Dépouillés de cette vêture artificielle, que sont les corps ? Des particules simples, accessibles par l'analyse, dont l'agitation, en changeant les rapports, transforme la qualité, une certaine quantité de matière remplissant un espace pendant un temps déterminé. C'est donc l'étendue qui est l'essence de la matière.

Reste une difficulté : le dualisme cartésien. D'un côté, l'âme immatérielle (ou l'esprit) dont toute l'essence est la pensée ; de l'autre, le corps matériel dont toute l'essence est l'étendue. Comment l'âme, qui est immatérielle, peut-elle mouvoir le corps, qui est matériel ? Comment le corps qui est matériel peut-il affecter l'âme qui est immatérielle ? Descartes émet une hypothèse absurde : il loge l'âme dans la glande pinéale, partie du cerveau qui réaliserait l'union de l'âme et du corps. C'est pour résoudre ce problème que Berkeley affirmera que seul l'esprit existe : il n'y a pour le sujet pensant d'autre réalité que lui-même.

Pour réussir le jour J

LES ERREURS À NE PAS COMMETTRE

- Ne pas confondre la **réalité** et le **réel**.
- La **réalité** est ce que nous percevons, ce sur quoi nous projetons nos structures mentales et nos fantasmes. Le **réel** est ce qui existe indépendamment de nous, de nos organes sensoriels et de nos structures mentales.
- Le réel est inaccessible.

LE VOCABULAIRE À UTILISER

- Est **dualiste** une philosophie qui affirme l'existence de **deux substances** distinctes et irréductibles : la **matière** et l'**esprit**. La philosophie de **Descartes** est dualiste parce qu'elle pose l'existence et de l'âme (substance immatérielle dont l'essence est la pensée) et du corps (substance matérielle dont l'essence est l'étendue).
- Est **moniste** une philosophie qui affirme l'existence d'**une seule substance** : la matière ou l'esprit. Le **matérialisme** est moniste. L'**idéalisme** est également moniste.
- La **théorie des Idées** de **Platon** inverse tout : ce que nous appelons la réalité n'est pas la réalité. En revanche, les Idées, que nous considérons comme de simples idées, existent réellement. Qu'entendons-nous par le mot « vase » ? Évidemment quelque chose de différent de tel ou tel vase particulier. Ce qui signifie, pour nous, qu'il existe une définition générale de « vase » qu'on peut trouver dans le dictionnaire et que cette définition ne se confond pas avec les vases particuliers. Mais ce vase qui est dans notre salon, nous ne doutons pas de sa réalité. Pour Platon, au contraire, l'Idée de vase est la vraie réalité. Quant aux vases particuliers, ils ne sont que des copies imparfaites ou des reflets de cette Idée une et éternelle. Il en est ainsi de tous les objets naturels ou fabriqués, comme du beau, du vrai, du juste, de la vertu… Dire par exemple : « Ceci est beau » signifie, pour Platon, que cet objet particulier, comme toutes les autres belles choses, participe de l'Idée de beau, simple et éternelle, qui existe en elle-même et par elle-même .

10 qcm pour réviser le cours

Corrigés, p. 190

1 Un philosophe idéaliste est-il :

❑ **a.** Un philosophe qui nie la réalité du monde extérieur ?

❑ **b.** Un philosophe qui fait des bulles de savon éclatant au souffle du vent ?

❑ **c.** Un philosophe qui a des idéaux ?

2 Un philosophe réaliste est-il :

❑ **a.** Un philosophe qui a les pieds sur terre ?

❑ **b.** Un philosophe qui croit en la réalité du monde extérieur ?

❑ **c.** Un philosophe qui refuse l'abstraction et s'intéresse à la réalité ?

3 Substance s'oppose à :

❑ **a.** accident.

❑ **b.** forme.

❑ **c.** matière.

4 Qui a dit : « Exister, c'est être perçu » :

❑ **a.** Descartes ?

❑ **b.** Marx ?

❑ **c.** Berkeley ?

5 L'atome est :

❑ a. insécable.

❑ b. sécable.

❑ **c.** le plus petit élément de la matière.

6 Le réel, c'est :

❑ **a.** la réalité perçue.

❑ **b.** la réalité pensée.

❑ **c.** ce qui existe en dehors de nous, indépendamment de nos organes sensoriels et de nos structures mentales.

7 Selon Platon, réel s'oppose à :

❑ **a.** apparent.

❑ **b.** idéel.

❑ **c.** idéal.

8 Selon Platon, la vraie réalité c'est :

❑ **a.** ce que nous percevons.

❑ **b.** l'Idée.

❑ **c.** ce qui existe en dehors de nous.

9 Le solipsisme affirme que :

❑ **a.** c'est seulement dans la solitude que l'on peut penser.

❑ **b.** seul moi-même, j'existe.

❑ **c.** rien n'existe.

10 Qu'est-ce qu'un spiritualiste ?

❑ **a.** Un philosophe qui a de l'humour.

❑ **b.** Un philosophe qui affirme la supériorité de l'esprit sur la matière.

❑ **c.** Un philosophe qui abuse des spiritueux.

Plus de QCM sur www.defibac.fr

Sujet

Sujet

Corrigé, p. 191

Document **L'allégorie de la Caverne**

Socrate. – […] « Figure-toi des hommes dans une demeure souterraine en forme de caverne, dont l'entrée, ouverte à la lumière, s'étend sur toute la longueur de la façade. Ils sont là depuis leur enfance, les jambes et le cou pris dans des chaînes, en sorte qu'ils ne peuvent bouger de place, ni voir ailleurs que devant eux, car les liens les empêchent de tourner la tête. La lumière d'un feu allumé au loin sur une hauteur brille derrière eux. Entre le mur et les prisonniers, il y a une route élevée ; le long de cette route, figure-toi un petit mur, pareil aux cloisons que les montreurs de marionnettes dressent entre eux et le public, et au-dessus desquelles ils font voir leurs prestiges. […] Le long de ce petit mur des hommes portant des ustensiles de toutes sortes, qui dépassent la hauteur du mur, et des figures d'hommes et d'animaux, en pierre, en bois, de toutes sortes de formes ; et naturellement parmi ces porteurs qui défilent, les uns parlent, les autres ne disent rien.

Glaucon. – Voilà un étrange tableau et d'étranges prisonniers.

Socrate. – Ils nous ressemblent. Et d'abord, penses-tu que dans cette situation ils aient vu d'eux-mêmes et de leurs voisins autre chose que les ombres projetées par le feu sur le mur de la caverne qui leur fait face ? […] Dès lors, s'ils pouvaient s'entretenir entre eux, ne penses-tu pas qu'ils croiraient nommer les objets réels eux-mêmes, en nommant les ombres qu'ils verraient ?

Glaucon. – Nécessairement. […]

Socrate. – Il est indubitable qu'aux yeux de ces gens-là la réalité ne saurait être autre chose que les ombres des objets confectionnés.

Glaucon. – C'est de toute nécessité.

Socrate. – Examine maintenant comment ils réagiraient, si on […] détach[ait] un de ces prisonniers, qu'on le for[çait] à se dresser soudain, à tourner le cou, à marcher, à lever les yeux vers la lumière, tous ces mouvements le feront souffrir, et l'éblouissement l'empêchera de regarder les objets dont ils voyaient les ombres tout à l'heure. Je te demande ce qu'il pourra répondre, si on lui dit que tout à l'heure il ne voyait que des riens sans consistance, mais que maintenant, plus près de la réalité et tourné vers des objets plus réels, il voit plus juste ; si, enfin, lui faisant voir chacun des objets qui défilent devant lui, on l'oblige à force de questions à dire ce que c'est ? Ne crois-tu pas qu'il sera embarrassé et que les objets qu'il voyait tout à l'heure lui paraîtront plus véritables que ceux qu'on lui montre à présent ?

Platon, *La République*, livre VII, 514 a-517 c, trad. É.Chambry, Gonthier, 1966.

Questions

1. Que signifie l'ascension hors de la caverne ? **2.** Que symbolise la caverne ?

QCM

1 a. 2 b. 3 a. 4 c. 5 b. 6 c. 7 a. 8 b. 9 b. 10 b.

Sujet

1. L'ascension hors de la caverne

■ Nous ressemblons, estime Platon, à ces étranges prisonniers qui ne voient autre chose que les ombres projetées par le feu sur la partie de la caverne qui leur fait face, mais qui croient pourtant « nommer les objets réels eux-mêmes, en nommant les ombres » qu'ils voient. Nous sommes dans l'ignorance. L'ascension hors de la caverne symbolise l'accès au savoir.

■ L'accès à la connaissance, symbolisé par l'ascension hors de la caverne, passe, pour Platon, par quatre degrés :
– le plus bas degré est l'illusion (croire que les ombres sont la vraie réalité) ;
– puis vient la croyance ou l'opinion (croire que les objets perçus sont la vraie réalité) ;
– vient ensuite la connaissance mathématique (connaissance discursive, hypothético-discursive) ;
– arrive enfin la contemplation des idées.

2. Ce que symbolise la caverne

■ Par cette allégorie (figure où chaque élément du récit renvoie à une signification abstraite), Platon suggère qu'il existe **deux mondes** : le **monde sensible**, qui n'a pas plus de consistance qu'une ombre et le **monde intelligible**, où séjournent les belles et vraies Idées : celles du beau, du bien. La vérité ultime est du côté des Idées et notre âme ne peut la contempler que si elle se détourne des objets sensibles qui la lient au corps. La connaissance, pour Platon, ne se rapporte pas aux objets sensibles, changeants, mais aux Idées unes, immuables et éternelles.

■ Cette affirmation que l'essence (les Idées) est séparée des choses permet à Platon d'échapper au relativisme d'Héraclite pour qui l'essence de la réalité est le devenir (« On ne se baigne jamais deux fois dans le même fleuve ») et des sophistes, tel Protagoras qui affirme que les choses sont telles qu'elles nous paraissent (« L'homme est la mesure de toute chose »). En effet, si la connaissance se rapporte aux choses sensibles qui sont mouvantes, contradictoires, alors, aucune connaissance nécessaire, universelle, objective n'est possible.

17 La vérité

Les 5 points incontournables

• Platon et la maïeutique

Pour Platon, la vérité est en nous, nous l'avons juste oubliée : pour sortir de cette aliénation de l'âme, il convient de retrouver l'évidence première (*alêtheia*) en pratiquant avec le philosophe une maïeutique, c'est-à-dire un « accouchement de l'esprit ».
Ainsi, la vérité nécessite un retour de la pensée sur elle-même, et elle se forme à partir d'erreurs et d'obstacles.

▶ *Cours 2 a, b*

• Vérité scientifique et vérité philosophique

Le propre de la vérité scientifique est d'être démontrable par l'expérience et de s'opposer à l'opinion, comme le montre Bachelard. L'opinion répond à la question sans l'avoir posée, alors que la science consiste avant tout à poser des questions.
En philosophie, une forme de vérité peut aussi être trouvée, dès lors qu'une opinion est soumise à un examen rationnel : toutes les opinions ne se valent pas et certaines sont plus ou moins réfléchies.

▶ *Cours 1 b, c*

• Vérité et objectivité

Dans son sens idéal, la vérité, qu'elle soit formelle (accord de la pensée avec elle-même) ou matérielle (accord de la pensée avec la réalité, attesté par l'expérience), ne peut être qu'en adéquation avec le principe d'objectivité, qui rejette les propositions non universalisables.

▶ *Cours 1 a*

• La recherche de la vérité

La recherche de la vérité est l'exigence première de la philosophie, au même titre que les sciences expérimentales. La différence est que les sciences peuvent y accéder, tandis que la philosophie ne fait qu'y tendre. Dans un cas, la vérité est un horizon, dans l'autre un idéal.

▶ *Cours 1 c*

• Descartes : la vérité comme évidence

Selon Descartes, on peut fonder la vérité sur des propositions sûres, en considérant toujours que nos sens nous trompent et en remettant tout en cause dès que le moindre doute est possible. La seule évidence serait donc le cogito, « je pense donc je suis ».

▶ *Cours 3 a, b, c*

1 Qu'est-ce que la vérité ?

a. Définition

Le mot vient du latin *veritas* qui signifie « le vrai », « la réalité ». Dans notre civilisation scientifique, l'idée de vérité appelle aussitôt celles d'objectivité, de communicabilité, d'unité. Elle est aussi inséparable des idées de démonstration, de vérification, d'expérimentation. Le mot « vérité » a changé de valeur : il n'évoque plus l'être mais se définit par l'objectivité. À l'être qui, dans l'Antiquité grecque, renvoyait au tout de la nature, au cosmos, s'est substituée la réalité, c'est-à-dire la détermination méthodique d'un quelque chose, sans référence à la totalité. Parler de réalité, c'est se référer aux données de quelque perception, c'est prétendre saisir de l'être en dehors de sa raison d'être qu'il faudrait chercher dans le tout. Le mot « vérité » se met alors au pluriel.

> **ATTENTION !**
> En mathématiques, la vérité est l'accord de la pensée avec elle-même. Il s'agit d'une vérité formelle et hypothético-déductive. Dans les sciences du réel, la vérité est l'accord de la pensée avec la réalité. L'expérimentation permet de vérifier cet accord.

b. Vérité scientifique et opinion

Fondée sur notre perception immédiate des choses ou sur le ouï-dire, liée à notre tendance à ne retenir des choses que ce qui est utile à la vie, l'opinion est incertaine. Elle ne peut donc qu'entraver la recherche de la vérité et le scientifique ne doit pas se contenter de la rectifier sur des points particuliers, il doit la détruire. C'est ce que souligne Bachelard dans *La Formation de l'esprit scientifique* (1938) : « La science, dans son besoin d'achèvement comme dans son principe, s'oppose, s'oppose absolument à l'opinion. S'il lui arrive, sur un point particulier de légitimer l'opinion, c'est pour d'autres raisons que celles qui fondent l'opinion ; de sorte que l'opinion a, en droit, toujours tort. L'opinion pense mal ; elle ne pense pas : elle traduit des besoins en connaissances. » Le scientifique doit même s'interdire d'avoir des opinions sur des questions qu'il ne comprend pas, qu'il ne sait pas formuler clairement. Car, avoir une opinion, c'est déjà répondre avant même d'avoir trouvé la question.

Or, ce qui caractérise avant tout l'esprit scientifique, c'est le sens du problème. Même une connaissance acquise par un effort scientifique n'est pas définitive et doit être questionnée. Des manières de poser les questions, des habitudes intellectuelles qui furent utiles et saines à une époque, à un moment de l'évolution de l'esprit scientifique, peuvent, à la longue, entraver la recherche. L'acquis ou ce qu'on croit acquis peut être un facteur d'inertie pour l'esprit. Toute théorie scientifique qui règne longtemps finit par devenir trop familière et se charge d'un concret psychologique trop lourd. Autrement dit, elle amasse trop d'images, de métaphores et perd peu à peu « son vecteur d'abstraction, sa fine pointe abstraite ». La vérité scientifique n'est donc pas donnée, elle se construit à partir d'erreurs, elle requiert des ruptures permanentes avec le savoir déjà acquis, mais aussi avec des manières de penser, elle exige même une réforme de son esprit, une véritable catharsis : il s'agit d'épurer l'esprit de ses images, de ses fantasmes, de ses complaisances pour l'intuition première. La vocation scientifique exige un renoncement complet à tout ce qui est de l'ordre de la subjectivité humaine.

c. Vérité en philosophie et opinion

Dans les domaines qui touchent les fins de l'action humaine et les valeurs comme, par exemple, la justice, chacun revendique le droit d'avoir et de donner son opinion. De plus, chacun est persuadé que son opinion en vaut bien une autre. Mais le philosophe, amant de la vérité, est soucieux de la vérité argumentée qui implique que l'on subordonne toute croyance au résultat d'un examen rationnel. Car il y a opinion et opinion : « Certaines sont personnelles, issues de l'examen critique, de la réflexion, de la méditation. D'autres ne font que traduire un intérêt, une passion, un état d'esprit momentané ou une influence extérieure. » (M. Conche, *L'Aléatoire*.) Ces dernières ont le plus de chance de devenir les opinions de « tout le monde ». Elles déterminent l'opinion des « nombreux » et ne se préoccupent pas de la vérité. La paresse intellectuelle qu'elles favorisent constitue un obstacle à la recherche de la vérité.

Il est vrai qu'en matière de religion, de métaphysique ou de morale, plus personne ne croit à une vérité incontestable. On ne parle plus de philosophie vraie mais d'une grande philosophie, tout au plus. Les philosophies ne sont plus que des interprétations du réel. Descartes croyait que sa philosophie était la philosophie ; Kant croyait que la vérité était autre ; et Hegel, autre encore. Dès lors, l'opinion généralement répandue est qu'on ne peut aller au-delà de l'opinion. Le risque, c'est qu'on ne se donne plus la peine d'argumenter, de critiquer et qu'on ne puisse plus distinguer une opinion vraie d'une opinion fausse. On affirme alors qu'il n'y a de vérités que positives, c'est-à-dire dans le domaine des mathématiques ou des sciences physiques. C'est oublier que la recherche de la vérité reste pour un philosophe une exigence, même si la vérité est inaccessible.

2 La vérité est-elle en nous ?

a. Le vrai est consigné dans la mémoire

Dans *Les Maîtres de vérité*, l'anthropologue Marcel Détienne (né en 1935) montre que la représentation que se fait l'homme de la vérité change en même temps que la vie matérielle, sociale et spirituelle. Ainsi, dans la Grèce archaïque, à une époque où la civilisation est fondée non sur l'écriture mais sur les traditions orales, la « vérité » tient « une tout autre place » que dans notre système actuel de pensée. La vérité se dit alors *alêtheia*, elle est une vérité « assertorique » que nul ne conteste ou ne démontre : « *Alêtheia* n'est pas l'accord de la proposition et de son objet, pas davantage l'accord d'un jugement avec les autres jugements, elle ne s'oppose pas au "mensonge", il n'y a pas le "vrai" en face du "faux". La seule opposition significative est celle d'*alêtheia* et de Léthé. » (*Op. cit.*)

En grec, *a-lêtheia* signifie « non-oubli », par référence au Léthé, fleuve des Enfers dans la mythologie grecque. En buvant de ses eaux, les âmes des morts oubliaient le passé. C'est donc la mémoire qui définit le mieux la vérité. La mémoire est le souvenir du temps primordial de la création. Véritablement « sacralisée », la mémoire est alors élevée au rang d'une divinité. Or, ce temps primordial n'est pas passé ni disparu : il est là. La mémoire est donc ce qui permet « d'entrer en contact avec l'autre monde », de « déchiffrer l'invisible ». Elle permet d'accéder directement à la vérité.

b. La vérité comme éveil d'un souvenir endormi dans l'âme

Dès qu'il apparaît, le philosophe prend la relève des poètes, des devins ou des rois de justice. Comme eux, le philosophe se veut un maître de vérité, mais d'une vérité rationnelle. Si le philosophe est un maître de vérité, c'est parce que son âme est libre et qu'elle a conservé la mémoire des Idées dont elle a eu autrefois connaissance dans le monde des Idées.

À NOTER
Pour Platon, la réincarnation de l'âme dans un corps est une véritable chute qui se traduit pour la plupart d'entre nous par la perte du savoir sous la forme de l'oubli – savoir qui était autrefois le lot de l'âme. Notre libération ne peut donc s'effectuer que par la mémoire.

Le philosophe est un **maïeuticien**. Il a pour tâche de provoquer la réminiscence, tel Socrate qui, dans le *Ménon*, de Platon, fait accoucher un esclave illettré de la science géométrique. Pour cela, il purifie d'abord l'âme de son interlocuteur de sa fausse science. Ensuite, par une série de questions, il l'amène à découvrir de lui-même la vérité, libérant ainsi l'âme d'un savoir dont elle était porteuse sans savoir qu'elle le portait. La **maïeutique** est l'art d'accoucher les esprits de la vérité dont ils sont intérieurement gros. Socrate prétendait exercer le même métier que sa mère, qui était sage-femme.

Ainsi, pour les Grecs, la vérité est toujours déjà là, nous l'avons toujours connue. L'oubli, c'est l'aliénation de notre nature. Retrouver la mémoire est salvateur.

3 L'évidence est-elle un critère de vérité ?

a. L'évidence et la pseudo-évidence

Comment distinguer le vrai du faux, si le faux peut prendre l'apparence du vrai ? Le premier critère de la vérité, dit Descartes dans le *Discours de la méthode* (1641), est l'évidence. Mais comment distinguer l'évidence de la fausse évidence ?

La seule solution, poursuit Descartes, c'est de considérer « comme absolument faux tout ce en quoi je pourrais imaginer le moindre doute ». Ainsi, parce que les sens nous trompent parfois, je suppose qu'ils nous trompent toujours. Ensuite, comme on peut se tromper sur des raisonnements qui n'ont rien avoir avec les sens, je rejette « comme fausses toutes les raisons que j'avais prises auparavant pour démonstrations ». Enfin, je feins de croire que toutes les choses qui sont entrées dans mon esprit sont de même nature que les illusions de mes songes. Mais, aussitôt après, je remarque que pendant que je voulais ainsi penser que tout était faux, il fallait nécessairement que moi qui pensais cela, je « fusse quelque chose ». D'où : « Je pense donc je suis ».

b. Une seule évidence : le cogito

Je ne peux pas douter, au moment même où je doute de tout, que moi qui doute, je suis. La proposition « je suis, j'existe » est une évidence, au moment où je la conçois. Pour Descartes, la vérité a pour modèle métaphysique l'idée claire telle que nous l'expérimentons dans le cogito : « Je pense, je suis. » La vérité a pour signe infaillible l'évidence.

c. Une seule évidence : il n'y a pas d'évidence

Le cogito de Descartes exige, comme l'affirme Nietzsche, la croyance aux mots et à la grammaire : dire que s'il y a pensée, il doit y avoir aussi quelque chose qui pense, ce n'est qu'une manière de raisonner propre à notre routine grammaticale qui suppose à tout acte un sujet agissant. Or, « sauf les gouvernantes qui croient aujourd'hui encore à la grammaire [...] et, par conséquent, au sujet, à l'attribut, au complément, il n'est plus personne d'assez innocent pour poser, avec Descartes, le sujet *je* comme condition du verbe *pense* » (Nietzsche, *La Volonté de puissance*).

De plus, depuis l'apparition des géométries non euclidiennes, les mathématiciens se méfient des évidences. Notons aussi qu'avec les progrès de l'analyse (application de l'algèbre à la géométrie) apparaissent, dans la seconde moitié du XIXe siècle, des êtres mathématiques stupéfiants comme les courbes sans tangentes, les courbes remplissant un carré, premiers spécimens, comme le déclare le mathématicien Jean Dieudonné, « d'une galerie de monstres qui n'a cessé de s'amplifier jusqu'à nos jours ». La seule évidence est qu'il n'y a pas d'évidence.

L'introduction d'une explication de texte

Savoir-faire

Dans l'introduction, vous devez situer le texte, formuler la thèse principale du texte et en dégager la problématique.

Application

Document

Tu vois maintenant une erreur dans cette chose que tu aimas autrefois comme vraie ou comme probable : tu la rejettes loin de toi et tu te figures que ta raison vient de remporter une victoire. Mais peut-être cette erreur, jadis, alors que tu étais un autre – on ne cesse jamais d'être un autre – t'était-elle aussi nécessaire que tes « vérités » d'aujourd'hui ; c'était une sorte de peau qui te cachait, te voilait bien des choses que tu n'avais pas encore le droit de voir – c'est ta nouvelle vie, ce n'est pas ta raison qui t'a tué cette idée : Tu n'as plus besoin d'elle, elle s'effondre sur toi, et sa déraison vient au jour, elle sort en rampant comme un ver.

Quand nous exerçons notre critique ce n'est pas arbitrairement, ce n'est pas impersonnellement, c'est [...] parce qu'il y a en nous une poussée de forces vivantes en train de dépouiller leur écorce. Nous nions et nous sommes obligés de le faire parce qu'il y a quelque chose en nous qui VEUT vivre et qui VEUT s'affirmer, quelque chose que nous ne connaissons, que nous ne voyons peut-être pas encore !... Donnons ce bon point à la critique.

NIETZSCHE, *Le Gai Savoir* (1882)
trad. P. Klossowski, © 10/18, 1973.

Introduction

Situation du texte : dans cet extrait du *Gai Savoir*, Nietzsche affirme qu'existe en nous un vouloir-vivre, une « poussée de forces vivantes » qui nous oblige à nous dépouiller des vérités passagères.

Thèse : il n'y a ni erreur ni vérité mais le flux de la vie.

Problématique : il faut savoir se défendre des certitudes, mettre en cause les faux-semblants par une critique impitoyable des illusions.

Pour réussir le jour J

LES ERREURS À NE PAS COMMETTRE

• Ne pas confondre **vérité** et **réalité**. Il n'y a que chez Platon que la réalité est synonyme de vrai.

• Ne pas confondre le **vrai** et le **juste**.

• Ne pas confondre **scepticisme** et **méthode sceptique**. Le scepticisme est l'état de celui qui doute, qui refuse d'affirmer ou de nier, qui pratique la suspension définitive du jugement. Il s'agit avant tout d'un mode de vie qui fait le choix de la tranquillité de l'âme. Au doute sceptique, **subi**, **passif**, on opposera le doute cartésien, **méthodique**, **actif** dont le but est la recherche d'une vérité inébranlable.

• Le scepticisme a été critiqué mais la **méthode sceptique** (le **doute**), mise au service de la recherche de la vérité, a fait fortune. Malebranche (*Recherche de la vérité*) et Kant donnent toute sa valeur à la méthode sceptique, dont la fin ultime est la découverte de la vérité. Il s'agit d'une suspension méthodique du jugement en vue d'atteindre des jugements certains et indubitables.

LE VOCABULAIRE À UTILISER

• Le couple **objectif/subjectif** concerne la valeur de nos idées, de nos représentations ou de notre connaissance. Est **objectif** ce qui est vrai, universel, indépendant du sujet connaissant. Les sciences prétendent à l'objectivité (le terme d'objectivité est pour les scientifiques synonyme de vérité). Est **subjectif**, ce qui est relatif au sujet, particulier (par exemple, le jugement : « Le son du violon est agréable » est subjectif).

• D'un point de vue logique, on distingue la **vérité formelle** de la **vérité matérielle**. Un raisonnement peut être formellement valide, même s'il contient des propositions matériellement fausses. Exemple : tous les mammifères sont des vertébrés. Or, les poissons sont des mammifères. Donc les poissons sont des vertébrés. Bien que la seconde proposition soit matériellement fausse, le raisonnement est formellement valide. La **vérité formelle** est l'accord de la pensée avec elle-même (tel est le cas de la vérité en mathématiques). La **vérité matérielle** est l'accord de la pensée avec la réalité : seule l'expérience peut en attester (tel est le cas de la vérité dans les sciences expérimentales).

10 qcm pour réviser le cours

Corrigés, p. 201

1 Vérité est synonyme de :

❑ **a.** réel.
❑ **b.** objectif.
❑ **c.** juste.

2 La vérité en mathématique est :

❑ **a.** hypothético-déductive.
❑ **b.** absolue.
❑ **c.** matérielle.

3 « La somme des angles du triangle vaut deux droits ». La vérité de ce théorème est-elle :

❑ **a.** Relative ?
❑ **b.** Exacte ?
❑ **c.** Absolue ?

4 Dans les sciences physiques, la vérité est :

❑ **a.** l'adéquation de la pensée avec elle-même.
❑ **b.** l'évidence.
❑ **c.** l'adéquation de la pensée et de la réalité.

5 Qui a dit : « Il n'est plus personne d'assez innocent pour poser, avec Descartes, le sujet *je* comme condition du verbe *pense*. »

❑ **a.** Bachelard
❑ **b.** Nietzsche
❑ **c.** Popper

6 Pour Descartes, le critère de la vérité est :

❑ **a.** la preuve expérimentale.
❑ **b.** l'adéquation de la pensée avec le réel.
❑ **c.** l'évidence.

7 Pour Riemann, par un point pris hors d'une droite on peut faire passer :

❑ **a.** une parallèle à cette droite.
❑ **b.** une infinité de parallèles à cette droite.
❑ **c.** aucune parallèle à cette droite.

8 Qu'est-ce que la « maïeutique » platonicienne ?

❑ **a.** Un état avant notre naissance.
❑ **b.** L'art d'accoucher les esprits.
❑ **c.** La métempsychose.

9 Quelle est la première vérité indubitable à laquelle parvient Descartes ?

❑ **a.** Dieu existe.
❑ **b.** J'ai un corps.
❑ **c.** Je suis, j'existe.

10 Une proposition mathématique est vraie :

❑ **a.** matériellement.
❑ **b.** formellement.
❑ **c.** absolument.

Sujets

Sujet 1 TYPE BAC

Corrigé, p. 201

Soit le sujet de dissertation suivant :

Sommes-nous libres face à la vérité ?

Vous montrerez que nous ne sommes pas vraiment libres face à la vérité.

Sujet 2

Corrigé, p. 202

En vous aidant du texte proposé ci-dessous et du cours, démontrez la thèse suivante :

La vérité scientifique n'est pas absolue.

Document

C'est en réalité tout notre système de conjectures qui doit être prouvé ou réfuté par l'expérience. Aucune de ces suppositions ne peut être isolée pour être examinée séparément. Dans le cas des planètes qui se meuvent autour du soleil, on trouve que le système de la mécanique est remarquablement opérant. Nous pouvons néanmoins imaginer un autre système, basé sur des suppositions différentes, qui soit opérant au même degré. Les concepts physiques sont des créations libres de l'esprit humain et ne sont pas, comme on pourrait le croire, uniquement déterminés par le monde extérieur.

Dans l'effort que nous faisons pour comprendre le monde, nous ressemblons quelque peu à l'homme qui essaie de comprendre le mécanisme d'une montre fermée. Il voit le cadran et les aiguilles en mouvement, il entend le tic-tac, mais il n'a aucun moyen d'ouvrir le boîtier.

S'il est ingénieux il pourra se former quelque image du mécanisme, qu'il rendra responsable de tout ce qu'il observe, mais il ne sera jamais sûr que son image soit la seule capable d'expliquer ses observations. Il ne sera jamais en état de comparer son image avec le mécanisme réel, et il ne peut même pas se représenter la possibilité ou la signification d'une telle comparaison. Mais le chercheur croit certainement qu'à mesure que ses connaissances s'accroîtront, son image de la réalité deviendra de plus en plus simple et expliquera des domaines de plus en plus étendus de ses impressions sensibles. Il pourra aussi croire à l'existence d'une limite idéale de la connaissance que l'esprit humain peut atteindre. Il pourra appeler cette limite idéale la vérité objective.

Albert Einstein et Léopold Infeld, *L'Évolution des idées en physique*,
© Flammarion, 1938.

QCM

1 b. 2 a. 3 a. 4 c. 5 b. 6 c. 7 b. 8 b. 9 c. 10 b.

Sujet 1

■ Le sujet pose la question de savoir si l'on peut dire non au vrai. Soutenir ou réfuter des propositions sont des actes de la volonté. Mais le consentement intérieur dépend-il de la volonté ? Lorsqu'il s'agit d'une évidence (la somme des angles d'un triangle est égale à deux droits), l'expérience immédiate semble enseigner que notre jugement est nécessaire et non libre. Il en est de même lorsque quelque chose est établi par de bons arguments. Comme le constate Aristote dans l'*Éthique à Nicomaque* (III, 5), il n'y a jamais de délibérations sur l'incommensurabilité de la diagonale avec le côté du carré. Il n'y en a pas davantage sur ce qui se produit toujours de la même manière par nécessité, par nature, ou quelque autre cause (les solstices et le lever des astres). En revanche, est l'objet de nos délibérations tout ce dont nous sommes la cause et dont le résultat n'est pas toujours le même (questions de médecine, de politique, ou affaires d'argent…). La délibération a lieu pour ce qui, tout en se produisant avec fréquence, demeure incertain dans son aboutissement ainsi que là où l'issue est indéterminée.

■ Nous sommes donc portés d'autant plus librement vers quelque chose que nous sommes poussés par plus de raisons, car il est certain, dit Descartes, que notre volonté se meut avec plus de facilité et d'élan. Pourtant, nous avons aussi le sentiment immédiat d'une liberté infinie de notre volonté. Ne pouvons-nous pas affirmer ou nier, vouloir ou ne pas vouloir, en toute indépendance ? Cette certitude que nous avons à propos de notre volonté nous amène à conclure que nous devons pouvoir, bien que l'expérience atteste que cela n'ait sérieusement jamais lieu, refuser librement notre consentement, même lorsqu'il s'agit d'une évidence intellectuelle ou d'une vérité bien établie. Autrement dit, si dans la pratique il nous est difficile d'être libres face à la vérité, dans l'absolu il semble que cela soit possible.

■ Qu'est-ce que dire non au vrai ? Descartes répond qu'au moment même où nous concevons clairement et distinctement une chose, notre volonté est inclinée à affirmer. Elle n'est pas libre face à la vérité. Mais l'évidence ne s'impose qu'à un esprit attentif. Il est donc toujours en notre pouvoir de détourner notre attention des raisons qui nous font admettre telle chose pour vraie, de suspendre notre jugement, puis de trouver des raisons de douter et d'aller même jusqu'à affirmer le contraire. Mais Descartes ajoute aussitôt : « pourvu que nous pensions que c'est un bien d'affirmer par là notre libre arbitre ». Ce n'est donc pas sans raison que nous pouvons dire non au vrai. Nous ne sommes pas vraiment libres face à la vérité.

Sujet 2

■ La science n'est plus la contemplation de l'être. Elle est une élaboration de l'intelligence humaine. Toutefois, des philosophes et des savants pensent que les lois mises au jour par les scientifiques sont celles que Dieu a conférées à la nature. Ainsi, d'un côté, Leibniz affirme que dans l'explication des phénomènes, on ne doit pas faire appel à d'autres causes que des causes mécaniques. Mais, d'un autre côté, il affirme que les lois de la nature ont été établies par Dieu dans un univers harmonieux dont toutes les parties s'accordent. Au XIXe siècle, le scientisme, dans le prolongement du positivisme, affirme que la science est la seule voie de connaissance possible. Les théories mécanistes de la physique, extrapolées à la biologie et à la psychologie, sont interprétées comme dévoilant la structure ultime de l'être. Les pionniers de la science, tout en utilisant une méthode nouvelle pour rechercher la vérité, continuaient donc à se faire de la vérité une idée aussi absolue que leurs adversaires théologiens.

■ Mais les **lois de la physique** ne sont pas les **lois de la nature**, même si le savoir scientifique rejoint en quelque manière la réalité du monde sous forme de recettes efficaces. Ni vérité absolue de l'être ou de Dieu, ni simple jeu de représentations conventionnelles, la science est un travail d'objectivation qui nous rend capables d'avoir une prise efficace sur la réalité.

■ Dans *L'Évolution des idées en physique*, Einstein compare le scientifique à un homme essayant de comprendre le mécanisme d'une montre fermée qu'il n'a aucun moyen d'ouvrir. Il peut se former une image du mécanisme, mais il ne sera jamais sûr que cette image corresponde à la réalité. Toutefois, le chercheur peut raisonnablement croire « qu'à mesure que ses connaissances s'accroîtront, son image de la réalité deviendra de plus en plus simple et expliquera des domaines de plus en plus étendus de ses impressions sensibles. Il pourra aussi croire à l'existence d'une limite idéale de la connaissance que l'esprit humain peut atteindre ».

■ Mais cette limite idéale, ou « vérité objective », est en réalité inaccessible. Les lois ne sont ni vraies ni fausses mais approchées. Elles ne valent que pour une nature « réduite » de façon à leur correspondre. Léon Brunschvicg compare le savoir à un tableau dont l'original aurait été perdu. Comment déterminer si ce tableau est ressemblant ou non ? L'original, c'est l'être. Or, l'être en soi nous est, par définition, inaccessible.

■ L'histoire des sciences montre que la vérité scientifique n'est pas absolue. Bertrand Russell souligne dans *Science et religion* que les inventions techniques issues des vieilles théories scientifiques continuent à témoigner que celles-ci possèdent un certain degré de vérité pratique : « La science nous incite donc à abandonner la recherche de la vérité absolue, et à y substituer ce qu'on peut appeler la vérité "technique" qui est le propre de toute théorie permettant de faire des inventions ou de prévoir l'avenir. »

La politique

Introduction

a. Qu'est-ce que la politique ?

Étymologie

Le mot *politique* vient du grec *polis* qui signifie « cité ». Celle-ci est une communauté de citoyens (*politai*). Le terme *politikê* renvoie à l'activité organisatrice de la cité. **Platon** caractérise la politique comme une « science directive » dont le but est d'unir les citoyens dans une vie commune par la concorde et l'amitié. La politique est ainsi, au sens étymologique, l'**organisation de la société**.

Aristote (384-322 av. J.-C.), dans l'*Éthique à Nicomaque*, met en exergue le sentiment de bienveillance comme clé explicative des liens sociaux. C'est parce que « l'homme est un être qui aime son prochain » qu'il vit en société. « **L'homme est un animal politique** », écrit-il – le terme d'animal indiquant le caractère naturel de la sociabilité politique.

Cependant, toutes les sociétés humaines ne sont pas organisées politiquement. La politique apparaît lorsqu'un groupe élargi se constitue en vue d'intérêts communs et accepte de se soumettre à des lois et à un gouvernement.

La politique et l'art de gouverner

Les règles de l'art de gouverner découlent de cette donnée fondamentale que tout pouvoir s'efforce de **se conserver** et de maintenir l'État contre les dangers extérieurs et intérieurs. Il n'y a de fait politique que si un individu ou un groupe, quelle que soit la manière dont il a accédé au pouvoir, réussit à s'y maintenir. Tous les pouvoirs ont en commun de résister à tout ce qui, du dehors ou du dedans, tend à les détruire ou à les abaisser.

C'est dans une Italie divisée, éclatée en petits États que Nicolas **Machiavel** rédige *Le Prince*. On sait que dès sa publication, en 1532, *Le Prince* devint le livre de chevet des politiques : Charles Quint, Henri IV, Christine de Suède, Napoléon… Talleyrand l'annota, Frédéric le Grand le réfuta. Aujourd'hui encore des hommes politiques le méditent.

Qu'est-ce qui détermine l'activité politique ?

On parle de politique économique, religieuse, culturelle. Mais si l'on fait abstraction de ces contenus, pour ne retenir que le politique, que reste-t-il, sinon l'opposition entre ami et ennemi ? Partant de là tout groupe social qui réalise en son sein l'**unité** en lieu et place de la discorde peut devenir politique, qu'il s'agisse d'un syndicat, d'une Église...

b. Quelles relations existe-t-il entre la politique et les notions développées dans cette partie ?

La politique et la société

Qu'est-ce qui permet à une société de devenir politique ? Si l'amitié et la concorde mutuelle régnaient d'emblée au sein d'une société, des progrès seraient-ils encore possibles ? L'insociabilité marquée par l'ambition personnelle, la rivalité n'est-elle pas ce qui permet aux sociétés de progresser ?

La politique, la justice et le droit

Si la politique vise à maintenir l'unité au sein de la société, peut-elle le faire sans prendre en compte la justice et le droit ? Sans lois justes permettant l'accord de la liberté de chacun avec celle de tous, la cohésion sociale est-elle possible ? En outre, l'injustice sociale ne favorise-t-elle pas les inégalités et par voie de conséquence les inimitiés ?

Cependant, jusqu'où la politique peut-elle intervenir dans la vie économique pour remédier aux inégalités sans remettre en cause les règles de juste conduite que le gouvernement est tenu d'imposer à tous dans une société libre ? Faut-il traiter les individus de manière dissemblable pour compenser les inégalités sociales ?

La politique et l'État

La vie sociale n'exige-t-elle pas des institutions politiques qu'elles constituent le système de l'État pour gérer les intérêts contradictoires qui traversent la société civile ? Si l'État a pour fin la sécurité de la société qui l'a institué, il a aussi pour fin sa propre sécurité. C'est la raison pour laquelle il détient le **monopole de la violence** physique légitime. Le problème est alors de savoir si l'État représente vraiment l'intérêt général ou s'il est le représentant de la classe dominante. Auquel cas, la violence qu'il exerce peut-elle encore être considérée comme légitime ?

COURS

18 La société et les échanges

Les 5 points incontournables

• La société, organisation humaine

Le propre de toute société est d'être un milieu humain organisé, où les individus sont en relation et sont unis par les services qu'ils se rendent. Même si la société est divisée en classes aux intérêts contradictoires, elle est une nécessité, et existe sous des formes très diverses, allant du couple à la cité.

▶ *Cours 1 a, b ; 2 b*

• L'homme est par nature un être social

Pour Aristote, l'homme est naturellement porté à s'intégrer dans une société : en effet, l'individu isolé est conscient de sa faiblesse et de son impuissance à répondre seul à ses besoins.

Malgré la nécessité de règles pour la vie en collectivité, l'homme s'y soumet car il sait qu'il a besoin des autres.

▶ *Cours 1 c ; 2 b*

• La fin de la société est le bonheur de l'homme

Que ce soit pour Platon, Aristote ou Rousseau, la finalité de la société est toujours le bonheur de l'individu. Les hommes choisissent donc librement de vivre ensemble, selon un accord tacite (ce que Rousseau nomme le « contrat social »).

▶ *Cours 1 c ; 2 a, b, c*

• L'« insociable sociabilité »

Même si la sociabilité est naturelle, la priorité de l'homme va toujours à sa propre conservation et à son intérêt personnel ; mais cela peut être un bien pour la société car chacun cherche à développer ses propres capacités, différentes de celles de l'autre. Cependant, la société doit idéalement viser à n'être plus une contrainte.

▶ *Cours 3 a, b, c*

• Les échanges au cœur de la société

Les échanges de services et de biens sont au cœur de tout groupement humain : la puissance de l'homme sur la nature augmente à mesure que s'intensifient les échanges en société, utiles à la communauté en ce qu'ils renforcent les liens entre les individus qui la composent.

▶ *Cours 4*

1 Qu'est-ce que la société ?

a. Définition

Par société, on entend un groupe d'hommes unis par des intérêts communs et des relations d'interdépendance. Ces liens ne vont pas de soi dans la mesure où des antagonismes traversent la société. Parler de « bonne société » ou de « haute société », n'est-ce pas reconnaître implicitement que toute société est divisée en couches ou classes dont les intérêts sont contradictoires ? Mais, au-delà des divergences ou des intérêts particuliers, il faut bien que la société réponde à une nécessité, sans quoi elle éclaterait.

b. Quelle est la nécessité de la société ?

La coopération des hommes est d'abord une nécessité. Comme le souligne Platon dans *La République*, l'**échange utilitaire** fait le lien social : « Ce qui donne naissance à une cité [...] c'est [...] l'impuissance où se trouve chaque individu de se suffire à lui-même, et le besoin qu'il éprouve d'une foule de choses. » De plus, l'individu isolé, vivant sans rapport avec autrui, sans langage, ne pourrait être, selon la formule de Nietzsche, qu'« une brute ou un dieu ».

Enfin, ne faut-il pas admettre un **sens naturel du lien social** ? C'est la thèse d'Aristote : les hommes sont par nature des êtres sociaux, que rapprochent des liens d'affection. Grotius aussi affirme que l'homme est, par nature, un être sociable, c'est-à-dire un être qui possède « le désir de la société » ou « une certaine inclination à vivre avec ses semblables paisiblement, et dans une communauté de vie aussi bien réglée que ses lumières le lui suggèrent ». Il va jusqu'à affirmer que la nature même nous porterait encore à rechercher le commerce de nos semblables, quand bien même nous n'aurions besoin de rien.

c. Société et individu

Toute société est composée d'individus unis par des liens déterminés. Sans le respect de règles communes, la vie en société serait impossible. Mais la résistance que chacun oppose aux contraintes collectives témoigne du fait que l'individu revendique le droit d'exister en tant qu'**être ayant une valeur en lui-même**, indépendante de son appartenance à un groupe. Schopenhauer affirme même que, plus un individu a de la valeur, moins il supporte la vie sociale qui entrave son développement : « Toute société a pour compagne inséparable la contrainte et réclame des sacrifices qui coûtent d'autant plus cher que la propre individualité est plus marquante. » (*Aphorismes*, 1851.)

S'il n'est pas question de nier l'attachement de l'individu à lui-même, on peut toutefois soutenir qu'il n'y a de bonheur bien compris qu'en société. Car ce qui fait homme l'individu, ce n'est pas, comme le souligne Auguste Comte, l'individu lui-même, mais le langage, la pensée, le savoir et le savoir-faire, « toutes choses qui viennent non de lui-même, mais de la société de ses contemporains et de ses prédécesseurs ».

À NOTER
Sans la société, l'individu ne serait pas un être humain mais un simple exemplaire de notre espèce biologique.

Reste que, si l'individu tire son humanité de la société, il ne saurait se fondre en elle sans perdre son identité, donc ce qui fait de lui une personne différente des autres. Il convient d'éviter tout autant la fusion que le divorce.

2 Comment organiser la société ?

a. Platon et la cité idéale

Dans *La République*, Platon construit la cité parfaite, qui consiste en une hiérarchie s'ordonnant selon les degrés mêmes du savoir : les **philosophes** doivent gouverner la cité parce qu'ils possèdent le vrai savoir, la connaissance suprême du bien par pure intellection (*noêsis*). Ils incarnent la science contemplative et la sagesse, vertu suprême, est leur apanage. En dessous de ces chefs doivent se situer les **guerriers** ou gardiens de la cité. Ils possèdent en propre la pensée raisonnante ou discursive (*dianoia*). Le courage est leur vertu. Ils constituent l'armature de l'État. Tout en bas, au champ ou à l'atelier, se trouvent les simples citoyens, la masse des **producteurs**. Leur connaissance est de l'ordre de la foi et de l'opinion. Ils sont le ventre de la cité. La vertu de tempérance se trouve réalisée lorsqu'il y a accord parfait entre les éléments supérieurs et inférieurs de la cité.

La **justice**, quant à elle, consiste dans la division du travail et la spécialisation des fonctions de chaque citoyen. Pour Platon, le dommage suprême résulterait de la confusion et de la mutation des trois classes de la cité. Peu importe, en fait, qu'une telle cité soit réalisable ou non. La cité idéale, dont le juste est le ressort, permet de juger les cités imparfaites : c'est là son mérite essentiel.

b. Aristote ou la cité comme communauté du bien-vivre

Selon Aristote, la **société** est entièrement **naturelle**. Le climat, le sol, la nature même de l'homme, ses facultés imposent des genres de société différents. Il faut donc renoncer au modèle idéal de la cité platonicienne.

Dans le *Politique*, il expose les divers stades de la société. Ainsi, la première communauté humaine ou société, c'est le **couple**, la famille. Selon sa finalité, le couple revêt deux aspects différents : l'union de l'homme et de la femme en vue de la procréation, ou l'union du maître et de l'esclave en vue de la production. Dans le couple, la soumission et la subordination de la « femelle » au « mâle » et de l'« esclave » au « maître » sont choses naturelles. Le deuxième stade de la société est le **village**, constitué de la réunion de plusieurs familles. Il a pour but la satisfaction des besoins. Le troisième stade de la société, qui résulte de l'union des villages entre eux, est l'**État** ou la cité. L'État représente la fin de toutes les sociétés antérieures en réalisant leur plein développement et leur but, qui est le « bien-vivre ». En effet, pour Aristote, la fin principale de la vie en société, c'est le **bonheur**.

c. Rousseau ou la nécessité d'une religion civile

Pour Rousseau, le lien social doit être **fondé sur un contrat**. Mais tout contrat présupposant d'être établi par une société, il ne peut servir à la fonder. Le législateur doit donc recourir à une autorité d'un autre ordre, qui puisse entraîner sans violence et persuader sans convaincre.

Cet autre ordre, c'est celui des sentiments religieux. Ainsi, Rousseau reconnaît que la religion peut servir d'instrument à la politique. Toutes les religions sont bonnes pour autant qu'elles favorisent le sentiment de sociabilité. Elles sont mauvaises dès qu'elles engendrent la division, édictent des élections ou des rejets, et instituent des intermédiaires comme les prêtres ou les prophètes entre Dieu et les hommes. Aussi Rousseau propose-t-il une « **religion civile** ». Les dogmes en sont fort simples : « Existence de la divinité, bonheur des justes, châtiment, sainteté du contrat social et des lois. » Pour Rousseau, la société est fondamentalement morale, elle est même un ordre sacré. Est donc nécessaire « une profession de foi purement civile dont il appartient au souverain de fixer les articles, non pas précisément comme dogmes de religion, mais comme sentiments de sociabilité, sans lesquels il est impossible d'être bon citoyen ni sujet fidèle ».

3 Les hommes sont-ils vraiment sociables ?

a. L'« insociable sociabilité » des hommes

La plupart des êtres humains éprouvent une répugnance naturelle à voir périr ou souffrir tout être sensible et principalement leurs semblables, mais c'est, peut-être, plus par crainte pour soi que par sympathie. Admettons toutefois que les hommes aient une certaine propension à la sociabilité. Il n'en demeure pas moins que c'est d'abord leur bien-être et la conservation d'eux-mêmes qu'ils recherchent. De ce fait, ils veulent tout diriger dans leur sens et cherchent à échapper aux contraintes de la vie en société. Si l'homme a des tendances sociables, celles-ci sont donc inséparables de tendances inverses, de penchants à l'insociabilité. Et

Kant, dans *Idée d'une histoire universelle au point de vue cosmopolitique* (1784), n'hésite pas à évoquer ce qu'il appelle « l'insociable sociabilité » des hommes.

b. L'insociabilité est un facteur de progrès

Cette insociabilité résulte des passions égoïstes. Cependant, si elle est moralement condamnable, elle constitue pour une société des **ferments de progrès**. Imaginons en effet une communauté qui ignore les antagonismes : vivant dans une concorde, une satisfaction et un amour mutuel parfaits, les hommes, « doux comme les agneaux qu'ils font paître, ne donneraient à l'existence guère plus de valeur que n'en a leur troupeau domestique ». Les talents resteraient à jamais enfouis en germe.

> ATTENTION !
> Ainsi, deux forces s'opposent en l'homme : la **sociabilité**, qui le pousse à rechercher ses semblables, et l'**insociabilité**, qui le porte à résister aux autres et menace sans cesse de dissoudre la société.

c. La fin de l'insociabilité peut-elle être pensée ?

Faut-il, pour autant, considérer cette insociabilité comme le dernier mot de l'histoire ? La véritable destination de l'homme n'est-elle pas la réalisation de sa nature d'être raisonnable ? L'idée que l'insociabilité disparaîtra pour laisser place à la sociabilité a un usage régulateur : elle peut orienter dynamiquement la pensée des hommes et les amener à réaliser les actes nécessaires à son actualisation. La société ne sera plus alors vécue comme une contrainte.

4 Les échanges

a. Les échanges ont contraint les hommes à vivre en société

Les échanges ont permis d'éviter la dispersion des individus et des groupes qui aurait pu être mortelle pour l'espèce humaine, l'homme pouvant difficilement survivre seul. En outre, sans la disposition des hommes à échanger, chacun aurait été obligé de se procurer lui-même tous les biens nécessaires à la vie. Chacun aurait eu la même tâche à exécuter et les mêmes produits à fabriquer, et n'aurait pas existé la diversité d'occupations que nos sociétés connaissent, diversité qui a donné naissance à des talents différents. Si bien que de moyen de la société, les échanges en sont devenus la fin, en particulier sous la forme de nombreux d'agréments : conversations (échange de paroles), jeux, fêtes, rencontres… Le penchant humain pour l'échange a entraîné la **division du travail**, la multiplication des métiers, chacun vendant ce qu'il a fabriqué et achetant ce que d'autres ont produit. La puissance de l'homme sur la nature s'est ainsi accrue.

b. Du troc à l'apparition de la monnaie

Les premiers échanges ont eu lieu de groupe à groupe et correspondent à une division géographique du travail. Ainsi, sur les bords de la Méditerranée, on échangeait le blé des montagnes contre le vin des plaines côtières. La première forme de l'échange est donc le **troc** d'objets utiles contre d'autres.

Mais, lorsque les groupes humains s'agrandissent, la **division du travail** s'instaure en leur sein et les différents travailleurs sont amenés à échanger entre eux les produits de leur travail. Dès lors apparaît une autre forme de l'échange : le **commerce par « achat » et « vente »**. Ce commerce intérieur suppose la propriété privée. De plus, il exige des commerçants, un marché, une monnaie.

La **monnaie** résout le problème de l'équivalence entre des marchandises de valeur inégale : par exemple, si la maison vaut plus que les chaussures, la différence sera compensée en argent. Cependant, si l'argent permet de comparer les produits à échanger, il n'est en aucun cas le fondement de la valeur. À l'origine, ce n'est jamais qu'une marchandise parmi d'autres, un objet d'usage qui peut être facilement conservé, transporté et divisé. Avec le développement des échanges, les pièces vont être frappées d'un signe indiquant leur quantité de métal. Ce signe est une convention sociale et peut être manipulé.

c. L'échange domestique et l'échange chrématistique

Pour Aristote, le véritable fondement de la valeur d'un produit est **l'usage** qu'on peut en faire. S'il n'y avait besoin de rien, il n'y aurait pas échange. Mais on peut objecter à Aristote qu'il y a des biens d'usage gratuits, l'air par exemple. D'autre part, on constate dans les sociétés développées qu'une marchandise qui ne trouve pas d'acquéreur ne perd pas pour autant son prix. Il revient à Adam Smith d'avoir découvert le fondement de la **valeur**. Dans *Recherche sur la nature et les causes de la richesse des nations* (1776), il affirme que le prix d'un bien est le travail que coûte sa production. Voilà pourquoi certains biens d'usage sont gratuits, tandis que des biens de peu d'usage comme l'or ou l'argent coûtent un prix élevé.

L'échange n'est donc d'abord qu'un moyen de se procurer des objets nécessaires à la vie et utiles à la communauté. Pour Aristote, cet art d'acquérir, propre à l'**économie domestique**, est conforme à la nature. Mais, avec l'introduction de la monnaie, une nouvelle forme d'échange apparaît : la « **chrématistique** ».

Dans l'échange propre à l'économie domestique, l'argent (A) n'est qu'un moyen terme dans l'échange entre marchandises (M). On a la formule MAM. Dans l'échange chrématistique, l'argent devient le terme de l'échange : on a AMA. La limite de cette forme d'échange est

> **À NOTER**
> L'argent dénature aussi le travail lui-même, qui ne se définit plus d'après son résultat mais d'après le gain qu'il procure.

le prêt à intérêt, ou encore, comme aujourd'hui, la spéculation boursière. Là, dit Aristote, « l'argent produit de l'argent, de telle sorte que cette manière d'acquérir des richesses soit la plus contraire à la nature ».

d. L'échange chrématistique

Pour que deux marchandises différentes puissent être échangées, il faut qu'il y ait une **commune mesure** permettant de les comparer quantitativement. Pour Adam Smith, le **travail** est la mesure réelle de la valeur échangeable de toute marchandise. Qualitativement et quantitativement différentes, les marchandises ont néanmoins en commun d'être des produits du travail humain.

De quel travail s'agit-il ? Pour **Marx**, la détermination de la valeur par la quantité de travail suppose que tous les travaux, aussi différents et concrets soient-ils, puissent être ramenés à un même travail abstrait, général, indifférencié. Or, tout travail est une dépense de force physique et intellectuelle.

Ainsi, au double caractère de la marchandise qui est à la fois **valeur d'usage** (objet utile) et **valeur d'échange** (objet échangeable) correspond le double caractère du **travail** qui est à la fois **concret et abstrait**. Par exemple, le travail du tailleur est concret, différencié, producteur de vêtements donc de choses utiles, mais il est aussi abstrait, indifférencié, comme dépense de force humaine de travail et producteur d'une valeur d'échange. Une marchandise n'a de valeur que pour autant que du travail humain abstrait est matérialisé en elle. Ainsi, deux marchandises qui, pour leur production, exigent le même temps de travail auront la même valeur. Encore faut-il considérer le travail dans une société donnée, c'est-à-dire le temps qu'il faut en moyenne pour produire telle ou telle marchandise.

Marx a montré, dans *Le Capital*, que le **salaire** n'est pas le prix du travail mais le **prix de la force de travail**, c'est-à-dire « l'ensemble des facultés physiques et intellectuelles qui existent dans le corps d'un homme [...] et qu'il doit mettre en mouvement pour produire des choses utiles ». La force de travail est une marchandise qui vaut comme toute autre : sa valeur est déterminée par le temps de travail nécessaire à sa production, c'est-à-dire le temps de travail nécessaire à la production des moyens de subsistance dont l'ouvrier a besoin pour l'entretien de sa force de travail.

> **ATTENTION !**
> La **plus-value** ou profit résulte de la différence entre la valeur d'usage de la force de travail (c'est-à-dire le travail qu'elle fournit qui peut se mesurer en quantité de produits) et sa valeur d'échange (c'est-à-dire le travail qu'elle coûte).

Ainsi s'éclaircit le mystère de l'échange chrématistique. Le changement de valeur exprimé par AMA' provient de l'exploitation par le capitaliste de cette marchandise particulière dont la valeur d'usage est source de valeur échangeable : la force de travail.

Dégager l'idée principale d'un texte (la thèse) et problématiser

Savoir-faire

La thèse principale d'un texte est celle qui fait l'objet de la démonstration de l'auteur. C'est l'idée directrice autour de laquelle s'articule le texte. Il vous appartient de la repérer et de la formuler clairement. Pour problématiser, vous devez trouver la thèse contradictoire.

Application

Document

L'homme est un être qui aime son prochain et qui vit en société. Que parmi ces liens d'affection, les uns soient plus éloignés, les autres tout proches de nous, cela ne fait rien à la chose : toute affection est précieuse pour elle-même et non pas seulement pour les services qu'on en tire. Si donc l'affection pour les concitoyens est précieuse pour elle-même, il faut nécessairement en dire autant pour les gens de même nation et de même race, en sorte qu'il en va pareillement de l'affection pour tous les hommes. De fait, les sauveteurs sont ainsi disposés à l'égard du prochain qu'ils accomplissent le plus souvent leur sauvetage non pas en vue d'une récompense, mais parce que la chose vaut d'être faite pour elle-même. Qui donc, voyant un homme écrasé par une bête, ne s'efforcerait, s'il le pouvait, d'arracher à la bête sa victime ? Qui refuserait d'indiquer la route à un homme égaré ? Ou de venir en aide à quelqu'un qui meurt de faim ? Ou, s'il a découvert une source dans un désert aride, ne la ferait connaître par des signaux à ceux qui suivent la même route ? Qui donc enfin n'entendrait avec horreur, comme contraires à la nature humaine, des propos tels que ceux-ci : « Moi mort, que la terre soit livrée aux flammes ! » ou : « Que m'importe le reste, mes affaires à moi prospèrent » ? De toute évidence, il y a en nous un sentiment de bienveillance et d'amitié pour tous les hommes, qui manifeste que ce lien d'amitié est chose précieuse par elle-même.

Aristote, *Éthique à Nicomaque* (IVe siècle av. J.-C.), © Éditions Vrin.

Idée principale ou thèse du texte

Existe chez l'homme un sentiment naturel de bienveillance qui vaut aussi bien pour ceux qui nous sont proches que pour l'humanité dans son ensemble. C'est le principe de ce sentiment qui est à l'œuvre dans les actions où l'on porte secours à autrui. C'est ce même principe de bienveillance qui rend insupportables des propos égoïstes, « contraires à la nature humaine ».

La thèse d'Aristote prend une double forme. D'une part, « l'homme est un être qui aime son prochain » ; d'autre part, « l'homme est un être qui vit en société ». Le rapprochement de ces deux formules suggère un lien entre ce qui est de l'ordre du *fait* (l'homme vit en société) et ce qui est de l'ordre du *principe* (l'homme aime son prochain). Et l'on peut supposer que ce qui est de l'ordre du principe – la nature de l'homme – explique le fait d'évidence – la vie de l'homme en société. Ce principe ne relève pas directement de l'observation, même si de nombreux faits le confirment ; il a cependant valeur d'explication quant à la sociabilité humaine. On retrouve l'adage fameux, attribué à Aristote : « L'homme est un animal politique », où le terme d'« animal » indique la « naturalité » de la socialité politique.

L'accord que le lecteur ne peut manquer de donner à la seconde partie de la thèse, qui a l'évidence de son universalité, facilite l'acceptation de la première.

Problématisation

L'affirmation aristotélicienne de la bienveillance naturelle de l'homme est discutable. Ce qui est en question, c'est évidemment l'impossibilité d'une quelconque vérification de ce sentiment supposé premier. La Shoah ou la collaboration du régime de Vichy avec les nazis n'annihilent-elles pas d'une manière définitive cette idée d'une bienveillance naturelle chez tous les hommes ? Les partisans d'une hostilité primordiale de l'homme envers l'homme, mettant en avant la notion première de « polémique », semblent plus réalistes.

Dans *Léviathan*, Hobbes affirme que, sans pouvoir fort, les hommes s'affronteraient en raison même de leur nature. Chaque individu possédant les mêmes besoins, le même droit de se défendre par tous les moyens dont il dispose, chercherait à atteindre ses fins : la conservation et l'accroissement de ses forces. Or, dit Hobbes, « si deux individus désirent la même chose alors qu'il n'est pas possible qu'ils en jouissent tous les deux, ils deviennent ennemis ». De ce fait, chacun s'efforce de détruire ou de dominer l'autre. Les individus égaux en nature sont autant de forces se redoutant mutuellement. Et la défiance réciproque engendre la guerre : « L'homme est un loup pour l'homme. » L'état naturel est donc un état de guerre de chacun contre chacun.

Kant imagine l'existence sur une autre planète d'êtres raisonnables, mais incapables de penser autrement que tout haut. De tels êtres ne peuvent coexister que s'ils sont d'une pureté angélique, car la moindre mauvaise pensée suffirait à introduire la discorde. La dissimulation partielle que tout homme juge nécessaire pour ses propres pensées suffit à faire ressortir que chacun trouve à propos d'être sur ses gardes et de ne pas se laisser voir tout entier tel qu'il est. Dissimuler, mystifier intentionnellement sont choses courantes et manifestent, il faut bien le reconnaître, une malveillance certaine.

Pour réussir le jour J

LES ERREURS À NE PAS COMMETTRE

- Ne pas confondre **autrui**, les **autres** et la **société**. La société n'est pas la somme des individus qui la composent.

LE VOCABULAIRE À UTILISER

- **Naturel** désigne ce qui est donné par la nature, par opposition à ce qui est le produit de la culture. Dans le cadre d'une réflexion politique, il est nécessaire de démêler ce qu'il y a d'inné et d'acquis dans l'état actuel de l'homme. L'insociabilité de l'homme est-elle naturelle ou bien le produit de la société ? Rousseau, par exemple, considère que l'homme est naturellement bon mais que la société le corrompt.

- En réalité, il est difficile de séparer ce qui en l'homme est purement naturel et ce qui est purement culturel. En l'homme, tout est **à la fois naturel et culturel**.

Comme le souligne Merleau-Ponty dans *Phénoménologie de la perception* : « Il n'est pas plus naturel ou pas moins conventionnel de crier dans la colère ou d'embrasser dans l'amour que d'appeler table une table. Les sentiments et les conduites passionnelles sont inventées comme les mots. Même ceux qui, comme la paternité, paraissent inscrits dans le corps humain sont en réalité des institutions. »

Il est impossible de superposer chez l'homme une première couche de comportements que l'on appellerait « naturels » et un monde culturel ou spirituel fabriqué.

- Par **état de nature**, les philosophes du contrat social, tels Hobbes ou Rousseau, entendent « la condition naturelle de l'homme », autrement dit l'état des hommes hors de la société civile. Il s'agit d'une hypothèse permettant de discerner le genre de vie qui prévaudrait s'il n'existait pas de pouvoir visible, de lois pour tenir les hommes en respect et les lier à l'exécution de leurs conventions par la crainte des châtiments.

- Par **état social**, on entend l'état des hommes dans une société organisée politiquement et juridiquement.

10 qcm pour réviser le cours

Corrigés, p. 217

1 Selon Platon, qu'est-ce qui fait le lien social ?

- ❑ **a.** L'échange utilitaire.
- ❑ **b.** La bienveillance naturelle des hommes.
- ❑ **c.** Le sentiment naturel de pitié.

2 Qui a écrit : « Toute société a pour compagne inséparable la contrainte et réclame des sacrifices qui coûtent d'autant plus cher que la propre individualité est plus marquante. »

- ❑ **a.** Nietzsche
- ❑ **b.** Platon
- ❑ **c.** Rousseau

3 S'oppose à la sociabilité :

- ❑ **a.** l'asociabilité.
- ❑ **b.** l'insociabilité.
- ❑ **c.** l'égoïsme.

4 S'oppose à l'insociabilité :

- ❑ **a.** la sociabilité.
- ❑ **b.** l'asociabilité.
- ❑ **c.** l'altruisme.

5 L'état de nature :

- ❑ **a.** a existé.
- ❑ **b.** est une hypothèse spéculative.
- ❑ **c.** est un idéal.

6 Selon Aristote, quelle est la fin principale de la vie en société ?

- ❑ **a.** Le bien-être matériel.
- ❑ **b.** La division du travail.
- ❑ **c.** Le bonheur.

7 Selon Platon, les philosophes doivent gouverner la cité car :

- ❑ **a.** le courage est leur vertu.
- ❑ **b.** la sagesse est leur vertu.
- ❑ **c.** l'intelligence est leur vertu.

8 Que propose Rousseau pour fonder le lien social ?

- ❑ **a.** Un contrat.
- ❑ **b.** Une religion civile.
- ❑ **c.** La force des lois.

9 Selon Kant :

- ❑ **a.** l'homme est asocial.
- ❑ **b.** l'homme est sociable.
- ❑ **c.** l'homme est d'une insociable sociabilité.

10 Selon Kant, l'insociabilité de l'homme est source de :

- ❑ **a.** régression.
- ❑ **b.** progrès.
- ❑ **c.** stagnation.

Sujet

Sujet

Corrigé, p. 217

Document **La parabole des porcs-épics**

Ce texte, extrait des Parerga et Paralipomena, *raconte la tragique alternative d'un troupeau de porcs-épics qu'un rigoureux hiver condamne à choisir entre mourir de froid en restant isolés les uns des autres, ou se transpercer cruellement avec leurs piquants en se rapprochant pour se protéger du froid.*

Par une froide journée d'hiver, un troupeau de porc-épics s'était mis en groupe serré pour se garantir mutuellement contre la gelée par leur propre chaleur.

Mais tout aussitôt ils ressentirent les atteintes de leurs piquants, ce qui les fit s'éloigner les uns des autres.

Quand le besoin de se chauffer les eut rapprochés de nouveau, le même inconvénient se renouvela, de façon qu'ils étaient ballotés de ça de là entre deux souffrances, jusqu'à ce qu'ils eussent fini par trouver une distance moyenne qui leur rendît la situation supportable.

Ainsi, le besoin de société pousse les hommes les uns vers les autres ; mais leurs nombreuses qualités repoussantes et leurs insupportables défauts les dispersent de nouveau. La distance moyenne qu'ils finissent par découvrir et à laquelle la vie en commun devient possible, c'est la politesse et les belles manières.

SCHOPENHAUER, *Parerga et Paralipomena*, § 396 (1851),
trad. de J.-P. Jackson, © Coda, 2010.

Question

Quel est le sens de cette parabole ?

QCM

1 a. 2 a. 3 b. 4 a. 5 b. 6 c. 7 b. 8 a. 9 c. 10 b.

Sujet

■ Le sens de cette parabole contient toute l'éthique pessimiste de Schopenhauer : les hommes sont naturellement rétifs aux contacts avec leurs semblables. Mais comme ils sont condamnés à vivre ensemble, ils doivent, comme les porcs-épics de la fable, décider de se tenir raisonnablement éloignés les uns des autres, afin de préserver l'individualité salutaire sans rompre totalement un lien social malheureusement indispensable.

■ Toute société est composée d'individus unis par des liens déterminés. Sans le respect de règles communes, morales, religieuses, juridiques, la vie sociale serait impossible. Mais la résistance que chacun oppose aux contraintes collectives témoigne du fait que l'individu revendique le droit d'exister en tant qu'être ayant une valeur en lui-même, indépendante de son appartenance à un groupe. Schopenhauer affirme même que plus un individu a de la valeur, moins il supporte la vie sociale qui entrave son développement : « Toute société a pour compagne inséparable la contrainte et réclame des sacrifices qui coûtent d'autant plus cher que la propre individualité est plus marquante. » (*Aphorismes*.) Par conséquent, le goût de la solitude est d'autant plus grand que la valeur de son propre moi est réelle.

■ Freud évoque cette parabole de Schopenhauer au chapitre 6 de *Psychologie collective et analyse du moi*. Il affirme que la conception schopenhauerienne de la rétivité affective est confirmée par le témoignage de la psychanalyse : « Toute relation affective intime de quelque durée entre deux personnes [...] laisse un dépôt de sentiments hostiles, inamicaux. »

■ On songe également à Sartre qui affirme que l'amour poursuit une liberté-chose. D'un côté, l'amant souhaite posséder l'être aimé, en faire sa chose. De l'autre, il désire que l'être aimé l'aime librement. L'amour est un tyran qui exige une obéissance volontaire. Je veux que tu m'aimes librement : telle pourrait être la formule de l'amour. Ou bien l'être aimé devient ma chose et l'amour se transforme en habitude et meurt (on ne peut pas aimer une chose). Ou bien l'être aimé conserve une trop grande liberté et je deviens anxieux, jaloux et me remplis d'inimitié.

19 La justice et le droit

COURS

Les 5 points incontournables

Droit positif et droit naturel

Le droit est ce qui est commandé : d'un côté, le **droit positif** correspond aux lois édictées, délimitant les devoirs de l'individu et restreignant sa liberté. De l'autre, le **droit naturel** correspond aux limites morales que l'individu s'assigne à lui-même par son discernement et sa conscience.

▶ *Cours 1 b*

Ce qui est légal n'est pas forcément légitime

Si la **légalité** est la conformité à la loi, celle-ci n'est pas nécessairement **légitime**, c'est-à-dire juste : la loi ne peut valoir plus que son fondement, et respecter une loi injuste, c'est être injuste.

▶ *Cours 2 c*

La justice et la loi

Pour Hobbes, la justice est une autorité supérieure (le Léviathan) qui décide de la loi, à laquelle l'homme doit se soumettre. Or, **la justice ne peut pas se confondre entièrement avec les lois** : si elle consiste à réguler la liberté des individus et qu'elle a en vue l'ordre public, elle ne peut se limiter à un ensemble de prescriptions formelles.

▶ *Cours 2 b, c*

L'individu et la justice

Le rôle de la justice est de faire respecter les droits de chacun, en admettant le principe fondamental de l'égalité de tous devant la loi (inscrit dans la Déclaration des droits de l'homme de 1789).

Toutefois, cette égalité peut recouper deux réalités :

– soit on donne à chacun la même chose (**justice commutative**) ;
– soit on donne à chacun selon ses besoins ou son mérite (**justice distributive**).

▶ *Cours 1 c ; 2 a*

La vraie nature de la justice

Idéalement, la vraie justice dépasse l'appareil des lois. Elle doit s'articuler autour de principes plus larges, tels que :

– la nécessité d'éduquer les citoyens au bien général, comme le montre Platon ;
– l'interaction entre la force et le droit ;
– ou encore le rôle curatif et personnel de la sanction.

En un sens, la justice s'apparente à une vertu.

▶ *Cours 2 c ; 3 a, b, c*

1 Qu'est-ce que la justice ? Qu'est-ce que le droit ?

a. Ce que suggère l'étymologie

Le terme *juste* vient du latin *jus* qui signifie « droit ». Le terme *droit* vient du latin *directum* qui signifie « aligné », « en ligne droite ». Selon, l'étymologie, la justice est la rectitude, donc le respect des règles du droit. Cependant *jus*, le nom romain du droit, ne dérive pas de *justitia* (« justice ») mais de *jussum* (« ce qui est commandé ») : le droit, ce n'est donc pas ce qui est juste mais ce qui est commandé. Or ce qui est commandé est-il toujours juste ? On voit que l'étymologie conforte deux positions : l'identification de la justice au droit ou, au contraire, leur différence.

b. Droit positif et droit naturel

Le **droit positif** est l'ensemble des prescriptions légales restreignant la souveraineté de l'individu, lui prescrivant certains devoirs, délimitant la sphère de son activité. C'est donc à proprement parler l'**ordre social**, l'ordre juridique, la contrainte légale. L'objectif avoué de ce droit est de permettre une vie aussi pacifique que possible entre des hommes enclins aux passions, à l'égoïsme.

Le **droit naturel** vient du fait que l'homme est, par nature, un être doué de raison. D'où l'affirmation que le droit naturel est une règle suggérée par la **droite raison**, selon laquelle nous jugeons qu'une action est morale ou injuste d'après sa conformité à la nature raisonnable de l'homme. C'est sur ce droit naturel unique que devrait idéalement reposer le droit positif, soit les divers codes de loi. Dans la philosophie du droit naturel des XVIIe et XVIIIe siècles, le droit naturel est immuable. Il devient un ensemble de normes ou de règles universelles, éternelles, intemporelles. D'où, en particulier, la Déclaration des droits de l'homme et du citoyen en 1789.

c. Identité et égalité devant la loi

Du latin *identitas*, *identité* signifie « le même », donc l'unité d'un être ou d'une chose. Avoir le sentiment de son identité, c'est se sentir un, semblable à soi-même dans le temps. Tous les êtres humains se présentent de façon identique devant la loi : en ce sens, on parle d'égalité (en droit). D'où la fameuse proposition de la Déclaration des droits de l'homme de 1789 : « Tous les hommes naissent et demeurent libres et égaux en droit. »

> ATTENTION !
>
> Il y a plusieurs manières de concevoir l'égalité. Celle-ci peut consister à **donner à chacun la même chose** (« **justice commutative** ») ou bien à donner à chacun selon ses besoins, mieux encore selon son mérite : c'est l'**égalité proportionnelle** (« **justice distributive** »). L'égalité devant la loi ne reste-t-elle pas formelle si elle ne tient pas compte des inégalités sociales ?

2 La justice se confond-elle avec le droit ?

a. La justice est le respect des droits positifs d'autrui

Chacun a des droits positifs reconnus par les lois de son pays, mais chacun doit aussi respecter les droits d'autrui. Ce respect est ce qu'on appelle la justice. Toute violation d'un droit quelconque est une injustice. Un employeur doit respecter la législation du travail ; en acceptant telle ou telle fonction d'État, j'entre dans des institutions dont les lois me régissent. Auguste Comte considère même que l'idée que l'homme a des droits est absurde et immorale et que les justes garanties individuelles ne peuvent que résulter de l'accomplissement par chacun de ses devoirs.

b. La justice se confond avec les lois

L'établissement de lois permet de réguler la liberté sauvage des hommes. En un premier sens, comme **légalité**, la justice se confond avec les lois : « Toutes les actions prescrites par la loi sont justes, en ce sens » (Aristote). Socrate, condamné injustement, refusa le salut dans la fuite, préférant mourir en respectant les lois que vivre en les transgressant. Pas de lois, pas d'État, pas d'État de droit.

Pour **Hobbes**, « l'homme est un loup pour l'homme et l'état de nature un état de guerre de tous contre tous » (*Léviathan*). Aussi, pour garantir la paix, les hommes doivent se soumettre au souverain (le pouvoir) qui, décidant de la justice, peut leur imposer n'importe quelle loi, à laquelle ils n'ont que le devoir d'obéir.

Une telle perspective culmine dans la doctrine du **positivisme juridique**, qui identifie la justice à l'institution volontaire d'un appareil de règles destiné à régir de manière rigoureuse la conduite des hommes. Cette justice requiert dans son élaboration comme dans son fonctionnement une certaine cohérence logique qu'on appelle « **formalisme** » ou « **juridisme** ». S'il n'y a rien de juste et d'injuste que ce qu'ordonnent les lois positives, il en résulte que la justice n'a besoin d'aucun fondement. Elle implique seulement l'élaboration d'un code civil et d'un code pénal, l'existence de tribunaux et de fonctionnaires pour faire observer les lois.

c. L'insuffisance du positivisme

Le positivisme juridique est insuffisant car il affirme que le fait de la loi (la **légalité**) est plus important que sa valeur (la **légitimité**). N'est-ce pas, en effet, être injuste que respecter une loi injuste ?

« Plaisante justice qu'une rivière borne ! Vérité en deçà des Pyrénées, erreur au-delà » : ce propos de Pascal (*Pensées*) nous rappelle que tout dispositif juridique positif établissant des règles de conduite est marqué de relativité. Dès lors, si rien ne préside à l'ordonnancement des règles et ne peut par la raison entraîner un respect immédiat, toutes les pressions exercées sur la volonté des hommes ne pourront endiguer leur liberté. Si la justice sans la force est impuissante, la force sans la justice est tyrannique et accusée. Le droit doit donc être **juste**, c'est-à-dire accorder à chacun le maximum de liberté compatible avec celle de l'autre.

> À RETENIR
> Ce qui est **légal** n'est pas toujours **légitime**. La vraie justice ne peut donc se réduire au seul respect des droits positifs.

3 Quelle est l'âme de la justice ?

a. La justice comme équité

Aristote distingue la « **justice générale** » et la « **justice particulière** ». La première réside dans la conformité à la loi et dans les actes vertueux, la seconde est l'**équité**. L'équité consiste dans l'égalité a = b, qui signifie que les objets échangés doivent avoir la même valeur. Derrière l'équivalence des objets échangés se profile évidemment l'égalité en droit des personnes : telle est la **justice commutative**.

En revanche, en ce qui concerne l'application de la loi générale aux cas particuliers, la vraie justice est la **justice distributive**, qui donne à chacun selon ses mérites. Sous cette forme, l'**équité** permet la rencontre entre les formulations générales du Code pénal et un verdict particulier. L'équité permet de pallier les lacunes de la loi. Sur le plan social, la justice distributive doit veiller à ce que les inégalités naturelles ne soient pas aggravées par des inégalités artificielles, qui proviendraient d'une organisation sociale défectueuse ne permettant pas à chacun de s'épanouir selon son mérite.

b. La charité est l'âme de la justice

Des devoirs moraux existent dont le respect est encore un devoir de justice. Au-delà de la justice, il y a la **charité** qui est, selon le mot de Leibniz, « la justice du sage ». L'évolution du droit montre que certains droits n'ont été reconnus que progressivement et que c'est le cœur qui a permis de les pressentir avant que la raison ne s'en forme un concept précis, accepté et entendu par tous de la même manière. En ce sens, justice et charité s'identifieraient.

c. La vraie justice est une vertu

La vraie justice n'est pas une vertu particulière, mais une **vertu générale**, en ce sens qu'elle suppose toutes les autres. C'est pourquoi Aristote la considérait comme une vertu éminente, affirmant que « ni l'étoile du soir, ni l'étoile du matin ne sont ainsi admirables ».

Restituer la thèse principale d'un texte dans le contexte de la philosophie de l'auteur

Savoir-faire

Au lieu de problématiser, on peut, après l'avoir expliquée, éclairer la thèse d'un texte en la replaçant dans le contexte de la philosophie de l'auteur. Cela est possible lorsqu'on connaît la philosophie de l'auteur.

Application

Document

[Pour les philosophes des Lumières], la raison pensante fut la seule et unique mesure à appliquer à toute chose. […] Toutes les formes antérieures de société et d'État, toutes les vieilles idées traditionnelles furent déclarées déraisonnables et jetées au rebut ; le monde ne s'était jusque-là laissé conduire que par des préjugés ; tout ce qui appartenait au passé ne méritait que pitié et mépris. Enfin le jour se levait ; désormais la superstition, l'injustice, le privilège et l'oppression devaient être balayés par la vérité éternelle, la justice éternelle, l'égalité fondée sur la nature, et les droits inaliénables de l'homme. […] Nous savons aujourd'hui que ce règne de la raison n'était rien d'autre que le règne idéalisé de la bourgeoisie ; que l'égalité aboutit à l'égalité bourgeoise devant la loi ; que l'on proclama comme l'un des droits essentiels de l'homme la propriété bourgeoise ; et que l'État rationnel, le contrat social de Rousseau ne vint au monde, et ne pouvait venir au monde, que sous la forme d'une République démocratique bourgeoise.

Engels, *Socialisme utopique et socialisme scientifique* (1880),
trad. P. Lafargue, © Aden éditions, 2005.

Dans le *Contrat social*, **Rousseau** réfute la thèse identifiant le droit à la force. « Qu'est-ce qu'un droit qui périt quand la force cesse ? » demande-t-il à propos du prétendu « droit du plus fort ». « Ce mot de droit n'ajoute rien à la force ; il ne signifie ici rien du tout. » Affirmer que la puissance fonde la légitimité, c'est confondre le domaine du *fait* (ce qui est) avec celui du *droit* (ce qui doit être).

Ainsi, contre le sophiste Calliclès mis en scène par Platon dans le *Gorgias*, qui fait de la force l'unique mesure du droit, Rousseau affirme l'**essence morale**

du droit : céder à la force n'est nullement un devoir ; ce n'est qu'aux « puissances légitimes » qu'on est tenu d'obéir.

Les tyrans l'ont bien compris, qui cherchent toujours à masquer la force brutale sous des prétextes honorables. Car la force nue est sans pouvoir sur les consciences. Pour régner durablement, la force a tout intérêt à se faire passer pour le droit. L'hypocrisie des propagandes est, d'une certaine façon, l'hommage que la force brutale rend au droit.

S'opposant à Rousseau, **Engels** (compagnon de Marx) affirme que le droit, quel qu'il soit, fonctionne comme une **idéologie** qui légitime et cache la réalité de la **domination d'une classe sur une autre.** Toute classe dominante est obligée, pour se maintenir et pour réaliser ses buts, de représenter son intérêt comme l'intérêt commun de tous les membres de la société, c'est-à-dire de donner à ses idées la forme de l'universalité.

C'est pourquoi le droit naturel moderne prétend être fondé sur la raison et se présente comme éternel et universel. Il n'est cependant, selon Marx et Engels, que le droit de l'homme égoïste, de la société bourgeoise soucieuse de ses intérêts.

Pour Marx et Engels, les pensées dominantes dans une société ne sont rien d'autre que « l'expression des rapports qui font d'une classe la classe dominante ; autrement dit ce sont les idéees de sa domination ».

Pour réussir le jour J

LES ERREURS À NE PAS COMMETTRE

• Le **droit positif** est l'ensemble des prescriptions légales qui restreignent la souveraineté de l'individu, lui prescrivent certains devoirs, délimitent la sphère de son activité. C'est donc à proprement parler l'ordre social, l'ordre juridique, la contrainte légale. L'objectif avoué du droit positif est de permettre une vie aussi pacifique que possible entre des hommes enclins aux passions et à l'égoïsme.

• Le **droit naturel** vient du fait que l'homme est, par nature, un être doué de raison. D'où l'affirmation que le droit naturel est une règle suggérée par la droite raison, selon laquelle nous jugeons qu'une action est morale ou injuste d'après sa conformité à la nature raisonnable de l'homme. C'est sur ce droit naturel unique que devrait idéalement reposer le droit positif. Dans la philosophie du droit naturel des XVIIe et XVIIIe siècles, le droit naturel devient un ensemble de normes ou de règles universelles, éternelles, intemporelles (Déclaration des droits de l'homme et du citoyen de 1789).

LE VOCABULAIRE À UTILISER

• **Identité** (du latin *identitas*) signifie « le même ». Avoir le sentiment de son identité, c'est se sentir un, semblable à soi-même dans le temps. Tous les êtres humains se présentent de façon identique devant la loi. En ce sens, on parle d'égalité (en droit). D'où la fameuse proposition de la Déclaration des droits de l'homme de 1789 : « Tous les hommes naissent et demeurent libres et égaux en droit. »

• L'**égalité** peut être conçue de plusieurs manières :

– elle peut consister à donner à chacun la même chose : c'est la « **justice commutative** » ;

– elle peut consister à donner à chacun selon ses besoins, mieux encore selon son mérite : c'est l'égalité proportionnelle ou « **justice distributive** ».

• **Différent** se dit des choses ou des êtres qui, tout en étant autres, ont quelque identité. La différence est donc un rapport d'altérité entre des choses ou des êtres ayant des éléments identiques.

10 qcm pour réviser le cours

Corrigés, p. 227

1 Qu'est-ce qui s'oppose au droit positif ?

❑ **a.** Le droit négatif.
❑ **b.** L'injustice.
❑ **c.** Le droit naturel.

2 Le droit positif est :

❑ **a.** l'ensemble des lois écrites propres à un pays.
❑ **b.** le droit du plus fort.
❑ **c.** le droit coutumier.

3 Quelle est la doctrine qui assimile la justice à la loi ?

❑ **a.** Le légalisme.
❑ **b.** Le positivisme juridique.
❑ **c.** L'idéalisme juridique.

4 Qui a écrit : « L'homme est un loup pour l'homme et l'état de nature est un état de guerre » ?

❑ **a.** Hobbes
❑ **b.** Pascal
❑ **c.** Rousseau

5 Qui a écrit : « Plaisante justice qu'une rivière borne ! Vérité en deçà des Pyrénées, erreur au-delà » ?

❑ **a.** Nietzsche
❑ **b.** Rousseau
❑ **c.** Pascal

6 Le droit juste est :

❑ **a.** le droit positif.
❑ **b.** celui qui permet l'accord de la liberté de chacun avec celle de tous.
❑ **c.** le droit du plus fort.

7 Qu'est-ce qui s'oppose à la justice commutative ?

❑ **a.** La justice ordonnatrice.
❑ **b.** L'équité.
❑ **c.** La justice distributive.

8 Est légitime :

❑ **a.** l'égalité.
❑ **b.** la légalité.
❑ **c.** ce qui est juste.

9 La sanction pénale doit être :

❑ **a.** curative.
❑ **b.** exemplaire.
❑ **c.** dissuasive.

10 Qui a écrit : « La charité est la justice du sage » ?

❑ **a.** Aristote
❑ **b.** Pascal
❑ **c.** Leibniz

Sujets

Sujet 1 TYPE BAC

Corrigé, p. 227

Soit le sujet de dissertation suivant :

Le droit peut-il se substituer à la morale ?

Vous montrerez que le droit ne peut pas se substituer à la morale.

Sujet 2

Corrigé, p. 228

Document

Il n'y a donc point de liberté sans lois, ni où quelqu'un est au-dessus des lois : dans l'état même de nature l'homme n'est libre qu'à la faveur de la loi naturelle qui commande à tous. Un peuple libre obéit, mais il ne sert pas ; il a des chefs et non pas des maîtres ; il obéit aux lois, mais il n'obéit qu'aux lois et c'est par la force des lois qu'il n'obéit pas aux hommes. Toutes les barrières qu'on donne dans les républiques au pouvoir des magistrats ne sont établies que pour garantir de leurs atteintes l'enceinte sacrée des lois : ils en sont les ministres, non les arbitres, ils doivent les garder non les enfreindre. Un peuple est libre, quelque forme qu'ait son gouvernement, quand dans celui qui le gouverne il ne voit point l'homme, mais l'organe de la loi. En un mot, la liberté suit toujours le sort des lois, elle règne au ou périt avec elles. Je ne sache rien de plus certain.

ROUSSEAU, *Lettres écrites de la montagne* (1764), Huitième Lettre.

Questions

1. Expliquez : « ils en sont les ministres, non les arbitres ».

2. Expliquez : « Un peuple est libre, quelque forme qu'ait son gouvernement, quand dans celui qui le gouverne il ne voit point l'homme, mais l'organe de la loi. »

3. Qu'est-ce qu'un peuple ?

QCM

1 c. 2 a. 3 b. 4 a. 5 c. 6 b. 7 c. 8 c. 9 a. 10 c.

Sujet 1

■ À quoi peut bien servir la morale si le simple respect des lois suffit à garantir une vie sociale paisible ? Le droit ne pourrait-il pas remédier au défaut de moralité des êtres humains ?

■ On a tendance à considérer le droit comme l'expression sociale de la morale, ou, symétriquement, la morale comme formulation des exigences du droit. En fait, il convient de distinguer nettement droit et moralité.

■ Tantôt le **droit** est **plus large que la morale** : il peut très bien permettre des actions immorales. Les principes de 1789 et le Code civil autorisaient à disposer de son bien de façon inconditionnelle. La propriété individuelle était un droit sans limites, conférant à son titulaire des prérogatives dont il pouvait librement user au gré de ses caprices. Ainsi le propriétaire avait le bénéfice de l'immunité et de l'irresponsabilité quand il se servait de son droit pour nuire à autrui. Seule la morale pouvait alors limiter ce droit de disposition. Aujourd'hui, au contraire, de nombreuses lois apportent des restrictions aux droits du propriétaire : ainsi, je n'ai pas le droit de faire construire sur le toit de ma maison une fausse cheminée dans le seul but de gêner la vue de mon voisin. Mais il n'en reste pas moins que je peux disposer de mon avoir dans certaines limites. Là encore la morale peut m'obliger à partager, voire à donner sans contrepartie tel bien que je possède, des vêtements par exemple pour les plus démunis.

■ Tantôt la **morale** est **plus large que le droit**. Elle permet bien des actions que le droit interdit. Comme, par exemple, d'accueillir momentanément chez moi, sans en avertir les autorités, tel immigré réduit, par des lois que je juge iniques, à la clandestinité.

■ Tandis que le droit n'exige rien concernant la morale, celle-ci, au contraire, formule expressément des « exigences » à l'égard du droit. D'une part, c'est au nom de la morale que la relation d'une institution, ou d'une personne, à l'égard d'une autre personne doit se faire selon les règles du droit (à condition que celles-ci soient justes). Ce n'est pas le droit qui dit au droit ce qu'il doit faire, c'est la morale qui « exige l'observation du droit à l'égard d'autrui ». D'autre part, c'est la morale « qui impose que le droit soit respecté ». C'est donc la morale qui assure la légitimité du droit. Ces deux traits assurent la **supériorité** incontestable **de la morale sur le droit**, impuissant à trouver en lui son propre fondement.

- Enfin, dans le cas où il n'est pas possible pour le droit d'intervenir, c'est à la morale d'exprimer ses « déterminations ». Là où cesse le domaine du droit, s'étendent les « déterminations morales ». Seuls les devoirs dont le non-respect rend impossible la coexistence du libre arbitre de chacun avec celui de l'autre, font partie des devoirs du droit. Une invitation à déjeuner ou une promesse de tour de valse n'ont pas de valeur juridique. Et ce, pas seulement parce que le maître de maison ou le danseur n'ont aucune intention de lui en donner une, mais parce que le droit ne consacre que des intérêts socialement importants. Or, parmi les devoirs envers autrui, on ne trouve pas que des devoirs juridiques, on trouve aussi des devoirs de vertu comme celui du respect de la parole donnée (même s'il ne s'agit que d'une invitation à déjeuner) ou encore ceux de bienfaisance, de pitié, de reconnaissance. La morale l'emporte donc sur le droit, soit en le légitimant à l'égard d'autrui et pour lui-même, soit en ayant un domaine d'application nettement plus large.

Sujet 2

- **1.** « ils en sont les ministres, non les arbitres » : la loi doit être au centre, le pouvoir exécutif des magistrats à la périphérie. Les magistrats doivent être « les ministres », c'est-à-dire servir les lois, et non se servir d'elles à leur profit. « Ministre » est à prendre ici au sens plein de son étymologie : « au service de ».

- **2.** « Un peuple est libre, quelque forme qu'ait son gouvernement, quand dans celui qui le gouverne il ne voit point l'homme, mais l'organe de la loi » : le pouvoir exécutif doit être un « organe de la loi ». Il doit être un moyen au service du tout, selon ce principe que la loi est le seul pouvoir. Il en résulte que l'exécutif est dépendant du législatif.

- **3.** Première figure possible du peuple condamnée par Rousseau : « quelqu'un [ou quelques-uns] est au-dessus des lois ». Dès lors, il n'y a plus un peuple uni de citoyens où le chef, chargé de faire appliquer la loi, est lui-même soumis à la loi, mais un ensemble disparate d'individus. Certains d'entre eux, en se mettant au-dessus des lois, se sont érigés en maîtres. Le rapport à la loi est un rapport où l'obéissance de tous est remplacée par la servitude du plus grand nombre.

- L'autre figure du peuple prônée par Rousseau permet un lien social qui n'est plus marqué par la relation individuelle d'individus occupant des positions particulières dans un rapport de force. Au contraire, le rapport valorisé par l'obéissance à la loi est un rapport de droit qui, en soustrayant la personne au rapport de force, la libère. Tous les sujets forment le peuple des citoyens. L'obéissance de tous à la loi est bien la condition de la formation d'un peuple.

20 L'État

Les 5 points incontournables

• L'État comme pouvoir politique

Toute société ne peut pas être qualifiée d'État : celui-ci correspond au pouvoir politique qui réglemente la vie sociale et établit des rapports entre un gouvernement et ceux qu'il gouverne.
La notion de classes inhérente à la société peut cependant compromettre l'idée d'un État qui représenterait toute la société, selon Marx et Engels.

Cours 1 a ; 2 c

• Les philosophes du contrat social : Hobbes et Rousseau

Dans la société, on peut distinguer deux entités qui ont a priori des intérêts contradictoires : l'État et l'individu.
Pour que le premier existe, des philosophes comme Hobbes et Rousseau font l'hypothèse d'un contrat social qui le fonderait. Selon eux, il est un artifice nécessaire pour soumettre les volontés individuelles.
Pour Hobbes, l'État est une puissance visible, dont le rôle est de maintenir l'ordre.

Cours 1 b ; 2 a

• Hegel : l'État permet la réalisation de la liberté

Hegel s'oppose à la notion de contrat social : les intérêts individuels ne doivent pas être soumis à l'intérêt politique, et un contrat ne peut être passé qu'entre deux individus ou partis égaux. Dès lors, l'État est le cadre dans lequel s'exerce la liberté individuelle.

Cours 2 b

• L'État et la loi

Si le rôle de l'État est de maintenir l'ordre et de faire respecter la loi, cette autorité doit être légitime en dérivant du peuple souverain : chacun doit pouvoir adhérer librement à la loi pour y obéir. Les pouvoirs sont séparés mais interagissent.

Cours 3 b

• L'État est garant de la justice sociale

Selon **Hobbes**, l'État a un rôle de régulateur des rapports et tensions entre les individus, en vue du bien de chacun. Une justice est nécessaire, que l'État se charge de restaurer par la répression quand elle est bafouée. La visée première et fondamentale de l'État est donc le **bien commun**.

Cours 1 c ; 3 a, c

1 Qu'est-ce que l'État ?

a. L'État et le politique

Du latin *status* (de *stare*, « se tenir debout »), le mot État n'apparaît qu'au XVIe siècle, chez Machiavel en particulier. Il désigne alors une « physionomie historique » du politique. L'État ne se confond donc pas avec la catégorie entière du politique. La **cité grecque** ne forme pas un État. Elle est, selon Hegel, « une belle totalité vivante » où les citoyens ne sont ce qu'ils sont que parce qu'ils font corps avec la cité. Si la ***civitas* romaine** constitue la *res publica*, elle ne s'élève pas jusqu'à l'État.

Durant la **féodalité** médiévale, les rapports politiques sont des **relations interpersonnelles** (engagement vassalique, serment de fidélité). L'idée d'État n'apparaît que lorsqu'aux rapports privés de maître à sujet se substituent les **rapports de gouvernant à gouverné**. La notion d'État implique donc l'idée d'un pouvoir qui transcende les volontés particulières de celui qui commande et de ceux qu'il commande.

b. L'État et l'état naturel

Dans le *Léviathan* (1651), **Hobbes** considère le genre de vie qui prévaudrait s'il n'existait pas de pouvoir visible pour tenir les hommes en respect. Chaque individu, possédant par nature les mêmes forces, les mêmes besoins, le même droit de se défendre, chercherait, pour conserver et accroître ses forces, à détruire ou à dominer l'autre.

À RETENIR

L'**état naturel** est donc un état de « guerre de chacun contre chacun ». D'où la nécessité d'un État qui transcende les volontés particulières.

L'État procède de l'institutionnalisation du pouvoir conformément à des exigences rationnelles d'ordre. Il n'est **pas un donné de la nature mais une construction de la pensée**. C'est ce que montre Hobbes en exposant les mécanismes par lesquels est institué l'**État-Léviathan**. Celui-ci est l'établissement, au terme d'un calcul rationnel, de la puissance publique habilitée à exercer son autorité sur tous les individus qui constituent la communauté. L'institution du Léviathan est l'« artifice » qui permet aux hommes d'échapper à la guerre qui prévaudrait si aucun pouvoir visible ne régulait leur liberté sauvage.

c. La finalité de l'État

La **souveraineté** est l'essence même de l'État. Celui-ci possède donc le pouvoir de légiférer, d'administrer et de punir. Mais on ne peut pas pour autant lui conférer le monopole de la violence légitime. Car si l'État est maître de la force armée et des forces de police, sa finalité essentielle est toujours le bien commun, l'intérêt général.

2 L'État relève-t-il d'un contrat social ?

a. L'État et le contrat social

Selon **Hobbes**, seul un artifice, le **contrat**, permet de sortir de l'état de guerre qui prévaudrait dans l'état de nature. En effet, si chacun cède le droit qu'il a sur toute chose, la guerre n'a plus de raison d'être. Dès lors, l'État peut naître : il résulte de la cession du pouvoir et de la force du plus grand nombre possible d'individus à un seul homme, ou à une seule assemblée, qui puisse réduire toutes leurs volontés, par la règle de la majorité, en **une seule volonté** : « La multitude ainsi unie en une seule personne est appelée une République, en latin *civitas*. »

Pour **Rousseau** aussi, seul le **contrat social** peut unir les volontés individuelles et transformer les individus en citoyens. Les clauses de ce contrat se réduisent à une seule : chaque associé renonce à ses droits naturels au profit de la communauté, en échange d'une liberté et d'une sécurité garanties par la loi.

b. La nature de l'État ne relève pas d'un contrat

Hegel refuse radicalement l'idée du contrat social comme fondement de la société civile et de l'État. Selon lui, la notion de **contrat** relève uniquement du **droit privé** : elle est adéquate pour rendre compte de la vente et de l'achat des marchandises, et plus généralement des rapports de propriété. Confondre le droit privé et le droit public, la sphère de la propriété et la sphère de la société civile est une grave erreur.

Il convient, de plus, de **distinguer la société civile de l'État**. Chez Hegel, l'État définit, non seulement l'articulation des buts individuels et des buts politiques généraux, mais également les relations qui existent entre les individus. L'État est l'unité du tout et, comme tel, s'élève bien au-dessus de la société civile.

c. L'État, représentant de la classe dominante ?

Pour **Marx et Engels**, si l'État peut apparaître comme « le représentant officiel de toute la société », c'est parce qu'il est l'État de la classe qui, « pour son temps, représente elle-même toute la société ». Ainsi, l'État moderne est celui de la bourgeoisie. Cette dernière a intérêt à faire passer son intérêt particulier pour l'intérêt de tous. La finalité de la lutte des classes est le **communisme**, c'est-à-dire une **société sans classes et donc sans État**.

3 L'État a-t-il pour but de maintenir l'ordre ?

a. Le but premier de l'État est d'assurer l'ordre

Selon **Hobbes**, l'État est l'ordre rationnel que l'homme met en place pour se préserver et se prémunir contre la destruction qui résulterait des rapports de force interindividuels qui éclateraient à l'état de nature. La fin de l'État est donc la préservation de la vie de l'homme. La **puissance de l'État** doit être **absolue**. Est juste ce que le souverain ordonne, injuste ce qu'il interdit. La contrainte exercée par le Léviathan ne vise qu'à imposer la paix et l'harmonie. Autrement dit, le pouvoir absolu est légitime tant qu'il assure la paix civile.

b. L'État ne peut maintenir l'ordre sans la justice

Mais l'ordre ne peut se maintenir longtemps s'il n'est pas légitime, autrement dit s'il n'est fondé que sur la domination et la violence du plus fort. Comme le souligne Rousseau, « le plus fort n'est jamais assez fort pour être toujours le maître, s'il ne transforme sa force en droit et l'obéissance en devoir » (*Du contrat social*, I, 3).

> À RETENIR
> Il n'y a donc **pas d'ordre**, c'est-à-dire de disposition rationnelle vraie, **sans justice**. Seules les lois qui émanent de la volonté générale et qui garantissent donc la liberté des sujets, sont dignes et susceptibles d'être respectées.

Rousseau refuse donc l'idée de Hobbes d'un gouvernant aux pouvoirs sans limites qui n'assurerait la sécurité de tous les citoyens qu'en leur faisant perdre leur liberté, c'est-à-dire leur humanité. Un chef politique légitime n'est le maître de personne : il fait respecter la loi voulue par le peuple souverain, loi à laquelle il doit lui aussi se soumettre. **Un peuple libre n'obéit qu'aux lois**. Le pouvoir exécutif doit dépendre du pouvoir législatif. Les magistrats sont des ministres, c'est-à-dire, comme l'étymologie l'indique, des « serviteurs ». Ils doivent être au service de la loi et non s'en servir.

c. L'État et la justice sociale

Cependant, s'il n'y a **pas d'ordre sans justice**, il n'y a **pas** non plus **de justice sans ordre**. Il appartient donc à l'État de faire respecter l'ordre, autrement dit d'avoir recours à la répression quand la loi est bafouée. Il n'y a d'ordre véritable que dans le cadre d'une législation juste qui permette l'accord de la liberté de chacun avec celle de tous – législation qui doit être respectée par tous.

Bâtir la justice, cela signifie aussi veiller à une répartition équitable des richesses produites. L'État doit assurer les conditions élémentaires de la dignité humaine (santé, éducation, protection contre le chômage…). L'État doit donc favoriser une plus grande **justice sociale**, en évitant toutefois la logique du totalitarisme.

Rédiger la conclusion d'une explication de texte

Savoir-faire

Dans la conclusion d'une explication de texte, vous devez rappeler :

– dans le premier paragraphe, le problème philosophique posé par le texte, ou la question à laquelle l'auteur répond ;

– dans le deuxième paragraphe, la thèse de l'auteur ;

– dans le troisième paragraphe, votre solution au problème posé par le texte, ou la portée de la thèse de l'auteur.

Application

Document

Il faut savoir qu'il y a deux manières de combattre, l'une par les lois, l'autre par la force : la première sorte est propre aux hommes, la seconde propre aux bêtes ; mais comme la première bien souvent ne suffit pas, il faut recourir à la seconde. Ce pourquoi est nécessaire au Prince de bien savoir pratiquer la bête et l'homme. Cette règle fut enseignée aux Princes en paroles voilées par les anciens auteurs, qui écrivent comment Achille et plusieurs autres de ces grands seigneurs du temps passé furent donnés à élever au centaure Chiron pour les instruire sous sa discipline. Ce qui ne signifie autre chose, d'avoir ainsi pour gouverneur une demi-bête et demi-homme, sinon qu'il faut qu'un Prince sache user de l'une et de l'autre nature, et que l'une sans l'autre n'est pas durable. Puis donc qu'un Prince doit savoir bien user de la bête, il en doit choisir le renard et le lion ; car le lion ne peut se défendre des rets, le renard des loups ; il faut donc être renard pour connaître les rets, et lion pour faire peur aux loups.

Machiavel, *Le Prince* (1513), chapitre 18, trad. Jacques Gohory, remaniée par Yves Levy, Paris, Éditions de Cluny, 1938.

Conclusion rédigée

Premier paragraphe

Dans ce texte, Machiavel répond à la question : comment gagner et conserver le pouvoir ?

Deuxième paragraphe

Machiavel répond qu'il y a « deux manières de combattre » : l'une propre à l'homme, l'autre propre aux bêtes. D'un côté les lois, de l'autre la force. On aurait pu s'attendre à ce que la manière de combattre propre à l'homme soit, par principe moral, la seule prônée. Or tel n'est pas le cas, parce qu'il ne s'agit pas ici de morale mais d'action, et celle-ci, ou bien triomphe, ou bien échoue.

Face à un type de discours moralisateur, qui affirme qu'il faut réprimer l'animalité en nous, Machiavel parle en toute clarté, parce qu'il écrit à un seul, au Prince, et que son discours est un texte d'éducation. Tant qu'à être bête, la vanité du Prince se satisferait d'être lion, le roi des animaux.

Mais dans la tripartition des animaux que propose Machiavel, seule l'alliance, si disparate, du lion et du renard permet de triompher.

Car deux types d'obstacles sont présents. On connaît toujours plus fort que soi : c'est le cas du lion qui ne sait, par sa taille même, se dépêtrer des filets des chasseurs ; c'est aussi le cas du renard, trop faible devant le loup.

Mais la force (ou la ruse) de l'un sert l'autre : la force du lion élimine le loup qui prétendait attaquer le renard, la ruse du renard vient au secours du lion dont les chasseurs allaient s'emparer. Être l'un et l'autre, voilà qui permet de gagner et de conserver le pouvoir.

Troisième paragraphe

L'intérêt du texte réside dans le réalisme politique de Machiavel mais aussi dans l'affirmation de la nécessaire alliance entre la puissance et l'habileté, et ce à l'encontre de la vision commune qui assimile le pouvoir du Prince à une simple démonstration de force, alors que la ruse, par essence invisible, puisqu'elle ne peut être démasquée, est parfois plus efficace.

Cependant, les conseils de Machiavel restent tributaires de l'importance que pouvait avoir la personnalité du Prince dans les petits États morcelés de l'Italie de son temps. Et du même coup ses conseils pourraient faire croire à un lecteur d'aujourd'hui que, lorsqu'il s'agit de pouvoir, tout se joue dans la sphère exclusive du pouvoir, et en termes « psychologiques » d'honnêteté, de ruse ou de force, oubliant l'importance du droit.

Pour réussir le jour J

LES ERREURS À NE PAS COMMETTRE

- Ne pas confondre **pouvoir absolu** et **arbitraire**. Chez Hobbes, le souverain gouverne à l'aide de lois, c'est-à-dire de règles qui s'appliquent à tous les citoyens. Il s'agit donc d'un État de droit qui, comme tel, s'oppose à l'arbitraire.
- Ne pas confondre **pouvoir absolu** et **despotisme**. Le despote n'est animé que par sa seule volonté, son seul caprice fait loi. Or, le souverain de Hobbes gouverne en vue de l'intérêt général. C'est le bien du citoyen qui est le but de l'État.
- Ne pas confondre **pouvoir absolu** et **totalitarisme**. L'État totalitaire prétend tout régir, non seulement la sphère politique mais aussi la vie privée des individus.

Or, l'État de Hobbes est à l'opposé d'une telle conception. Si Hobbes considère que toute loi édictée par le souverain est juste, il ne pense pas pour autant que toute loi soit bonne. Pour l'être, elle doit posséder deux caractères : être claire et nécessaire au salut du peuple.

À l'opposé du totalitarisme, chez Hobbes tout n'est pas politique, et le domaine privé ne relève pas des prérogatives de l'État mais de la seule liberté des individus. Si Hobbes est partisan de l'absolutisme en politique, il demeure partisan du libéralisme en économie.

LE VOCABULAIRE À UTILISER

- Pour les philosophes du contrat social, tels Hobbes ou Rousseau, l'**état de nature** est la condition naturelle de l'homme, autrement dit l'état des hommes hors de la société civile. Cet état ne correspond pas à une réalité historique, c'est une **hypothèse théorique** qui permet de montrer comment vivraient les hommes en l'absence de tout pouvoir visible, de lois pour les tenir en respect et les lier par la crainte des châtiments qu'entraînerait la non-exécution de leurs conventions.
- Par **état social**, on entend l'état des hommes dans une société organisée politiquement et juridiquement.

10 qcm pour réviser le cours

Corrigés, p. 238

1 Selon Hobbes, l'état de nature est :

❑ **a.** un état de guerre de chacun contre tous.
❑ **b.** un état d'innocence.
❑ **c.** un état de paix.

2 Pour qui l'État est-il le Léviathan ?

❑ **a.** Marx
❑ **b.** Hobbes
❑ **c.** Nietzsche

3 L'État détient le monopole :

❑ **a.** de la violence légitime.
❑ **b.** de la violence symbolique.
❑ **c.** de la violence morale.

4 La conformité aux lois est :

❑ **a.** la légalité.
❑ **b.** la justice.
❑ **c.** la légitimité.

5 Selon Machiavel, le bon gouvernant doit allier :

❑ **a.** la douceur et la force.
❑ **b.** la force et la ruse.
❑ **c.** la tolérance et le respect des droits de l'homme.

6 Pour qui les philosophes doivent-ils être rois ?

❑ **a.** Hobbes
❑ **b.** Platon
❑ **c.** Rousseau

7 Qu'est-ce qui s'oppose à l'état de nature ?

❑ **a.** L'état artificiel.
❑ **b.** L'état de culture.
❑ **c.** L'état social ou civil.

8 La justice distributive s'oppose à :

❑ **a.** la justice redistributive.
❑ **b.** la justice commutative.
❑ **c.** l'équité.

9 Pour qui l'État est-il au service de la classe dominante ?

❑ **a.** Marx
❑ **b.** Platon
❑ **c.** Hobbes

10 Qu'est-ce l'anarchie ?

❑ **a.** Le chaos social.
❑ **b.** Le refus de l'autorité étatique.
❑ **c.** La guerre civile.

Sujets

Sujet 1 TYPE BAC

Corrigé, p. 238

Soit le sujet de dissertation suivant :

La politique est-elle affaire de morale ?

Vous montrerez quels sont les rapports entre la politique et la morale.

Sujet 2 TYPE BAC

Corrigé, p. 239

Document

L'État n'existe donc pas de toute éternité. Il y a eu des sociétés qui se sont tirées d'affaire sans lui, qui n'avaient aucune idée de l'État et du pouvoir d'État. À un certain stade du développement économique, qui était nécessairement lié à la division de la société en classes, cette division fit de l'État une nécessité. Nous nous rapprochons maintenant à pas rapides d'un stade de développement de la production dans lequel l'existence de ces classes a non seulement cessé d'être une nécessité, mais devient un obstacle positif à la production. Ces classes tomberont aussi inévitablement qu'elles ont surgi autrefois. L'État tombe inévitablement avec elles. La société, qui réorganisera la production sur la base d'une association libre et égalitaire des producteurs, reléguera toute la machine de l'État là où sera dorénavant sa place : au musée des antiquités, à côté du rouet et de la hache de bronze.

Engels, *De la famille, de la propriété privée et de l'État* (1884), trad. Jeanne Stern, Éditions sociales, 1971.

Question

Dégagez l'idée principale du texte et ses principaux moments.

QCM

1 a. 2 b. 3 a. 4 a. 5 b. 6 b. 7 c. 8 b. 9 a. 10 b.

Sujet 1

- Faut-il, comme le souhaitait Platon, confier la charge de gouverner à des êtres doués de moralité ? Ce serait oublier que l'exercice du pouvoir peut transformer le meilleur des hommes en despote.

- Le pouvoir peut prendre prétexte de la faiblesse morale des hommes pour exiger d'eux la soumission sans la réflexion, niant ainsi la liberté de penser en laquelle se manifeste le droit sacré de la raison humaine. Kant considère que, de tous les despotismes, le plus dur est le gouvernement bienveillant, qui considère les hommes comme des mineurs incapables de discerner par eux-mêmes ce qui est bien ou mal. Le principe suprême de la moralité résidant dans l'autonomie du sujet, toute politique qui s'oppose à l'accession de l'homme à la majorité ne peut qu'entraver le libre développement de ses dispositions morales.

- La politique n'est donc pas une affaire de morale mais la pratique du droit dont la tâche est de permettre la coexistence d'êtres libres. Autrement dit, est juste « toute action [...] dont la maxime permet à l'arbitre de tout un chacun de coexister avec la liberté de tout autre suivant une loi universelle » (Kant, *Métaphysique des mœurs*). Ce principe énonce le critère absolu du juste et de l'injuste et représente, dans la doctrine du droit, la contrepartie de l'impératif catégorique dans la doctrine de la vertu.

- Il n'y a donc pas, en théorie, de contradiction entre morale et politique. Les deux ont leur origine dans le pouvoir de la raison de faire de la représentation de la loi comme telle le principe déterminant de la volonté. Les contradictions viennent, dans la pratique, de ce que les hommes substituent au respect du droit le recours à des pratiques hypocrites et cyniques, donnant ainsi prévalence à la force. C'est la raison pour laquelle Kant affirme que la politique doit plier le genou devant le droit et qu'elle ne peut faire un pas avant d'avoir rendu hommage à la morale.

- Les fins de la politique (sécurité, bien-être, liberté) ne peuvent donc se réaliser que si l'on pense comme possible le dépassement de la politique par le règne des fins. Un État, où les hommes se traiteraient eux-mêmes et leurs semblables comme des fins et jamais comme des moyens, où les devoirs moraux seraient en même temps des commandements législateurs, n'est certes qu'un idéal. Mais cette idée a une valeur régulatrice en ce sens qu'elle permet d'évaluer les actions des hommes, de les infléchir dans le sens souhaité. La morale nous commande de penser comme possible ce règne des fins comme horizon asymptotique à l'histoire des sociétés.

Sujet 2

1. Au terme d'un raisonnement antérieur, Engels expose sa thèse, celle du caractère historique de l'État

■ À la prétendue éternité de l'État, Engels oppose son aspect relatif. Il s'appuie pour ce faire sur l'ethnologie qui prouve que, dans le passé, des sociétés ont fonctionné sans État. Si l'État n'existe pas de toute éternité dans le passé, il n'a aucune chance d'exister pour l'éternité dans le futur.

2. Engels analyse le rapport entre société et État

■ L'histoire des sociétés est scandée par des stades de développement économique. Autrement dit, il y a des étapes repérables dans un processus continu de « développement » de l'économie.

■ À chacun de ces stades correspond une division de la société en classes antagonistes. Ce qui suggère que la société sans État dont témoignent les ethnologues est une société sans classes.

■ Mais la nécessité de l'État dans une société divisée en classes est fortement affirmée par Engels. Et, dans la mesure où l'existence de l'État est liée à la division en classes, il suffirait que cette division disparaisse pour que l'État vienne aussi à disparaître.

■ 3. Engels montre que l'État est voué à disparaître

■ Engels considère comme imminente l'époque d'un nouveau stade de développement économique. Si, dans un temps historique passé, les classes sociales antagonistes étaient nécessaires, aujourd'hui elles ne le sont plus : elles deviennent un « obstacle à la production ».

■ La disparition des classes sociales implique donc, explicitement, une « réorganisation ». Celle-ci se fera sans la médiation de l'État, mais directement « par l'association libre et égalitaire des producteurs ». Cependant, cette vision de Engels suggère implicitement ce qu'il en est aujourd'hui de l'État : pas d'association, mais un conflit ; pas de liberté, mais l'oppression ; pas d'égalité, mais l'inégalité. Autant de termes qui qualifient l'État, lequel représente les intérêts de la classe propriétaire des moyens de la production, contre les intérêts de ceux qui mettent en œuvre la production.

■ Les sociétés anciennes sans État nous ont légué comme témoignage la hache de bronze. Les sociétés féodales, plus récentes, où l'État est déjà constitué, nous ont légué comme témoignage le rouet. Les sociétés d'aujourd'hui dont le règne est finissant nous légueront, à titre de témoignage, l'État.

La morale

COURS

Introduction

a. Qu'est-ce que la morale ?

Mœurs et morale

Le mot *morale* vient du latin *mores*, « mœurs », qui traduit le grec *éthos*, « éthique ». Mais, par **éthique**, on entend parfois la détermination des fins de la vie humaine et des moyens de l'atteindre. En ce sens, l'éthique se distingue de la morale, même si elle fixe des règles de vie qui ne sont pas nécessairement étrangères à la morale.

D'après l'étymologie, la **morale** est le respect des **mœurs**, des règles de conduite en usage dans un groupe ou une société. Est moral tout homme qui respecte les mœurs de son pays. Partant de là, Lévy-Bruhl, dans *La Morale ou la science des mœurs* (1903), affirme que les faits moraux sont des faits sociaux. Affirmer que la morale se confond avec les mœurs permet de rendre compte de la diversité selon les lieux et les temps des conceptions du bien et du mal.

Cependant, le respect des « bonnes » mœurs n'est pas la morale. Il **ne** faut **pas confondre morale et conformisme** (acceptation sans jugement des valeurs établies).

Une morale ou des morales ?

L'homme est-il l'auteur des normes morales ou bien les reçoit-il d'une extériorité (cosmos, Dieu, nature, être, autrui) ? Y a-t-il une ou des morales ? La morale vaut-elle universellement ou pour une communauté donnée ? S'il y a plusieurs morales, peut-on encore parler de morale ?

La morale est-elle un ensemble de règles, ou le fait d'**agir moralement**, par devoir ? N'y a-t-il pas des devoirs inconditionnels qui s'imposent en tout temps et en tous lieux, à tout homme, comme le devoir d'honorer ses dettes, de respecter la parole donnée, d'être bienfaisant à l'égard d'autrui ?

b. Conscience morale et morale

La **conscience morale** est l'une des modalités de la conscience. Elle se manifeste par le fait de porter des jugements se rapportant à l'action. Elle se réalise donc par la capacité de choisir de faire le bien plutôt que le mal. Pour qu'une conduite ait une valeur morale, il est nécessaire que le sujet soit capable de discerner si cette conduite est juste ou injuste, bonne ou méchante.

Par conséquent, l'innocence des enfants ne relève pas de la morale. Si les enfants s'abstiennent d'un grand nombre de conduites mauvaises, c'est parce qu'ils n'ont encore aucune représentation de ces conduites. Leur abstention est sans valeur morale.

c. Quelles relations existe-t-il entre la morale et les notions développées dans cette partie ?

La morale et la liberté

On ne peut qualifier une action de bonne ou de mauvaise que si celui qui l'accomplit est libre, et donc responsable. Il n'y a **pas de morale sans liberté**. Mais dire qu'un homme est libre, en ce sens, revient à dire que, par exemple, ayant le choix entre deux partis, il choisit l'un alors qu'il aurait fort bien pu prendre l'autre. La liberté supposerait donc la **contingence**.

Or, comme le souligne Spinoza, « il est de la nature de la raison de concevoir les choses non comme contingentes mais comme nécessaires ». C'est pourquoi il affirme que la liberté n'est qu'une illusion provenant de ce que nous ignorons les causes qui déterminent notre action. Dès lors, comment pouvons-nous concevoir la liberté exigée par la morale et la nécessité universelle qu'exige la raison ?

La morale et le devoir

La morale est souvent perçue comme un ensemble de règles extérieures auxquelles l'individu obéit sous la pression sociale ou adhère par conviction religieuse ou autre. Les morales « primitives » définissent des **tabous**. La morale chrétienne comporte les commandements de Dieu. Le sujet peut y obéir par crainte du châtiment céleste ou – ce qui est plus positif – y adhérer librement.

Cependant, la morale n'est pas l'obéissance ou l'adhésion à des prescriptions venues d'ailleurs ou d'en haut. La véritable morale, c'est le fait d'**agir moralement**, c'est-à-dire par **pur respect du devoir**. Que le mal puisse résulter du bien n'est pas notre affaire. Mais l'homme qui a des responsabilités ne doit-il pas réfléchir, avant de prendre une décision, au bien ou au mal qu'il pourrait produire ? Être moral, est-ce agir par devoir ou dans un esprit de bienfaisance ?

La morale et le bonheur

La morale a des exigences qui s'opposent souvent à nos désirs. Elle peut donc sembler s'opposer au bonheur. Comment doit-on vivre ? Faut-il vivre selon la vertu ou suivre ses désirs, rechercher son bonheur ou faire son devoir ?

21 La liberté

COURS

Les 5 points incontournables

• Liberté et déterminisme

Tout homme fait l'expérience de sa liberté et se pense comme un être libre. Mais le seul fait de se sentir libre ne signifie pas pour autant que l'homme est totalement affranchi des causes extérieures.

Sans parler de déterminisme, ce qui nierait la responsabilité individuelle, chacun est conditionné dans son action par des éléments dont il n'a pas forcément conscience.

▶ *Cours 2 c ; 3 a*

• La liberté n'est pas l'absence de contraintes

La liberté individuelle s'exerce en société, et l'individu a des devoirs comme celui de respecter les lois. La liberté n'a pas de sens si elle n'est que l'accomplissement sans frein de désirs individuels : être libre, c'est aussi accepter que les autres le soient.

Chacun doit être capable de restreindre sa liberté pour permettre celle des autres.

▶ *Cours 1 c*

• Exister, c'est être libre

Pour Sartre, l'existence se définit par la liberté individuelle : l'homme choisit librement ce qu'il veut être, il n'est en aucun cas déterminé par la société ou des facteurs extérieurs. On peut même dire qu'il est une liberté en action, puisqu'il peut se choisir toute sa vie jusqu'à sa mort.

▶ *Cours 2 a, b, c*

• Liberté et libre arbitre

Le libre arbitre est le pouvoir de choisir librement selon sa volonté. Mais on peut aussi parler de liberté quand l'homme agit en connaissance de cause et consent à ne pas faire ce qu'il voudrait (par exemple quand il se conforme aux lois).

▶ *Cours 1 b*

• La raison comme fondement de la liberté ?

Pour Kant, le seul moyen d'établir la liberté comme un fait certain, c'est la raison : par elle, on peut connaître avec certitude notre devoir, qui dérive de la loi morale (« je dois donc je peux »), notre liberté découlant de la conformité de nos actes avec ce que la raison nous dicte.

▶ *Cours 3 b, c*

1 Qu'est-ce que la liberté ?

a. Liberté de droit et liberté de fait

On distingue la liberté de droit et la liberté de fait. La **liberté de droit** consiste moins à nous autoriser à faire certains actes qu'à déterminer la limite de notre souveraineté. Et pour ce qu'elle nous accorde, elle ne se préoccupe pas de savoir si nous sommes pauvres ou riches, si nous avons ou non les moyens de faire ce que nous désirons. Par exemple, en droit, tout citoyen peut ouvrir une entreprise mais, en fait, rares sont ceux qui ont les moyens de le faire.

La **liberté de fait** est la puissance de faire ce qu'on veut. Elle présuppose les moyens nécessaires à son actualisation. Elle n'est donc réelle que lorsqu'elle peut se traduire par des actes. Encore faut-il que notre volonté soit libre, autrement dit que nous ne soyons pas esclave de nos passions, de nos désirs.

b. La liberté et le libre arbitre

Par libre arbitre, on entend la **liberté de la volonté**. Celle-ci réside dans son indépendance à l'égard des **mobiles sensibles** (instincts, passions, désirs). Mais on peut aussi examiner la liberté de la volonté dans son rapport à ce qu'on appelle traditionnellement les « **motifs intellectuels** », c'est-à-dire les déterminations rationnelles.

On se demande alors si la volonté peut être libre de choisir contre ce que la raison lui indique clairement être le meilleur parti : puis-je choisir le mal alors que le bien m'est clairement connu ? Puis-je affirmer le faux alors que le vrai m'est clairement connu ?

A priori oui puisque, à proprement parler, le libre arbitre est la possibilité de décider dans une indépendance totale à l'égard de tout mobile sensible et de tout motif intellectuel. Mais une liberté se déterminant sans raison ou contre la raison n'est-elle pas une absurdité ? N'est-on pas d'autant plus libre qu'on a plus de raisons de se déterminer et qu'on choisit le parti de la raison ?

Deux voies s'offrent en effet à la volonté : elle peut se détourner des fins spirituelles, de la vérité, du bien et suivre les inclinations sensibles (passions, tendances), affirmant ainsi sa **dépendance (hétéronomie)** à l'égard de la loi naturelle qui veut que l'on suive l'impulsion comme une rivière suit son cours. Mais la volonté peut aussi choisir d'obéir à la raison et poursuivre le vrai, le bien, affirmant ainsi son **indépendance (autonomie)** à l'égard de la loi naturelle, et réalisant sa liberté de façon plus complète. Le sage est libre parce qu'il vit selon l'esprit. C'est ce qu'affirme Spinoza : « L'homme libre est celui qui vit suivant les seuls conseils de la raison » (*Éthique*).

c. Liberté naturelle et liberté par la loi

On distingue la liberté de l'homme dans l'état de nature et la liberté de l'homme dans l'état social. En l'absence de lois d'État, l'homme disposerait d'une liberté naturelle sauvage. L'état de nature pourrait bien être, selon l'expression de Hobbes, un état de guerre de chacun contre tous. D'où la nécessité de la loi et, comme le dit Kant, d'un maître « qui batte en brèche la volonté particulière et la force à obéir à une volonté universellement valable, grâce à laquelle chacun puisse être libre ». Mais alors surgit une aporie car ce maître, choisi dans l'espèce humaine, ne saurait être lui-même qu'un animal « qui a besoin d'un maître »... et ainsi de suite.

> **ATTENTION !**
> S'il faut des lois pour qu'il y ait des hommes justes, il faut aussi des hommes justes pour promulguer des lois auxquelles ils se soumettent.

Tout maître trouvé à un moment, qu'il s'agisse d'une « personne unique » ou d'une « élite de personnes triées au sein d'une société », ne peut-il pas devenir un despote ? Rousseau s'écriait : « Il faudrait des dieux pour donner des lois aux hommes. » Toujours est-il que la liberté en société ne peut se développer que dans la contrainte. Kant dénonce tout autant l'utopie d'un peuple sans maître (l'absence de lois, c'est le retour à la barbarie et donc la suppression de toutes les libertés) que le despotisme, qu'il prenne la forme de l'arbitraire du pouvoir politique ou de la bienveillance paternelle. Pour que le despotisme s'installe, il suffit que certains hommes s'arrogent une supériorité sur les autres et prétendent veiller sur leurs intérêts, au lieu d'en laisser la charge aux seules lois. L'établissement d'une société civile juste, permettant l'accord de la liberté de chacun avec celle de tous, est une tâche jamais achevée.

2 L'homme est-il libre ?

a. L'existence est liberté

L'**existentialisme sartrien** affirme la **primauté de l'existence sur l'essence**. L'homme n'a pas été conçu avant d'être créé, il n'a pas d'essence préalable. Il n'existe pas de nature humaine. C'est précisément parce que l'homme n'est d'abord rien qu'il se distingue de toute autre réalité et que son existence est liberté, ne peut qu'être liberté. La chose qui est ceci ou cela, qui n'est que ce qu'elle est, ne saurait être libre. Un arbre ne peut jamais qu'être l'arbre qu'il est. L'homme n'est pas, il n'est pas d'avance ceci ou cela. **L'homme est ce qu'il se fait.** Et si l'homme n'est d'abord rien et choisit librement son essence, cela signifie qu'il est pure subjectivité, qu'il est projet. L'homme ne choisit pas d'être libre, il l'est, il ne peut que l'être. Il l'est tout entier et toujours. Il ne saurait être tantôt libre, tantôt esclave. Ce que Sartre exprime par cette formule : « L'homme est condamné à être libre. »

b. L'homme est conditionné, mais il n'est pas déterminé

L'homme est **en situation**, c'est-à-dire qu'il est « conditionné par sa classe, son salaire, la nature de son travail ». Mais il peut se choisir lui-même dans sa « manière d'être ». « L'important n'est pas ce qu'on a fait de nous, mais ce que nous faisons nous-mêmes de ce qu'on a fait de nous. » La situation est donc ce à partir de quoi commence la liberté. Et la liberté est le choix permanent qui oblige chacun, à chaque instant, quel que soit l'obstacle ou la situation, à se faire être.

Pour Sartre, la conscience de nous choisir et de choisir ne peut que s'accompagner du sentiment de la **responsabilité**, car l'homme n'engage pas que lui-même. On doit toujours se demander : « Qu'arriverait-il si tout le monde en faisait autant ? » En chaque cas, nous devons décider seuls et cependant pour tous. Car, pour Sartre, « chacun de nos actes met en jeu le sens du monde et la place de l'homme dans l'univers ».

> **À NOTER**
> « L'homme est condamné à être libre » signifie bien que l'homme n'est pas mais qu'il se fait, et qu'en se faisant il assume la responsabilité de l'espèce humaine. Cela signifie aussi qu'il n'y a pas de valeur ni de morale qui soient données *a priori*.

3 Peut-on prouver la liberté ?

a. On ne peut pas fonder la liberté sur le sentiment que nous en avons

Nous avons tous le sentiment intérieur d'être libre de vouloir ou de ne pas vouloir, d'affirmer ou de nier, de choisir tel parti plutôt que tel autre. Les seuls obstacles à notre liberté nous paraissent extérieurs à nous-mêmes. Mais peut-on fonder la liberté sur un tel sentiment ?

Comme le souligne Spinoza, la croyance en notre liberté n'est que l'**ignorance** dans laquelle nous sommes **des causes par lesquelles nous sommes déterminés**. On ne peut en effet jamais connaître l'homme que comme déterminé. Comme tout phénomène, les choix et les actes des hommes peuvent être insérés dans la chaîne de la causalité. Supposons un homme qui a commis un crime. On trouvera toujours des raisons à ce crime : éducation, enfance malheureuse, mauvaises fréquentations, etc. Partant de là, on dira que, compte tenu de ces circonstances empiriques, cet homme ne pouvait que commettre cet acte. On ne peut donc prouver la liberté.

b. On ne peut pas prouver que l'homme est libre mais on peut le penser

Si on ne peut connaître l'homme que comme déterminé, on peut toujours penser la liberté comme une possibilité. Et, dans la pratique, tout se passe comme si nous considérions l'homme comme libre. Ainsi, on pourra toujours trouver des causes à l'acte d'un criminel, mais il ne sera pas innocenté pour autant. En le déclarant coupable, nous affirmons qu'au moment où il a commis cet acte, il pouvait, malgré son passé, ne pas le commettre.

Kant considère la causalité non comme une réalité objective, mais comme un a priori de l'entendement humain. D'où l'idée que la véritable nature de l'homme n'est pas celle que nous connaissons théoriquement et l'affirmation qu'il y a, en l'homme, une volonté libre qui peut se déterminer elle-même indépendamment de l'enchaînement temporel de sa vie. Il est donc capable de commencer une action qui ne soit pas déterminée par des causes antérieures.

c. La liberté est un fait

Mais comment puis-je savoir que je suis libre ? Kant répond : « par la loi morale ». Autrement dit, la liberté **se fonde sur l'impératif catégorique** : « je dois, donc je puis », c'est-à-dire je suis libre. La raison ne peut me commander d'obéir à la loi morale que si j'ai la possibilité d'y obéir. Sinon elle se contredirait. Il suffit donc d'invoquer l'accord de la raison avec elle-même pour déduire la liberté du devoir. D'ailleurs, s'il est vrai que je peux désobéir à la loi morale, je peux aussi éprouver en moi une possibilité d'agir moralement qui atteste mon indépendance par rapport à tous les déterminismes naturels et sociaux qui m'affectent. La liberté ne peut pas se prouver, mais elle est un fait donné en même temps que la raison.

Élaborer le plan d'une explication de texte

Savoir-faire

Voici le plan à suivre pour une explication de texte.

1. Introduction.

2. Étude ordonnée du texte :
– premier paragraphe : thèse principale du texte ;
– ce premier paragraphe doit être suivi d'autant de paragraphes qu'il y a de moments à expliquer ;
– dernier paragraphe : reformulation de la thèse principale.

3. Intérêt du texte (problématisation).

4. Conclusion.

Application

SUJET : Faites le plan de l'explication du texte d'Épictète

Document

Puisque l'homme libre est celui à qui tout arrive comme il le désire, me dit un fou, je veux aussi que tout m'arrive comme il me plaît. – Eh ! mon ami, la folie et la liberté ne se trouvent jamais ensemble. La liberté est une chose non seulement très belle, mais très raisonnable et il n'y a rien de plus absurde ni de plus déraisonnable que de former des désirs téméraires et de vouloir que les choses arrivent comme nous les avons pensées. Quand j'ai le nom de Dion à écrire, il faut que je l'écrive, non pas comme je veux, mais tel qu'il est, sans y changer une seule lettre. Il en est de même dans tous les arts et dans toutes les sciences. Et tu veux que sur la plus grande et la plus importante de toutes les choses, je veux dire la liberté, on voie régner le caprice et la fantaisie ? Non, mon ami : la liberté consiste à vouloir que les choses arrivent, non comme il te plaît, mais comme elles arrivent.

ÉPICTÈTE, *Entretiens*, trad. J. Souilhé et A. Jagu, © Les Belles Lettres.

Plan

I. Introduction

II. Étude ordonnée du texte

La thèse principale de ce texte est : « Être libre, c'est vouloir que les choses arrivent comme elles arrivent. »

Premier moment du texte : l'opinion commune identifie la liberté à la spontanéité ou à la licence. Être libre, c'est alors vouloir que les choses arrivent comme on le désire.

Deuxième moment du texte : par opposition, Épictète définit la liberté comme « une chose non seulement très belle mais très raisonnable » et il nous donne plusieurs exemples de conduites raisonnables.

Reformulation de la thèse, son véritable sens : la liberté réside dans la conformité à la nécessité. Être libre, c'est être capable de comprendre et d'accepter l'ordre rationnel du cosmos.

III. Intérêt du texte (problématique ou enjeu)

1. Ce texte traduit bien l'essentiel de la doctrine stoïcienne : tout est « nécessaire ». Si tout est gouverné par la loi de Zeus et s'il est assisté par les Moires qui filent l'existence humaine, on voit mal comment on pourrait définir la liberté autrement que comme le consentement de la volonté à la nécessité. Tout le problème est de savoir comment une telle conception de la liberté est compatible avec une éthique. Si tout advient par nécessité, le mal fait-il partie de ce qui est nécessaire ? Ou bien y-a-t-il une certaine autonomie conférée à l'homme malgré la thèse que tout est nécessaire ?

2. Il y a bien l'affirmation chez Épictète d'une autonomie du sujet face au monde extérieur. On peut dire que s'il est donné à l'homme de « vouloir que les choses arrivent comme elles arrivent », il lui est surtout donné de faire que tout événement lui apparaisse comme il le veut. Le sage n'oppose plus les désirs et les choses. Ce qu'il désire ce sont les choses telles qu'elles adviennent, et il sait en même temps que les choses qui adviennent ne peuvent être que conformes à ses désirs, puisque tout ce qui vient n'arrive que selon l'ordre universel. Si bien que le sage en vient à proclamer : non seulement j'obéis aux dieux, mais j'approuve.

N'est-ce pas, en effet, le regard que nous portons sur les choses qui leur donne leur signification ? Ce qui compte chez l'homme, n'est-ce pas avant tout sa vie intérieure ? N'est-ce pas la connaissance et la volonté libre qui orientent l'homme à l'intérieur de lui-même vers la sagesse, dans l'indifférence à ce qui se passe à l'extérieur ? Dès lors, tout ce qui se passe à l'intérieur ne peut-il apparaître à l'homme comme il le veut ? La théorie stoïcienne de la connaissance n'est-elle pas le lieu où la liberté trouve un statut ? Auquel cas l'ignorance, la représentation fausse pourraient bien être assignées comme sources du comportement passionnel et donc du mal, sans que cela annule pour autant la responsabilité du fautif.

3. Épictète récuse les représentations naïves qui identifient la liberté au désir, à la spontanéité et il y a sans doute une certaine sagesse dans le consentement à ce qui ne dépend vraiment pas de nous. Mais on ne peut admettre que tout arrive nécessairement. La liberté n'est donc pas dans l'acceptation de ce qui est. Elle est dans le pouvoir d'agir fondé sur la connaissance de ce qui nous détermine.

Pour réussir le jour J

LES ERREURS À NE PAS COMMETTRE

- Ne pas confondre la **liberté au sens métaphysique** (rapport entre liberté et déterminisme) et la **liberté au sens politique** (l'obéissance ou non à la loi civile, en société).

Le sujet : « Être libre, est-ce échapper à toute détermination », vous demande de réfléchir sur le rapport entre la liberté et le déterminisme.

Le sujet : « La liberté est-elle le droit de faire ce que les lois permettent », vous demande de réfléchir sur la liberté en société. Les lois ne nous déterminent pas. On peut y désobéir.

- Ne pas confondre la **nécessité au sens du *fatum*** latin ou de l'*anankê* grecque (le destin) et la **nécessité au sens de déterminisme**.

- Le destin est une nécessité aveugle alors qu'il est possible de connaître les déterminismes.

LE VOCABULAIRE À UTILISER

- Le **déterminisme** est un principe d'explication scientifique, selon lequel les mêmes causes produisent les mêmes effets. L'idée de déterminisme est celle de relations immuables et constantes entre les phénomènes. Les scientifiques observent par exemple que, dans le vide, les corps tombent à la même vitesse. Ils postulent le déterminisme quand ils passent des cas particuliers (répétition de la même expérience un nombre limité de fois) à la loi universelle et éternelle de la chute des corps : dans le vide, tous les corps tombent **nécessairement** à la même vitesse.

- Certains résultats de la physique des particules laissent à penser que le monde corpusculaire serait relativement indéterminé. En microphysique, on parle d'**indéterminisme** quand la prévision ne peut pas s'exercer sur un phénomène (un électron par exemple), mais sur un groupe de phénomènes (un faisceau d'électrons). On parle alors de déterminisme statistique. De plus, Heisenberg a mis au jour l'impossibilité de connaître à la fois avec précision la vitesse et la position d'un électron. Lorsqu'on observe un électron, on utilise un rayon lumineux qui n'est rien d'autre qu'un faisceau d'électrons qui heurtent et déplacent l'électron observé. C'est cette perturbation qu'introduit l'observation dans le phénomène observé, qui définit l'indéterminisme.

10 qcm pour réviser le cours

Corrigés, p. 252

1 Qu'oppose-t-on, d'un point de vue métaphysique, à la liberté ?

❑ **a.** L'obligation.
❑ **b.** La loi.
❑ **c.** La nécessité.

2 Pour les stoïciens, être libre c'est :

❑ **a.** faire ce qui nous plaît.
❑ **b.** agir pour que la réalité soit plus conforme à nos désirs.
❑ **c.** se conformer à la nécessité.

3 Qui a dit : « L'homme est condamné à être libre » ?

❑ **a.** Épictète
❑ **b.** Kant
❑ **c.** Sartre

4 Quel terme caractérise le déterminisme ?

❑ **a.** Liberté.
❑ **b.** Nécessité.
❑ **c.** Destin.

5 Pour Sartre, la liberté implique :

❑ **a.** l'obéissance.
❑ **b.** la responsabilité.
❑ **c.** la mauvaise foi.

6 Qu'est-ce que la « mauvaise foi » chez Sartre ?

❑ **a.** La volonté d'échapper à notre liberté.
❑ **b.** La conscience réflexive.
❑ **c.** Le refus de reconnaître une faute.

7 Qui a dit : « L'homme se croit libre parce qu'il est conscient de ses actions mais ignorant des causes par lesquelles il est déterminé » ?

❑ **a.** Sartre
❑ **b.** Kant
❑ **c.** Spinoza

8 En société, la loi est :

❑ **a.** un obstacle à la liberté.
❑ **b.** la condition nécessaire de la liberté.
❑ **c.** la condition suffisante de la liberté.

9 Selon Kant, la liberté :

❑ **a.** peut être prouvée.
❑ **b.** n'existe pas.
❑ **c.** peut être pensée.

10 Selon Kant, je suis d'autant plus libre que :

❑ **a.** je suis mes désirs.
❑ **b.** j'obéis à la loi morale qui est en moi.
❑ **c.** je désobéis à la loi morale.

Plus de QCM sur
www.defibac.fr

Sujets

Sujet 1

Corrigé, p. 252

Soit le sujet de dissertation suivant :

Un acte gratuit est-il possible ?

Vous définirez ce qu'est un acte gratuit et démontrerez son impossibilité.

Sujet 2

Corrigé, p. 253

Document

Il n'y a donc pas de liberté sans lois, ni où quelqu'un est au-dessus des lois : dans l'état même de nature l'homme n'est libre qu'à la faveur de la loi naturelle qui commande à tous. Un peuple libre obéit, mais il ne sert pas ; il a des chefs et non des maîtres ; il obéit aux lois mais il n'obéit qu'aux lois et c'est par la force des lois qu'il n'obéit pas aux hommes. Toutes les barrières qu'on donne dans les républiques au pouvoir des magistrats ne sont établies que pour garantir de leurs atteintes l'enceinte sacrée des lois : ils en sont les ministres, non les arbitres, ils doivent les garder non les enfreindre. Un peuple est libre, quelque forme qu'ait son gouvernement, quand dans celui qui le gouverne il ne voit point l'homme mais l'organe de la loi. En un mot, la liberté suit toujours le sort des lois, elle règne ou périt avec elles. Je ne sache rien de plus certain.

ROUSSEAU, *Lettres écrites de la montagne* (1764).

Questions

1. Que se passe-t-il lorsque quelqu'un (ou quelques-uns) est (sont) au-dessus des lois ?

2. À l'inverse, que permet l'obéissance de tous à la loi ?

3. Quelle est la thèse principale du texte ?

QCM

1 c. 2 c. 3 c. 4 b. 5 b. 6 a. 7 c. 8 b. 9 c. 10 b.

Sujet 1

■ Une liberté se déterminant indifféremment dans un sens ou dans un autre se traduit par des actes gratuits. Un acte gratuit est un acte commis sans raison, un acte qui n'a pas plus de raison d'avoir été commis que de pas l'avoir été, un acte non motivé, non déterminé. Dans le *Prométhée mal enchaîné*, André Gide écrit : « J'ai longtemps pensé que c'était là ce qui distinguait l'homme des animaux : une action gratuite... L'acte désintéressé ; né de soi ; l'acte aussi sans but ; donc sans maître, l'acte libre ; l'Acte autochtone. » Ainsi dans son roman *Les Caves du Vatican*, on voit le personnage Lafcadio accomplir un acte sans raison ni profit, un meurtre immotivé, celui d'Amédée Fleurissoire rencontré dans un train.

■ Mais, en fait, cet acte a pour but de prouver à Lafcadio sa liberté. Il n'est donc pas gratuit puisqu'il est déterminé par le besoin d'accomplir un acte gratuit. En outre qui peut juger de la gratuité d'un acte sinon celui qui le commet ? Or celui-ci, même s'il a le sentiment d'agir gratuitement, peut ignorer les véritables déterminations insensibles ou inconscientes de son acte. C'est dans ce sens que Leibniz, dans ses *Essais de théodicée*, affirme que la liberté d'indifférence est une pure fiction. L'homme ne saurait se trouver dans le cas d'un parfait équilibre entre deux partis. Et seul un ange ou Dieu pourrait toujours rendre raison du parti que l'homme a pris « en assignant une cause ou une raison inclinante qui l'a porté véritablement à le prendre ». Cette raison est souvent inconcevable pour nous-mêmes parce que « l'enchaînement des causes va loin ». Ainsi, quoi que l'homme se décide à faire, quelque soit le choix auquel il s'arrête, c'est toujours en lui la raison la plus forte qui l'y détermine. Or, cette raison a une cause et cette cause a nécessairement une autre cause à son tour, et ainsi de suite. Cette chaîne sans fin des causes est ce qui nous met souvent dans l'ignorance de la raison de nos actes.

■ L'acte gratuit ou une liberté se déterminant sans raison est une absurdité. Encore plus absurde est une liberté s'affirmant par le choix du mal puisqu'elle le fait pour cette raison que c'est un bien de témoigner ainsi de sa puissance. Le choix est toujours déterminé et il faut s'en tenir au principe que « rien n'arrive sans raison ».

Sujet 2

■ **1.** La première figure condamnée par Rousseau, est celle où quelqu'un (ou quelques-uns) est au-dessus des lois. Dès lors nous n'avons plus un **peuple** uni de citoyens, où le **chef**, chargé de faire appliquer la loi, y est lui-même soumis, mais un ensemble disparate d'**individus**. Certains d'entre eux, en se mettant au-dessus des lois, se sont érigés en **maîtres**. Le rapport à la loi est un rapport où l'**obéissance** de tous est remplacée par la **servitude** du plus grand nombre. Ce qui domine alors, ce n'est plus la rationalité de la loi, ce n'est plus un univers de **droits** (et de devoirs), c'est le monde instable du rapport de **force**.

■ **2.** L'autre figure, celle que valorise Rousseau, permet un lien social qui n'est plus marqué par la relation d'individus occupant des positions particulières dans un rapport de force (esclave ou maître), fondant ou justifiant l'inégalité entre les hommes. Au contraire, le rapport, valorisé par l'obéissance à la loi, est un **rapport de droit** qui, en soustrayant la personne au rapport de force, la libère. L'obéissance de tous à la loi est bien la condition de la liberté de tous.

■ **3.** D'où la thèse principale du texte : en société, il n'y a pas de liberté sans lois. Dans la société civile, tous les sujets (assujettis à la loi) forment le peuple des citoyens ; les législateurs sont des chefs. Le rapport est celui de l'obéissance. Valeur forte quatre fois indiquée par Rousseau dans la même phrase (« un peuple libre obéit », « il obéit aux lois », « il n'obéit qu'aux lois », « il n'obéit pas aux hommes »).

■ En ce qui concerne les lois, Rousseau recourt à une métaphore spatiale, comme si elles étaient établies au centre de la cité. Déposées dans un texte, inscrites sur une table (les tables de la loi). Centre symbolique à partir duquel rayonnent leurs forces. Édifice imaginaire qui justifie « l'enceinte sacrée », ainsi que l'image des barrières qu'on ne saurait franchir. La loi doit être au centre, à la périphérie le pouvoir exécutif des magistrats. Mais les magistrats étant portés à enfreindre la loi, il faut se « garantir de leurs atteintes ».

■ D'où la limitation du pouvoir exécutif que préconise Rousseau (« barrières », « l'enceinte sacrée »). Et la mission qui, à partir de la loi, doit être la leur : « garantir », « garder ». Position dépendante de l'exécutif par rapport au législatif, puisqu'en réalité il n'y a qu'un seul pouvoir : celui des lois. Magistrats qui doivent être ministres (« au service de »), c'est-à-dire servir les lois, et non se servir d'elles à leur profit.

22 Le devoir

Les 5 points incontournables

● Devoir individuel et devoir inconditionnel

L'homme est face à plusieurs types de devoirs :
– les devoirs particuliers qui concernent la situation personnelle, professionnelle de chacun ;
– les devoirs juridiques (obéir aux lois) ;
– les devoirs inconditionnels, qui renvoient aux devoirs envers autrui en tant qu'il est homme (par exemple le devoir de charité).

▶ *Cours 1 b, c*

● Kant et la loi morale

Kant affirme que la raison de l'homme lui dit en toutes circonstances où est son devoir, qu'il s'agisse d'un **impératif hypothétique** (quand le devoir est un moyen pour autre chose et peut n'être pas accompli) ou d'un **impératif catégorique** (le devoir est sa propre fin et est universel).

Pour Kant, je dois pouvoir rendre universelle la maxime qui motive mon action : par exemple, je ne peux mentir car je ne peux vouloir que tout le monde mente.

▶ *Cours 2 a, b ; 3 a*

● L'action morale est celle qui est conforme au devoir

L'être moral est celui qui cherche à bien agir. Agir moralement, c'est agir par devoir, en conformité avec le devoir. N'est pas morale l'action qui n'a que l'apparence de cette conformité.

▶ *Cours 2 c*

● La distinction contrainte / obligation

Faire son devoir n'est pas agir sous la contrainte, auquel cas l'individu n'agirait pas librement. Le devoir est au contraire ce qui nous oblige : je peux ne pas rembourser ma dette, mais je sais que tel serait mon devoir.

▶ *Cours 1 a*

● Une morale en situation ?

Avec sa conception universelle du devoir, Kant ne prend pas en compte les conséquences particulières de chaque acte. Or, sans faire du cas par cas (ce qui serait nier qu'il existe des principes moraux universels), on peut défendre idéalement la possibilité d'une éthique, c'est-à-dire d'une morale pratique qui montrerait où est le devoir par un jugement en situation.

▶ *Cours 3 b, c*

1 Qu'est-ce que le devoir ?

a. Devoir et nécessité

On assimile souvent le devoir à l'idée de ce qu'il est nécessaire de faire, par opposition à ce qu'on est libre de faire ou de ne pas faire. Cependant, l'**obligation** qui caractérise le **devoir** est distincte de la **nécessité**. L'obligation – terme d'origine juridique – désigne à la fois l'état dans lequel on se trouve par le fait d'être lié, et l'acte par lequel on consent à entrer dans ce lien. En latin, *obliger* (*obligare*) se réfère au droit d'un créancier à exiger du débiteur le remboursement de sa dette (*obliger à*), et *être obligé* (*obligatus*) désigne le devoir du débiteur de s'acquitter de cette dette conformément à l'engagement pris.

ATTENTION !
Dans « Tout homme *doit* mourir », le verbe *devoir* exprime une loi naturelle à laquelle nul ne peut se soustraire. Dans « Je *dois* être bienveillant à l'égard d'autrui », en revanche, le verbe *devoir* exprime une obligation à laquelle je peux refuser de me soumettre. En ce sens, le *je dois faire* implique que je puisse ne pas le faire.

b. Devoirs du droit et devoirs de vertu

Chacun a des droits naturels et inaliénables, chacun a des droits positifs reconnus par les lois de son pays ; mais chacun a aussi des devoirs, et envers tous. Les justes garanties individuelles ne peuvent que résulter de l'accomplissement par chacun de ses devoirs. Mais si tout droit s'accompagne de devoirs, il ne suffit pas pour autant de les accomplir pour être en accord avec sa conscience. Parmi les devoirs envers autrui, il n'y a pas seulement des devoirs juridiques, il y a aussi des devoirs de vertu (bienfaisance, reconnaissance).

c. Les devoirs particuliers et le devoir inconditionnel

Il y a des obligations qui sont liées à l'exercice d'une fonction ou d'une activité. Tel ministre évoquera les devoirs de sa charge, tel artiste la responsabilité envers son art. Il y a aussi des devoirs d'amitié ou encore des obligations issues de la participation à une organisation syndicale ou politique. De tels devoirs sont relatifs à une condition qui est toujours particulière. Ils se distinguent du devoir qui est inconditionnel et s'impose à tout homme en tant qu'il est simplement un homme. Ainsi, c'est un devoir inconditionnel d'honorer ses dettes.

2 Que signifie « faire son devoir » ?

a. Impératif hypothétique et impératif catégorique

Kant opère la distinction entre des impératifs « hypothétiques » et des impératifs « catégoriques ».

Soit une action est bonne comme un moyen obligé pour obtenir quelque chose, et l'**impératif** la commandant est **hypothétique** ; exemple : « Si tu veux la santé, fait du sport ! »

Soit l'action est bonne « en soi », elle est nécessaire par elle-même, elle est sans rapport avec un autre but, et l'**impératif** la commandant est **catégorique** ; exemple : « Respecte la parole donnée ! » L'impératif de la moralité ne peut qu'être catégorique, c'est-à-dire inconditionnel et absolu. Autrement dit, il vaut pour tous les hommes, quelles que soient l'époque et la société. Il ne dit pas ce qu'il faut faire ou ne pas faire en telle circonstance, mais ce qu'il convient de faire en **toutes circonstances**.

b. Savoir où est son devoir est à la portée de tous

Tout homme doué du sens commun sait où est son devoir, sans avoir besoin de recourir à une quelconque doctrine philosophique. Il lui suffit de se demander s'il peut vouloir que le principe subjectif de son action (autrement dit la maxime de son action), devienne une loi universelle (c'est-à-dire une loi aussi bien pour lui-même que pour tous les autres hommes). D'où la formule kantienne du devoir : « Agis uniquement d'après la maxime qui fait que tu puisses vouloir en même temps qu'elle devienne une loi universelle. » (Kant, *Fondements de la métaphysique des mœurs*, 1785.)

Cette formule permet de reconnaître dans tous les cas et sans hésitation où est son devoir. Une promesse trompeuse est-elle conforme au devoir ? Non, car je ne peux accepter « avec satisfaction que ma maxime (de me tirer d'embarras par une fausse promesse) [doive] valoir comme une loi universelle [...]. Je m'aperçois bientôt ainsi que, si je peux bien vouloir le mensonge, je ne peux en aucune manière vouloir une loi universelle qui commanderait de mentir. » La raison en est que, si tout le monde mentait, on ne croirait plus aux promesses de personne. Par conséquent, la maxime qui me pousse à faire une fausse promesse, « du moment qu'elle serait érigée en loi universelle se détruirait nécessairement elle-même ».

c. En quoi consiste alors la moralité d'une action ?

Pour Kant, l'action qui a une valeur morale est celle qui est **accomplie par devoir**, par pur respect de la loi morale. Sont ainsi éliminées toutes les actions contraires au devoir (le vol, le mensonge...) et toutes celles qui, bien que conformes au devoir, sont accomplies, soit par intérêt personnel, soit par inclination pour le devoir.

Supposons un commerçant qui fasse payer le juste prix à un enfant, mais qui le fait par peur de perdre sa clientèle : extérieurement, son action est certes conforme au devoir mais elle n'a aucune valeur morale car elle est accomplie par intérêt. Supposons maintenant un homme joyeux, porté naturellement à répandre le bien autour de lui : son action est légalement bonne, mais elle n'a aucune valeur morale car elle est accomplie par inclination. En revanche, si ce même homme, un jour qu'il est assombri par le chagrin, continue néanmoins à faire le bien, son action aura peut-être une véritable valeur morale. La simple conformité extérieure au devoir (ou légalité) ne suffit donc pas. L'acte moral est un acte conforme au devoir et accompli par devoir.

3 Bienfaisance ou devoir ?

a. Morale du devoir et morale conséquentialiste

La raison, dit Kant, exige que, toujours et dans toutes les conditions, on juge de la moralité d'une maxime d'action, non selon ce qui arrivera si je la suis, mais selon ce qui arriverait si tout le monde la suivait. Pourquoi la raison ne peut-elle pas nous commander le contraire : déterminer notre devoir en nous référant à la façon dont autrui va probablement utiliser nos actions à ses propres fins qui sont peut-être immorales ?

Supposons que des assassins me demandent si mon ami, qu'ils poursuivent, n'est pas réfugié dans ma maison et que je ne puisse éviter de répondre par oui ou par non. Dois-je me soumettre inconditionnellement au devoir de véracité ? Ce cas semble ruiner toute prétention à poser des principes supposés valoir toujours et partout. Au rigorisme kantien s'opposerait l'impossibilité d'ériger le devoir de véracité en principe inconditionnel, sous peine de favoriser les assassins. N'avons-nous pas, en pareil cas, le devoir de mentir ? Ne faut-il donc pas admettre qu'il n'y a pas une seule et unique source de valeurs morales, mais plusieurs ?

À RETENIR

On peut distinguer deux positions morales : une position **déontologique** (du grec *déontos*, « ce qui doit être » par opposition à *ontos*, « ce qui est »), pour qui seule est morale l'action faite par devoir, au nom de principes fermes, universels et intemporels, sans considération des conséquences.
Une position **téléologique** (du grec *télos*, « but, finalité, fin »), selon laquelle, devant la décision à prendre, l'homme doit envisager les conséquences prévisibles de ses actes. Une telle morale peut être appelée **« conséquentialiste »**. Elle nous invite à une évaluation, au cas par cas, du bien attendu ou du mal évité, à considérer un moindre mal comme un bien, au nom du principe de bienfaisance.

b. Un droit naturel de mentir par humanité ?

Kant répond que l'homme qui ment fait en sorte qu'aucune déclaration n'ait de crédit. Ainsi il porte atteinte à la finalité interne de communicabilité et fait perdre à tous les droits, fondés sur des contrats, leur force. Même si le mensonge ne nuit pas à un homme particulier, il nuit à l'humanité en général. À quoi il ajoute qu'on ne peut jamais prévoir les conséquences de ses actes.

Supposons, par exemple, que mon ami, voyant les assassins diriger leurs pas vers ma maison, décide de s'enfuir à mon insu. En affirmant qu'il est sorti alors que je le crois à l'intérieur, j'exprime le contraire de ce que je pense, mais je dis la vérité. Mon mensonge « bienveillant » peut ainsi mettre les assassins sur les traces de mon ami et être cause de sa mort. Certes, en m'en tenant au devoir de vérité, je peux aussi être la cause de sa mort. Mais suis-je vraiment responsable ? Le meurtre de cet homme n'est-il pas la faute des meurtriers ? Le conséquentialiste objectera qu'il y a des circonstances où nous sommes certains que le respect d'une exigence déontologique aurait de graves conséquences. On peut admettre qu'en pareil cas nous pouvons être forcés à agir autrement que mus par le devoir. Mais faut-il pour autant accorder une valeur morale à un tel acte ? Si je tue un homme pour en sauver dix, puis-je pour autant affirmer que le meurtre peut avoir une valeur morale ? N'aurais-je pas, en pareil cas, conscience d'avoir transgressé la loi morale ? N'éprouverais-je pas du remords, en me demandant, par exemple, si je n'aurais pas pu éviter un tel acte ?

Au bout du compte, ne faut-il pas reconnaître, avec Kant, que toute morale qui prétend justifier les moyens au nom des fins, en vient à anéantir ce qui, dans ces fins, peut justifier les moyens ?

c. La morale exige une sagesse pratique

Si une morale du devoir est nécessaire, c'est en raison de la violence, présente partout. Comme le souligne Paul Ricœur, la morale intransigeante du devoir est « la figure que revêt la sollicitude face à la violence et à la menace de la violence ».

Mais une telle morale conduit parfois à des conflits et il n'est alors pas d'autre issue qu'une sagesse pratique attentive à la singularité des situations. Par exemple, dans le cas d'un diagnostic grave, tout médecin se trouve confronté à cette contradiction : le principe de bienfaisance peut conduire à ne pas dire immédiatement toute la vérité, laquelle risquerait d'affaiblir le patient. Au contraire, la morale du devoir interdit au nom du respect de la dignité et de la liberté de la personne que le médecin mente en cachant une partie de la vérité. Pour faire face à une telle situation, une sagesse pratique est requise, liée au jugement moral en situation et pour laquelle la conviction est plus décisive que toute règle. C'est la conciliation impossible, mais nécessaire, de la morale du devoir et de la morale de la responsabilité qui est la tâche de la conscience morale.

Faire la fiche de lecture d'un texte

Savoir-faire

Nous vous proposons la méthode suivante en six points.

1. Situer le texte : vous devez d'abord citer l'œuvre d'où le texte est extrait, puis le situer (proposer une analyse de ce qui le précède et de ce qui le suit).

2. Dégager son sujet : résumer en une phrase le thème du texte, et la thèse soutenue par l'auteur.

3. Repérer l'enjeu du texte : préciser ce sur quoi il nous invite à réfléchir.

4. Identifier les concepts clés : mettre en évidence les mots ou expressions clés autour desquels le texte s'organise.

5. Dégager sa portée : montrer rapidement l'intérêt de la thèse soutenue, et éventuellement souligner ce qui fait problème.

Application

SUJET : Rédigez une fiche de lecture à partir du texte suivant

Document

C'est une chose bien remarquable qu'il n'y a point d'hommes si hébétés et si stupides, sans en excepter même les insensés, qu'ils ne soient capables d'arranger ensemble diverses paroles, et d'en composer un discours par lequel ils fassent entendre leurs pensées ; et qu'au contraire il n'y a point d'autre animal, tant parfait et tant heureusement né qu'il puisse être, qui fasse le semblable. Ce qui n'arrive pas de ce qu'ils ont faute d'organes, car on voit que les pies et les perroquets peuvent proférer des paroles ainsi que nous, et toutefois ne peuvent parler ainsi que nous, c'est-à-dire en témoignant qu'ils pensent ce qu'ils disent; au lieu que les hommes qui, étant nés sourds et muets, sont privés des organes qui servent aux autres pour parler, autant ou plus que les bêtes, ont coutume d'inventer eux-mêmes quelques signes par lesquels ils se font entendre à ceux qui étant ordinairement avec eux ont loisir d'apprendre leur langue. Et ceci ne témoigne pas seulement que les bêtes ont moins de raison que les hommes, mais qu'elles n'en ont point du tout. Car on voit qu'il n'en faut que fort peu pour savoir parler ; et d'autant qu'on remarque de l'inégalité entre les animaux d'une même espèce aussi bien qu'entre les hommes, et que les uns sont plus aisés à dresser que les autres, il n'est pas croyable qu'un singe ou un perroquet qui serait des plus parfaits de son espèce n'égalât en cela un enfant des plus stupides, ou du moins un enfant qui aurait le cerveau troublé, si leur âme n'était d'une nature du tout différent de la nôtre.

DESCARTES, *Discours de la méthode* (1637).

1. Situation du texte

Ce texte est tiré de la Ve partie du *Discours de la méthode* de Descartes (1637). Après avoir établi, dans la IVe partie, le *cogito* comme première certitude et l'existence de Dieu comme fondement de tout savoir, Descartes propose une explication mécanique de la nature. Il explique d'abord la formation des astres, de la terre, des corps terrestres inanimés. Ensuite, il présente le vivant de manière mécanique, faisant de l'animal comme de notre corps une machine. Qu'est-ce qui, dès lors, différencie l'homme de l'animal, sinon la pensée ?

2. Sujet du texte

Le sujet du texte est le langage. La thèse principale est que le langage est signe de la pensée. Les animaux sont privés de parole parce qu'ils ne pensent pas.

3. Enjeu du texte

Il s'agit de montrer la spécificité de l'homme par opposition aux capacités déterminées des animaux et des machines qui se contentent de fonctionner. L'homme, lui, ne fonctionne pas seulement comme une machine, il est capable d'inventer des signes, de juger, de distinguer le vrai du faux, le bien du mal. Sa raison le rend capable de savoir mais aussi d'agir et de se servir des choses.

Montaigne prétendait qu'il y a plus de différences entre un homme intelligent et un homme stupide qu'entre un animal évolué et un homme stupide. Descartes s'oppose à cette affirmation. Il y a entre l'homme et l'animal une différence de nature et non de degré. Car l'homme a une âme qui a des pensées.

4. Concepts clés

Signe : la parole est une émission de signes vocaux, et les signes doivent être adaptés à leur sujet. Ce critère de la cohérence permet de distinguer le langage humain de son imitation par les perroquets. Seul l'homme invente, utilise intentionnellement et comprend des signes.

Parler : les pies et les perroquets articulent des sons mais ceux-ci ne sont pas le résultat d'une pensée. Seul le langage humain témoigne d'une signification intellectuelle.

Raison : c'est la raison qui conditionne le langage. À la raison s'oppose la passion, affection de l'âme causée par l'action du corps. Or, la parole ne se rapporte à aucune passion, elle relève de la raison et de la pensée. C'est pourquoi les paroles des perroquets et des pies, qui ne sont que des mouvements naturels déclenchés par les passions ou les besoins, ne peuvent être assimilées au langage.

5. Portée du texte

La plupart des linguistes qui ont étudié les modes de communication chez les animaux confirment l'opposition cartésienne : seul l'homme parle, alors que les modes de communication chez les animaux ne sont pas un langage mais un code de signaux.

Pour réussir le jour J

LES ERREURS À NE PAS COMMETTRE

- Ne pas confondre la **morale comme ensemble de règles extérieures** à un individu, auxquelles celui-ci obéit sous la pression sociale ou adhère par conviction religieuse ou autre (la morale chrétienne, par exemple, comporte les commandements de Dieu. Le sujet peut y obéir par crainte du châtiment céleste ou – ce qui est plus positif – y adhérer librement), avec le fait d'**agir moralement**, c'est-à-dire par pur **respect du devoir**. Une telle morale ne nous **contraint** pas, mais nous **oblige**. Le sujet reste libre et a toujours la possibilité de désobéir.

- Il faut distinguer **droit** et **moralité**. On a vu que le droit pouvait ne pas être juste et qu'il pouvait être juste de combattre les lois injustes voire de les violer. La morale peut même permettre des actions que le droit interdit. Les devoirs envers autrui ne sont pas seulement juridiques, ils sont aussi de vertu (respect de la parole donnée), ou encore de bienfaisance. La morale l'emporte donc sur le droit.

- Dans toute action, il convient de distinguer deux éléments : d'une part l'**intention**, le mobile qui a inspiré la **forme** de l'action ; d'autre part les **conséquences** heureuses ou malheureuses, bienfaisantes ou néfastes de l'action, c'est-à-dire sa **matière**.

LE VOCABULAIRE À UTILISER

- Un **devoir** est défini par le caractère d'une **maxime** ou d'une **règle** (principe qui détermine la volonté). La maxime est subjective, si elle reste individuelle. Elle deviendrait objective, nécessaire (semblable à une loi de la nature : celle de la chute des corps, par exemple) si tous les êtres raisonnables y subordonnaient leur faculté de désirer. Devenue **objective**, **universelle**, la maxime est la **loi morale**. Le principe suprême de jugement en matière de moralité réside donc dans la conformité des actions à la loi en général. Cette loi est universelle, c'est-à-dire objective, valable pour tout être doué de raison.

- À retenir par cœur : « Agis uniquement d'après la maxime qui fait que tu puisses vouloir en même temps qu'elle devienne une loi universelle. » (Kant, *Fondements de la métaphysique des mœurs*, 1785).

- « Agis toujours de telle sorte que tu traites l'humanité aussi bien dans ta personne que dans la personne de tout autre toujours en même temps comme une fin, et jamais simplement comme un moyen. » (*Ibid.*)

10 qcm pour réviser le cours

Corrigés, p. 264

1 Que signifie « Je suis obligé de » ?

❑ **a.** Je suis contraint de.
❑ **b.** Il est nécessaire de.
❑ **c.** C'est un devoir de.

2 Dans le sujet : « Faut-il donner un sens à la souffrance ? », que signifie « Faut-il » ?

❑ **a.** Est-il nécessaire ?
❑ **b.** Est-ce un devoir ?
❑ **c.** Est-ce rationnel ?

3 Que vous évoque d'un point de vue philosophique le mot « devoir » ?

❑ **a.** Ce qu'il est nécessaire de faire.
❑ **b.** Un exercice en classe.
❑ **c.** L'obligation morale.

4 Selon Kant, agir moralement, est-ce :

❑ **a.** suivre des règles morales imposées ?
❑ **b.** suivre ses propres règles ?
❑ **c.** faire son devoir ?

5 Qu'est-ce qui s'oppose à la nécessité ?

❑ **a.** La contingence.
❑ **b.** La fantaisie.
❑ **c.** L'inutilité.

6 « Hétéronomie » s'oppose à :

❑ **a.** homonymie.
❑ **b.** orthodoxie.
❑ **c.** autonomie.

7 Où se trouve, selon Kant, la véritable destination de l'homme ?

❑ **a.** Dans la paix des cimetières.
❑ **b.** Dans le bonheur.
❑ **c.** Dans la moralité.

8 Qui a dit : « Agis uniquement d'après la maxime qui fait que tu puisses vouloir en même temps qu'elle devienne une loi universelle » ?

❑ **a.** Platon
❑ **b.** Nietzsche
❑ **c.** Kant

9 Qu'est-ce que l'« impératif catégorique » chez Kant ?

❑ **a.** Un ordre divin.
❑ **b.** Une obligation à laquelle on peut échapper.
❑ **c.** Une nécessité à laquelle on ne peut pas se soustraire.

10 Qui a dit : « Tu dois, donc tu peux » ?

❑ **a.** Kant
❑ **b.** Aristote
❑ **c.** Épicure

Sujets

Sujet 1

Corrigé, p. 264

En vous appuyant sur Kant, avancez trois arguments qui montrent que la morale ne peut être de l'ordre du sentiment.

Sujet 2

Corrigé, p. 264

Document

Il faut distinguer *droit* et *morale*. Le droit peut très bien permettre une action qu'interdit la morale. Le droit, par exemple, m'autorise à disposer de mon bien de façon tout à fait inconditionnelle, mais la morale contient des déterminations qui limitent ce droit de disposition. Il peut sembler que la morale permette bien des actions que le droit interdit mais la morale n'exige pas seulement l'observation du droit à l'égard d'autrui, elle ajoute de plus au droit la disposition d'esprit qui consiste à respecter le droit pour lui-même. C'est la morale elle-même qui impose que, d'abord, le droit soit respecté, et que, là où cesse le domaine du droit, interviennent des déterminations morales. Pour qu'une conduite ait une valeur morale, il est nécessaire de *discerner* si cette conduite est juste ou injuste, bonne ou méchante. Ce qu'on appelle *innocence* des enfants ou des nations non civilisées n'est pas encore moralité. Si les enfants ou les non-civilisés *s'abstiennent* d'un grand nombre de méchantes conduites, c'est parce qu'ils n'ont encore aucune représentation de pareilles conduites, parce que les relations qui donnent lieu à ces conduites n'existent encore d'aucune manière ; le fait qu'ils s'abstiennent de ces conduites méchantes est sans valeur morale.

Hegel, *Propédeutique philosophique*, § 23 (éd. posth. 1838), trad. Maurice de Gandillac, Paris, © Éditions de Minuit, 1963.

Questions

1. Sur quoi ce texte porte-t-il ?
2. Comment Hegel envisage-t-il les rapports entre la morale et le droit ?
3. Que requiert la moralité selon Hegel ?

QCM

1 c. 2 b. 3 c. 4 c. 5 a. 6 c. 7 c. 8 c. 9 c. 10 a.

Sujet 1

- **Premier argument :** les sentiments sont trop fantasques : je peux éprouver de la bienveillance ou de la sympathie pour celui-ci et non pour celui-là, pour toutes sortes de causes ou de raisons, dont certaines s'expliquent par mes humeurs changeantes.

- **Deuxième argument :** les sentiments sont vécus passivement. Ils surviennent en nous. Or, la moralité ne peut concerner que les actions que nous faisons librement, les conduites traduisant une activité rationnelle.

- **Troisième argument :** l'aptitude d'un homme à éprouver des sentiments ou non est le produit d'une causalité naturelle et de fait répartie au hasard. Les hommes présentent des différences dans la constitution de leur affectivité, par l'effet de divers facteurs naturels ou liés à l'éducation. Or la valeur morale d'une action ne peut dépendre de traits de caractère, psychologiquement déterminés et ne dépendant pas de l'agent. Ce serait faire de l'aptitude à la moralité une question de don naturel. La bienveillance ou la sympathie naturelle sont sans doute à la source d'actions légalement bonnes, mais sans valeur morale. De tels sentiments ne se commandent pas. Ils relèvent de ce que Kant nomme l'« amour pathologique », qui dépend de la partie passive de notre nature, c'est-à-dire de notre sensibilité.

Sujet 2

- **1.** Ce texte de Hegel porte sur la morale.

- **2.** Il commence par élucider la question du rapport entre la morale et le droit. Et ce, au profit de la morale : c'est la morale qui impose le respect du droit, c'est la morale qui intervient là où le droit cesse de s'appliquer. Il définit ensuite la valeur morale d'une conduite : ni l'innocence, ni l'abstention ne sont de l'ordre de la moralité.

- **3.** La moralité passe par la représentation de ce qui est bien ou mal. Accéder à la moralité, c'est être préalablement capable de se représenter des conduites, de les mettre devant soi avant de les accomplir, pour les juger. Plus, c'est être capable de reconnaître des « relations » qui lient les conduites aussi bien à leurs conséquences qu'à leurs principes. Ainsi, pour Hegel, la morale ne renvoie pas (comme pour Rousseau) à un instinct, mais à une connaissance qui seule fournit le discernement, et permet, de manière rationnelle, de poser le pour et le contre, le bien et le mal.

23 Le bonheur

Les 5 points incontournables

• Le bonheur comme état durable

Si le bonheur est communément associé au plaisir, et que les philosophes antiques les relient souvent, on ne peut les confondre.
Car le bonheur est un état durable de contentement et ne peut être uniquement le plaisir éphémère ou la satisfaction des désirs, ceux-ci étant sans cesse reportés sur un autre objet.

▶ *Cours 1 a, b*

• Bonheur et morale

Pour Kant, la morale ne rend pas heureux, puisqu'elle contrarie l'homme dans ses désirs, mais elle le rend digne de l'être. Ainsi, dans tout acte, seule compte l'intention, qui doit être la bonne volonté, c'est-à-dire la conformité au devoir. Vouloir être digne d'être heureux doit être le premier désir de l'homme.

▶ *Cours 2 a, b, c*

• Bonheur et vertu

Pour les Grecs, le bonheur vient de la vertu, qui est à la fois désir du bien et refus de l'excès. C'est la maîtrise de soi et de ses désirs qui est la plus susceptible de rendre heureux, en ce qu'elle permet l'accomplissement de soi.
Toutefois, être vertueux n'est pas la condition sûre du bonheur.
Il faut donc faire la différence entre être heureux et être digne de l'être.

▶ *Cours 1 c*

• Le bonheur comme idéal

Chacun veut être heureux mais personne ne sait réellement ce qui peut le rendre heureux. L'homme est donc condamné à la recherche du bonheur sans jamais l'atteindre pleinement : le seul état durable qu'il connaisse est l'effort pour y accéder.

▶ *Cours 3 a, b*

• Pascal et le divertissement

Pour Pascal, l'agitation permanente qui caractérise l'homme est révélatrice d'une angoisse profonde : l'homme ne peut rester seul avec lui-même sans souffrir, et il cherche à se détourner du présent par le divertissement.

▶ *Cours 3 c*

1 Qu'est-ce que le bonheur ?

a. Définition

De *bon* et de *heur*, dérivé du latin *augurium* qui signifie « augure, présage » et donc « chance », le bonheur désigne un **état de satisfaction durable**. Il est souvent conçu comme une satisfaction pleine et entière des désirs. C'est ce que suggère l'identification de l'homme heureux à un être comblé.

Si les hommes n'atteignent pas le bonheur, c'est parce qu'ils ont des désirs multiples et que, parmi ceux-ci, nombreux sont ceux qui ne peuvent être satisfaits. Il y a des choses comme la santé ou la richesse qui ne dépendent pas entièrement de notre volonté. Savoir se contenter de ce qui est possible, serait alors la seule « route vers le bonheur ». On distingue ainsi le bonheur du **contentement**, état de celui qui est satisfait, qui ne manque de rien car il se contente de ce qu'il a.

Le bonheur serait réservé à ceux qui ont les moyens matériels de réaliser tous leurs désirs. Quant aux autres hommes, ils ne pourraient qu'espérer le bonheur. Mais attendre des lendemains qui chantent n'est-ce pas le plus sûr moyen de ne jamais être heureux ? Le bonheur, n'est-ce pas ici et maintenant ?

b. Bonheur et plaisir

Le **bonheur** comme **état durable** se distinguerait du **plaisir** qui est **éphémère**. Mais le bonheur est parfois identifié au plaisir. Ainsi, l'**hédonisme** fait du plaisir le souverain bien de l'homme. Dans *Gorgias*, de Platon, Calliclès défend, face à Socrate, la position hédoniste : ce qui compte dans la vie, c'est d'y verser le plus qu'on peut. À quoi Socrate répond qu'une telle vie est comparable à celle du pluvier, oiseau qui mange et fiente en même temps.

Si **Épicure** revendique le plaisir comme moyen d'accès au bonheur, il n'en affirme pas moins que le plaisir ne doit pas être recherché pour lui-même, mais seulement pour **éviter la souffrance et avoir la paix de l'âme**. Le bonheur n'est pas le fruit de la luxure : « Ce ne sont pas les beuveries et les orgies continuelles, les jouissances des jeunes garçons et des femmes, les poissons et autres mets qu'offre une table luxueuse qui engendrent une vie heureuse, mais la raison vigilante qui recherche minutieusement les motifs de ce qu'il faut choisir et de ce qu'il faut

À NOTER

L'**hédonisme** (du grec *hedonê*, « plaisir »), incarné par l'école des Cyrénaïques fondée par Aristippe de Cyrène au IVe siècle av. J.-C., fait du plaisir des sens un bien, quelles qu'en soient les formes. Le plaisir est le principe et la mesure de toute valeur.

À NOTER

Dans le corps, le plaisir en repos engendre un bien-être que l'épicurisme appelle *aponia* ou **absence de douleur**, tandis que dans l'âme, le bien-être est nommé *ataraxie* ou **absence de trouble et de crainte**. L'ataraxie qualifie le bonheur pour Épicure.

éviter. » (*Lettre à Ménécée.*) Il s'agit d'éviter le désordre et d'accéder à la sérénité qui est celle des dieux bienheureux.

c. Le bonheur et la vertu

Si les Grecs considèrent que le plein accomplissement de soi-même est ce que tout homme recherche, le bonheur bien compris ne réside pas dans la satisfaction effrénée des penchants ou des désirs mais plutôt dans une **vie réglée et maîtrisée par la raison**. Aussi n'y a-t-il pas de contradiction entre le bonheur et la vertu. Le bien est l'objet du désir juste. Chacun doit comprendre, après réflexion, que la vie heureuse consiste en l'exercice de la vertu comprise comme refus de tout excès.

L'**eudémonisme** identifie ainsi vertu et souverain bien. L'activité morale a pour fin la recherche du bonheur. Il n'y a pas de contradiction entre le bonheur et la morale. Mais le rôle de la morale est-il d'enseigner aux hommes comment atteindre le bonheur ? Son rôle n'est-il pas plutôt de leur enseigner comment s'en rendre digne ?

2 Le bonheur et la morale sont-ils conciliables ?

a. La bonne volonté

Cependant, les dispositions intérieures de l'âme comme la juste mesure, la maîtrise de soi, aussi favorables qu'elles puissent paraître vis-à-vis de la moralité, ont-elles la valeur absolue que leur attribuent les Grecs ? Ne peuvent-elles pas se prêter à un mauvais usage : le courage ou la maîtrise de soi d'un criminel ne le rend-il pas plus odieux ? Seul peut être véritablement bon ce qui l'est par soi, ce qui l'est absolument. Ainsi, comme Kant le souligne dans les *Fondements de la métaphysique des mœurs* (1785), il n'est rien qui puisse être tenu pour absolument bon, si ce n'est une **bonne volonté**.

> **ATTENTION !**
> Ce qui fait que la volonté est bonne ou non, ce ne sont pas ses œuvres ou ses succès, ni son aptitude à atteindre le but qu'elle se propose, mais **son vouloir même**. La bonne volonté est celle qui se détermine à agir par **pur respect du devoir**.

b. Ne pas se rendre indigne du bonheur

L'homme ne peut renoncer au bonheur et à sa recherche. Mais le bonheur n'est pas ce qui est premier : ce qui doit l'être, c'est le devoir. À la question « Que dois-je faire ? », **Kant** répond : « Fais ce qui te rends **digne** d'être heureux. »

Or, on peut être vertueux tout en étant malheureux, et être heureux sans être vertueux. On peut même dire qu'agir par devoir n'est pas le moyen le plus sûr d'être heureux, car cela implique souvent d'aller contre ses désirs. Certes, agir moralement n'implique pas l'ascétisme, et on peut considérer qu'indirectement c'est aussi un devoir de travailler à son bonheur car un minimum de bien-être est la condition de la vertu. Un homme possédant santé et richesse aura de meilleures chances de vivre moralement puisqu'il sera à l'abri des tentations de la convoitise, du vol ou encore du mensonge et même du meurtre.

Cependant, pour **Kant**, la recherche du bonheur n'a de valeur morale que **lorsqu'elle n'est qu'un devoir**. Ainsi, un homme gravement malade qui n'a aucun espoir de recouvrer la santé peut bien manger ce qu'il veut, mais l'impératif du bonheur lui commande d'observer les règles de l'hygiène. C'est dire que la recherche du bonheur ne peut devenir une vertu que lorsqu'on a perdu tout espoir d'être heureux.

c. Peut-on éprouver de la joie à faire son devoir ?

La conscience de ne se déterminer que par pur respect du devoir peut engendrer un « contentement de soi-même » et une certaine béatitude. Mais l'homme ne peut jamais être sûr de la valeur morale de ses actions car il peut toujours y avoir à l'origine de celles-ci quelques inclinations inconscientes. La sainteté n'est pas de l'ordre de l'humain, elle n'existe qu'en Dieu.

L'**opposition kantienne entre la morale et le bonheur** repose sur l'affirmation que la morale est de l'ordre de la raison et qu'elle suppose toujours des renoncements par rapport à nos désirs et intérêts, autrement dit au plaisir. Mais ne peut-on pas agir moralement par bienveillance et en éprouver de la joie ?

3 Comment être heureux ?

a. Le bonheur est une affaire privée

Pour être heureux, l'homme doit se sentir en sécurité, être sans crainte. C'est le cas dans un État de droit, où il est sous la protection des lois.

Mais si l'amour de l'État pour le peuple est au premier abord séduisant, l'Histoire montre que le paternalisme est l'alibi du despotisme : « Un gouvernement paternel où, par conséquent, les sujets, tels des enfants mineurs incapables de décider ce qui leur est vraiment utile ou nuisible, sont obligés de se comporter de manière uniquement passive, afin d'attendre uniquement du jugement du chef de l'État la façon dont ils doivent être heureux [...] – un tel gouvernement, dis-je, est le plus grand despotisme que l'on puisse concevoir. » (Kant, *Métaphysique des mœurs*.)

Le bonheur est donc une **affaire personnelle**. Il appartient à chacun de le chercher dans la voie qui lui semble, à lui, être la bonne, pourvu qu'il ne nuise pas à la liberté d'autrui.

b. Le bonheur est un idéal de l'imagination

Ce que les hommes nomment le bonheur n'est souvent que l'objet temporaire et accidentel de leur désir. Comme le souligne Kant dans les *Fondements de la métaphysique des mœurs*, « malgré le désir qu'a tout homme d'arriver à être heureux, personne ne peut dire en termes précis et cohérents ce que véritablement il désire et veut ». Le bonheur est « un idéal, non de la raison, mais de l'imagination ».

Et Kant se moque : l'homme veut-il la richesse ? Mais que de soucis cela ne va-t-il pas provoquer ! Veut-il la connaissance ? Cela risque de lui donner une vue plus claire des maux qui le menacent ! Veut-il une longue vie ? Ne serait-ce pas un cortège de longues souffrances ? Veut-il la santé ? Ne va-t-il pas en user pour se livrer à des excès ?

c. Le bonheur est dans l'attention au présent

La plupart des hommes ne sont pas heureux parce qu'ils désirent l'être. L'impossibilité où est l'homme de se fixer dans le présent est dénoncée par **Pascal** dans les *Pensées* (1670) : « Nous ne pensons presque point au présent ; et si nous y pensons, ce n'est que pour en prendre la lumière pour disposer de l'avenir. Le présent n'est jamais notre fin : le passé et le présent sont nos moyens ; le seul avenir est notre fin. Ainsi nous ne vivons jamais, mais nous espérons de vivre ; et, nous disposant toujours à être heureux, il est inévitable que nous ne le soyons jamais. »

Le plus grand ennemi du bonheur est l'affairement. L'homme affairé vit en avant de lui-même. Il ne cesse de s'agiter, de se jeter dans le monde. Il ne recherche qu'une chose : le **divertissement**, qui ne vise qu'à s'oublier soi-même. La raison en est, dit Pascal, le « malheur naturel de notre condition faible et mortelle, et si misérable, que rien ne peut nous consoler, lorsque nous y pensons de près ». Dans sa situation de misère, l'homme s'étourdit de son passé et plus encore de son avenir supposé, mais ne peut, en réalité, jamais être heureux.

Faire la fiche de lecture d'une œuvre

Savoir-faire

Pour constituer la fiche de lecture d'une œuvre, vous devez :

1. Noter le titre de l'œuvre ; son auteur ; sa date de parution et l'éditeur ; son genre (dialogue ? essai ?).

2. Situer l'œuvre : époque de l'auteur ; courant de pensée auquel il se rattache ; place de l'œuvre dans sa philosophie.

3. Délimiter le sujet de l'œuvre : de quoi traite-t-elle et comment ?

4. Réfléchir aux enjeux philosophiques de l'œuvre : quel est le but de l'auteur ?

5. Identifier les concepts clés.

6. Faire le résumé de l'œuvre.

7. Relever les passages caractéristiques de l'œuvre.

Application

SUJET : Faites la fiche de lecture du *Rêve et son interprétation*, de Freud (trad. fr. 1925)

Situation de l'œuvre

Dans la nuit du 23 au 24 juillet 1895, Freud fait un rêve qui le met sur la voie de la découverte que les rêves sont la réalisation de désirs aussi bien chez les sujets normaux que chez les malades. En 1900 paraît la première édition de *La Science des rêves*. Freud a alors quarante-quatre ans. *Le Rêve et son interprétation* est une sorte d'abrégé de ce volumineux traité.

Sujet de l'œuvre

Le sujet est, comme le titre français l'indique, le rêve et son interprétation. Cependant, les concepts auxquels Freud a recours pour expliquer le processus de formation du rêve (censure, refoulement, compromis) constituent un modèle généralisable pour comprendre d'autres situations psychopathologiques (hystérie, névrose).

Enjeux philosophiques

Cet ouvrage présente l'exposé de la **première topique** (théorie des lieux) freudienne. Il y a deux lieux ou instances : l'**inconscient** et le **conscient**. Ce qui est dans la première instance ne peut passer dans la seconde qu'en franchissant une frontière (la censure) qui ne laisse passer que ce qui lui est agréable. Le reste est refoulé. Pendant le sommeil, la censure se relâche : passe alors une partie du refoulé, mais au prix de modifications résultant d'un compromis entre les « intentions » de l'inconscient et les exigences du conscient.

Cet ouvrage de Freud marque un tournant : la psychanalyse ne porte plus seulement sur des phénomènes pathologiques, elle devient une psychologie nouvelle et plus approfondie, qui devient indispensable pour la compréhension du normal.

Concepts clés

– **Contenu manifeste** : le rêve tel qu'il apparaît à celui qui en fait le récit.

– **Contenu latent** : le rêve tel qu'il apparaît une fois déchiffré.

– **Travail du rêve** : processus de transformation du rêve latent en rêve manifeste.

– **Censure** : fonction qui interdit à certains produits de l'inconscient d'accéder au conscient.

– **Refoulement** : pendant le sommeil, ce qui a été refoulé réussira à se frayer un chemin vers la conscience. De même, les symptômes, les actes manqués sont des formes de retour du refoulé.

– **Compromis** : le refoulé fait retour dans le conscient sous la forme d'un compromis, qui satisfait l'inconscient et le conscient.

Résumé de l'œuvre

Freud constate que presque tous les rêves des adultes se ramènent à des désirs sexuels ou agressifs refoulés remontant à l'enfance. Le travail du rêve consiste à condenser, déplacer et remanier, en vue d'une représentation sensorielle. Le rêve a aussi recours à des symboles : certains objets représentent l'organe sexuel masculin, et d'autres les organes féminins. Puis, par le travail d'élaboration secondaire, le rêve est remanié par le rêveur sous forme de scénario intelligible. Les idées latentes sont ainsi rendues méconnaissables et donc acceptables pour la conscience du rêveur. Le rêve est un symptôme et fait partie de ce que Freud nomme la « psychopathologie de la vie quotidienne », au même titre que les oublis, les lapsus, les actes manqués.

Passages caractéristiques

« L'analyse des rêves confus et inintelligibles nous enseigne [...] qu'ils sont les réalisations voilées de désirs refoulés » (chap. 9).

« Le rêve est en quelque sorte la décharge psychique d'un désir en état de refoulement, puisqu'il présente ce désir comme réalisé ; et il satisfait du même coup l'autre tendance en permettant au dormeur de poursuivre son somme » (chap. 11).

Pour réussir le jour J

LES ERREURS À NE PAS COMMETTRE

- **Ne pas confondre le bonheur**, qui est un état durable **avec la joie**, qui est éphémère.
- Le bonheur en tant que fin est un **idéal** dont les hommes peuvent se rapprocher mais qui ne peut être atteint.

LE VOCABULAIRE À UTILISER

- L'adjectif **empirique** dérive du grec *empirikos* désignant les médecins qui, dans l'Antiquité, s'intéressaient avant tout aux cas particuliers que procure l'expérience. Le mot désigne dès lors ce qui relève de l'expérience, ce qui est sensible, non réfléchi. On oppose la **connaissance empirique**, liée à la seule expérience, à la **connaissance rationnelle** ou systématique, censée être fondée en raison. Pour Kant, le bonheur étant un idéal de l'imagination et non de la raison, ne peut être déterminé de manière précise. On ne peut dire, par raison, ce qui pourrait rendre les hommes heureux. Tout au plus, peut-on donner quelques recettes empiriques.
- Une **proposition** est **universelle** quand elle vaut pour tous ; exemple : tous les corps, dans le vide, tombent nécessairement à la même vitesse.
- Une **proposition** est **particulière** si elle ne vaut que pour quelques-uns ; exemple : certains hommes sont chauves.
- Pour Kant, les impératifs en matière de **moralité** sont **universels** ; exemple : respecte la parole donnée. Cet impératif vaut pour tous les hommes, quelles que soient la culture ou l'époque. En matière de **bonheur**, il n'y a d'impératifs que **particuliers**, valables seulement pour quelques hommes ; exemple : « Si tu veux être heureux, veille à ta santé ! »
- Pour **Schopenhauer**, la souffrance est l'essence même de la vie. La douleur est le résultat du vouloir-vivre à l'œuvre dans le monde et qui, chez l'homme, s'exprime à travers le désir. Or, le désir est manque, et donc souffrance. Le salut pour l'homme consiste à s'affranchir du désir en se détachant du vouloir-vivre. Détachement qui passe par les trois étapes de la contemplation esthétique, de la morale de la pitié, et de la négation totale du désir et du vouloir-vivre qu'est le nirvâna des bouddhistes.

10 qcm pour réviser le cours

Corrigés, p. 275

1 On définit le bonheur comme un état :

❑ **a.** éternel.
❑ **b.** durable.
❑ **c.** éphémère.

2 Le plaisir est un état :

❑ **a.** durable.
❑ **b.** éphémère.
❑ **c.** éternel.

3 Qu'est-ce que l'hédonisme ?

❑ **a.** La recherche du plaisir.
❑ **b.** La recherche du salut.
❑ **c.** La recherche du bonheur.

4 Qu'est-ce que l'eudémonisme ?

❑ **a.** La recherche du bonheur comme refus de tout excès.
❑ **b.** La recherche du plaisir.
❑ **c.** La recherche de l'excès.

5 Épicure affirme que :

❑ **a.** le bonheur réside dans les plaisirs simples.
❑ **b.** le bonheur consiste dans la satisfaction effrénée des désirs.
❑ **c.** le bonheur est réservé aux dieux.

6 Qui a écrit la *Lettre à Ménécée* ?

❑ **a.** Aristote
❑ **b.** Sénèque
❑ **c.** Épicure

7 Selon Kant, le bonheur est :

❑ **a.** une affaire personnelle.
❑ **b.** une affaire d'État.
❑ **c.** une affaire sociale.

8 Selon Kant, l'État bienveillant est :

❑ **a.** le meilleur des États.
❑ **b.** le pire des despotismes.
❑ **c.** un État idéal.

9 Selon Kant, le bonheur est :

❑ **a.** un idéal de la raison.
❑ **b.** un idéal de l'imagination.
❑ **c.** une utopie.

10 « Nous disposant toujours à être heureux, il est inévitable que nous ne le soyons jamais. » Qui est l'auteur de cette citation ?

❑ **a.** Épicure
❑ **b.** Platon
❑ **c.** Pascal

Sujets

Sujet 1 TYPE BAC

Corrigé, p. 275

Soit le sujet de dissertation suivant :

La peur de la mort est-elle un obstacle au bonheur ?

Vous montrerez en quoi la peur de la mort est un obstacle au bonheur.

Sujet 2 TYPE BAC

Corrigé, p. 276

Document

Entre les désirs et leurs réalisations s'écoule toute la vie humaine. Le désir, par nature, est souffrance ; la satisfaction engendre rapidement la satiété : le but étant illusoire, la possession lui ôte son attrait ; sous une forme nouvelle renaît le désir, et avec lui le besoin : sans quoi, c'est le dégoût, le vide, l'ennui, adversaires plus rudes encore que le besoin. Quand le désir et sa satisfaction se succèdent à des intervalles qui ne sont ni trop longs, ni trop courts, la souffrance, produit commun de l'un et de l'autre, baisse à son niveau le plus bas : et c'est là la plus heureuse vie.

Schopenhauer, *Le Monde comme volonté et comme représentation* (1818), livre IV, Trad. A. Burdeau, © PUF, 1966.

Question

Dégagez l'idée centrale et les principaux moments du texte.

QCM

1 b. 2 b. 3 a. 4 a. 5 a. 6 c. 7 a. 8 b. 9 b. 10 c.

Sujet 1

■ La mort est l'absolument autre. Face à elle, nous sommes devant une silhouette inconnue, un ennemi invisible contre lequel nous nous dressons. La mort ne semble pouvoir se regarder en face. Si la conscience retourne à l'inconscience absolue d'où elle est sortie, ne reste plus que le sentiment tragique de la vie (« Notre laborieuse race humaine n'est plus qu'une fatidique procession de fantômes, qui vont du néant au néant », Miguel de Unamuno). L'homme est littéralement dissous.

■ Dans notre société où l'injonction est de jouir sans entrave dans une jeunesse éternelle, la mort n'a plus sa place. Elle devient un accicent absurde, un excédent encombrant, et l'écart entre le réel de la mort et son imaginaire est source d'angoisse et de solitude. Si elle nous occupe, c'est parce qu'elle n'a jamais été aussi séparée de la vie et l'inflation de mots qu'elle suscite n'a d'autre fin que de nous convaincre de notre pouvoir de l'exclure. La pensée rencontre la mort comme un objet pénible, et qu'il faut écarter si l'on veut être heureux (« Les hommes n'ayant pu guérir la mort [...] se sont avisés, pour se rendre heureux, de n'y point penser », Pascal, *Pensées*). Du coup la vie n'a jamais été aussi morbide et la peur de la mort aussi présente. La vie ne fait abstraction de la mort qu'en faisant abstraction d'elle-même. Car on ne cesse de penser à la mort qu'en cessant de penser et donc de vivre une vie authentiquement humaine.

■ La peur qu'engendre la mort peut pousser les hommes à la recherche effrénée des plaisirs. L'autre alternative est dans la rétention : le sujet s'installe dans un confort douillet, acquiert des biens qu'il croit durables et vit à l'économie ; autrement dit, il installe la mort dans sa vie. Tout donner ou tout garder : dans les deux cas, l'ouverture à autrui est absente et le bonheur n'est pas au rendez-vous. La vie n'est alors plus qu'une simple juxtaposition de faits plus ou moins importants et sombre au final dans la série banale et monotone propre à la simple succession temporelle.

■ À l'inverse, regarder la mort en face, c'est prendre conscience que vivre est un don de soi qui n'attend rien en retour. La joie de donner à l'autre son attention ne peut venir de la simple obéissance à la loi morale qui est en nous ; elle vient du fait que seul autrui peut donner un sens à notre existence et nous apporter le bonheur.

■ Il ne s'agit donc pas d'être fasciné par la mort, mais de la regarder en face, c'est-à-dire de se rendre présent à cette présence en nous de la mort : « Je ne veux pas dire que l'on doive aimer la mort, mais on doit aimer la vie de façon si généreuse [...] que l'on ne cesse, sans même le vouloir, de l'y intégrer » (Rilke, *Lettres à un jeune poète*). C'est en effet lorsque nous répudions la mort de nos vies, qu'elle nous devient étrangère et hostile. Ne pas regarder la mort en face, c'est refuser la lumière et, sans doute aussi, une vie heureuse.

Sujet 2

Idée centrale du texte

Dans ce texte extrait du livre IV du *Monde comme volonté et comme représentation*, Schopenhauer affirme que la vie oscille sans cesse de la souffrance à l'ennui et que le bonheur n'existe pas.

Premier moment du texte : analyse du désir

Pour Schopenhauer, la souffrance est l'essence même de la vie ; elle est donc inévitable. Tous nos efforts pour la chasser sont vains et n'ont d'autre effet que de la faire changer de figure. Ces efforts incessants sont le fait du vouloir-vivre. L'homme est-il arrêté par un obstacle dressé entre lui et son but immédiat ? Voilà la souffrance. Atteint-il son but ? C'est la satisfaction, mais pour combien de temps ? On comprend dès lors qu'il n'y a pas de bonheur durable, mais seulement un effort continu, sans but véritable ni repos. Cet effort, on le trouve partout, y compris dans la nature dépourvue d'intelligence : chez les plantes, dont l'effort aboutit à la graine, « point de départ à son tour : et cela répété jusqu'à l'infini » ; on le trouve aussi chez les bêtes. Mais plus la conscience s'élève et plus la souffrance s'accroît. De toutes les formes de vie, c'est la vie humaine qui est la plus douloureuse : elle « oscille, comme un pendule, de droite à gauche, de la souffrance à l'ennui ».

Second moment du texte : définition négative de la vie heureuse comme celle qui comporte le moins de souffrance

La vie heureuse est celle qui comporte le moins de souffrance, c'est-à-dire celle où le désir et la satisfaction « se suivent à des intervalles qui ne sont ni trop longs, ni trop courts ». Mais une telle vie vaut-elle la peine d'être vécue ? Dans le bilan des joies et des souffrances d'une vie humaine, on découvrira que la colonne « peines » l'emporte sur la colonne « joies ». À quoi il faut ajouter que les plaisirs, s'ils sont moins nombreux que les peines, sont aussi moins « réels », c'est-à-dire que le plaisir ne se ressent pas, il n'est que vacuité. « Nous sentons la douleur, mais non l'absence de douleur ; le souci mais non l'absence de souci ; la crainte mais non la sécurité [...] Seules, en effet, la douleur et la privation peuvent produire une impression positive et par là se dénoncer d'elles-mêmes : le bien-être, au contraire, n'est que pure négation. » Si le plaisir lui-même est négatif, le bonheur ne peut pas être une fin pour l'homme.

Sujet n° 1

Plus de sujets sur www.defibac.fr

1er sujet DISSERTATION

Peut-on en finir avec les préjugés ?

2e sujet DISSERTATION

Que gagne-t-on à travailler ?

3e sujet EXPLICATION DE TEXTE

Expliquez le texte suivant.

Nous n'accusons pas la nature d'immoralité quand elle nous envoie un orage et nous trempe : pourquoi disons-nous donc immoral l'homme qui fait quelque chose de mal ? Parce que nous supposons ici une volonté libre aux décrets arbitraires, là une nécessité. Mais cette distinction est une erreur. En outre, ce n'est même pas en toutes circonstances que nous appelons immorale une action intentionnellement nuisible ; on tue par exemple une mouche délibérément, mais sans le moindre scrupule, pour la pure et simple raison que son bourdonnement nous déplaît, on punit et fait intentionnellement souffrir le criminel afin de se protéger, soi et la société. Dans le premier cas, c'est l'individu qui, pour se conserver ou même pour s'éviter un déplaisir, cause intentionnellement un mal ; dans le second, c'est l'État. Toute morale admet les actes intentionnellement nuisibles en cas de légitime défense, c'est-à-dire quand il s'agit de conservation. Mais ces deux points de vue suffisent à expliquer toutes les mauvaises actions exercées par des hommes sur les hommes : on veut son plaisir, on veut s'éviter le déplaisir ; en quelque sens que ce soit, il s'agit toujours de sa propre conservation. Socrate et Platon ont bien raison : quoi que l'homme fasse, il fait toujours le bien, c'est-à-dire ce qui lui semble bon (utile) suivant son degré d'intelligence, son niveau actuel de raison.

NIETZSCHE, *Humain, trop humain* (1878),
trad. A.-M. Desrousseaux, © Mercure de France.

La connaissance de la doctrine de l'auteur n'est pas requise. Il faut et il suffit que l'explication rende compte, par la compréhension précise du texte, du problème dont il est question.

Corrigé n°1

1er sujet : DISSERTATION

Peut-on en finir avec les préjugés ?

Attention ! Les intertitres entre crochets sont indicatifs. Ils ne doivent en aucun cas figurer dans votre copie.

[Introduction]

■ On dit que « les préjugés sont tenaces ». Ce qui témoigne que les préjugés sont mauvais, et qu'il est difficile de s'en débarrasser.

■ Toutefois, l'homme dispose de la raison : ne pourrait-il pas réfléchir avant de juger, et en finir ainsi avec les préjugés ?

■ Est-il possible, effectivement, est-il légitime d'en finir avec les préjugés ?

[I. Il paraît impossible d'en finir avec les préjugés]

[1. Les préjugés sont la chose la mieux partagée du monde]

■ Avoir des préjugés, c'est juger avant de savoir. C'est donc **croire savoir**. Or, celui qui croit savoir n'éprouve plus le besoin de rechercher la vérité. En ce sens, les préjugés sont un **obstacle** qui empêche l'accès à la vérité.

[2. Les préjugés expriment le refus de penser]

■ Dans les domaines touchant les fins de l'action humaine (politique, justice...), chacun revendique le droit de donner son opinion, persuadé que celle-ci en vaut bien une autre. En effet, si ceux qui peuvent penser sont rares, tous veulent avoir des opinions. Que leur reste-t-il d'autre, alors, que de les **emprunter** à autrui, au lieu de se les former eux-mêmes ? Les préjugés expriment la « **dictature du on** » (Heidegger).

[3. La paresse intellectuelle favorise les préjugés de toutes sortes]

■ Les préjugés sont d'autant plus indéracinables qu'ils traduisent un intérêt, une passion, un état d'esprit momentané, lesquels déterminent ce qu'on appelle l'état de l'opinion, c'est-à-dire l'**opinion commune**.

[II. Il n'y a pas d'avancée de la raison sans destruction des préjugés]

[1. La raison est la chose du monde la mieux partagée]

■ Dans le *Discours de la méthode*, Descartes affirme que « le bon sens est la chose la mieux partagée du monde ». Ce qui signifie que tout être dispose de la faculté de distinguer le vrai du faux. Mais, ajoute-t-il, il ne suffit pas d'avoir du bon sens, encore faut-il l'appliquer convenablement. La méthode est alors essentielle. Lorsqu'on juge, il faut examiner les idées à la lumière de la seule raison.

[2. La philosophie détruit les préjugés]

■ Si la philosophie ne peut se déployer qu'à partir de la critique radicale des préjugés, elle ne peut faire de cette critique son seul but. Le philosophe porte donc à son tour des jugements. Mais il reste soucieux de la vérité argumentée qui implique que toute croyance soit subordonnée au résultat d'un **examen rationnel**.

[3. La science détruit les préjugés]

■ Dans le domaine scientifique, la vérité se définit toujours en opposition avec les préjugés. Dans *La Formation de l'esprit scientifique*, Bachelard s'applique à montrer comment la connaissance scientifique se fait toujours « contre une connaissance antérieure », c'est-à-dire par la destruction des « connaissances mal faites ».

[III. Les préjugés sont parfois légitimes]

[1. Les préjugés sont un moment nécessaire mais qui doit être dépassé]

■ La dialectique socratique consiste, en partant de préjugés contradictoires, à établir des vérités valables pour toutes les intelligences. C'est en détruisant telle proposition, en corrigeant telle autre, qu'on parvient à la vérité. Les préjugés sont donc une **étape** dans la recherche de la vérité.

[2. Ce qui est savoir peut devenir préjugé]

■ Dans le domaine scientifique, un savoir établi peut devenir source de préjugés. Il faut alors le dépasser. Les crises de croissance de la pensée impliquent en effet une refonte totale du système du savoir (passage de la théorie mécanique de Newton à la relativité d'Einstein).

[3. Impossible de ne pas avoir de préjugés]

■ À moins d'en rester à l'ironie socratique, ou de pratiquer la suspension définitive du jugement, il est difficile de ne pas porter de jugement.

■ Or, le savoir humain est limité. Personne ne peut posséder tout le savoir de son époque. On ne peut donc éviter tout préjugé sans renoncer au plaisir de la discussion en société – à condition ne pas les ériger en vérité scientifique mais de les affirmer sur le mode de la croyance.

[Conclusion]

■ La plupart des hommes refusent de penser par eux-mêmes. Ils préfèrent partager les préjugés de leur milieu social, de leur époque ou de leur culture.

■ Toutefois, la recherche de la vérité reste un idéal. Elle exige de soumettre les idées à un examen rationnel, et un doute permanent. Mais, pour vivre en société, les hommes ont besoin d'un consensus. Bien des discussions sur l'art, la société, la politique tournent alors au débat d'opinion.

2e sujet : DISSERTATION

Que gagne-t-on à travailler ?

Introduction

■ Il semble, de prime abord, qu'on travaille pour gagner un salaire permettant de vivre. Le travail ne serait donc qu'un moyen, souvent vécu souvent sur le mode de la contrainte et dont on se passerait volontiers. Toutefois, le travail a permis à l'homme de s'éloigner de son animalité originaire, de se libérer des forces de la nature et de gagner ainsi son humanité et sa liberté. Que gagnons-nous en travaillant ?

PLAN

I. On ne gagne que sa vie en travaillant, on perd sa liberté

1. Le travail est pénible

2. Partout où la nature est prodigue, les hommes ne travaillent pas

3. Le travail est soumis au règne de la nécessité

II. On gagne son humanité en travaillant

1. En travaillant, on développe ses facultés physiques et intellectuelles

2. En travaillant, on se libère du besoin

3. En travaillant, on prend conscience d'appartenir au genre humain

III. On ne gagne rien à travailler lorsque le travail est aliénant

1. On peut perdre son humanité en travaillant

2. Le travail aliéné est sacrifice de soi, mortification

3. Le travail n'apparaît souvent que comme un moyen de gagner sa vie

Conclusion

■ Le travail, en général, est libérateur. L'homme en tant qu'espèce y gagne sa dignité, sa liberté. Mais l'individu y perd son humanité car le travail a revêtu au cours de l'histoire des formes concrètes mutilantes, aliénantes. Il n'apparaît souvent que comme un moyen d'assurer sa subsistance.

3e Sujet : EXPLICATION DE TEXTE

Attention ! Les intertitres entre crochets sont indicatifs. Ils ne doivent en aucun cas figurer dans votre copie.

[Introduction]

■ Dans ce texte, Nietzsche s'interroge sur les fondements du bien et du mal. Il s'agit donc de morale. Nietzsche semble d'abord rechercher l'origine de nos jugements moraux mais, au-delà, on découvre que l'opposition du bien et du mal n'a plus vraiment de sens si une action « mauvaise » peut être dite bonne en se plaçant du point de vue de celui qui la commet. Quoique l'homme fasse, il fait toujours le bien puisqu'il agit par souci de conservation de soi.

[I. Étude ordonnée du texte]

[1. On admet que l'homme est libre et donc moralement responsable]

■ Dans un premier moment du texte, Nietzsche explique que la nature obéit à des lois mécaniques. Les qualificatifs de « moral » ou d'« immoral » ne peuvent donc être attribués à un phénomène naturel (un orage, par exemple). Si l'on peut juger moralement des actions humaines, c'est parce qu'on considère que l'homme, contrairement à la nature, est libre.

[2. On admet les actes nuisibles répondant au souci de préservation de soi]

■ Dans un deuxième moment du texte, Nietzsche critique la notion de liberté. La **nécessité** est partout présente et s'exerce donc aussi en l'homme.

■ Par ailleurs, il constate que certaines actions volontairement nuisibles ne sont pas jugées immorales parce qu'elles répondent à un souci de **conservation de soi ou de la société**. À travers deux exemples d'actions intentionnellement nuisibles qui ne sont pas considérées comme immorales (tuer une mouche, punir un criminel), il suggère qu'on admet les actes intentionnellement nuisibles lorsqu'il y va de la conservation individuelle ou collective. Nietzche invoque la notion de légitime défense qui empêche de considérer la peine de mort comme « immorale ».

[3. Tout acte humain répond à un souci de conservation]

■ Enfin, Nietzsche montre que toutes les « mauvaises actions » répondent à ce même souci de conservation de soi. Utilisant de manière ironique la référence à Socrate, il pervertit le sens de la phrase : « Nul n'est méchant volontairement. » Pour Socrate en effet, le mal résulte d'une confusion des valeurs : on peut croire une chose bonne alors qu'elle est mauvaise.

■ Mais que l'ignorance puisse expliquer le mal ne signifie pas que le mal est un bien. Nietzsche l'interprète en disant que le « mal » est un bien.

Une action mauvaise, même intentionnelle, est, en dernière instance, déterminée par le souci de la conservation de soi.

[II. Intérêt philosophique du texte]

[1. Le mal est une question de point de vue]

■ Les conduites humaines sont déterminées par l'instinct de conservation. Le bien est perçu par chacun suivant son degré d'intelligence ou son niveau actuel de raison. Il y a donc des **variations** individuelles, historiques, culturelles : **le mal est une question de point de vue**. Pour la mouche, être écrasée, c'est mal. Pour le criminel, être sanctionné c'est mal (Nietzsche joue sur les différents sens de ce que l'on appelle « mal »). Donc, du point de vue de l'auteur du mal, le mal est justifié, le mal, c'est bien.

[2. Nietzsche semble détruire l'idée même de moralité]

■ Mais peut-on réduire la moralité au plaisir ou à l'utile sans détruire l'idée même de moralité ? Agir moralement, c'est agir **par devoir**. C'est donc souvent aller à l'encontre de ses désirs, de son plaisir ou même de ce qui est utile pour soi. **Kant** est le philosophe qui met en avant la notion de devoir. Il y a, en matière de moralité, des **impératifs catégoriques** qui s'imposent à tout homme, quel que soit le dommage qui peut en résulter pour chacun (devoir de véracité, devoir d'honorer ses dettes, devoir de bienveillance à l'égard d'autrui…).

[3. Toute appréciation morale est à rapporter à un système de référence]

■ Où Nietzsche veut-il en venir ? Il semble approuver le « nul n'est méchant volontairement » des Anciens. Mais la fin du texte est ironique. Nietzsche suggère qu'il faut **dépasser** à la fois **le point de vue relativiste** (« à chacun son idée du bien et du mal ») **et le point de vue** prétendument **objectif** (« le bien et le mal sont des absolus »).

■ En effet, toute appréciation morale est à **rapporter à un système de référence**. Qui décide de ce qui est bien ou mal ? Bien pour qui, mal pour qui ? Pour Nietzsche, c'est l'homme qui crée les valeurs. Toute valeur doit être rapportée au système dans lequel elle s'inscrit et prend un sens. On ne peut rien évaluer philosophiquement sans poser préalablement la question de savoir qui évalue, et quel est le type de vie, ou de volonté, qu'exprime cette évaluation.

[Conclusion]

■ Y a-t-il des hommes qui font le mal sciemment ? Nietzsche répond que non. Chacun agit en fonction de ce qu'il croit être bien pour lui, par souci de conservation de soi. Il en résulte qu'il n'y a pas de différence, subjectivement, entre le bien et le mal. S'opposant à la conception intransigeante du devoir de Kant, Nietzsche ne tombe pas pour autant dans le relativisme. La question fondamentale est : qui évalue et au nom de quel type de vie ?

Sujet n° 2

Plus de sujets sur
www.defibac.fr

1er sujet DISSERTATION

Suis-je ce que j'ai conscience d'être ?

2e sujet DISSERTATION

L'art a-t-il pour but d'imiter la nature ?

3e sujet EXPLICATION DE TEXTE

Expliquez le texte suivant.

Ainsi je suis en contradiction avec vous lorsque, poursuivant vos déductions, vous dites que l'homme ne saurait absolument pas se passer de la consolation que lui apporte l'illusion religieuse, que, sans elle, il ne supporterait pas le poids de la vie, la réalité cruelle. Oui, cela est vrai de l'homme à qui vous avez instillé dès l'enfance le doux – ou doux et amer – poison. Mais de l'autre, qui a été élevé dans la sobriété ? Peut-être celui qui ne souffre d'aucune névrose n'a-t-il pas besoin d'ivresse pour étourdir celle-ci ? Sans aucun doute l'homme alors se trouvera dans une situation difficile ; il sera contraint de s'avouer toute sa détresse, sa petitesse dans l'ensemble de l'univers ; il ne sera plus le centre de la création, l'objet des tendres soins d'une Providence bénévole. Il se trouvera dans la même situation qu'un enfant qui a quitté la maison paternelle, où il se sentait si bien et où il avait chaud. Mais le stade de l'infantilisme n'est-il pas destiné à être dépassé ? L'homme ne peut pas éternellement demeurer un enfant, il lui faut enfin s'aventurer dans l'univers hostile. On peut appeler cela « l'éducation en vue de la réalité » ; ai-je besoin de vous dire que mon unique dessein, en écrivant cette étude, est d'attirer l'attention sur la nécessité qui s'impose de réaliser ce progrès ?

Freud, *L'Avenir d'une illusion*, © PUF, 1927.

La connaissance de la doctrine de l'auteur n'est pas requise. Il faut et il suffit que l'explication rende compte, par la compréhension précise du texte, du problème dont il est question.

Corrigé n°2

1er sujet : DISSERTATION

Suis-je ce que j'ai conscience d'être ?

Attention ! Les intertitres entre crochets sont indicatifs. Ils ne doivent en aucun cas figurer dans votre copie.

[Introduction]

■ Je peux douter de tout, mais je ne peux douter que j'existe, moi qui doute. J'accède ainsi à la conscience de moi comme existant et à la connaissance de moi comme pur pouvoir de penser. Et il me semble, que moi qui dis *je*, je suis une conscience souveraine, une personne autonome, distincte d'autrui et du monde.

■ Cependant, la conscience immédiate que j'ai de moi-même reflète-t-elle ce que je suis réellement ? Si je m'imagine être libre, c'est parce que j'attribue à ma conscience le pouvoir d'être la cause première de mes pensées et de mes actions. Mais est-ce vraiment le cas ?

[I. Il me semble que je suis ce que j'ai conscience d'être]

[1. Le cogito ou la coïncidence de la conscience et de l'être]

■ Alors même que je doute de tout, je suis assuré d'être grâce à la conscience que j'ai d'être une chose qui pense. Chez Descartes, la **conscience**, non seulement se donne immédiatement telle qu'elle est, mais aussi comme réalité incontestable et indépendante puisqu'elle persiste dans la ruine des déterminations concernant le monde et le corps.

[2. La transparence de ma conscience me révèle ce que je suis]

■ Ce qui est présent dans la conscience semble directement accessible. La **transparence** de ma conscience semble donc bien me dévoiler ce que je suis.

[3. L'expérience psychologique de l'intériorité]

■ L'introspection témoigne de la possibilité de faire venir à la conscience les méandres infinis du moi. La conscience est donc une « **donnée immédiate** », livrée directement à soi-même par l'expérience psychologique de l'**intériorité**.

[II. Je suis autre que ce que j'ai conscience d'être]

[1. Les actes manqués, les rêves témoignent de l'inconscient]

■ **Lapsus, actes manqués**, oublis, méprises nous laissent entrevoir qu'en nous-mêmes « quelque chose » de latent se profile au-delà ou en deçà de ce qui se manifeste dans l'ordre de la réalité familière.

■ Le **rêve** suggère avec encore plus de force qu'une partie de nous nous échappe, en livrant à notre conscience claire des matériaux que leur extravagance nous fait prendre pour insensés.

[2. L'inconscient l'emporte largement sur le conscient]

■ L'inconscient **met à mal le moi** orgueilleux et rationnel. Ce moi n'est pas seulement mis en cause par le **ça**. Il doit aussi se soumettre aussi aux contraintes du **surmoi**, qui intègrent interdits et normes sociales.

■ Deux mondes se disputent donc un moi dont l'autonomie n'est qu'illusion. Je ne suis ceci ou cela qu'en répondant au principe de réalité qui me normalise jusqu'à me donner mon nom ; je subis la présence contraignante d'un surmoi qui tente de me moraliser tandis que je ne parviens pas à déchiffrer les signes obscurs d'une nature qui accomplit, par mon intermédiaire, des fins qui me dépassent.

[III. L'identité de l'être et de la conscience s'acquiert]

[1. Je peux accéder par un travail sur moi à une certaine vérité sur moi]

■ Si je ne suis pas ce que j'ai immédiatement conscience d'être, je n'attribue pas ce que je suis à un autre que moi. L'autre dont il s'agit passe entre moi et moi-même. Je dois tenter d'**éclaircir** et de **me réapproprier** ce quelque chose de moi dont je suis séparé. Je ne peux accéder à la subjectivité que par un travail sur moi qui n'a rien à voir avec l'introspection, aussi subtile soit-elle.

■ C'est ce à quoi vise le **dispositif psychanalytique**. Si je ne suis pas celui que je crois être, je peux toutefois en prendre conscience et m'efforcer d'accéder, par la connaissance de ce qui me détermine, à une certaine vérité sur moi. Le psychanalyste, à défaut de me dévoiler ce que je suis vraiment, me permettra de recouvrer une certaine intelligence de moi-même.

[2. La quête de soi peut prendre diverses formes]

■ Mais pourquoi vouloir réduire le vécu à l'intelligible ? À moins d'être sujet à la souffrance névrotique – auquel cas le recours à un psychanalyste s'avère nécessaire –, ce qui importe, n'est-ce pas, au fond, plus que la connaissance de soi, la **quête de soi** ? Quête qui peut prendre diverses formes et devient ce qui me soutient dans l'existence et me porte en avant.

[Conclusion]

■ Dans la philosophie classique, la conscience de soi garantit l'existence et sert de point d'appui pour accéder à l'être. Mais il s'agit là d'une illusion. Je suis finalement bien autre chose que ce que j'ai conscience d'être. Il est clair que la conscience naïve de soi n'est pas conscience de soi. Seule une prise de conscience et un travail sur soi peuvent permettre un plus grand accord de la conscience de soi et de l'être.

2e sujet DISSERTATION

L'art a-t-il pour but d'imiter la nature ?

Attention ! Les intertitres entre crochets sont indicatifs. Ils ne doivent en aucun cas figurer dans votre copie.

[Introduction]

■ Au Salon de 1763, devant des natures mortes de Chardin, Diderot s'émerveille : « [...] il n'y a qu'à prendre ces biscuits et les manger, cette bigarrade l'ouvrir et la presser, ce verre de vin et le boire, ces fruits et les peler, ce pâté et y mettre le couteau. » L'art n'aurait donc d'autre but que l'imitation et c'est à la ressemblance qu'on jugerait l'excellence d'une œuvre.

■ Mais une telle entreprise n'est-elle pas dépourvue de signification ? À quoi bon refaire une seconde fois ce qui existe dans le monde extérieur ?

■ Dès lors, le but de l'art est-il vraiment d'imiter la nature ?

[I. Pourquoi l'art devrait-il imiter la nature ?]

[1. Imiter la nature, c'est se priver de créer]

■ Imiter la nature est un jeu dont les résultats restent toujours **inférieurs** à ce que nous offre la nature : « C'est que l'art, limité dans ses moyens d'expression, ne peut que produire des illusions unilatérales, offrir l'apparence de la réalité à un seul de nos sens. » (Hegel, *Esthétique*.)

■ Par ailleurs, en faisant de l'imitation le but de l'art, **on prive l'art de sa liberté**.

[2. L'œuvre d'art est la belle représentation d'une chose]

■ Il est naturel d'aimer voir de belles choses. D'où l'idée que l'artiste devrait s'inspirer de ce qu'il y a de beau dans la nature. Mais le beau n'y est jamais assez beau. Ainsi, Dürer constate qu'aucun homme ne peut servir de modèle pour faire une belle figure, car aucun ne rassemble en lui toute la beauté.

■ En outre, une œuvre d'art n'est **pas une belle chose, mais la belle représentation d'une chose**. Or, il peut y avoir une belle représentation de ce qui nous paraît laid ou horrible. L'art est donc distinct de la nature.

[II. N'est-ce pas la nature qui imite l'art ?]

[1. L'apparente confusion entre l'art et la nature]

■ Les formes de la nature peuvent offrir une beauté qui concurrence celle des œuvres d'art. De même, il y a des œuvres où l'artiste est parvenu à effacer toute trace d'intervention et qui ressemblent à des productions de la nature.

[2. Il n'y a pas d'art de la nature]

■ Ce qui caractérise l'art, c'est que son objet est une **œuvre de l'esprit et non un produit de la nature**. Une plage de galets, avec ses morceaux de bois flottés, n'est considérée par personne comme une exposition d'œuvres d'art. Prenons maintenant tel galet, fixons-le sur un socle et voilà que par ses pores, ses gerçures et ses cicatrices, il pourra évoquer une œuvre comme *Les Otages* de Fautrier. Tant se passe comme si un objet ne pouvait devenir œuvre d'art qu'en faisant disparaître ce qui le rattache à la nature.

[3. C'est l'art qui nous rend sensibles à la beauté de la nature]

■ On a longtemps prétendu que l'art s'inspire de la nature ou de la réalité. Et si le contraire était vrai ? Oscar Wilde écrit qu'on voit les brouillards, non parce qu'il y a des brouillards, mais parce que les artistes nous ont appris à voir le charme des phénomènes naturels les plus simples.

[III. En tant que produit de l'esprit, l'art est supérieur à la nature]

[1. L'art sauve la réalité]

■ Au Louvre nous pouvons voir la représentation savoureuse d'une vie qu'on trouvait insipide, d'une nature qu'on croyait mesquine : un intérieur de cuisine où un chat marche sur des huîtres, tandis qu'une raie dépecée pend au mur. Si cela est beau, c'est que Chardin l'a peint.

[2. L'art éternise l'anodin]

■ À l'exclamation de Pascal : « Quelle vanité que la peinture qui attire l'attention par la ressemblance des choses dont on n'admire point les originaux ! » Hegel répond qu'en tant qu'œuvre de l'esprit, l'art fait subir à la réalité la plus insignifiante une transformation profonde : il **sauve la réalité**.

[3. L'art est la forme sensible du spirituel]

■ Que voit-on en regardant une œuvre d'art ? Au-delà de la matérialité spiritualisée du contenu, on voit la pensée elle-même. Le besoin originel de l'art est de produire, par la médiation d'une représentation, une conception née de l'esprit. Ce qui se présente au regard, au-delà de l'**objectivité** et de la **particularité** de l'œuvre, c'est la **subjectivité** et l'**universalité** de l'esprit.

[Conclusion]

■ Affirmer que le but de l'art est d'imiter la nature, c'est présupposer que la beauté naturelle est première et supérieure à la beauté artistique. Or, la nature n'est pas belle en elle-même. Elle manque de spiritualité. C'est l'esprit humain qui juge que la nature est belle, l'élevant par là au rang d'une représentation artistique. En ce sens on peut dire que c'est la nature qui imite l'art et qu'il n'y a qu'une seule sorte de beauté, celle des arts.

3e sujet EXPLICATION DE TEXTE

Introduction

■ Ce que Freud met en cause, dans cet extrait de *L'Avenir d'une illusion*, est la thèse exprimée par un contradicteur (supposé) : l'homme ne saurait se passer de la consolation qu'apporte l'illusion religieuse.

■ Mais la réponse apportée doit varier, en oui ou en non, selon le type d'éducation donnée à l'enfant. Jusqu'à présent la réponse est « oui », mais on peut d'ores et déjà envisager la nouvelle situation qui résultera, pour l'homme, d'une « éducation en vue de la réalité ». Car dépasser le stade de l'infantilisme est un progrès possible que Freud appelle de ses vœux.

PLAN

I. Étude ordonnée du texte

1. L'homme peut se passer de l'illusion religieuse

2. L'homme doit assumer sa détresse

3. Une « éducation en vue de la réalité » est possible

II. Intérêt du texte

1. La religion est une fuite devant la réalité

2. La répression de certaines pulsions est le prix de la civilisation

3. L'homme ne peut se passer de toute illusion

Conclusion

■ Ce texte pose la question de savoir si les hommes peuvent se passer de l'illusion religieuse. Freud affirme que l'humanité doit apprendre à accepter sa condition et à affronter la réalité sans le secours de cette illusion. Il est vrai que la religion, comme toute illusion, empêche l'homme de se penser lui-même et de penser la réalité dans sa vérité. Il est vrai aussi que, d'un point de vue historique, le christianisme a dévalorisé le corps, la sexualité et la femme, et privilégié la crainte et la peur, sources d'angoisse et de culpabilité névrotique.

■ Mais, comme Freud l'affirme, l'homme étant voué à l'insatisfaction, il est difficile de croire qu'il puisse un jour se passer de toute illusion. Et, de ce point de vue, l'illusion religieuse a au moins le mérite, dans son affirmation d'un Dieu unique, de contribuer à ce que Kierkegaard appelle la « communauté d'Uniques », c'est-à-dire la communauté d'hommes communiant dans le même amour universel, et se reconnaissant du même coup eux-mêmes comme personnes ayant une dignité et une valeur absolues.

Sujet n° 3

Plus de sujets sur www.defibac.fr

1er sujet DISSERTATION

L'expérience de l'histoire nous instruit-elle ?

2e sujet DISSERTATION

Tout discours est-il une interprétation ?

3e sujet EXPLICATION DE TEXTE

Expliquez le texte suivant.

Socrate. – Bienheureux Polos, tu essayes de me réfuter avec des preuves d'avocat, comme on prétend le faire dans les tribunaux. Là, en effet, les avocats croient réfuter leur adversaire quand ils produisent à l'appui de leur thèse des témoins nombreux et considérables et que leur adversaire n'en produit qu'un seul ou pas du tout. Mais cette manière de réfuter est sans valeur pour découvrir la vérité, car on peut avoir contre soi les fausses dépositions de témoins nombreux et réputés pour sérieux. Et dans le cas présent, sur ce que tu dis, presque tous les Athéniens et les étrangers seront du même avis que toi, si tu veux produire des témoins pour attester que je ne dis pas la vérité. Tu feras déposer en ta faveur, si tu le désires, Nicias, fils de Nicératos, et avec lui ses frères, dont on voit les trépieds placés à la suite dans le sanctuaire de Dionysos ; tu feras déposer, si tu veux, Aristocratès, fils de Skellios, de qui vient cette belle offrande qu'on voit à Pythô, et, si tu veux encore, la maison entière de Périclès, ou telle autre famille d'Athènes qu'il te plaira de choisir. Mais moi, quoique seul, je ne me rends pas, car tu ne me convaincs pas ; tu ne fais que produire contre moi une foule de faux témoins pour me déposséder de mon bien et de la vérité. Moi, au contraire, si je ne te produis pas toi-même, et toi seul, comme témoin, et si je ne te fais pas tomber d'accord avec ce que j'avance, j'estime que je n'ai rien fait qui vaille pour résoudre la question qui nous occupe, et que tu n'as rien fait non plus, si je ne témoigne pas moi-même, et moi seul, en ta faveur et si tu ne renvoies pas tous ces autres témoins. Il y a donc une manière de réfuter, telle que tu la conçois, toi et bien d'autres ; mais il y en a une autre, telle que je la conçois de mon côté.

Platon, *Gorgias* (vers 387 av. J.-C.), 471 e-472 a,
trad. Émile Chambry, Paris, © Flammarion, 1948.

La connaissance de la doctrine de l'auteur n'est pas requise. Il faut et il suffit que l'explication rende compte, par la compréhension précise du texte, du problème dont il est question.

Corrigé n°3

1er sujet : DISSERTATION

L'expérience de l'histoire nous instruit-elle ?

Attention ! Les intertitres entre crochets sont indicatifs. Ils ne doivent en aucun cas figurer dans votre copie.

[Introduction]

■ Le passé constitue une expérience qui pourrait nous instruire, nous donner des leçons morales ou politiques. Pourtant, qu'offre le spectacle de l'histoire, sinon celui des hommes livrés à la frénésie des passions, mûs davantage par leurs intérêts personnels que par l'esprit du bien ?

■ Cependant, si nous pouvons pleurer sur les ruines provoquées par la nature, pour ce qui est de l'homme et de ses exactions, une autre histoire n'est-elle pas possible ? Ne peut-on pas tirer des leçons du passé et infléchir le cours de l'histoire dans un sens plus positif ?

■ L'expérience de l'histoire ne nous instruit-elle pas ?

[I. L'expérience de l'histoire peut nous laisser sans voix]

[1. L'histoire est en apparence chaos]

■ Alors que la raison s'oppose à la passion, l'histoire montre l'association de la déraison (folie) et de la passion. Plus encore, le bien est perverti par la déraison : ce sont souvent les bonnes intentions et les fins légitimes qui produisent le mal. L'histoire et ses ruines sont toujours plus fortes que l'homme et ses empires.

[2. Le spectacle de l'histoire provoque un repli sur soi]

■ Affligés moralement, nous accusons l'homme. Car c'est bien lui qui inflige délibérément le triomphe du mal, le vice l'emportant sur la vertu, la perversion sur l'innocence. Ce qui fait de l'histoire un **malheur généralisé**, puisque le mal atteint aussi bien les personnes que les peuples et les États.

■ Hegel note cependant qu'un autre monde que celui de l'histoire nous appelle : le monde lié à la sphère privée, qui s'oppose par sa tranquillité aux troubles de l'histoire. Ce **contraste** entre notre histoire et l'histoire universelle est si fort que nous en venons à « considérer » cet autre monde comme quelque chose de lointain, d'où l'idée de **spectacle**.

[3. Il faut réfléchir plutôt que de rester passif]

■ Toutefois, celui qui ne se contente pas d'être spectateur ne peut manquer de s'interroger : ne peut-on pas tirer les leçons du passé ? L'expérience de l'histoire ne nous permet-elle pas d'éviter de reproduire les mêmes erreurs ?

[II. L'expérience de l'histoire nous instruit sur un plan théorique]

[1. L'histoire est riche d'exemples du meilleur comme du pire]

■ L'expérience de l'histoire nous instruit sur le **sens** des actions passées. Elle montre comment les peuples prospèrent et les empires s'écroulent. Elle permet aux hommes de mieux comprendre le sens de leur action.

■ Car l'histoire est comme un **miroir à deux faces** : les hommes peuvent y apprendre ce qu'ils sont réellement (des égoïstes, des ambitieux avides de pouvoir) mais ils peuvent aussi voir chez certains hommes illustres des exemples immortels de ce que l'humanité a produit de meilleur.

[2. Le devoir de mémoire]

■ La rupture avec le passé est une utopie. On ne commande à l'histoire qu'en tenant compte du réel, des *res gestae*, c'est-à-dire de l'histoire du passé. Vouloir oublier le passé, ce serait risquer de remplacer cette base réelle qu'est l'histoire par les élucubrations d'une raison qui voudrait créer le meilleur des mondes.

[3. L'histoire s'accomplit dans une inconscience tragique]

■ On peut parler du « sens » de l'histoire quand on croit que l'homme vient de Dieu et doit retourner à Dieu. Une fois Dieu éliminé, l'histoire conçue comme un ensemble orienté devient, suivant l'expression de Dilthey, « un **théâtre d'ombres** métaphysiques où chacun voit ce qui lui plaît » (*Introduction à l'étude des sciences humaines*).

■ L'histoire montre que les peuples sont assujettis à une force qui les dépasse. **Bossuet** souligne les phénomènes de **contre-finalité**, les tentatives dont les effets sont contraires aux intentions de leurs auteurs, tel Hitler qui, agressant l'Union soviétique, contribue à son insu au développement du communisme en Europe occidentale. L'histoire, jusqu'à présent, s'est accomplie dans une **inconscience** tragique. Tel est l'enseignement théorique le plus fort qu'on puisse retirer de l'expérience du passé.

[III. L'expérience de l'histoire ne nous instruit pas sur un plan pratique]

[1. L'histoire ne nous dit pas ce qu'il faut faire]

■ L'histoire nous apprend ce qui a été. Mais elle ne nous dit pas ce qu'il faut faire dans des circonstances différentes. Comme le souligne Paul Valéry,

« l'histoire justifie ce que l'on veut. Elle n'enseigne rigoureusement **rien**, car elle contient tout et donne des exemples de tout ».

[2. L'histoire ne se répète pas]

■ À chaque époque, les peuples, les gouvernants se trouvent dans des conditions si particulières que les leçons du passé apparaissent **inefficaces**. L'histoire ne se répète pas.

■ Ainsi, Hitler connaissait l'échec de Napoléon en 1812-1813 et l'analyse qu'en donne Clausewitz dans *De la guerre*. Mais il n'en a pas tenu compte, espérant réussir là où Napoléon avait échoué. À l'originalité de la situation, s'ajoute souvent l'urgence de l'action. Les peuples et les gouvernants doivent donc prendre leurs décisions d'après leur propre jugement.

[Conclusion]

■ L'histoire passée nous interpelle. On peut, tout en étant lucide, rester volontairement optimiste et croire que des leçons peuvent être tirées du passé.

■ Mais si l'histoire est riche d'enseignements théoriques, elle ne nous instruit pas sur le plan pratique. À chaque époque, peuples, gouvernants, États doivent décider seuls. L'histoire n'est que la répétition du même drame et l'intérêt paradoxal des études historiques est seulement de faire prendre conscience du *même* sous les illusions des modifications.

2e sujet DISSERTATION

Tout discours est-il une interprétation ?

Attention ! Les intertitres entre crochets sont indicatifs. Ils ne doivent en aucun cas figurer dans votre copie.

[Introduction]

■ Tout discours, en tant que symbolique, est une image des choses, non les choses elles-mêmes. Dire quelque chose de quelque chose, c'est donc interpréter, dans le sens où ce qui se dit n'est pas ce qui est et que ce qui est, qu'il s'agisse de nos états de conscience ou du monde extérieur, se dit de maintes manières.

■ Toutefois, se servir du mot « symbole » pour caractériser la fonction linguistique dans son ensemble ne va pas sans inconvénients. Il y a une fonction dénotative ou référentielle du dire qui se borne à constater ce qu'il en est des choses déjà là. Ce dire est redondant et n'appelle pas un déchiffrage.

■ Tout discours est-il vraiment une interprétation ?

[I. Tout discours n'est pas à proprement parler une interprétation]

[1. Les mots sont une interprétation de ce qui est]

■ Quand nous parlons du bleu du ciel, nous croyons savoir quelque chose des choses elles-mêmes. Mais nos dires signifient-ils la réalité des choses ? Entre nous et les choses s'interposent les mots qui, en un sens, constituent une interprétation de ce qui est. Dire serait donc interpréter.

[2. Le symbole est un signe à double sens]

■ Mais, comme le souligne Paul Ricœur dans *De l'interprétation*, ce n'est pas de cette dualité qu'il s'agit dans le symbole : « Elle est d'un degré supérieur [...] elle présuppose des signes qui ont déjà un sens primaire, littéral, manifeste, et qui par ce sens renvoie à un autre sens. »

■ Ainsi, le mot « tache » a un sens littéral : il peut désigner la tache d'encre qui est sur cette feuille mais, par analogie, il peut désigner la souillure comme « situation du pécheur dans le sacré ». Il convient donc de réserver la notion de symbole aux signes et aux expressions à double ou multiple sens.

[II. Seul le discours à double sens est une interprétation]

[1. Le symbole est un signe de connaissance]

■ Selon Lalande, le symbole est à l'origine « un signe de reconnaissance formé par les deux moitiés d'un objet brisé qu'on rapproche ». C'est dire que le rapport entre le signifiant et le signifié n'est pas arbitraire mais dépend de la nature des deux éléments mis en rapport.

■ Le symbole est donc une réalité qui représente **autre chose** qu'elle-même en vertu d'une relation de ressemblance ou d'une analogie.

[2. Le symbole appelle une interprétation]

■ Tout signe ou expression symbolique appelle une interprétation. C'est précisément le double sens, la visée intentionnelle du sens second dans et par le premier sens, le surcroît même du sens par rapport à l'expression littérale, qui met en mouvement l'interprétation.

[III. Tout discours dit autre chose que ce qu'il dit]

[1. Le dire poétique est une interprétation]

■ Si le dire ordinaire ne peut, à proprement parler, être considéré comme une interprétation, il en va autrement du dire poétique. Celui-ci, libéré de sa fonction de désignation, peut devenir **métaphorique**, **symbolique** et être ainsi une interprétation au sens fort du mot.

■ Comme le montre Mallarmé dans son « Avant dire » au *Traité du verbe*, le mot « fleur », libéré du sens emprisonné dans la chose, peut rendre

présentes les idées de beauté, de grâce, de pureté, de fragilité... Cette correspondance éveille en nous maints sentiments et pensées sur la force et la faiblesse, la vie et la mort, le temps et l'éternité.

[2. La métaphore a de multiples sens]

■ La métaphore fait coïncider deux sphères étrangères l'une à l'autre : celle de l'**objet et** celle de l'**image**. Quand les anciens poètes germaniques appellent un navire « le coursier des flots », le second élément (« flot ») est emprunté à la sphère de l'objet, le premier (« coursier ») à la sphère de l'image : le navire est chose des flots, ce n'est pas un animal.

■ Mais toute métaphore suppose un **élément commun** entre les deux sphères. Dans la dénomination du navire comme « coursier des flots », le tiers est la course impétueuse vers l'horizon.

■ La métaphore dit plus que ce qu'il serait possible de dire sans image, elle apporte au sens des mots des implications et des nuances affectives nouvelles. Ayant de multiples sens, elle appelle un **déchiffrage**.

[3. Tout discours dit autre chose]

■ Le travail d'interprétation n'existe que lorsque le langage peut vouloir dire **autre chose** que ce qu'il dit. Au-delà des mots ou expressions à caractère symbolique, au-delà des métaphores, on peut relever les **lapsus** ou les erreurs de langage qui échappent au locuteur et lui font dire le contraire de ce qu'il voulait dire. Les lapsus, dit Freud, ne sont pas dus à l'inattention ou à la fatigue, ils ont un sens.

■ Au-delà, ce qu'on découvre avec le lapsus, c'est que tout dire humain peut être interprété, même le discours le plus banal, car tout homme dit autre chose que ce qu'il dit. Même le silence peut être bruissant de paroles à déchiffrer.

[Conclusion]

■ Nous disons le réel en le signifiant, nous nous le représentons. Il y a donc rupture entre la signification et la chose. Tout discours, d'ailleurs, n'est pas nécessairement dans le vrai, n'adhère pas à l'être puisque l'on peut, par exemple, désigner des choses fictives. En ce sens, dire quelque chose de quelque chose c'est interpréter.

■ Mais il y a beaucoup d'énoncés, au sein du dire, qui sont clairs et n'appellent pas de déchiffrage, comme lorsqu'on se borne à constater ce qui est. Seul le dire à double ou multiple sens, ou encore le dire métaphorique, serait alors, à proprement parler, une interprétation. À moins d'admettre avec Freud que tout dire, quel qu'il soit, dit autre chose que ce qu'il dit.

3e Sujet EXPLICATION DE TEXTE

Introduction

■ Platon, disciple de Socrate, met en question le prestige des sophistes, qu'il désigne moins comme des corrupteurs de la jeunesse, que comme se moquant de la justice, préférant commettre l'injustice plutôt que la subir ou encore persuader leurs interlocuteurs plutôt que de rechercher avec eux la vérité. À l'opposé, il met en scène un Socrate qui manie l'ironie pour prouver que le savoir supposé de ces prétendus maîtres de la jeunesse ne repose sur aucune vérité.

■ En effet, dans ce texte extrait du *Gorgias*, Socrate met en question la rhétorique, art du discours indifférent au vrai. S'adressant à Polos, il lui explique qu'il existe une manière de réfuter différente de celle conçue par son interlocuteur. Le véritable enjeu de ce texte est donc la question de la vérité : celle-ci est-elle produite par le discours (auquel cas il suffit d'être un bon rhéteur pour parler vrai) ou bien est-elle un donné indépendant de tous les artifices et de tous les prestiges ?

PLAN

I. Étude ordonnée du texte

1. Il existe une parole fausse et une parole vraie

2. Les deux voies de la réfutation

II. Intérêt du texte

1. Ce texte nous invite à réfléchir sur la vérité

2. Ce texte est un hommage à Socrate

Conclusion

■ Cet extrait du *Gorgias* nous invite à réfléchir sur le statut de la vérité. On y retrouve l'opposition fondamentale entre le philosophe qui affirme que la vérité ou l'être est et qu'on peut y accéder, et le sophiste qui affirme que seul le discours peut engendrer l'être et donc la vérité.

■ Ce débat est toujours actuel, tout au moins en ce qui concerne le fondement de nos lois, de nos institutions : sont-elles relatives à des décisions purement humaines ou bien tirent-elles leur légitimité d'une transcendance ?

Sujet n° 4

Plus de sujets sur
www.defibac.fr

1er sujet DISSERTATION

La mauvaise conscience est-elle bienfaisante ?

2e sujet DISSERTATION

Faut-il séparer le bonheur et le plaisir ?

3e sujet EXPLICATION DE TEXTE

Expliquez le texte suivant.

Tu vois maintenant une erreur dans cette chose que tu aimas autrefois comme vraie ou comme probable : tu la rejettes loin de toi et tu te figures que ta raison vient de remporter une victoire. Mais peut-être cette erreur, jadis, alors que tu étais un autre – on ne cesse jamais d'être un autre – t'était-elle aussi nécessaire que tes « vérités » d'aujourd'hui ; c'était une sorte de peau qui te cachait, te voilait bien des choses que tu n'avais pas encore le droit de voir – c'est ta nouvelle vie, ce n'est pas ta raison qui a tué cette idée : tu n'as plus besoin d'elle, elle s'effondre sur toi, et sa déraison vient au jour, elle sort en rampant comme un ver. Quand nous exerçons notre critique, ce n'est pas arbitrairement, ce n'est pas impersonnellement, c'est, souvent au moins, parce qu'il y a en nous une poussée de forces vivantes en train de dépouiller leur écorce. Nous nions et nous sommes obligés de le faire parce qu'il y a quelque chose en nous qui VEUT vivre et qui VEUT s'affirmer, quelque chose que nous ne connaissons, que nous ne voyons peut-être pas encore !… Donnons ce bon point à la critique.

NIETZSCHE, *Le Gai Savoir* (1882),
trad. P. Klossowski, © 10/18, 1973.

La connaissance de la doctrine de l'auteur n'est pas requise. Il faut et il suffit que l'explication rende compte, par la compréhension précise du texte, du problème dont il est question.

Corrigé n°4

1er sujet : DISSERTATION

La mauvaise conscience est-elle bienfaisante ?

Introduction

■ La conscience morale est définie comme dédoublement. Pour exprimer ce dialogue entre soi et soi, la tradition philosophique recourt à l'image de la voix intérieure. Et celle-ci parfois nous accuse. Nous éprouvons alors du remords. Cette mauvaise conscience nous rappelle à l'ordre de la moralité. Elle semble donc bienfaisante.

■ Cependant, éprouver du remords, avoir mauvaise conscience, contribue-t-il à nous moraliser ? La bonne conscience de la mauvaise conscience ne risque-t-elle pas de nous rendre disponible pour commettre à nouveau le mal ?

■ La mauvaise conscience est-elle vraiment une chose bienfaisante ?

PLAN

I. La mauvaise conscience est chose bienfaisante

1. La mauvaise concience nous rappelle à l'ordre de la raison

2. La mauvaise conscience nous rappelle à l'ordre de la loi morale

II. La mauvaise conscience, signe que la conscience est mauvaise ?

1. La mauvaise conscience est née de la régression des instincts

2. La mauvaise conscience est liée à la répression des pulsions

III. La mauvaise conscience peut être bienfaisante

1. La mauvaise conscience est un bien si elle s'accompagne de repentir

2. Se repentir, c'est se libérer du passé

Conclusion

■ Le sujet pose la question de savoir si la mauvaise conscience est ou non bienfaisante. On a vu que la mauvaise conscience peut être d'ordre névrotique et paradoxalement à l'origine du mal. Cependant, lorsqu'elle prend la forme non du remords mais du repentir, elle peut être le point de départ d'une mutation radicale de notre être, d'un autre choix de soi-même et de nos fins.

2e sujet DISSERTATION

Faut-il séparer le bonheur et le plaisir ?

Introduction

■ On affirme souvent que le bonheur n'est pas dans la recherche des plaisirs. La jouissance effrénée ne permet pas à l'être de rassembler son moi et de surmonter l'angoisse de la mort. Si le culte de l'instant sans durée débouche sur la mort, le bonheur serait donc, sinon dans une vie purement spirituelle, du moins dans l'unification de notre existence à travers ce qui dure et a de la valeur. Seule la permanence et la sécurité pourraient apporter à l'homme le repos de l'esprit et le contentement nécessaires au bonheur.

■ Mais le bonheur, c'est aussi ici et maintenant. Vivre à l'écart de l'instant, c'est se priver de l'offrande de la vie. Un instant peut comporter l'éternité, au point qu'on puisse pour revivre cet instant dire « oui » à la vie, vouloir la revivre telle qu'on l'a vécue, en acceptant même de revivre sa part de souffrance. Un bonheur, même éphémère, n'est-ce pas tout le bonheur ?

■ Faut-il vraiment séparer le bonheur et le plaisir ?

PLAN

I. Le bonheur est dans la renonciation aux plaisirs

1. Une vie vouée aux plaisirs est source de souffrance

2. Rechercher les plaisirs, c'est se détourner de la vérité

3. Vouer sa vie au plaisir, c'est ne pouvoir surmonter l'angoisse de la mort

II. Il y a un lien nécessaire entre le bonheur et le plaisir

1. Le plaisir bien compris peut conduire au bonheur

2. Prendre du plaisir accroît notre puissance d'exister

III. Le bonheur n'est ni l'absence de douleur ni la pleine satisfaction

1. L'expérience faite par l'homme est celle du malheur

2. C'est l'alternance de la peine et du plaisir qui est la moindre souffrance

Conclusion

■ Identifier le bonheur au plaisir, c'est renoncer à créer quelque chose de stable et durable, c'est se vouer à l'éparpillement et perdre sa vie à vouloir la vivre intensément. Mais fuir le plaisir, c'est renoncer au présent, au seul temps qui nous est donné de vivre. Reporter le bonheur dans l'avenir, n'est-ce pas le plus sûr moyen de ne jamais être heureux ?

■ Le bonheur est à la fois dans l'attention au présent et dans la tension vers l'avenir. Une complète satisfaction dans le présent est impossible. La douleur est l'aiguillon qui nous pousse à aller de l'avant. Le futur est le temps de la liberté, de l'accomplissement de soi.

3e sujet EXPLICATION DE TEXTE

Attention ! Les intertitres entre crochets sont indicatifs. Ils ne doivent en aucun cas figurer dans votre copie.

[Introduction]

■ Dans ce texte extrait du *Gai Savoir*, Nietzsche affirme qu'il y a en nous un vouloir-vivre plus fort que nous. Il montre qu'il est illusoire de croire que la « raison remporte une victoire » lorsqu'elle rejette les erreurs d'hier. C'est le vouloir-vivre qui nous oblige à nous dépouiller des vérités passagères. La thèse principale de ce texte est qu'il n'y a ni erreur ni vérité et que le flux de la vie emporte tout.

[I. Étude ordonnée du texte]

[1. Rejeter les erreurs d'hier, est-ce une victoire de la raison ?]

■ Nietzsche expose tout d'abord le point de vue de son interlocuteur : c'est le temps, le progrès qui apportent une meilleure connaissance. C'est donc une « victoire » de la raison que de se débarrasser des opinions du passé et de les dénoncer comme des erreurs.

■ Cependant Nietzsche insinue le **doute**. Quand il brûle aujourd'hui ce qu'il a adoré hier, mouvement apprécié comme un progrès, l'homme n'est-il pas le jouet de l'imagination ?

[2. Il n'y a ni erreur ni vérité]

■ Nietzsche dénonce la dialectique construite sur l'opposition passé/présent, erreur/vérité. De même, il **dénonce l'opposition** illusion du passé/raison au présent. Il est erroné de croire que le passé est une erreur et que le présent est vérité. En réalité, il n'y a **ni erreur, ni vérité** : le passé n'a pas moins de valeur que le présent, le présent n'a pas plus de valeur que le passé. Ce qui est erroné, ce n'est pas l'erreur mais la dénonciation de l'erreur. Car toute erreur, dit-il, est « nécessaire », non pas en tant que telle, mais dans le rapport que nous entretenons avec elle. L'erreur est une « peau », un « voile ».

■ Le **passé** n'est **ni vrai, ni faux**. Il en va donc de même du présent : il est « nécessaire », en tant que relatif à ce que nous sommes à un moment donné. Ce qui met en cause les croyances qui seront les nôtres demain et que l'on voudra, bien sûr, faire passer à tout prix pour des « vérités ».

[3. Il y a un vouloir-vivre qui nous dépasse]

■ Nietzsche dénonce ces vérités surgies avec le mouvement de la vie, qui nous fait brûler aujourd'hui ce que nous adorions hier. L'**image** est poussée à l'extrême : la vérité d'hier « s'effondre », comme la vieille peau du serpent accomplissant sa mue. Formulation dialectique, qui montre et la profondeur et la vanité des choses : tout a son contraire dérisoire.

■ Nous sommes capables de procéder à la critique de nos erreurs (du passé et du présent). Mais nous nous trompons en croyant que cette critique est « impersonnelle », et qu'elle se rattache à la raison en général. Au contraire, Nietzsche souligne que c'est *notre* critique, et qu'elle n'est ni « impersonnelle » ni « arbitraire ». Il y a une vérité en nous, qui ne prend pas la forme d'un discours, mais qui est « une poussée de forces vivantes en train de dépouiller leur écorce ».

■ Alors « nous nions ». Mais cette négation n'a rien de négatif. Elle est au contraire notre façon à nous d'accepter l'élan secret, mais tout-puissant, du vouloir-vivre. D'où la brève apologie que Nietzsche fait de la critique : lorsqu'elle n'est pas liée à l'activité de la raison, elle est bonne, parce qu'elle nous permet de reconnaître le vouloir-vivre qui nous traverse de part en part. Elle ouvre la possibilité d'un hymne à la vie.

[II. Intérêt du texte]

■ Le *Gai Savoir* est sous-titré : « En faveur de la critique ». C'est bien là l'intérêt principal de ce texte : il faut avoir le courage de tout passer au crible de la critique. C'est une des fonctions de la philosophie que de savoir **mettre en cause les certitudes**, de ne pas en rester aux apparences.

■ On a aussi dans ce texte l'expression d'un **vitalisme**, dont la puissance bouscule les limites de l'individu. C'est, en sourdine, l'apologie de la **volonté de puissance**, dont le thème est l'un des fils rouges de la pensée nietzschéenne.

[Conclusion]

■ Les notions en jeu dans ce texte sont celles de l'erreur et de la vérité. Elles ne sont pas abordées de manière abstraite mais dans leur rapport avec la vie, qui est le véritable laboratoire de nos jugements ou de nos pensées. C'est la valeur même de la vérité qui est ici mise en cause. Il y a quelque chose de positif et tonifiant dans cette invitation nietzschéenne à privilégier l'esprit critique au détriment de l'esprit de système.

Les notions et les citations

Conscience

Du latin *cum scientia*, « avec savoir ». La conscience est le propre du sujet pensant et désigne la **connaissance que l'esprit a de lui-même**. On distingue la **conscience directe** (conscience des choses, du monde) et la **conscience réfléchie** (conscience de soi, de ses états psychiques). Au sens **moral**, la conscience est la capacité à porter des jugements de valeur sur nous-mêmes.

« L'homme n'est qu'un roseau, le plus faible de la nature, mais c'est un roseau pensant. » Pascal, *Pensées*.
« Je pense, donc je suis. » Descartes, *Discours de la méthode*.
« Lorsqu'on parle de conscience, chacun sait, immédiatement par expérience, de quoi il s'agit. » Freud, *Le vocabulaire de la psychanalyse*.

Perception

Du latin *perceptio*, « action de recueillir, de recevoir, de se pénétrer ». La perception est l'interprétation, le **discernement des sensations** par notre esprit : elle s'oppose donc à la sensation pure car elle fait appel à l'entendement, à la mémoire et à l'imagination. Elle est ainsi le lien **entre l'esprit et les organes des sens**.

« La perception, c'est la conscience empirique, c'est-à-dire une conscience dans laquelle se trouve en même temps la sensation. » Kant, *Critique de la raison pure*.
« La perception est déjà une fonction d'entendement. » Alain, *Les Passions et la Sagesse*.
« C'est l'âme qui voit, et non l'œil. » Descartes, *Dioptrique*.

Inconscient

Est inconscient **ce qui n'est pas conscient** mais qui peut le devenir. Pour Freud, l'inconscient est le **siège des contenus refoulés** (pulsions, désirs, souvenirs…) qui échappent à la conscience grâce à des mécanismes particuliers. Chez Freud, l'inconscient peut aussi désigner le **ça**, réservoir de forces inconscientes, régi par le principe de plaisir.

« L'homme n'est pas maître dans sa propre maison. » Freud, *Introduction à la psychanalyse*.
« Le rêve est la satisfaction déguisée d'un désir refoulé. » Freud, *Introduction à la psychanalyse*.
« L'inconscient est une méprise sur le moi, c'est une idolâtrie du corps. » Alain, *Éléments de philosophie*.

Autrui

Du latin *alter huic*, « cet autre-ci ». Autrui se distingue de l'autre. Il désigne **quelqu'un de particulier** parmi les autres. Il est un **autre moi**, à la fois **semblable et différent de moi**, sans lequel je fais l'expérience de la solitude. Lui aussi est un sujet doué d'une conscience.

> « L'autre est indispensable à mon existence, aussi bien d'ailleurs qu'à la connaissance que j'ai de moi. » Sartre, *L'existentialisme est un humanisme*.
>
> « Autrui est le médiateur indispensable entre moi et moi-même. » Sartre, *L'Être et le Néant*.
>
> « Je suis responsable d'autrui sans attendre la réciproque, dût-il m'en coûter la vie. » Levinas, *Éthique et Infini*.

Désir

Du latin *desiderare*, « regretter l'absence de quelqu'un ou de quelque chose ». Le désir est une **aspiration consciente du sujet à un objet précis**. Il concerne un **manque subjectif** et contingent, ce qui le distingue du besoin. Entre satisfaction et frustration, le désir renaît sans cesse et est intimement **marqué par la contradiction**, car il porte à la fois le constat d'une privation (expérience douloureuse) et l'espoir de retrouver ce qu'on a perdu (source de plaisir).

> « Le désir est l'essence de l'homme. » Spinoza, *Éthique*.
>
> « Changer mes désirs plutôt que l'ordre du monde. » Descartes, *Discours de la méthode*.
>
> « Ce qu'on n'a pas, ce qu'on n'est pas, ce dont on manque, voilà les objets du désir et de l'amour. » Platon, *Le Banquet*.

Existence et temps

Du latin *existere*, « sortir de », « naître de ». L'existence désigne le fait d'être présent dans le monde, d'**être là dans la réalité concrète**. Elle s'oppose à la fois à l'idée abstraite et au néant (ce qui n'est pas). L'existence (le **fait qu'une chose soit là**) se distingue par ailleurs de l'essence (ce qu'une chose est). Elle est intimement liée au temps qui est la marque de son déroulement : la **finitude de l'homme** est ce qui le pousse à chercher un sens à son existence.

> « Exister, c'est *être là* simplement. » Sartre, *La Nausée*.
>
> « L'existence précède l'essence. » Sartre, *L'existentialisme est un humanisme*.
>
> « L'espace est la marque de notre puissance, le temps est la marque de notre impuissance. » Lagneau, *Cours sur la perception*.
>
> « Il en est de l'existence comme du mouvement : il est très difficile d'avoir affaire à elle. » Kierkegaard, *Post-scriptum aux Miettes philosophiques*.

Langage

On entend par langage tout **système d'expression et de communication** (ex. : le langage des animaux). Au sens strict, il s'agit du langage humain, articulé en sons et en mots : il est la **faculté propre à l'homme d'élaborer une langue**, c'est-à-dire un système de signes qui permet à la **communauté** de se comprendre.

« Le langage renseigne la définition même de l'homme. » Benveniste, *Problèmes de linguistique générale*.

« Nous ne voyons pas les choses mêmes ; nous nous bornons, le plus souvent, à lire des étiquettes collées sur elles. » Bergson, *Le Rire*.

« Nous échouons à traduire entièrement ce que notre âme ressent : la pensée demeure incommensurable avec le langage. » Bergson, *Essai sur les données immédiates de la conscience*.

L'art

De la racine indo-européenne *ar*, « arrangement ». Avant l'époque moderne, on ne faisait pas la distinction entre l'art (qui vise la beauté) et l'artisanat (qui vise l'utilité). L'art était défini comme une **technique** et une **création**. Aujourd'hui, l'art se différencie de l'artisanat par sa finalité : il est la **capacité de produire des objets beaux**. Il fait référence en particulier aux **beaux-arts** (peinture, sculpture…).

« Du point de vue de la simple imitation, l'art ne pourra jamais rivaliser avec la nature et se donnera l'allure d'un ver rampant derrière un éléphant. » Hegel, *Esthétique*.

« Le beau n'est vraiment beau que quand il participe de l'esprit et est créé par lui. » Hegel, *Esthétique*.

Travail et technique

Du latin *tripalium*, « instrument de torture ». Le travail désigne toute **activité consciente** par laquelle l'homme use de ses forces pour **produire ce qui est utile** à la vie. Nécessaire, le travail relève de la **contrainte**. Il peut se définir comme la transformation de la nature **par l'intermédiaire d'outils**. Ces outils sont de plus en plus élaborés grâce au développement des techniques (du grec *technê*, « art, savoir-faire »).

« Le travailleur s'empare immédiatement non pas de l'objet mais du moyen de son travail. » Marx, *Le Capital*.

« Pour échapper à l'ennui, l'homme, ou bien travaille au-delà de ce qu'exigent ses besoins normaux, ou bien il invente le jeu, c'est-à-dire le travail qui n'est plus destiné à satisfaire aucun autre besoin que celui du travail lui-même. » Nietzsche, *Humain, trop humain*.

Religion

Du latin *religare*, « relier », ou *religere* « observer les rites religieux ». La religion est un **système de croyances** qui relie certains hommes autour d'un **culte particulier**, et qui unit tous les hommes grâce à des fondements communs à toutes les religions (**dimension universelle**). La religion peut se définir comme l'affirmation d'un absolu qui nous dépasse, à l'origine d'un sentiment du **sacré** que l'on retrouve dans toutes les religions.

« Le cœur a ses raisons que la raison ne connaît point. » Pascal, *Pensées*.

« La religion (considérée subjectivement) est la connaissance de tous nos devoirs en tant que commandements divins. » Kant, *La Religion dans les limites de la simple raison*.

« La religion est le soupir de la créature tourmentée, l'âme d'un monde sans cœur, de même qu'elle est l'esprit de situations dépourvues d'esprit. Elle est l'opium du peuple. » Marx, *Critique de la philosophie du droit de Hegel*, Introduction.

Histoire

Du grec *historia*, « enquête ». L'histoire désigne à la fois les **événements de la réalité historique et le récit de ces événements**. Elle peut aussi être définie comme une **science** historique, qui a pour objet le rapport de faits datés, uniques, importants pour l'ensemble de la collectivité humaine.

« Les faits décrits dans l'histoire [...] changent de forme dans la tête de l'historien, ils se moulent sur ses intérêts, ils prennent la teinte de ses préjugés. » Rousseau, *Émile ou de l'Éducation*.

« L'histoire justifie ce qu'elle veut. Elle n'enseigne rigoureusement rien, car elle contient et donne des exemples de tout. » Valéry, *Regards sur le monde actuel*.

« L'histoire ne fait rien, c'est l'homme, réel et vivant, qui fait tout. » Marx, *La Sainte Famille*.

Théorie et expérience

Du grec *theôria*, « action de contempler ». La théorie est souvent définie comme une **vue de l'esprit** à laquelle ne correspond aucune réalité, par opposition à l'expérience (du latin experiri, « éprouver ») qui elle, est toujours liée à la réalité. L'expérience désigne en effet la **connaissance acquise par les impressions sensibles ou par l'habitude**. Selon l'**empirisme**, elle est la seule source de connaissance. Pourtant certaines théories sont dites « expérimentales », car elles sont fondées sur des hypothèses vérifiées expérimentalement (ex. : en sciences physiques).

« Si toute notre connaissance débute avec l'expérience, cela ne prouve pas qu'elle dérive toute de l'expérience. » Kant, *Critique de la raison pure*.

« Toute l'initiative expérimentale est dans l'idée, car c'est elle qui provoque l'expérience. » Bernard, *Introduction à l'étude de la médecine expérimentale*.

« Une théorie qui n'est réfutable par aucun événement qui se puisse concevoir est dépourvue de caractère scientifique. » Popper, *Conjectures et Réfutations*.

Démonstration

Du latin *demonstrare*, « montrer en partant de ». Elle est un **raisonnement qui établit la vérité d'une proposition**, en la rattachant à des propositions évidentes ou déjà établies. Elle est l'**aboutissement d'une démarche logique** où tout est clair et constitue en cela un type de preuve. Le **syllogisme** est un raisonnement rigoureux qui réalise une démonstration.

« Ceux qui cherchent le droit chemin de la vérité ne doivent s'occuper d'aucun objet dont ils ne puissent avoir une certitude égale à celle des démonstrations de l'arithmétique et de la géométrie. » Descartes, *Règles pour la direction de l'esprit*.

« L'arithmétique et la géométrie sont beaucoup plus certaines que les autres sciences : c'est que seules elles traitent d'un objet assez pur et simple pour n'admettre absolument rien que l'expérience ait rendu incertain, et qu'elles consistent tout entières en une suite de conséquences déduites par raisonnement. » Descartes, *Règles pour la direction de l'esprit*.

« Les théorèmes sont des propositions théoriques qui peuvent et qui doivent être démontrées. » Kant, *Logique*.

Interprétation

Du latin *interpretatio*, « interprétation, explication, traduction ». L'interprétation est une explication, une **mise à jour de la signification** : elle révèle un sens indirect au-delà d'un sens direct. Toute parole peut être considérée comme une interprétation de la réalité des choses. On distingue l'interprétation **restauratrice** (qui révèle un sens supérieur) et l'interprétation **réductrice** (qui démystifie vers un sens plus bas).

« La nature, nous l'expliquons ; la vie de l'âme, nous la comprenons. » Dilthey, *Idées concernant une psychologie descriptive et analytique*.

« Dire quelque chose de quelque chose c'est, au sens complet et fort du mot, interpréter. » Ricœur, *De l'interprétation. Essai sur Freud*.

« L'interprétation est le travail de pensée qui consiste à déchiffrer le sens caché dans le sens apparent. » Ricœur, *De l'interprétation. Essai sur Freud*.

Vivant

Le vivant désigne tout **système organique** qui se nourrit, évolue, se reproduit et meurt. Grâce à l'agencement de son organisme, le vivant a une faculté d'**autorégulation**, d'autoconservation qui lui permet de rester en vie contre la mort, dans l'harmonie avec le monde extérieur.

« La vie est l'ensemble des fonctions qui résistent à la mort. » Bichat, *Recherches physiologiques sur la vie et la mort*.

« Toutes les parties d'un corps vivant sont liées : vouloir en séparer une de la masse, c'est la reporter dans l'ordre des substances mortes [...]. » Cuvier, *Lettre à J.-C. Mertrud*.

« La pensée du vivant doit tenir du vivant l'idée du vivant. » Canguilhem, *La Connaissance de la vie*.

Matière et esprit

Du latin *materia*, « matière », de *mater*, « souche des arbres, origine ». La matière est la **réalité physique extérieure** que nous percevons par nos sens, et indépendante de l'esprit. Du latin *spiritus*, « souffle, esprit, vent », l'esprit désigne à l'inverse la **réalité immatérielle**

de la pensée. Le **matérialisme** est une doctrine qui affirme la primauté de la matière sur l'esprit ; il s'oppose au **spiritualisme**, qui défend le contraire.

> « Si par matière on entend une chose sensible dont l'existence consiste à être perçue, alors il y a de la matière. » Berkeley, *Trois dialogues entre Hylas et Philonous*.
>
> « Je n'ai jamais vu ni compris que les corps humains eussent des pensées, mais bien que ce sont les mêmes hommes qui pensent et qui ont des corps. » Descartes, *Réponses aux VIe objections adressées aux Méditations métaphysiques*.

Vérité

Du latin *veritas*, « le vrai, la réalité ». La vérité désigne l'**accord de la pensée avec elle-même**, ou de l'esprit avec la réalité. Elle s'oppose à l'opinion, qui par nature est incertaine et qui se fonde sur la perception immédiate des choses ou sur le ouï-dire. Pour le philosophe, la vérité fait l'objet d'une **recherche** exigeante, qui subordonne toute croyance à un **examen rationnel**.

> « Nous ne prendrons jamais le faux pour le vrai tant que nous ne jugerons que de ce que nous apercevons clairement et distinctement. » Descartes, *Principes de la philosophie*.
>
> « "La vérité" ne peut être tolérante, [...] elle n'admet ni compromis ni restriction. » Freud, *Nouvelles Conférences sur la psychanalyse*.
>
> « La foi en la vérité commence avec le doute au sujet de toutes les "vérités" en quoi l'on a cru jusqu'à présent. » Nietzsche, *Humain, trop humain*.

Société

Du latin *societas*, « société, association ». Au sens large, la société est **un groupe d'êtres unis** par des intérêts communs et selon des relations d'**interdépendance** et de **service** (ex. : la société des fourmis). Se dit en particulier des hommes. La vie en société nécessite la **coopération** de chacun afin de subvenir à la multiplicité des besoins particuliers. L'homme porte en lui une tendance naturelle au lien social.

> « Ce qui donne naissance à une cité, c'est l'impuissance où se trouve chaque individu de se suffire à lui-même, et le besoin qu'il éprouve d'une foule de choses. » Platon, *La République*.
>
> « L'homme est par nature un animal politique. » Aristote, *Politique*.
>
> « Ce que l'homme perd par le contrat social, c'est sa liberté naturelle et un droit illimité à tout ce qui le tente et qu'il peut atteindre ; ce qu'il gagne, c'est la liberté civile et la propriété de tout ce qu'il possède. » Rousseau, *Du contrat social*.

Justice et droit

Du latin *jus*, « le droit », la justice est ce qui est **conforme au droit** (du latin *directum*, « aligné, en ligne droite »). Le droit est ce qui est commandé, mais ce n'est pas forcément ce qui est juste. Ainsi, on distingue d'une part le **droit naturel** (règles dictées par la droite raison de l'esprit) et le **droit positif** (prescriptions légales restreignant la souveraineté de l'individu) ; d'autre part, il faut opposer **justice commutative** (donner à chacun la même chose) et **justice distributive** (donner à chacun selon ses besoins, son mérite).

« Le juste [...] est ce qui est conforme à la loi et ce qui respecte l'égalité, et l'injuste est ce qui est contraire à la loi et qui manque à l'égalité. » Aristote, *Éthique à Nicomaque*.

« Ne pouvant faire que ce qui est juste fût fort, on a fait que ce qui est fort fût juste. » Pascal, *Pensées*.

« Toute action est juste qui peut faire coexister le libre arbitre de chacun avec la liberté de tout autre selon une loi universelle. » Kant, *Doctrine du droit*.

État

Du latin *status*, de *stare*, « se tenir debout ». L'État est la **puissance publique** qui transcende les volontés particulières et qui exerce son **autorité** sur les membres de la communauté. Il possède le pouvoir de légiférer, d'administrer et de punir en vue du **bien commun**. Son institution s'oppose à l'**état de nature**, dans lequel chacun cherche à atteindre ses fins propres aux dépens de l'autre.

« L'État qui enlève aux hommes la possibilité de communiquer publiquement leurs pensées leur ôte en même temps la liberté de penser. » Kant, *Qu'est-ce que s'orienter dans la pensée ?*

« Notre époque n'accorde à tous les autres groupements ou individus le droit de faire appel à la violence que dans la mesure où l'État le tolère. » Weber, *Le Savant et le Politique*.

« L'état de nature est l'état de rudesse, de violence et d'injustice. Il faut que les hommes sortent de cet état pour constituer une société qui soit État. » Hegel, *Propédeutique philosophique*.

Liberté

Du latin *libertas*, « liberté » (de *liber*, « homme libre », « affranchi »). La liberté est l'état d'une personne qui n'est **pas entravée par la contrainte**. Elle désigne aussi le **libre arbitre**, c'est-à-dire la possibilité de choisir de façon autonome. On distingue la **liberté de droit** (qui autorise certains actes) et la **liberté de fait** (puissance de faire ce qu'on veut). L'**indépendance à l'égard de ses propres instincts** et désirs peut être considérée comme une réalisation complète de la liberté.

« La liberté est le droit de faire tout ce que les lois permettent. » Montesquieu, *De l'esprit des lois*.

« L'homme est condamné à être libre, condamné parce qu'il ne s'est pas créé lui-même, et par ailleurs cependant libre, parce qu'une fois jeté dans le monde, il est responsable de tout ce qu'il fait. » Sartre, *L'existentialisme est un humanisme*.

« Nous sommes libres quand nos actes émanent de notre personnalité entière, quand ils l'expriment, quand ils ont avec elle cette ressemblance qu'on y trouve parfois entre l'œuvre et l'artiste. » Bergson, *Essais sur les données immédiates de la conscience*.

« La liberté consiste à vouloir que les choses arrivent, non comme il te plaît, mais comme elles arrivent. » Épictète, *Entretiens*.

Devoir

Du latin *debere*, « devoir » (de *de habere*, « tenir quelque chose de quelqu'un »). Le devoir est l'**obligation**, en particulier morale, de faire quelque chose. Cette obligation suppose le libre **concours de la volonté** et s'oppose en cela à la nécessité (qui ne peut pas ne pas être). On distingue les **devoirs du droit** (juridiques) et les **devoirs de la vertu** (universels).

« Devoir ! mot grand et sublime, [...] où trouver la racine de ta noble tige [...] ? Ce ne peut être rien de moins que ce qui élève l'homme au-dessus de lui-même. » Kant, *Critique de la raison pratique*.

« L'obéissance au devoir est une résistance à soi-même. » Bergson, *Les Deux Sources de la morale et de la religion*.

« Agis toujours de telle sorte que tu traites l'humanité aussi bien dans ta personne que dans la personne de tout autre toujours en même temps comme une fin, et jamais simplement comme un moyen. » Kant, *Fondements de la métaphysique des mœurs*.

Bonheur

De *bon* et *heur* (du latin *augurium*, « augure », « chance »). Le bonheur désigne un **état de satisfaction durable**, lié à la satisfaction entière des désirs. Il se distingue à la fois du contentement (état de celui qui se satisfait de ce qu'il a) et du plaisir qui, par définition, est éphémère. Selon la philosophie épicurienne, le plaisir est un moyen d'accès au bonheur. La doctrine eudémoniste considère quant à elle que la recherche du bonheur est la fin ultime de l'activité morale.

« Le bonheur est une récompense qui vient à ceux qui ne l'ont pas cherché. » Alain, *Propos*.

« Pour être heureux, il faut penser au bonheur d'un autre. » Bachelard, *La Psychanalyse du feu*.

« Il n'y a qu'une route vers le bonheur, c'est de renoncer aux choses qui ne dépendent pas de notre volonté. » Épictète, *Manuel*.

« Le plaisir est le commencement et la fin de la vie heureuse. », Épicure, *Lettre à Ménécée*.

Les idées des penseurs en un clin d'œil

BERGSON

1859-1941, philosophe français

Principales œuvres :

Essai sur les données immédiates de la conscience (1889) ; *Le Rire* (1900) ; *L'Énergie spirituelle* (1920) ; *Les Deux Sources de la morale et de la religion* (1932).

Notions concernées :

conscience, inconscient, temps, langage, matière et esprit, religion, morale

Bergson veut réconcilier la philosophie avec la vie. Il privilégie la perception des choses sur leur abstraction et oppose deux ordres : d'un côté l'ordre homogène de l'espace et du déterminisme ; de l'autre, l'ordre des faits intérieurs de la conscience, marqués par l'hétérogénéité de la durée et la liberté.

Pour Bergson, le langage procède de l'extériorité ; il ne peut saisir la complexité de la pensée. Cela reprend la thèse romantique de l'ineffable (l'indicible) qui, échappant à toute formulation, ne peut être saisi que par **l'intuition**.

DESCARTES

1596-1650, philosophe français

Principales œuvres :

Discours de la méthode (1637) ; *Méditations métaphysiques* (1640) ; *Principes de philosophie* (1644).

Notions concernées :

conscience, perception, démonstration, matière et esprit, vérité

Le point de départ de Descartes est le **doute radical**, qui permet de distinguer le vrai du faux. Pour débarrasser l'esprit des idées fausses et des préjugés qui l'encombrent, il faut douter de tout. Or, il y a une chose que je ne peux pas mettre en doute, c'est que j'existe en tant qu'être qui doute. Je doute (ou je pense), donc je suis : **le cogito** est le principe duquel découlent d'autres vérités.

ÉPICTÈTE

50-125, philosophe grec stoïcien, esclave affranchi, fondateur d'une école philosophique

Principales œuvres :

Entretiens (vers 130) ; *Manuel* (vers 130).

Notions concernées :

désir, liberté, bonheur

Pour Épictète, l'homme sage est celui qui a atteint une complète **ataraxie** (du grec *ataraxia*, « absence de trouble »). La liberté consiste à vouloir que les choses arrivent comme elles arrivent et non comme nous le désirons. L'ordre universel s'impose comme une nécessité ou un destin (*fatum*). Ainsi la seule chose qui dépend de nous, c'est le jugement que nous portons sur ce qui ne dépend pas de nous.

ÉPICURE

341-270, philosophe grec

Principales œuvres :

Lettre à Ménécée (IIIe s. av. J.-C.).

Notions concernées :

désir, bonheur

Épicure décrit un monde sans finalité, sans providence ou destin, et qui n'obéit qu'à des causes mécaniques. L'âme est un assemblage d'atomes.

La mort n'est donc qu'un événement naturel et non pas la menace d'un châtiment ou la promesse d'une béatitude.

Les dieux n'interviennent pas dans le monde. Le sage ne doit pas se mêler de politique et ne craint ni les dieux ni la mort.

FREUD

1856-1939, neurologue autrichien, fondateur de la psychanalyse

Principales œuvres :

L'Interprétation des rêves (1899) ; *Introduction à la psychanalyse* (1917) ; *Nouvelles Conférences sur la psychanalyse* (1933).

Notions concernées :

conscience, inconscient, religion, liberté

Freud a attaché son nom à la découverte de **l'inconscient**.

Freud pose l'hypothèse de l'inconscient comme nécessaire et légitime, parce qu'elle permet de fonder une pratique efficace : la cure psychanalytique.

Les actes manqués, les rêves, les lapsus sont des manifestations précieuses de l'inconscient.

HEGEL

1770-1831, philosophe allemand

Principales œuvres :

La Phénoménologie de l'Esprit (1807) ; *Esthétique* (1818-1829) ; *La Raison dans l'histoire* (1837).

Notions concernées :

conscience, autrui, art, histoire, religion, société, État, liberté

Pour Hegel, l'histoire peut être considérée comme rationnelle. Elle a un sens, une direction. La fin de l'histoire, c'est-à-dire la fin des guerres et de la violence, s'accomplit lorsque la raison, l'esprit et la liberté (lois de l'esprit ou de l'absolu) deviennent le fondement des lois de l'État.

KANT

1724-1804, philosophe allemand

Principales œuvres :

Critique de la raison pure (1781) ; *Critique de la raison pratique* (1788) ; *Fondements de la métaphysique des mœurs* (1785) ; *La Religion dans les limites de la simple raison* (1794).

Notions concernées :

perception, art, vérité, histoire, morale, devoir, bonheur

Pour Kant, l'homme ne peut connaître que ce qui est donné dans l'expérience : on ne peut prouver que l'âme existe ou que Dieu existe (*Critique de la raison pure*). Kant ruine ainsi l'ancienne métaphysique qui prétendait s'ériger en science. Il affirme que le bonheur de l'homme ne peut s'accomplir dans l'indignité et qu'il faut avant tout remplir son **devoir** (*Critique de la raison pratique*). Dans *La Religion dans les limites de la simple raison*, il montre qu'une philosophie de l'espérance n'est pas vaine : postuler l'immortalité de l'âme permet d'espérer la rencontre de la vertu et du bonheur.

MACHIAVEL

1469-1527, philosophe et penseur politique italien

Principales œuvres :

Le Prince (1513).

Notions concernées :

politique, société, État

La pensée politique de Machiavel s'est forgée au fil de ses nombreuses missions diplomatiques, à la cour papale, à la cour de France... « On ne fait pas, dit-il, de bonne politique avec de bons sentiments. » Afin de conserver le pouvoir, le prince doit avoir la **ruse du renard** « pour connaître les filets » et la **force du lion** « pour faire peur aux loups ». Rousseau dira qu'en donnant des conseils aux princes sur la façon de manipuler les foules, Machiavel aurait, en fait, éclairé les peuples sur la manière dont ils sont trompés.

MARX

1818-1883, philosophe allemand

Principales œuvres :

L'Idéologie allemande (1846) ; *Critique de la philosophie du droit de Hegel* (1844) ; *Manuscrits de 1844* ; *Le 18 Brumaire de Louis-Napoléon Bonaparte* (1852), *Le Capital* (1867).

Notions concernées :

travail, technique, politique, société, échanges, État, histoire, religion, liberté, bonheur

Marx renverse la dialectique hégélienne (cf. **Hegel**) en remplaçant le terme d'« absolu » par celui d'« homme », et celui de « conscience divine » par « conscience humaine » (c'est le **matérialisme dialectique**). Pour lui, le développement historique est régi par des lois économiques et notamment par la lutte entre les classes exploitantes et les classes exploitées (**matérialisme historique**) : il montre que le système capitaliste repose sur l'exploitation du travail salarié.

NIETZSCHE

1844-1900, philosophe allemand

Principales œuvres :

Humain, trop humain (1878) ; *Aurore* (1881) ; *Le Gai Savoir* (1882) ; *Ainsi parlait Zarathoustra* (1883-1885).

Notions concernées :

conscience, inconscient, temps, vérité, morale, devoir, bonheur

Pour Nietzsche, le monde est un ensemble dynamique qui ne cesse de se détruire et de se recréer car il est animé d'une « **volonté de puissance** », d'une force de vie perpétuelle. C'est la thèse de l'**éternel retour**. Dans *Ainsi parlait Zarathoustra*, Nietzsche annonce la venue du surhomme, créateur de valeurs nouvelles et forme transcendée de l'homme, incarnation accomplie de la volonté de puissance.

PLATON

428-347 av. J.-C., philosophe grec, fondateur d'une école philosophique et disciple de Socrate

Principales œuvres :

Le Banquet (IVe siècle av. J.-C.) ; *La République* (IVe siècle av. J.-C.).

Notions concernées :
perception, désir, existence, vérité

L'œuvre de Platon est une longue interrogation sur le statut et la fonction du philosophe dans la cité. Les philosophes sont ceux qui parviennent à atteindre « ce qui existe toujours d'une manière immuable » (les **Idées** ou **essences**). Pour Platon, la fin ultime de la philosophie est de contempler la vérité, alors que la sophistique, autre mouvement philosophique, ne fait connaître que les apparences en utilisant la force de persuasion de la rhétorique.

ROUSSEAU

1712-1778, écrivain et philosophe français

Principales œuvres :
Discours sur l'origine et les fondements de l'inégalité parmi les hommes (1755) ; *Du contrat social* (1762) ; *Émile ou de l'Éducation* (1762).

Notions concernées :
autrui, politique, société, État, liberté

Pour Rousseau, la propriété privée est la source de l'inégalité. Dans le *Contrat social*, il cherche à concilier les libertés individuelles avec les exigences de la vie en société : le droit ne doit pas être engendré par la force mais doit reposer sur un **contrat social**. Chaque membre est un citoyen, à la fois partie indivisible du tout (en tant qu'il participe au vote des lois) et sujet (en tant qu'il y obéit). Obéir à la loi qu'on s'est prescrite est liberté.

SARTRE

1905-1980, écrivain et philosophe français, engagé politiquement à gauche après la Seconde Guerre mondiale

Principales œuvres :
L'Être et le Néant (1943) ; *L'existentialisme est un humanisme* (1946) ; *Critique de la raison dialectique* (1960).

Notions concernées :
conscience, inconscient, perception, autrui, existence et temps, liberté

La thèse fondamentale de l'existentialisme sartrien est que l'homme n'a pas d'essence préalable et se trouve **condamné à choisir librement** son essence. L'homme est ce qu'il se fait, et c'est en cela qu'il se différencie de toute autre réalité. Exister, c'est assumer cette liberté. L'homme n'est pas seulement responsable de ce qu'il est : chacun de ses choix engage l'humanité tout entière.

SPINOZA

1632-1677, philosophe hollandais

Principales œuvres :
Traité théologico-politique (1670) ; *L'Éthique* (1667).

Notions concernées :
désir, société, politique, État, bonheur, liberté

Dans le *Traité théologico-politique*, Spinoza critique la Bible d'un point de vue rationnel, en montrant les contradictions qui y sont à l'œuvre. Pour Spinoza, ce qui définit l'homme, c'est l'effort, le **conatus** que chaque être déploie pour persévérer dans l'existence. Or, cette force d'exister, toujours orientée vers l'obtention d'un bien, se donne concrètement comme désir. Le désir dans sa profondeur est toujours désir d'accroître sa puissance d'exister. Il ne faut donc pas combattre les désirs, mais faire en sorte qu'ils puissent se réaliser pleinement.

Chronologie des auteurs

	Principaux philosophes	Contexte culturel	Événements politiques
GRÈCE ANTIQUE	**Socrate** (470-399), philosophe grec. **Platon** (428-348), philosophe grec. **Aristote** (384-322), philosophe et physicien grec, précepteur d'Alexandre. **Épicure** (341-270), philosophe grec.	**Pythagore** (570-500), mathématicien, géomètre. **Hippocrate** (vers 460), médecin. En 387 à Athènes, Platon fonde l'Académie (école philosophique). **Euclide** (330-270), géomètre, les *Éléments*.	Au ve siècle, à Athènes, règne la démocratie. En 399, sous la tyrannie des trente, Socrate est condamné à boire la ciguë. En 323, mort d'Alexandre. Début de la décadence de la Grèce.
EMPIRE ROMAIN	**Lucrèce** (98-55), philosophe latin épicurien. **Cicéron** (106-43), orateur et philosophe latin. **Sénèque** (4 av. J.-C.-65 apr. J.-C.), philosophe stoïcien. **Épictète** (50-130), philosophe grec stoïcien. **Marc Aurèle** (121-180), empereur, philosophe stoïcien.	**Tite-Live** (59 av. J.-C.-17 apr. J.-C.), historien. **Tacite** (55-120), historien.	27 av. J.-C. : avènement de l'empereur Auguste. 14-69 apr. J.-C. : Tibère, Caligula, Claude, Néron. 96-192 : les Antonins, Trajan, Hadrien. 395 : partage de l'Empire.
MOYEN ÂGE	**Saint Thomas d'Aquin** (1225-1275), théologien et philosophe italien. **Guillaume d'Ockham** (?-1349 ?), philosophe anglais.	1253 : à Paris, fondation de la Sorbonne. Fabrication du papier en Europe. Construction des cathédrales.	En 1200, l'université, en France, s'affranchit de la tutelle de l'Église. En 1228, le pape Grégoire IX interdit l'enseignement d'Aristote.
XVe-XVIe SIÈCLE	**Machiavel** (1429-1527), philosophe et penseur politique italien. **Montaigne** (1533-1592), philosophe français. **Bacon** (1561-1626), philosophe anglais.	1440, invention de l'imprimerie. 1450-1455, **Gutenberg** imprime la Bible. 1492, **Christophe Colomb** découvre l'Amérique.	1337-1453 : guerre de Cent Ans. 1429 : Jeanne d'Arc fait sacrer le roi Charles VII à Reims. 1431 : condamnation de Jeanne d'Arc.

	Principaux philosophes	Contexte culturel	Événements politiques
XVIe–XVIIe SIÈCLE	**Hobbes** (1588-1679), philosophe anglais. **Descartes** (1596-1650), philosophe français. **Pascal** (1623-1662), écrivain et philosophe français. **Locke** (1632-1662), philosophe anglais. **Spinoza** (1637-1677), philosophe hollandais.	**Copernic** (1473-1542), astronome polonais, fait l'hypothèse du mouvement de la Terre et des autres planètes autour du Soleil. **Galilée** (1564-1642), astronome et physicien italien, prouve l'héliocentrisme de Copernic.	Début du XVIe siècle : la Réforme. 1520 : rupture de Luther avec l'Église. 1536 : Calvin s'installe à Genève. 1542-1563 : la Contre-Réforme. 1542 : réorganisation de l'Inquisition.
XVIIe–XVIIIe SIÈCLE	**Malebranche** (1638-1715), philosophe français. **Leibniz** (1646-1716), philosophe allemand. **Berkeley** (1685-1753), évêque et philosophe irlandais. **Hume** (1711-1776), philosophe écossais. **Rousseau** (1712-1778), écrivain et philosophe français. **Diderot** (1713-1784), écrivain et philosophe français. **Montesquieu** (1689-1755), philosophe français.	**Newton** (1642-1727), physicien anglais. 1751-1768 : *Encyclopédie*. **Smith** (1723-1790), économiste anglais.	1752 : première condamnation de l'*Encyclopédie*. 1759 : seconde condamnation de l'*Encyclopédie*.
XVIIIe–XIXe SIÈCLE	**Kant** (1724-1804), philosophe allemand. **Hegel** (1770-1831), philosophe allemand. **Schopenhauer** (1780-1860), philosophe allemand. **Comte** (1798-1857), philosophe français. **Kierkegaard** (1813-1855), philosophe et théologien danois.	**Malthus** (1766-1834), économiste anglais. **Saint-Simon** (1760-1825), économiste français, socialiste utopiste. **Fourier** (1772-1837), socialiste utopiste français. **Darwin** (1809-1882), biologiste anglais, théoricien de l'évolution.	1789 : ouverture des états généraux (5 mai). Le tiers état se proclame Assemblée nationale (17 juin). Prise de la Bastille (14 juillet).

Principaux philosophes	Contexte culturel	Événements politiques
Marx (1818-1883), philosophe allemand. **Tocqueville** (1805-1859), théoricien français. **Durkheim** (1858-1917), sociologue français.	**Claude Bernard** (1813-1878), physiologiste français, initiateur d'une réflexion sur la méthode expérimentale.	
Nietzsche (1844-1900), philosophe allemand. **Husserl** (1859-1938), philosophe allemand. **Bergson** (1859-1942), philosophe français. **Russell** (1872-1970), mathématicien et philosophe anglais. **Bachelard** (1884-1962), philosophe français. **Sartre** (1905-1980), écrivain et philosophe français. **Arendt** (1906-1975), philosophe et spécialiste de théorie politique. **Alain** (1868-1951), philosophe français. **Heidegger** (1889-1976), philosophe allemand. **Popper** (1902-1994), philosophe autrichien. **Merleau-Ponty** (1908-1961), philosophe français. **Levinas** (1905-1995), philosophe né en Lituanie. **Foucault** (1926-1984), philosophe français.	**Freud** (1856-1939), neurologue autrichien, fondateur de la psychanalyse. **Einstein** (1879-1955), physicien allemand naturalisé américain, théoricien de la relativité. **Saussure** (1857-1913), linguiste suisse. **Jakobson** (1896-1982), linguiste russe. **Lacan** (1901-1981), psychiatre et psychanalyste français. **Lévi-Strauss** (1908-2009), anthropologue et ethnologue français.	Révolution de 1848. 24 février 1848 : Louis-Philippe abdique. 18 mars-28 mai 1871 : commune de Paris. 1914-1918 : Première Guerre mondiale. 1917 : Révolution russe. 1939 : Deuxième Guerre mondiale.

Repères

A

Absolu/relatif

- Absolu désigne ce qui **vaut ou existe en soi-même**, indépendamment de conditions concrètes. Ainsi, Dieu existe en lui-même : il n'a ni commencement ni fin, il est cause de lui-même.
- Est relatif ce qui **dépend de conditions concrètes**.

Abstrait/concret

- L'abstrait est le résultat de l'abstraction. Celle-ci consiste à ne retenir d'un ensemble d'êtres ou de choses que ce qu'ils ont de commun. Ex. : l'abstraction « arbre » **abandonne toute particularité sensible et concrète** pour ne garder que ce qui est commun à la classe (un tronc, des branches).
- Le concret fait référence à des **objets particuliers** tels que l'**expérience** nous les fournit.

En acte/en puissance

- Selon Aristote, l'être en puissance est entre le néant et l'être. **Il n'est qu'un possible**.
- L'être en acte est **achevé et réalisé**. Ex. : un bloc de marbre n'est pas une statue en lui-même, il l'est seulement dès lors qu'il a telle ou telle forme. Ainsi, la matière informe est apte à prendre forme, à être « actualisée ».

Aliénation

- Être aliéné signifie **être dépossédé de soi, être étranger à soi**, être autre que soi. Juridiquement, l'aliénation est la dépossession d'un bien ou d'un droit.
- En psychologie, c'est une maladie mentale qui dépossède l'individu de sa personne et de ses biens.
- En philosophie, c'est l'**asservissement de l'homme**, par l'idéologie, par les progrès de la technique...

C

Causalité/finalité

- La causalité désigne le rapport nécessaire de la cause à l'effet. Selon le principe de causalité, **tout phénomène a une cause**.
- La finalité est ce vers quoi tend une chose, une action. On distingue la **finalité interne** (ex. : chez les êtres vivants, les organes sont adaptés à une fin qui est la conservation de la vie) et la **finalité externe** (ex. : le fait qu'un objet soit conforme à sa fonction).

Cause/fin

- La cause est ce qui est à l'origine d'un phénomène ; c'est aussi la raison permettant d'expliquer une chose ou une action.
- La fin désigne à la fois l'état final d'une chose, d'une action et le but qu'elle vise.

Contingent/nécessaire/possible

- Est contingent **ce qui peut être ou ne pas être**. Ex. : un meuble fabriqué par un artisan.
- Est nécessaire **ce qui ne peut pas ne pas être.** Ex. : la loi de la chute des corps.

- Est possible **ce qui n'est pas encore réel** mais qui peut le devenir.

D

Déduction

Dans la logique classique, c'est un **raisonnement** par lequel on tire des **conclusions nécessaires à partir de propositions initiales** appelées prémisses.

Déterminisme

Principe selon lequel tout ce qui arrive est rigoureusement déterminé par des phénomènes antérieurs : **les mêmes causes produisent les mêmes effets.** C'est ce qui rend possible l'expérimentation scientifique.

E

Empirisme/rationalisme

- L'empirisme est une philosophie qui affirme que l'**expérience sensible** est la seule source de connaissance.
- Le rationalisme affirme au contraire la **primauté de la raison** sur les sens dans la recherche de la connaissance. Plus généralement, le rationalisme est une attitude d'esprit scientifique et critique qui s'oppose à l'irrationalisme, à la superstition.

En fait/en droit

- En fait signifie « **ce qui est** effectivement ».
- En droit désigne ce qui est légal, **ce que la loi autorise**.
- Ce qui est possible en fait ne l'est pas toujours en droit, et inversement. Ex. : le droit au travail reste purement formel si, dans les faits, ceux qui veulent travailler ne le peuvent pas.

En théorie/en pratique

- « En théorie » (du grec *theôria*, « action de contempler ») fait référence à quelque chose d'**abstrait**, de désintéressé.
- « En pratique » (du grec *pratikê*, « science pratique ») fait référence à l'action, au **concret**.
- Ce qui est vrai en théorie ne l'est pas toujours en pratique.

Essence/accident/existence

- Par opposition à l'accident : essence est synonyme de **substance**. C'est l'ensemble des **caractères constitutifs** d'une chose ou d'un être (ex. : Paul est généreux). L'accident désigne au contraire un caractère secondaire, qui peut être modifié sans affecter l'essence (ex. : Paul est français).
- Par opposition à l'existence : essence est synonyme de **concept**. C'est la **définition** d'une chose ou d'un être, **indépendamment de son existence** dans la réalité concrète. Ex. : l'essence du carré, c'est d'être une figure à quatre côtés égaux, à quatre angles droits, alors que le carré existant est celui que je trace au tableau.

Éthique

Étude critique de la vie et des valeurs morales. Partie constitutive de la philosophie.

Expliquer/comprendre

- L'explication **détermine des causes** et **formule des lois**. Ex. : les sciences physiques expliquent **objectivement** les faits, sans chercher à comprendre le sens du monde.
- Comprendre, c'est **découvrir le sens**. On peut comprendre une chose en la vivant

ou en se mettant à la place de ceux qui la vivent (par communication **sympathique** ou **empathique**). Ex. : les sciences humaines cherchent à comprendre car, pour les faits humains, la détermination des causes est souvent incertaine et les lois sont peu nombreuses.

I

Identité/égalité/différence

- L'identité (du latin *identitas*, « le même ») est le caractère de ce qui est **semblable** à quelque chose ou qui reste le même à travers le temps.
- L'égalité en droit est le fait que les hommes se présentent de façon **identique devant la loi**. En mathématiques, l'égalité est la propriété de deux quantités qui sont **équivalentes ou substituables** l'une à l'autre.
- La différence est un rapport d'**altérité** entre des choses ou des êtres ayant des éléments identiques.

Immanence/transcendance

- L'immanence (du latin *in manere*, « rester dans ») est le caractère de ce qui réside à l'**intérieur d'une chose**. Ex. : pour Spinoza, Dieu est immanent car il s'identifie à la nature.
- Par opposition, la transcendance désigne l'appartenance à un **ordre supérieur**. Ex. : pour le christianisme, Dieu est un être transcendant.

Immédiat/médiat

- Est immédiat ce qui ne passe pas par des **médiations**. Ex. : l'intuition, qui ne nécessite pas la médiation des concepts.
- Est médiat ce qui passe par des médiations.

Inhérent/intrinsèque

- Est inhérent ou intrinsèque ce qui appartient à la nature ou à la **définition** d'un être ou d'un objet. Ex. : le langage est inhérent à la nature de l'homme.

Intuitif/discursif

- Est intuitif ce qui est saisi immédiatement, **sans recours au raisonnement**. C'est une connaissance immédiate qui n'est pas directement explicable par un discours.
- Est discursif ce qui recourt au raisonnement, à la **démonstration logique** mise en discours.

L

Légal/légitime

- Est légal est ce qui est **conforme à la loi**.
- Est légitime ce qui est **conforme aux idéaux** de l'équité, de la justice, de la morale.

M

Métaphysique

- *Le* métaphysique est ce qui est **au-delà du physique**, ce qui transcende le monde naturel.
- *La* métaphysique est la **réflexion** qui a pour objet l'être en tant qu'être, la recherche des causes de l'univers et des principes de la connaissance.

O

Objectif/subjectif

- Est objectif ce qui est vrai, universel, **indépendant du sujet** connaissant. Ex. : les sciences prétendent à l'objectivité (synonyme de « vérité » en sciences).

- Est subjectif ce qui est particulier, **relatif au sujet**. Ex. : dire « la couleur violette est belle » est un jugement subjectif.

Obligation/contrainte
- Au sens moral, l'obligation est l'impératif, le **devoir dicté par la conscience** ou la raison. Elle suppose la possibilité de désobéir car il n'y a devoir que lorsqu'il y a liberté.
- Par opposition, la contrainte est l'impératif **imposé par la force**… qui entrave la liberté.

Ontologie
- Science de l'être en tant qu'être. Partie de la métaphysique.

P

Persuader/convaincre
- Persuader, c'est emporter l'adhésion du locuteur par la **séduction du discours**, en touchant sa **sensibilité**. Ainsi, les sophistes ou les rhéteurs visent à faire croire que ce qu'ils disent est vrai.
- Convaincre, c'est amener le locuteur à reconnaître la vérité d'une proposition grâce à une **argumentation raisonnée** et logique.

Positivisme
- Philosophie d'Auguste Comte (milieu du XIXe siècle) qui affirme que la **connaissance scientifique** représente la maturité de l'esprit humain. Par extension, le positivisme désigne toute doctrine qui affirme que le progrès de la connaissance et le progrès social dépendent exclusivement de celui des sciences.

Pragmatisme
Philosophie développée par William James (deuxième moitié du XIXe siècle), qui fait de l'**utilité pratique** le seul critère du vrai. Est vrai en somme, ce qui réussit.

Principe/conséquence
- Un principe (du latin *principium*, « commencement ») est une **proposition première**, à partir de laquelle on déduit des conséquences. Ex. : en mathématiques, les principes de la géométrie d'Euclide sont indémontrés et sont le point de départ de toute démonstration.
- La conséquence est ce qui est dérive **logiquement** du principe.

S

Sensualisme
Conception selon laquelle toutes les connaissances viennent des sens.

U

Universel/général/particulier/singulier
- Est universel ce qui vaut **pour tous**. Ex. : les jugements scientifiques.
- Est général ce qui est obtenu par **induction**, c'est-à-dire par la **généralisation d'une expérience**. Mais une nouvelle expérience peut venir invalider ce qui a été induit.
- Est particulier ce **ne vaut que pour quelques-uns**. Ex. : certains hommes sont des mathématiciens.
- Une proposition est singulière si elle **ne vaut que pour un seul**. Ex. : Socrate est un sage.

Création maquette : Josiane Sayaphoum
Mise en pages : Facompo
Édition : Luce Camus

MIXTE
Papier issu de sources responsables
FSC® C022030

N° projet : 10199729
Dépôt légal : juin 2014
Imprimé en France
par Loire Offset Titoulet